A Library of Academics by PHD Supervisors

博士生导师学术文库

# 美育与美育心理

李天道　著

**图书在版编目（CIP）数据**

美育与美育心理/李天道著．—北京：中国书籍出版社，2018.11

ISBN 978-7-5068-7169-3

Ⅰ.①美…　Ⅱ.①李…　Ⅲ.①美育—文集②美育心理—文集　Ⅳ.①G40-014②G44-53

中国版本图书馆 CIP 数据核字（2018）第 288835 号

**美育与美育心理**

李天道　著

---

**责任编辑**　李　新
**责任印制**　孙马飞　马　芝
**封面设计**　中联华文
**出版发行**　中国书籍出版社
**地　　址**　北京市丰台区三路居路 97 号（邮编：100073）
**电　　话**　（010）52257143（总编室）　（010）52257140（发行部）
**电子邮箱**　eo@chinabp.com.cn
**经　　销**　全国新华书店
**印　　刷**　三河市华东印刷有限公司
**开　　本**　710 毫米×1000 毫米　1/16
**字　　数**　331 千字
**印　　张**　19
**版　　次**　2019 年 4 月第 1 版　2019 年 4 月第 1 次印刷
**书　　号**　ISBN 978-7-5068-7169-3
**定　　价**　95.00 元

---

# 目　录

## CONTENTS

## 下编 美育的心理要素与过程

# 绪　论

## 第一节　美育的意义

美育,是我国教育方针的重要组成部分,是全面素质教育的重要内容,是培养学生审美素质、综合素质,促进其全面和谐发展的整个教育活动的重要组成部分。美育不仅是人类认识世界、改造世界的重要手段,也是实现人类自身美化、完善人格塑造的重要途径。正如教育部《面向二十一世纪教育振兴行动计划》所指出的:"美育不仅能培养学生有高尚情操,还能激发学生学习活力,促进智力的开发,培养学生创新能力。"美育有着独特的功能和作用,这是其他教育所无法替代的。培养人、提高人的素质,最根本的问题是要提升人的精神境界。美育的最终意义,就在于使人的情感得到陶冶,思想得到净化,品格得到完善,从而使身心得到和谐发展,精神境界得到升华,自身得到美化。

### 一、新中国成立以来美育的发展过程

尽管美育在培养人与增强人的素质中具有极为重要的意义和作用,但新中国成立以来,学校美育在教育方针中的地位却几经起落,一直处于不稳定的状况。

在 20 世纪 50 年代初期(1952)教育部所颁布的关于幼儿园、小学、中学的三个《暂行规程》中,都将美育列为与德、智、体育同等的地位,强调美育在整个教育机制中的重要意义。但在 1957 年制定的教育方针中却取消了美育的位置,后来在越来越左的政治路线影响之下,导致了当时学校教育中忽视甚至取消美育的后果。1961 年,中共中央八届九中全会以后,随着"调整、巩固、充实、提高"方针的贯彻,针对教育领域中左的倾向,人们又重提美育在学校教育中的地位和作用,并

在不长的一段时间内取得明显的效果。但是不久之后,“文革”开始,美育即被当作封、资、修的东西而遭到无情的荡涤,在“十年浩劫”中,美育在教育领域几乎绝迹。

党的十一届三中全会以后,改革开放春风的吹拂使得教育领域万物复苏、百废待兴,而美育也再次被提上学校教育的议事日程。1981 年颁布的《全日制六年制重点中学教学计划试行草案》中增加了培养学生审美能力的内容,1986 年全国人大通过“义务教育法”,当时的教委负责人对该法所做的说明中指出,在学校教育中应当贯彻德智体美全面发展的方针。1989 年至 1996 年为发展阶段。这段时期,伴随着我国高校教育改革的深入发展,美育再次受到人们的关注和重视,教育呼唤着美育的滋润。

1989 年 10 月,全国第三次美育研讨会在四川师范大学举行,国内有名的美育学专家聂振斌、仇春林、蒋冰海等出席会议,中华全国美学学会会长、著名美学家王朝闻发来贺信,大会的中心议题是“美育与现代化”。会上,与会专家一致认为,必须进一步加强美育教育;年底,国家教育委学校艺术教育工作会议在南京师大召开。国家教委颁发了《全国学校艺术教育总体规划》,开创了我国学校艺术教育新局面。1992 年 5 月,全国高校首届美育年会在山东大学召开。同年,《中国教育报》开辟“美育天地”专栏,宣传美育思想和实践活动。1993 年 2 月,国务院颁布《中国教育改革和发展纲要》,强调“必须把教育摆在优先发展的战略地位,努力提高全民族的思想道德和科学文化水平”。《纲要》第 35 条指出:“美育对于培养学生健康的审美观念和审美能力,陶冶高尚的道德情操,培养全面发展的人才,具有重要作用。要提高认识,发挥美育在教育教学中的作用,根据各级各类学校的不同情况,开展形式多样的美育活动。”在 1994 年全国教育工作会议上,中央领导同志殷切希望“要重视美育”。在 1995 年 3 月 18 日第八届全国人大第三次会议上,通过并颁发了我国的教育根本大法——《中华人民共和国教育法》。在《教育法》第五条中明确提出了我国教育方针:“教育必须为社会主义现代化建设服务,必须与生产劳动相结合,培养德、智、体等方面全面发展的社会主义事业的建设者和接班人。”其中的“等方面”,就包含美育。这就意味着美育是与德、智、体紧密相连的,是教育的有机组成部分。正是在这些纲领性文献的鼓舞下,我国美育教育进入富有生机活力的自觉建设期。

1997 年至今,学校美育教育工作进入完善深化时期。这一时期,学校美育教育工作得到高度的重视,国家领导人多次发表讲话,强调美育和艺术教育的重要性。在党中央、国务院的高度重视下,美育第一次被写进了《政府工作报告》。

1999年6月15日,江泽民同志在全国第三次教育工作会议上又强调,“坚持教育以提高国民素质教育为根本宗旨,以培养学生创新精神和实践能力为重点,努力造就有理想、有道德、有文化、有纪律,德育、智育、体育、美育等全面发展的社会主义事业建设者和接班人”。时任李岚清副总理也强调,“在高校要普及音乐艺术,培养和塑造当代大学生的良好素质和精神风貌”。

1999年6月13日,中共中央、国务院发布了《关于深化教育改革、全面推进素质教育的决定》。决定明确提出:“实施素质教育,就是全面贯彻党的教育方针,以提高国民素质为根本宗旨,以培养学生的创新精神和实践能力为重点,造就‘有理想、有道德、有文化、有纪律’的、德智体美等全面发展的社会主义事业建设者和接班人。”“美育不仅能陶冶情操,提高素质,而且有助于开发智力,对于促进学生全面发展具有不可替代的作用,要尽快改变学校美育工作薄弱状况,将美育融入学校教育全过程。”这说明,党和国家已经正式把美育列为教育方针的重要组成部分,并且充分肯定了美育在实施素质教育中的地位和作用,从而为在全国范围内进一步开展美育工作指明了方向,提出了基本要求。实施素质教育,把美育重新列入教育方针,标志着我们民族审美意识的新的觉醒,标志着我们走过几十年曲折之路以后认识上有了新的飞跃,也表明这是我国社会主义建设的必然要求。

总之,按照国家教委《关于加强全国普通高等学校艺术教育意见》的要求和《中国教育改革和发展纲要》所指出的:“美育对于培养学生健康的审美观念和审美能力,陶冶高尚的道德情操,培养全面发展的人才,具有重要作用。要提高认识,发挥美育在教育教学中的作用,根据各级各类学校的不同情况,开展形式多样的美育活动。”我国学校美育教育工作发扬传统美育精神,以全面推进素质教育为目标,以培养学生健康的审美观念和审美能力为核心,切实提高学生的综合素质,促进校园精神文明建设和校园文化建设,以美育人,“以美滋德”“以美辅德”“以美益智”“以美传真”“以美引善”“以美健体”“以美愉心”,实行完美人格塑造,培养了数千万计的完美性人才,为国家建设,尤其是国家教育事业建设,做出了突出贡献。

## 二、美育的内涵

那么,为了增强学生素质而被列入教育方针的美育究竟是什么呢?过去曾有不少的说法,至今对此仍有争议。有人以为美育是情感教育。我国“五四”时期的教育家、美学家蔡元培就说:美育者,应用美学之理论于教育,以陶冶感情为目的者也。但一来因为美学理论并非陶冶感情的唯一手段,美的事物更可陶冶感情;

二来陶冶感情也不是美育的唯一目的,通过美育树立崇高的品德以及培养和提高各种技能也是不可忽略的。因此,此说虽有参考价值,但是并不十分科学。

也有人说美育是艺术教育。一些教育行政部门也是这样看的。《面向21世纪教育振兴行动计划》中指出:“体育和美育是素质教育的重要组成部分,要加强体育和美育工作。2001年,初步建立大中小学相互衔接的、较为科学合理的体育、艺术教育体系,保证学校艺术教育和体育教师的数量和质量,提高教学水平。”这里显然是把美育与艺术教育看作是一回事了,认为实施美育就是进行艺术教育。正是由于这种认识,所以,在学校里常常是以艺术教育来代替美育,而实施艺术教育又仅限于音乐、美术教育。于是便形成了这样一个公式:美育=艺术教育=音乐、美术=唱歌、绘画。显然,这个公式是不科学、不恰当的。因为美育和艺术教育是两个不同的概念,二者虽有十分密切的联系,但又有明显的区别,既不能把它们割裂、对立起来,也不应把它们加以混淆。

其实,美育是一种审美教育、美感教育,即通过审美实践活动,运用美的事物对人进行关于审美和创造美的教育。在美的世界中,美的事物多种多样,美的形态多姿多彩,审美领域无限广阔,因此,审美教育的内容是极其丰富的,它既包括艺术美的教育,也包括自然美和社会美的教育,还包括科技美和形式美的教育,等等。虽然艺术美是美的集中体现,是审美之精华,也因而是审美教育的核心内容和主要手段,但是,它并不是审美教育的全部内容,它不能代替自然美、社会美、科技美和形式美的教育。不同形态的美,具有不同的审美特征,也会产生不同的审美教育效果,因此,它们不能相互代替。即使在艺术领域中,艺术门类也是种类繁多,异彩纷呈的:除了音乐、美术之外,还有建筑、舞蹈、戏剧、书法、摄影、文学、影视艺术,等等,它们也各具特色,各有其独特的审美特征和审美教育功能。如要把美育仅仅看成是艺术教育,又把艺术教育局限于唱歌、绘画,就必然会缩小美育的范围,减少美育的内容,削弱美育的功能,限制美育的发展。也会使青少年所受的审美教育单一、贫乏,不利于他们的全面发展。值得注意的是,随着形势的发展,电影、电视和科学技术在人们的生活中占有越来越重要的地位,它们对人们的影响也日益增强。因此,加强对青少年的影视美和科技美的教育,应该引起有关方面的足够重视,在学校中增设影视美、科技美的课程或在美育原理课中增加和突出影视美和科技美教育的内容,看来十分必要。

因此,今天我们提倡素质教育,实施美育就应打破过去的传统观念,把美育从艺术教育(音乐、美术教育)的狭窄范围中解放出来,使它走向更为广阔的天地,以更大的发挥美育的作用。

### 三、应该避免的几种倾向

首先，我们要防止功利主义倾向的出现和蔓延。近几年来，在一些地方（特别是大中城市）出现了“美育热”。许多学校（包括幼儿园）的领导和老师都把不少精力用于筹划、组织美育活动上，如举办艺术节、组织文艺会演、开办各种艺术辅导班等。许多学生家长也不惜一切代价支持和鼓励孩子上各种艺术辅导班，有的孩子甚至在一周内要上三四个班，几乎占满了他们所有的课余时间，大人孩子和疲于奔命。虽然他们的目的是引导学生全面发展，提高学生的综合素质，但同时，也不能否认，一部分家长这样做或多或少是受到了功利主义的驱使。

有些学校参加上级组织的比赛和评估，是为了取得好成绩，并由此获得荣誉、表彰和奖励，以便于评级和升级；有些学校办艺术辅导班，对办班质量和实效重视不够，而把眼光放在“创收”上，以便增加学校的收入，改善教职工的福利待遇；有些学校热心于组织学生去参加社会上一些企业的庆典活动，并进行文艺表演，主要是为了获取企业的“赞助”，提高学校的声誉；有些学校和学生家长支持学生积极参加艺术学习与演出活动，主要是为了培养“特长生”，争取升学考试加分。这样，学校能提高升学率，学生可以升入好的学校，家长也可以省心省钱。

上述种种带有功利主义性质的动机，与审美教育的性质和宗旨是背道而驰的。我们知道，审美活动的根本性质和显著特点是非功利性。它不计利害，不计得失，排除一切功利的欲求，摆脱生理和物质利益束缚，从而使人的精神处于一种自由解放的状态，达到“至善至美”的境界。这时的人是自由的人、幸福的人。正如美育的创始人席勒所说的：“只有美才能使全世界幸福。谁要是受到美的魔力的诱惑，他就会忘掉自己的局限。”①审美教育的宗旨和任务正是要培养人的超越精神，使人摆脱现实生活中的利害计较，寻求一块精神绿洲，享受心灵的自由，得到精神的慰藉。如果人的审美活动受物质利益所驱动，以追逐名利为目的，就必然陷入功利主义的误区，这就与美育的性质和宗旨大相径庭，不但不能发挥美育的应有功能和作用，而且还会将美育沾上铜臭气，使它变质变味，既腐蚀了人们的灵魂，也损害了教育工作者的形象，还败坏了社会风气。对此，我们必须加以批判和克服，以防美育中的功利主义继续蔓延。

其次，还应防止美育中的技能主义倾向。多年来，在各级各类学校实施美育的过程中，存在着这样一种带有普遍性的现象，即偏重于艺术技能技巧的传授和

---

① ［德］席勒著，徐恒醇译：《美育书简》，中国文联出版公司 1984 年版，第 146 页。

训练,而忽视对人的审美情感和审美能力的培养和提高。如在中小学的音乐、美术课中,虽然也注意了对学生进行审美素质的培养,但更多的是传授理论知识和音乐、绘画的技能技巧。对审美情感的陶冶,想象力和创造力的培养,审美心理结构的塑造,健全人格的造就,一般都比较少。至于社会上各种艺术门类的考级辅导,这方面的问题就更为突出,更加严重了。结果,培养出来的人才,在艺术技巧方面也许是比较高超的,有的人甚至是拔尖的,但是,他们在审美素质和人格涵养方面却表现得很差。这样的人才难以领会艺术的真谛,更难以攀登艺术的高峰,甚至,会走进艺术的象牙塔,自我封闭,孤芳自赏,成为性格乖戾、感情冷漠、狭隘自私的"怪才",这不能不说是美育的悲剧。

再次,美育中的形式主义也应引起我们的注意。美育总要通过一定的形式来进行,这是无可非议的,然而问题在于:近些年来,在一些美育活动中,不重视实际内容、片面追求形式的倾向有愈演愈烈之势。美育中的形式主义主要有两个方面的表现:一方面是在美育活动中一味追求规模的宏大、场面的壮观、气氛的热烈,热衷于搞艺术节、影视周、美育月,以便造成"轰动效应",达到"立竿见影"的效果。另一方面则是在一些文艺演出中只注重服饰的华贵、化装的靓丽、道具的考究、舞台的辉煌、场面的热闹,让人们眼花缭乱,目不暇接,至于节目的内容,却是空洞贫乏、索然无味,既不能给人以美的感受,也不能给人以思想的启迪,在热闹之后,没有给人留下美好的印象,有的甚至相反,给人造成不良的影响。

最后,我们还应该避免美育功能的单一化、庸俗化。20 世纪 90 年代初,许多学校以及影视制作部门在开展美育活动和制作综艺类节目时,往往偏重于消遣和娱乐,不在开发其中的教育、净化和审美作用上多下功夫,出现了美育功能单一化和庸俗化的偏向。这些节目多是邀请明星做嘉宾,他们在台上使出浑身的解数出洋相,逗人乐,有的装腔作势,哗众取宠,还有的搞低级趣味,俗不可耐。这种节目已经引起越来越多人的厌烦和批评。一些有文化涵养的明星开始拒绝参加这种活动,以维护自己的形象和艺术的崇高。

固然,在现代社会,由于竞争的激烈、生活的紧张,人们确实需要放松和休息,需要消遣和娱乐,但是消遣和娱乐只是美育的功能之一,而不是它的全部。如果过多过滥地搞这类消遣娱乐节目,而忽视其教育和审美的功能,必然使它们失去深厚的文化内涵和高尚的品位,而滑向浅薄、庸俗的境地,以至造成难以自拔的恶性循环:庸俗的艺术培养大批庸俗的观众,庸俗的观众又为庸俗的艺术提供市场,促使庸俗的艺术产生和蔓延。这样循环下去就会使人们的审美素质日趋下降,其恶果是不堪设想的。

### 四、美育的现状与任务

长期以来,不少教育行政部门和学校的领导对美育是不重视的。在他们的观念中,一是认为美育课就是音乐、美术课,这些都是辅助课,是“饭后甜点”,不能当“正餐”;二是认为美育就是要搞好课余文艺宣传活动,活跃学校的气氛。因此,在一些学校里,常常把美育只当成是音乐、美术课教师和负责团队工作教师的事,一提到开展美育活动,就认为只要把音乐、美术课上好,把课外文艺宣传活动组织好,就算完成任务了,美育似乎与其他课的教师无关。有的学校则不重视配备美育教师,经过专业训练的美育师资缺乏。至于美育课则是可上可下,可有可无,常常要给主干课让路。

这种状况是违背中央指示精神的。教育部曾三令五申多次下达文件要求各级各类学校都要开设美育课程,保证美育课的课时量,要求配备专职美育教师,以不断提高教学质量。党中央和国务院在《关于深化教育改革、全面推进素质教育的决定》(以下简称《决定》)中明确指出:“将美育融入学校教育全过程,中小学要加强音乐、美术课堂教学,高等学校要求学生选修一定学时的包括艺术在内的人文学科课程。”这就是说,美育应当渗透在各门课程的教学之中,贯穿在学校教育的各个环节,体现在学校工作的各个方面,形成美育工作人人有责、人人参与的局面。只有这样,才能充分发挥美育的作用,才能对学生的全面发展产生深刻的影响。

一些学校的领导和教师在组织美育活动时,为了获奖、上名次,为了给学校争荣誉,为了培养特长生、提高升学率,只重视对少数文艺活动骨干和积极分子的培养,给他们提供各种条件,创造各种学习、训练和表演的机会,让这些学生充分施展自己的艺术才能。而对大多数学生的审美需求和积极性则缺乏关心和调动,对他们的艺术潜能更缺少发现和发掘,认为他们只能当美育活动的旁观者,做捧场的观众。这样一来,美育活动似乎变成了少数学生的专利。多数学生受到冷落,甚至成为被遗忘的人群,这是认知上的严重偏执。

美育既然是国民素质教育的组成部分,它就应该面向全体学生,特别是在中小学阶段,美育更应当面向每个学生,不论其背景、天赋如何,也不论其是否有残疾,都有享受审美教育的权利。学校必须保证每个学生的学习条件,教师要关心和尽可能满足每个学生的审美需求,善于发现和发挥每个学生的艺术潜能。应当看到,尽管学生在艺术天分和才能上是有差异的,但是天分不高不等于没有资格。如果在基础教育(义务教育)阶段因为一些学生的审美能力和艺术才能偏低,就把他们排除在美育活动之外，这无疑是剥夺了他们接受审美教育的权利，不仅压制和扼杀了他们的艺术才能，而且也剥夺了他们在审美活动中获取知识的权利，影响了他们的全面发展，这是违背党的教育方针的。

总之，时代的车轮早已迈入 21 世纪。党中央、国务院已经作出了《决定》，并且召开了第三次全国教育工作会议，决议和会议的核心内容就是要在我国全面推进素质教育，其中包括加强美育。我们作为教育工作者，特别是美育工作者，要乘第三次全教会的东风，认真学习《决定》的精神，并以此为指导，深入学习和研究美育理论，用科学的美育理论去分析解决当前美育误区中存在的种种问题，把我国的美育引向健康发展的轨道。要正确认识和处理美育和艺术教育的关系，以艺术教育为龙头带动全方位的审美教育。要努力克服美育中的功利主义、技能主义和形式主义的倾向，纠正一些人对美育功能的片面理解，维护美育的纯洁性和崇高性，充分发挥美育在培养人的审美情感、净化人的心灵、塑造人的健全人格等方面的作用。学校审美教育工作开展则要从全面贯彻党的教育方针、积极推进素质教育的高度，认识美育在学校教育中的地位，积极动员教职工关心和参加美育活动，让他们从中受到美的陶冶，提高自己的审美素质，促进自身的全面发展。

### 五、美育的独立意义

具体剖析美育，我们可以看到它不可替代的特质与内容。学校教育就其本来的意义说，不过是对学生施加影响，使其得到培育和教化。一个现实的人，无非包括肉体和精神两个方面。对于肉体的培训和教化构成了体育。按照康德以来的传统分类方法，人的精神或心理可分为知、意、情三类。分别与之相对应的哲学范畴是真、善、美，而以它们为对象的哲学分支学科分别为逻辑学（认识论）、伦理学和美学。这些学科运用于教育实践，则分别构成智育、德育和美育。犹如真、善不能代替美，逻辑学、伦理学不能代替美学一样，智育、德育也不能代表美育。美育同德、智、体诸育是全面发展教育的有机组成部分。各育虽然相互联系、相互补充、相互促进、相辅相成，但各有各的性质、内容、任务和功能，不能相互包含，相互代替。

《关于深化教育改革，全面推进素质教育的决定》指出："实施素质教育，必须把德育、智育、体育、美育等有机地统一在教育活动的各个环节中。学校教育不仅要抓好智育，更要重视德育，还要加强体育、美育、劳动技术教育和社会实践，使诸方面教育相互渗透,协调发展,促进学生的全面发展和健康成长。"①美育是全面发展教育不可或缺的一根支柱。在教育这个系统工程中,如果缺少美育就不能实现学生自由和谐的发展和素质的全面提高。在素质教育中,美育具有区别于德育、智育和体育的独特功能,这种功能就在于培养和提高包括审美素质在内的学生的全面素质(主要包括思想道德素质、科学文化素质、身心健康素质等),实现人格的完善。从一定意义上说,美育是通向学生的全面而和谐发展的必由之路。

早在1793年,德国美学家和文学家席勒就从人道主义理想出发,提出了美育在人格(他称为人性)完善中至关重要的作用。在他看来,人性的完善要通过感性的人向理性的人的提升来实现,而审美则是从感性的人通向理性的人的不可缺少的桥梁。他说:要使感性的人成为理性的人,除了首先使他成为审美的人,没有其他途径。席勒的理论无疑带有空想的性质,然而他肯定了美育在人格完善中特殊的巨大作用,则是难能可贵的。

美育之所以具有如此巨大的作用,首先由于美育具有完整性与和谐性的特点,它培育学生的有机的、整体的反应能力,使人的心灵在形式感受、意义领悟和价值体验中达到一种和谐而自由的状态。在这种状态中,学生的各种能力都得到协调发展而不损害有机统一的整体,从而促进学生人格的完善。正如德国哲学家卡西尔所说,正是审美经验的这一特性,才使艺术成为人文教育体系的一个不可分离的组成部分。艺术是一条通向自由之路,是人类心智解放的过程,而人类心智的解放则又是一切教育真正的终极目标。其次由于美育具有感性与理性、情感与理智相融的特点,它通过对感性形式的直观,达到对其中蕴涵着的意味的领悟和抒情,开启学生的创造智慧;同时通过陶冶性情,净化情感欲念,把情感与理智的沟通融入学生的价值取向、意志抉择和行为动机的取舍之中,从而给学生的理性世界带来灵性和感染力,使科学精神与人文精神结合在一起,成为推动"两个文明"建设的强大精神力量。

### 六、美育与素质教育

思想道德素质是学生综合素质的灵魂与核心。美育则是提高学生的思想道德素质的重要手段和途径。鲁迅先生曾经指出,审美"可以辅翼道德"。高尔基说:美学是未来的伦理学。其具体作用表现在以下几点。

首先,美育对学生的世界观、人生观、价值观的确立具有重要的影响作用。我

① 见《中共中央国务院关于深化改革全面推进素质教育的决定》。

们知道,具有永久魅力的古希腊神话普罗米修斯造福人间的故事对青少年时代的马克思的世界观、人生观、价值观的形成产生过多么深刻的影响,致使马克思决心成为第二个普罗米修斯。著名小说《钢铁是怎样炼成的》对世界各国数代青少年人生道路的深刻影响更是人所共知的。

其次,美育对学生的思想道德具有强烈的感化作用。著名教育家苏霍姆林斯基指出:“审美教育同人的思想面貌的形成,同儿童和青少年审美和道德标准的形成,密不可分地联系在一起。”

再次,美育对学生的品格情操具有潜移默化的陶冶作用。美育是一种情感教育,它不但可以丰富人的情感,而且可以净化人的情感,使人的品格情操高尚起来。正如车尔尼雪夫斯基所说,诗人领导人们追求对于生活的崇高理解和崇高的情操,读他们的作品,会使我们习惯于对一切庸俗丑恶的东西感到厌恶,领会一切好的、美的东西的魅力,爱一切高尚的东西;读他们的作品,会使我们自己变得更好、更善良、更高尚。

美育之所以有助于学生思想道德素质的提高,是因为审美具有自由感受拥有自由意志的特质。人们恰恰是在自由感受的审美境界中能够实现道德自由即意志选择自由。在这种境界中,个体可以抑制感性欲求,宁静致远,“破人我之见,去利害得失之计较”,保持自身的尊严和高尚的人格,必要时能“舍生取义”“视死如归”。美育具有这种“以美储善”功能的深层原因在于情感活动作为一种信息通道,能将审美与伦理两种心理结构联系沟通。审美教育正是借引发的情感活动作为连接两种心理结构的渠道和中介,使审美情感成为一种行为动力的。只有有了这种动力的推动,道德认识、道德理想、道德信念才能向道德行为转化。人在审美状态中对人生价值的领悟可以进入一种“超凡脱俗”的崇高境界。这种经验一旦在内心巩固下来,就会在各种不同的情境中显示出一种定势力量,就会对道德意志的形成产生一种有选择而又有推动的作用。美育对低级情欲的净化和对高级社会情感的强化,有助于我们对学生的思想道德教育从道德规范的硬性要求转变为意志自由的培养,在个体心理中,道德规范的强制性将逐渐为意志选择的自由所取代。道德的他律将日益化为个体的自律。

学生的基本素质,除了思想道德素质以外,还包括科学文化素质。美育既是科学文化教育的重要内容,又是提高学生的科学文化素质的重要手段和途径。美育作为科学文化教育的重要内容是不言而喻的,所以无须赘述。这里着重谈谈美育作为提高学生科学文化素质的手段和途径的重要功能。

第一,美育可以增强学生对科学文化知识的理解和记忆。北京师大附中每天让学生抽出一个小时参加有组织的美育活动，其学习效果高于全天8小时做功课。由此，他们得出“8—1 >8”这样一个耐人寻味的公式。保加利亚心理学家洛柴诺夫通过实验得出结论：在高度紧张的脑力劳动之余，经优美的音乐调节后，人的记忆力是通常的2.17 ~2.5倍。

第二，美育可以促进学生智能的开发。德国诗人歌德、美国发明家爱迪生、我国著名数学家苏步青等人的智能开发，都得益于早期的审美教育。无数事实证明，审美教育对学生智能开发具有重要作用。H. 里德说，人的个体意识，尤其是智力和判断力是以审美教育——各种感受力的教育——为基础的。

第三，审美教育有助于学生创造能力的发展。李泽厚说，审美“是开启对客观规律的科学发现的强有力的途径……美学和艺术中享有的自由正是科学中可以依靠的和借用的钥匙和拐杖”。爱因斯坦以其“美学的、直观的”方法研究出《相对论》；开普勒受其家乡和谐曲的启迪提出了行星运动轨道公式；薛定锷由欣赏自然美引起的联想揭示出生命遗传密码之谜。这些都是审美活动启发创造智能的有力证明。

美育之所以有助于学生科学文化素质的提高，从生理机制上说是因为美育使人脑两半球得到平衡协调发展，实现左右脑各自抽象思维与形象思维不同功能的有机结合和相互补偿，从而充分发挥大脑的潜能。从心理机制上说是因为审美作为自由感受具有自由直观的因素，从而有助于创造心理的形成，美育引导受教育者走向对感性形式及其意味的整体性的直观把握和领悟，培养渗透着理性的直觉思维能力，即形象思维能力。这种思维能力是智力认知走向智力创造的钥匙。可以说，美育开启了由抽象思维能力走向直觉思维能力，由认识真理走向创造发明的通路和渠道。这种“以美启真”的心理机制具体表现为以下几点。

首先，美育作为形象直观教育，易于引发受教育者浓厚的学习兴趣，从而使他们集中注意力，调动起学习的积极性、主动性。正如爱因斯坦所说：“喜爱比责任感是更好的教师。”其次，美育作为情感教育能够牵动受教育者的理智感(包括怀疑感、自信感、惊异感等)，激起他们对真理的追求，从而使他们触发创造的灵感，把握创造的契机。再次，美育能够丰富和活跃学生的想象力，从而使智能得到开发，创造力得到发展。想象是创造力的灵魂，美育则是培养和训练想象力的最佳途径。最后，美育作为形象思维教育，能够有效地培养学生的直观领悟能力。这种心理能力在艺术创造中被称为灵感，在科学创造中被称为顿悟。它是创造活动中的突变和飞跃。

身心健康素质也是学生的基本素质。美育对于提高学生的身心健康素质具有不可忽视的重要作用。首先,美育可以增进学生的健康,塑造学生的健美形体。审美的直接效应是获得美感,美感是一种愉快的心理感受。伟大的生物学家巴甫洛夫说:愉快可以促进人体的健康发展。马克思也曾经说过:“一种美好的心情,比十服良药更能解除生理上的疲惫和痛楚。”所以,音乐、舞蹈、书画等艺术活动能够使人健康长寿的功能历来为人们所重视。美国有人对已故著名乐队指挥的平均寿命与当时美国人的平均寿命做过统计比较,结果表明前者比后者高出5岁。美育还大大有助于健美形体的塑造。实践证明,坚持按照美的规律进行锻炼和训练,就能使人的形体变得和谐健美起来。古希腊人早就懂得这个道理并付诸实践,致使他们的形体有如雕像一样地健美。近几年来,健美操、韵律操、艺术体操的推广和普及对塑造人们健美的形体发挥着越来越明显的作用。

美育之所以具有增进学生身体健康的功能是由于审美使人心情舒畅,肌肉放松,心律舒缓,机能协调。审美的愉悦性消除了各种有害健康因素的困扰,促进了有益于健康的生物化学物质的分泌,从而能够增强体质、体能,提高健康水平。美育有助于塑造健美形体的机制在于以审美情感为中心的多种心理功能的和谐活动对人体结构和身体运动形式的和谐调控,即内部心理和谐对外部形体动作和谐的调控。在这种调控下,通过适当的运动和锻炼、节奏规整、韵律鲜明、多样统一的方向演进,从而使人的形体匀称和谐、强壮有力和生机勃勃,即达到健美。

另外,美育可以增进学生的心理健康,完善学生的个性品质。人的身心健康除了身体即生理健康以外,还应包括心理健康,而后者常常被人们忽视。随着现代社会竞争的加剧、社会关系的日益复杂、生活压力的加重以及自我调适能力的限制,人们的心理健康正在承受着严峻的考验,并已成为不容忽视的社会问题。因此,提高人们的心理健康素质显得越来越重要和迫切。而美育在提高人的心理素质方面是可以大有作为的。第一,美育能够促进个体心理活动与社会环境的协调;第二,美育能够促进个体心理与生理特征的协调;第三,美育能够促进个体心理活动内部各种成分之间的协调。上述种种协调能力的增进,就意味着心理承受能力的增强和心理健康素质的提高。美育之所以具有这种协调功能,一是艺术和审美可以消除人脑的高度紧张和疲劳,使大脑各部位的兴奋和抑制有序交替出现,从而有助于脑机能的平衡健康发展;二是艺术和审美可以宣泄情感,疏导情绪,排解压抑,使心理得到平衡。此外,美育对完善学生的个性品质也具有明显的作用。美育能使学生在美的环境中产生幸福感、自豪感和对美好未来的追求。能使学生性格开朗、精神饱满、精力旺盛、情绪稳定、意志坚强,能使人的气质和风度高雅大方,保持鲜明的个性和完美的人格。因此,可以说美育是素质教育大厦不可或缺的支柱，是培养和提高学生全面素质的必要手段和重要途径。它在实施和推进素质教育中具有不可替代的独立地位和不可忽视的重大意义。

## 第二节　美育特点剖析

美育寓美于教，寓教于乐，同时又必须以德育为基础。但德育不能代替美育，美育的独特价值在于通过审美实践活动对学生进行审美和创造美的教育，通过美育使学生具有美的理想、美的情操、美的品格、美的素养，具有欣赏美和创造美的能力。

### 一、美育与“自由人”

诗人何其芳在《我为少男少女们歌唱》这首诗中写道：

我歌唱早晨
我歌唱希望
我歌唱那些属于未来的事物
我歌唱正在生长的力量。

诗本身就是一种艺术的美。诗人之所以要歌唱“早晨”“希望”“未来的事物”和“生长的力量”，其重要原因就是这些都是美的事物。“早晨”是度过了漫长的黑夜之后迎来的光明，是一天的开始，也是一天中最灿烂的时刻；“希望”和“未来”都为人们所向往；“力量”又是走向未来的物质保证；“正在生长的力量”可以战胜一切，通向未来。因此，这歌声才能如“一阵微风”“一片阳光”抚慰着青年的心，“成年人也会丢掉成年的忧伤”“重新变得年轻”，对生活“又充满了梦想，充满了渴望”。这样的诗，自然会使学生在浓重的审美教育中，领会生活的真谛。它不是干枯的道德说教，而是令人感到舒适的美。它能激发人的感情，振奋人的力量，使人热爱生活，使人对新生事物充满信心。这里有德育有智育，但它通过对美的情感、美的形象、美的氛围、美的诗歌的感受来实现；这里有美育，但它又以德育、智育为基础。如果它歌颂黑夜，歌颂没落，绝没有这种力量。

同样，诗人郭小川为什么要歌唱《青纱帐——甘蔗林》呢？因为诗人的青春，在“青纱帐里染上战斗的火光”！诗人的战友在“青纱帐里浴过壮丽的朝阳”！诗人的歌声在“青纱帐里生出翅膀”！诗人的祖国在“青纱帐里炼成纯钢”！而甘蔗林呢，又是“我们时代的青纱帐”！看吧，当敌人挑衅时，甘蔗林将叫他灭亡：

那甜甜的秸秆呵，立刻变成锐利的刀枪！
那密密的长叶呵，立即织成强大的罗网！

诗里有抗日烽火的历史记载（这是真），有热爱祖国的至诚表白（这是善），最主要的还是有美：美的风光、美的品格、美的情感、美的理想！然而，我们必须强调指出，美育必须以德育为基础，通过美育可以培养学生高度的思想觉悟和高尚的道德情操。但德育又不等于美育。德育劝善惩恶在于通过对善恶原则的道理阐述，以理服人；美育悦情怡性在于通过具体的感性形象以情感人。二者决不能互相替代。20世纪初，蔡元培就批评了那种将美育包括在德育里的做法，认为是太把美育忽视了。可是中华人民共和国成立以后的几十年间，竟重犯了这一错误，把美育摈弃在教育方针之外，企图以德育代美育，其结果则是造成口号式说教的失败，甚至使受教育者的道德扭曲，而“文革”中的英雄更成为这种“样板”道德的畸形与怪胎。这是应该深以为诫的。

美育必须以智育为基础。通过美育可以帮助人们了解历史，了解自然，了解自然和社会的发展规律。但智育也不等于美育。智育对客观规律的理性表述，绝不同于美育对复杂的事物的感性形式的生动、形象的表现。哲学原理、数学公式绝没有文艺作品那样的审美感染力。历史科学与历史小说也有明确分界。

美育与体育关系也十分密切。要用自然景物之美去对学生进行美育，要求学生必须有健康的体魄；同时游览名山大川也有利身心健康。体育的优美姿态既是进行美育的必要内容，又是吸引学生从事体育活动的一种动力。然而体育也不等于美育。体育以体格的健全为主要目的，美育则以心灵的完善为主要目的。

蔡元培认为，人生必有意志，人与人的关系又体现在行为上。要使人人都有适当的行为，就必须以德育为教育的中心。欲求适当的行为，必须掌握因果规律，以做出准确的判断，这要依靠智育的帮助。而不避祸福，不计生死的行为则要靠热烈的感情去推动，这又需美育的帮助。“所以美育者，与智育相辅而行，以图德育之完成者也。”他之所以奔走呼号，竭力主张“以美育代宗教”，在他看来，人的精神作用分为知识、意志、感情三种。“最早之宗教，常兼此三作用有之。”他认为随着科学的发展，知识独立；随着生理学、心理学、社会学的发展，意志独立；因而利用宗教建筑、寺院环境、宗教壁画、音乐、诗歌等陶冶情感的美育亦应独立。实际上,美育本身就是融德育智育为一体的。只不过各有自己的内容和特点,不能互相代替罢了。

德、智、体、美的内在联系是与人的社会实践的综合性分不开的。周扬指出,马克思说:“人类是按照美的规律改造世界的。可见,人们在改造世界的实践活动中,总是把自己的意志、道德和审美理想,以及对事物运行规律的认识统一在一起进行的。因此,我们要实现人类最崇高的理想——共产主义,就不能不发展美学,就不能不发展审美的教育。”美育具有自身的独立价值与特殊本质。美育的实施,可以独立进行,也可与其他活动结合进行。蔡元培认为,在学校范围内,“凡是学校所有的课程,都没有与美育无关的”①。语文课则是和美育关系最密切的课程之一。为了更好地培育人的素质,实施美育,必须深入地分析语文课中的美学现象,全面地挖掘语文课中的美学问题。

总而言之,德智体美全面发展是个有机的整体,缺一不可。把美育凌驾于一切之上固然不可,视美育为可有可无,也是不对的。随着对素质教育的强调与把美育列为教育方针的重要内容,应该把语文课中的美育提高到适当的地位。

美育的特点与美育的目的分不开。我们知道,美育的根本问题,是培养学生的素质问题。《论语·子路、曾皙、冉有、公西华侍坐章》记述了孔子与弟子四人谈论人生理想以及孔子对学生的态度,其中体现的审美意义尤其值得我们注意。

在这篇文章中,对于子路等弟子的回答,孔子或不置可否,或友善批评,或一般地正面肯定,唯独对曾皙的观点,孔子极力推崇。这是因为曾皙那“鼓瑟希,铿尔,舍瑟而作”的连续动作是优美的;那“异乎三子”的答话是委婉的;更因为他那“莫春者,春服既成,冠者五六人,童子六七人,浴乎沂,风乎舞雩,咏而归”的谈话内容是既形象生动又令人神往的。

我们可以设想:在春意盎然、春光明媚的日子里,与一群志同道合的青少年轻装出游,在河边撩水沐浴,登舞雩被春风吹拂,自由欢歌,尽兴而归,这不是一幅绝妙的游春图吗?游者欢快的心情与春天美丽的景色融为一体。面对此情此景,谁不为之心动神摇呢?

单从美学的角度讲,曾皙以优美的方式描绘出了孔子所主张的风化教育的理想境界,这难道不是最具美的特征吗?把孔子所赞许的公西华和曾皙两人的理想结合起来,就可以看出,孔子理想的人物,就是既可用封建的礼乐去治理国家,又可以尽情去领略各种各样的美的生活、美的自然的理想人。

---

① 《蔡元培选集》,中华书局1959年版,第199页。

孔子收门徒三千,教以礼、乐、射、御、书、数六艺。蔡元培指出,其中"乐为纯粹美育;书以记述,亦尚美观;射御在技术之熟练,而亦态度之娴雅;礼之本义在守规则,而其作用又在远鄙俗;盖自数之外,无不含有美育成分者"①。其目的就在培养人的审美素质,以成为他所理想的全面发展的人。

王国维在《论教育之宗旨》中曾谈论到美育的目的。他认为:"完全之人物不可不备真美善之三德,欲达此理想,于是教育之事起。教育之事亦分为三部:智育、德育(即意志)、美育(即情育)是也。"体育可以"发达其身体",德育、智育、美育可以"发达其精神"。其共同的目的是要使"人之能力无不发达且调和"②。他仅仅把美育局限于情育,肯定不准确。他所说的德育、美育、智育肯定也有其特定的时代内容。但他认为教育要培养的是"完全之人物",而且这"完全之人物"非有美育不可,这就有了明确的美育理论做指导,因而他的观点也就有了更多值得我们借鉴的东西。

我们曾经提及,席勒在《审美教育书简》中,就曾针对资本主义社会的矛盾带来的人格分裂和人性自由的丧失这一严重社会弊端,提出通过美育来恢复人的完整、和谐的个性这一建议,它讲的就是培养"完全之人物"的问题。在席勒看来,人性本来是自由的,但是由于受到自然力量和物质需要的强迫,又受到理性法则的羁绊,使人在现实中并不自由。"随着进入任何一种被规定状态,也失去了这种人性"③。这种受自然力量支配的人就是"感性的人"。反之,能够充分发挥自已意志的主动精神的人则是"理性的人"。"要使感性的人成为理性的人,除了首先使他成为审美的人以外,别无其他的途径"④。认真考察起来,席勒对美育的作用有所夸大。他企图用美育来解决资本主义社会的矛盾,实现政治自由,是改良主义的空想,但他看到了美育在人性发展中的重要作用,这在美育史上是有重要贡献的。

马克思主义的创始人继承了前人的美育思想,首先指出分工和阶级压迫对人的才能的压抑和对个性的摧残。认为资本主义的生产关系"在已经形成的无产阶级身上实际上已完全丧失了一切合乎人性的东西,甚至完全丧失了合乎人性的外观",因为"在无产阶级的生活条件中,现代社会的一切活动条件达到了违反人性

---

① 《蔡元培美学文选》,第174页。

② 舒新城编:《中国近代教育史资料》下册,人民教育出版社1962年版,第1008页。

③ [德]席勒著,冯至、范大灿译:《审美教育书简》,北京大学出版社1985年版,第108页。

④ [德]席勒著,冯至、范大灿译:《审美教育书简》,北京大学出版社1985年版,第106页。

的顶点”①。其次又提出了“每一个人都无可争辩地有权全面发展自己的才能”②的要求。最后又谈了全面发展自己的途径是消灭私有制,“私有财产的积极的扬弃,也就是说,为了人并且通过人对人的本质和人的生命、对象性的人和人的产品的感情的占有,不应当仅仅被理解为直接的、片面的享受,不应当仅仅被理解为占有、拥有。人以全面的方式,也就是说,作为一个完整的人,占有自己的全面的本质”③。这种情况只有在共产主义社会才能实现,因为“在那里,每个人的自由发展是一切人的自由发展的条件”④。

## 二、美育的特点与学校的任务

席勒认为,理性的人认识的真理是“思维力自主地和自由地创造出来的”,而审美的人则是“同时被动地和主动地被规定”⑤,即既有被动的一面,又有主动的一面,既是感性的,又是理性的,这才是正确的。马克思主义认为人在社会实践中不能不受到客观条件的限制。但人们掌握的客观规律越多,意志越坚强,精神的自主和自由受到的限制也越少。当代生产力水平的提高,资本主义文明的高度发展,为人们自由支配自然提供了物质基础。在新的世界秩序面前,资本主义制度的某些自我调整给人们以一定的自由;社会主义制度的逐步完善,则给人们自由支配社会提供了保证。于是人们在与客观世界的关系中主动精神得到了较为自由的发展和全面的发挥,逐步摆脱狭隘的感性物质关系的束缚,进一步升华到理性的精神领域中去。

在审美活动中,由于超越了物质利害的束缚,精神的自主和自由得以最大限度地发挥。比如艺术创造的自由,面对自然风光而生的无穷遐想,都不受限制。正是在这种精神自由的飞翔中,人们的想象力得到充分发展,美的理想以及为追求美好理想而奋斗所需要的激情、意志、品质、信心等也油然而生。在此过程中,人的器官得到全面发展。人的本质得到了全面展示,人才能成为完整的全面发展的人。

美育对学生的培养的特殊意义就在这里。正是在这一意义上,郭沫若才说:“人类社会根本改造的步骤之一,应当是人的改造,人的根本改造应当从儿童的感

---

① 《马克思恩格斯全集》第28卷,第45页。
② 《马克思恩格斯全集》第2卷,第614页。
③ 《马克思恩格斯全集》第42卷,第124页。
④ 《马克思恩格斯选集》第1卷,第273页。
⑤ [德]席勒著,冯至、范大灿译:《审美教育书简》,第117页。

性教育、美的教育入手。"苏联教育家杰普莉茨卡娅也指出:"没有美育,就不可能有个性充分的全面发展。"

也正因为美育的根本意义在培养人、美化人,所以美育的重要内容之一是赞美人。高尔基说:"美化人、赞美人是非常有益的。它可以提高人的自尊心,有助于发展人对自己的创造力的信心。此外,赞美人是因为一切美好的有社会价值的东西,都是由人的力量、人的意志创造出来的。"①就文艺作品来看,无论是政论文还是文艺性的文章,绝大多数都是与人的美化有关的。通过在艺术中对人的美化来达到在现实中美化人的目的。这既是美育的主要途径,也是美育的主要特征之一。

美育的根本特征是素质教育的审美化。美育的现代使命是促进学生的全面发展,而就素质教育和学生的全面发展的关系来看,它们之间的关系是"相等"的。从这个意义上说,审美化是素质教育的选择。

马克思在分析人类劳动与运动本能的区别时,曾指出:"人也按照美的规律来塑造物体。"教育作为人类自我塑造活动,更应按照美的规律来进行。美育的效应不仅在于完善审美心理结构,提高审美素质,而且对于提高受教育者的全面素质具有重要作用。这种作用表现在"立美育人"上,即立美导善、立美启智、立美促健。苏霍姆林斯基说得好:"美——是道德纯洁、精神丰富和体魄健全的强大源泉。"

如前所说,审美化的教育不仅是具体的艺术教育,也不仅是情感教育,它有着更高的目标内涵。它体现了强烈的人文精神和深切的人文关怀,以培养和造就青少年新型的文化品位为崇高使命。德育是一种规范教育,注重人的社会化,偏重于思想观点、政治觉悟和道德品质的培养,着眼于人的情感发展。德美并重,促进理性与感性的协调发展,是走出当前德育低效困境的有效途径。正如苏霍姆林斯基说的:"美是一种心灵体操——它使我们的精神正直、心地纯洁、情感和信念端正。"

列宁认为:"没有人的感情,就从来没有也不可能有人对真理的追求。"如果把智育与美育结合起来,在教学活动中不仅可以活跃课堂气氛,激发学生热情和求知欲,还可以建立师生之间的良好关系,从而减轻教学和接受的难度,使学习变成一种享受。如此,学生的智力发展当然就会在轻松愉快中顺利进行。体育劳技教育也是如此,爱因斯坦在总结自己的成功"秘诀"时用了这样一个公式来表示:A

① 《论文学》,第165页。

(成功) = X(工作) + Y(音乐) + Z(不说空话)。这是耐人寻味的。它说明了审美和科学直觉是相通的。美学家 H. 里德指出:人的个体意识,尤其是智力和判断力的培养是以审美教育为主要方法的。

柳斌认为:素质教育"以促进全面发展为宗旨"。审美化是促进德、智、体诸育发展的有效手段。素质教育呼唤着教育审美化。

教育审美化研究的是教育领域的审美现象及其发展规律,并以教育领域的美来塑造人的主体性和个体性。教育审美化首先指教育活动的审美化。但是任何教育活动都在一定的教育环境中进行,所以教育审美化又包括了教育环境的审美化。

首先是教育环境的审美化。一个美的教育环境可以使师生怡目悦性、身心舒畅。捷克教育家夸美纽斯早就指出:"学校本身应当是一个快意的场所,校内外看上去都应当富有吸引的力量。"苏霍姆林斯基更加强调环境美对人的熏陶作用,他说:"环境美就是更达到天然美与人工美两者的协调,这种协调能激起人们的喜悦感。我们力求使孩子们在校园里到处看到天然美景,并使这种美景在孩子们精心护理下显得更加绮丽。"

教育环境一般可分为物质环境与精神环境。我们认为,物质环境的审美化必须包括:绿化、净化、布局的和谐和人文景观等四个基本因素。因此,学校建设在校舍建筑群的整体布局、建筑造型、色彩谐调及雕塑造型上必须力求协调和谐。建造者应致力于创造优美和谐的教育环境,使校园绿树成荫、繁花缤纷。置身于和谐洁净的环境,无论是谁都会被一种优美健康、积极向上的气氛所感染,与学校产生强烈的认同感。"层次分明、错落有致、一步一景、柳暗花明"这正是对校园环境的高度概括。苏霍姆林斯基曾要求"让每一面墙壁说话",把教室布置得生机盎然,把厅廊布置得高雅悦目,有名言名画,有大型瓷画,有标语宣传画,有图书馆、生物角……这样就可以使学校的每一处场地都得到文化的熏陶,使校园成为教育学生难得的隐性课堂。

精神环境的审美化包括学校风气的审美化、师生人际交往心理环境的审美化和社区的审美化等三个基本因素。第一,学校风气(校风)指学校集体在长期教育工作实践中逐步形成的比较稳定的思想行为倾向,如尊师爱生的道德作风、紧张活泼的生活作风、有条不紊的教学秩序、勤奋求知的读书风气,等等。良好的校风具有集体的向心力、凝聚力和感染力、同化力。具有鲜明的个性和风格的校风不仅有教育意义而且有审美价值。因此学校必须在实践中逐步形成"治学严谨、勤奋踏实、尊师爱生、文明守纪"的良好校风。学校领导班子之间,应分工明确,各司其职,互相理解,互相尊重,关系融洽,紧紧地拧成一股绳,以有力地保障各种工作的顺利开展。干群之间、教师之间应团结、融洽,这种良好的人际心理氛围会直接影响到优良校风的形成。而优良的校风又会增强教师集体中每个成员的归属感、义务感和荣誉感。“团结协作、求真务实、奉献进取、改革创新”的精神,会不断激励学校师生奋力攀登,力争上游。第二,构建和谐融洽的师生人际关系心理氛围。良好的师生关系与良好的校风是相辅相成的,师生关系是民主平等的关系,师德的核心是爱生,爱生的基础是尊重学生的人格。良好的师生关系是教师对学生施加美育影响的重要手段,直接影响着美育教学质量。同学关系审美化同样有着重要的地位。它具有纯洁的特征。正是这种同学间纯洁的关系维系着学生集体。学生沐浴在充满着爱和美的集体中,感受到社会的温暖,从而才能培养起健康的人格。第三,文明社区的审美化具有启德导善的功能。我们应坚持“学校、家庭、社会”三结合教育,认真做好家长工作,让家长广泛参与学校教育,认真开展军警民共建活动和厂校挂钩活动,让学生到驻军、省军区参加军训。学校还必须与厂企挂钩,组织学生学工,到农村学农与并开展社会调查活动,参加社会实践,以推进美育与德育的社会化进程。这种社区环境的审美化让学生接触社会,让社会关心学校,以激发学生热爱社会主义社会、热爱生活的美好情感。

教育活动的审美化,则包括了教学活动的审美化和校园文化活动的审美化两个基本因素。教学活动的审美化就是在学科教学中渗透美育,用美的语言、美的直观形象、美的意识去激发学生的兴趣,发展他们的智力。第一,就教学内容而言,要有学科的知识美。文科有美的文字、美的意识,有山川的壮丽、历史的辉煌、文化的瑰丽、哲理的深邃;理科要有自然科学完整和谐的美感、逻辑的美感,等等。第二,就教学艺术而言,要有教师的情感美。教育气氛大致有两种基本类型:热情活泼型和冷漠沉闷型。所谓教师情感美指的是能产生热情活泼的教育气氛的美。这样的教育气氛不仅可以提高教学质量,而且可以使师生获得精神上的满足。德国教育家梯斯多惠说过:“教学的艺术不在于传授的本领,而在于激励、唤醒、鼓舞。而没有兴奋的情绪怎么能激励人,没有主动性怎么唤醒沉睡的人,没有生气勃勃的精神怎么能鼓舞人呢?”这就要求教师保持热情活跃的情绪和情感,具有人品的真诚。第三,就教学过程而言,有教学方法美。教师善于运用有声系统的口述语言、情感系统的体态语言、符号系统的板书语言和现代多媒体手段进行教学;善于运用有效的教学方法,做到“教学有法、教无定法、贵在得法”;善于掌握教学的节奏,做到动静结合、疏密变化、张弛相间,把学生带入起伏跌宕、波澜壮阔的境界。美的教学方法不仅引人入胜,具有一定的审美价值,而且会使学生在得到知识的同时,感受到审美带来的喜悦,激发其继续探索新知识的情趣。这就首先要求教师提高自身的包括教学审美理想、审美情趣、审美能力在内的审美素质,从而去创造教学美。

校园文化活动的审美化是要有计划、有目的地开展各种供青少年参与的活动,以校园文化活动为载体提高青少年的文化品位,陶冶他们的情感,把活动课程列入课表,开设学科、劳技、体育、艺术等活动课程,发展学生个性和特长。开展"班班有歌声"活动和"爱我中华"的读书、讲座、绘画、书法系列活动及小论文、小制作、小发明"三小"比赛,形成各项课外活动的审美化方案。进而大大活跃校园文化。同时举办各类讲座、竞赛、兴趣、体育活动来吸引更多的师生。积极开展劳技动手活动,劳技课以动脑动手为主要特征,培养学生的劳动习惯、劳动技能和动手能力。这样,青少年将体会到动手的审美愉悦。

通过这些校园文化活动培养学生的"四美"——语言美、仪表美、行为美、心灵美;培养学生创造美的能力,让学生"从我做起,从身边的小事做起",逐步培养自己的审美素质与创造美的能力。

### 三、美育的关键与美育实践方式

教育审美化的关键在于教师的素质美。审美化教育是进行审美和创造美的教育,是塑造受教育者人格的教育。这种教育应如春雨"随风潜入夜,润物细无声",使学生于潜移默化中接受教育和熏陶。在这个教育活动中,教师的表率作用是非常重要的,教师的审美素质则是至关重要的,这样才能"以素质换素质"。例如,要求学生仪表美,教师就首先应该使用文明礼貌用语,克服教师"忌语";要求学生行为美,教师首先要做到举止言行符合美的范畴;要求学生心灵美,教师首先要净化自己的灵魂。只有教师认识到教师职业不是简单的谋生手段,而是自己智慧、力量、才能的表现,更是美的创造,他才能对自己的职业有奔放的激情,才会去提高自己的教育才能和教育艺术水平,"成为人的问题这个艰难领域中的美的创造者"。这样的教师往往不计较生活的清苦、工作的繁重,并总是深深地沉醉在自己的职业享受之中,努力使学生的学习不再是一种沉重的负担,而是一种美的享受。正如美国学者奥恩斯坦所指出的:"一个好的教师得到比他的工薪高几倍的酬劳。但是,最好的教师得到的是深刻的内心愉快。这种愉快是无法用言语形容,也是不能用金钱来折算的。"

大力提倡审美素质的培养,对于青少年学生的健康成长来说,具有不可替代的重要意义。美育有利于学生高尚道德情操的形成。有助于开阔学生的眼界,促进他们的智力开发,有助于增进学生的身体健康。美育可以提高学生的体育质量,可以调节他们的情绪,提高他们的心理健康水平。美育能丰富学生的物质生活和精神生活,是培养审美能力和审美习惯的主要依托。同时,美育还有益于学生开发大脑潜能,特别是右脑半球的潜能开发,激发其创造能力和情感能力,提升"情商"水平。

在内容、方式与效果上,美育都有其自身特点。黄宗羲在《柳敬亭传》中给我们讲述了莫生教柳敬亭说书的故事。莫生认为要学好说书的本领,"必句性情,习方俗,如优孟摇头而歌,而后可以得志"。柳氏遵嘱苦练,一两个月后,"能使人慷慨涕泣";再过一个月,"言未发而哀乐具乎其前,使人之性情不能自主"。于是,所到之处,"争延之使奏其技,无不当于心称善也"。这里所讲的说书的效果,可以说实际上就是美育的效果。

宗璞在《西湖漫笔》中说:她"平生最喜欢游山逛水",因为那些名山大川异地胜景,"曾给人多少有趣的思想,曾激发起多少变幻的感情"。到了那些地方,"总会有一种奇怪的力量震荡着我,几乎忍不住呼喊起来。这是我的伟大的、亲爱的祖国——"。这奇怪的力量可以说实际上也就是美育所产生的力量。

这两则事例告诉我们:无论是艺术美还是自然美,都能令人"喜"和"欢",即能令人感到愉悦和快乐。在愉悦和欢乐之际,又能激发人的思虑和爱国之情,给你许多启迪,令你的情感不由自主地跟着艺术家走。像这样,在娱乐中受到思想教育,就是"寓教于乐"。可以说,"寓教于乐"是美育的基本特点。这个特点早在古罗马时期就被美学家贺拉斯发现了,他说,"诗人的作品应该寓教于乐,既劝谕读者,又使他喜爱,才能符合众望"。

那么,美育的这个基本特征是如何具体地体现出来的呢?

首先,从形式上看,美的教育注重感性形式的吸引力。美是有感性形式的。这个感性形式由颜色、形状、声音等因素按一定规律组合而成。它所蕴含的丰富的社会内容,使它本身也有了强烈的吸引力。莫生教柳氏"习方俗,如优孟摇头而歌",就是要把握事物的外部形体特征。最后能达到"子言未发而哀乐具乎其前"的地步,就是靠的开口之前的形体动作所具有的表现力,犹如《明湖居说书》中王小玉开腔前"向台下一盼"的那种眼神。其实,刘鹗把王小玉的说书声写得那么迷人,是通过形象的比喻,将本身无形的声音具象化、生动化了,所表现的纯粹是声音的形式美,完全没有提说书的内容。至于使宗璞迷恋的则是滇池水波、兴安岭林海、呼伦贝尔草原、华山等形状与色彩美。可见,感性形式的吸引力是巨大的。如果说德育、智育的材料,在形式上要求逻辑的严密,那么美育的材料则要求感性形式的完美。既然“形象在美的领域中占着统治地位”①,感性形式的吸引力就是美育的首要特征。

其次,从内容上看,美的教育追求情感的感染力。美育教育中,要将人们吸引进美的世界,靠什么去打动他呢?靠感情。莫生把“句性情”放在说书的第一位,黄宗羲把“慷慨涕泣”“性情不能自主”,宗璞把激起多少变幻的感情都认为是审美效果的极致,不正是强调情感在美育中的地位吗?从内容上讲,德育、智育在于以理服人,而美育则在于以情动人。产生情感的共鸣才能达到陶冶情感的目的。情感的感染又是精神愉悦的重要内容。激不起情感的事物不是美的事物,不能打动人的感情的教育也不是美育。有人把美育当作情感教育虽属片面,但毕竟也抓住了美育的基本特征。

再次,从接受美育的态度看,美的教育的接受是充分自由的。德育、智育带有一定的强制性,美育则必须有充分的自由。柳敬亭的说书,“争延之使奏其技”,与强迫毫不相干。宗璞“这几年来,很改了不少闲情逸致,只在山水上头,却还依旧”,足见兴致之浓。至于平时人们不惜重金购买戏票,不辞辛劳外出旅游,更是表现出了接受美育比接受德育、智育有无可比拟的积极性与主动性。为什么美育会如此令人自由而积极主动地投入呢?这与上述两个特点有关。德育、智育的逻辑性与严肃性,有时会令人感到枯燥乏味,身心紧张,而美育生动活泼的吸引力与感染力,令人感到亲切、轻松、舒适、愉悦。同时,这也与审美自由的特点直接有关。德育、智育往往直接与人们的切身利害相关,而且要求人们有相应的实践行动,因而要受到物质利害的左右和实践行动的局限。审美活动由于对直接物质利害的超越,只对感性形式进行直接的审美观照,并不要求什么实践行动,因而可以摆脱物质要求的桎梏而进入真正的自由状态。

最后,从产生作用的方式看,对美的教育的接受是情不自禁的。听柳敬亭说书时“性情不能自主”,游览名山大川时“忍不住要呼喊”,这是美育产生作用时的普遍特征。为什么会“不能自主”和“忍不住”呢?因为上述三个特征使美育既有完美的感性形式,又有充沛的内在情感,二者形成一个完整的美的世界,任何人置身其中,都会忘掉你所处的现实世界,而陶醉于美的境界。审美的自由和舒适更增加了你对这种境界的向往。你在自由舒展地感受着美的形式,接受情感感染的同时,也不由自主地、不知不觉地受着思想的启迪,但这思想启迪不同于德育智育的直接说教和耳提面命,令你立时茅塞顿开。美育在美的感受过程中,娱乐是直

---

① 车尔尼雪夫斯基:《美学论文选》,第66页。

接目的,教育是间接目的。因而美育的作用相对来讲是缓慢的,思想转变是逐渐的,然而这种作用与转变却又是异常深的。这种潜移默化的特色,不仅使得每一个人都乐于接受,而且会产生终生难忘的印象。

正是由于上述种种作用,赋予了美育娱乐性,并且由此产生了其他教育所不能替代的作用。明代的王守仁说过:"大抵童子之功,乐嬉游而惮拘检。如草木之始萌芽,舒畅之则条达,摧挠之则衰萎。今教童子,必使其趋向鼓舞,中心喜悦,则其进自不得已,譬之时雨春风,沾彼草木,莫不萌动发悦,自然日长月化;若冰霜落剥,则生意萧索,日就枯槁矣。"这种对青少年进行教育时,"使其趋向鼓舞,中心喜悦,则其进自不得已"的教育方法和通过这种方法所产生的效应,只有实施美育才能够达到。

**四、审美教育的特点**

第一,是培养正确的审美观,这也是美育的首要任务。因此,我们在探讨审美教育的美学问题时,应注意把对美的事物的分析上升到理论高度,善于运用美学理论来解释美的现象。本书对自然美、社会美与艺术美进行了专门的理论探讨,并力图从理论与实践的结合上说明问题,其目的就是培养学生正确的审美观。

第二,是提高学生的审美能力,使其能更加正确地认识美的各种形态。美是多姿多彩的。不同形态的美有不同的特征;它们产生的效果,发挥的美育作用也不同。即使同一个洞庭湖,当"霪雨霏霏,连月不开,阴风怒号,浊浪排空,虎啸猿啼"之时,引起的是"去国怀乡,忧谗畏讥,满目萧然,感极而悲"的情绪。一旦"春和景明,波澜不惊,上下天光,一碧万顷;沙鸥翔集,锦鳞游泳;岸芷汀兰,郁郁青青。而或长烟一空,皓月千里,浮光跃金,静影沉璧;渔歌互答,此乐何极",引起的则是"心旷神怡,宠辱偕忘,把酒临风,喜气洋洋"的情绪。正确认识美的这些不同形态,对于进一步理解美的本质和更深刻地感受不同事物的美,都是十分重要的。

各种形体美的特征属于美学原理,然而这些理论是从各种不同的美的事物与审美活动当中总结出来的,机械地背诵美学原理并非美育的任务,走进美的世界去切切实实地感受不同形态事物的美,才是美育的目标。

美的世界琳琅满目,它有社会人生之美,有自然风景之美,也有艺术美。它们有的崇高,有的优美;欣赏这些美,有的令人喜,有的令人悲。如果停留在这种一般的感受上,仍然不够,还必须掌握各自的特征,把握住各自的规律,使不同形态美的不同作用得以充分发挥,并能进一步创造出不同形态的美,这才是美育的极致。本书的重点部分用来分析审美教育中涉及的各种美的领域和形态,就意在说明这是挖掘审美教育中的美学问题的首要任务。

第三,提高学生的审美欣赏能力。所谓审美能力,即为在生活中、自然中、艺术中发现美领略美的能力。它包括感受力、想象力、理解力、情感的体验力等。法国美学家狄德罗认为审美能力是在反复经验中所获得的敏感。若此,能够最敏锐地发现并领略各个领域的美的人,就是审美能力高的人。

审美能力是获得精神享受的必要条件,也是进行美的创造的前提和基础。

然而审美能力并不是天生的,而是从后天学习中得到的。甚至连眼睛、耳朵这些天生的审美感觉器官的感受能力也需要在后天的实践中经常锻炼,才能得到充分的发展。中国古人说的"操千曲而后晓声,观千剑而后识器",讲的就是这个道理。"操曲"是音乐演奏实践,属于创造美的范围,但演奏的同时也要自我欣赏;"晓声"就是懂得并能欣赏音乐的美。演奏得多了,欣赏音乐的能力自然提高。"观剑"是欣赏剑的好坏美丑,"识器"是懂得剑的好坏美丑。欣赏得多了,鉴别能力自然也可以提高。因此,提高审美能力的办法就是多从事审美实践活动。马克思说:"艺术对象创造出懂得艺术和能够欣赏美的人。"①艺术对象是我们欣赏的艺术作品,人们由于经常欣赏艺术作品而提高了审美能力,变成了懂得艺术和能够欣赏美的人。从这个意义上说,提高了审美能力的人就是艺术作品创造的。

基于此,我们在本书中用大量的篇幅来分析美的具体事物,以期有助于提高人的审美能力。

第四,提高学生创造美的能力。马克思说:"哲学家们只是用不同的方式解释世界,而问题在于改变世界。"因此,培养正确的审美观目的在于树立美好的合乎历史规律的审美理想,认识美的不同形态是为了创造出更丰富多彩的美,提高审美能力又是在为创造新的美做准备。而提高人们创造美的能力就是为了按照正确的审美理想去改变旧世界创造新世界。

从事美的创造是一种艰苦的实践活动,是人类世世代代为之奋斗的事。

创造美除了有崇高的审美理想之外,需要有创造美所必需的心理素质(如丰富的想象力、深刻的理解力、饱满的激情等),还需要有运用特定物质的表现手段(如文学家的语言、画家的画笔、雕刻家的雕刀以及创造现实世界的工人的各种工具等)以及驾驭形式的能力。这些能力既有赖于在审美欣赏中获得,更重要的还是在审美实践活动中提高。不从事审美创造的实践活动,永远也不会具有真正的创造美的能力。

---

① 《马克思恩格斯全集》第12卷,第743页。

创造美可以通过各种门类的艺术创造来实现,因为艺术是美的集中体现;也可以通过现实美的创造来实现,因为人类改造世界的一切活动都是按照美的规律来进行的。从某种意义上说,人类的一切创造都是美的。艺术美满足的是纯粹的精神享受,现实美则是物质享受与精神享受的统一。不管哪种美的创造,人们都有过审美经验的总结。《答北斗杂志社问》是鲁迅小说创造的经验总结。《农作物抗病品种的培育》是抵抗自然灾害的经验总结。学习这些经验也是提高美的创造能力所必需的。本书以一定篇幅来论述学生时代的审美创造实践活动,即在于体现审美教育中美育的这一目标。

总之,审美教育中有着丰富的内容,对学生进行审美教育时,它是一个不可忽视的方面,并且有着特定的地位。可以说,在全社会的美育中,青少年是有战略意义的美育对象。为青少年进行美育的诸种途径中,学校美育具有特殊的意义。在学校美育的多种活动中,课堂美育是最重要的活动形式。课堂美育中,审美教育又是一个综合的课堂。

然而长期以来,人们只看重审美教育在文化学习中的基础地位,对审美教育中的美育理论教育却相当忽视,往往把美育当作实现德育、智育的一种手段,而很少注意美育的独立价值。即使在教学中美育贯彻得较好的教师,也往往缺乏理论的自觉。因此,一提起美育,首先想到的是音乐、美术而不是审美教育。固然,音乐、美术、审美教育在美育中各有其不可替代的地位和作用,但相较之下艺术教学有更重要的地位。这个地位是由审美教育中的美育的自身特点决定的。其特点体现在以下四个方面。

第一,基础性。

艺术教育是文化学习的基础,也是进行美育的基础。它的基础性既与文化性相关,也与工具性相关。在语文教学中,一度强调字、词、句教学,一度又纠正强调字、词、句的偏向。其实,语文教学是无法离开字、词、句的。叶圣陶先生说:“口头为语,书面为文。”语言是交际的工具,要想进行社会交际,就必须掌握词汇,具有组词成句,连句成篇的本领。审美教学通过对各类美的讲述,不仅要使学生掌握语言,更重要的还在于要让学生获得各种文化信息和美的信息,并进而用以表达思想,交流感情,从而成为欣赏美、创造美的必要手段。语言是文化的载体。对语言的感受是审美能力的标志之一,对语言的创造性运用又是创造美的能力的标志之一。可以说,人类对美的信息的获得、美的欣赏的实现、美的创造的完成、美的观念的确立,无不与语文教学有着千丝万缕的联系。从一定意义上说,审美教学是打开美的大门的第一把钥匙。

第二,综合性。

文字的符号极其广泛的描述功能,使得审美教育中的美学内容具有高度的综合性。美育的综合性,集中表现在审美教育的选择上。其内容涉及美的各个领域:有写自然美的,如《梅雨潭》《笑》《白杨礼赞》《长江三峡》《天山景物记》等;有写社会美的,如《同志的信任》《火刑》《黄花岗七十二烈士事略序》《谁是最可爱的人》等;属于艺术美的,如音乐、绘画、雕刻、文学更是无不涉及。此外,其内容还涉及美感的各种形态:大自然崇高雄伟的奇观,如蒋家沟泥石流,如“响雷般怒吼”的海潮;大自然优美宁静的景物,如“出污泥而不染”的莲花,如“流水一般,静静地泻在这一片叶子和花上”的荷塘月色。还有布鲁诺、祥林嫂式的悲剧,有穿着华丽的“新装”举行游行大典的皇帝的喜剧……可以说,审美教育为青少年打开了一扇无比丰富的美的世界的大门,展现了一个绚丽多彩的世界,能使人受到多方面的美的陶冶。其内容的这种选择,包含了编者对实施美育的良苦用心。

第三,实践性。

审美教育课不是纯粹的实践课,但它有明显的实践性。这个实践性由对象与主体共同决定。从对象角度看,一部作品往往就是一个美的对象,是作者自觉从事美学实践创造的产物。从主体方面讲,对作品的讲解和阅读是一次美的欣赏实践,由教师引导学生去实践,并在欣赏的基础上进一步从事美的创造。而艺术创作更是美的创造的重要实践方式之一。

实践离不开具体的能力。因此美的欣赏和创造就离不开审美感知力、审美想象力、情感体验力以及运用语言的能力等。元遗山诗云:“文须字字作,亦要字字读,咀嚼有余味,百过良未足。”嚼不出“味”来,就欣赏不了美。要想嚼出“余味”,就需多种能力综合起作用。叶圣陶先生说:“欣赏文学要由教师指一点门径,给一点暗示……单教学生逐句听讲,那么,纵使教师的讲解尽是欣赏的妙旨,在学生只是听教师欣赏文学罢了。”这就是说,审美教育课是师生共同的欣赏实践,而不单是让学生去听教师的实践。他还说,“最要紧的还在多比较,多归纳,多揣摩,多体会,一字一语都不轻易放过,务必发现它们的特性。唯有这样的阅读,才能够发掘文章的蕴藉,没有一点含糊”。可见,教师指给学生欣赏的“门径”和“暗示”,无非是在比较体会中发现语言的特性,在阅读中发现作品的蕴蓄,启发和引导学生去揣摩语感,体味感情,发挥想象,理解思想。这些单靠干巴地说教是不行的,必须在教师指导下由学生去反复地实践。现在越来越多的美育教师已注意到如何通过审美教学培养学生的感知力、想象力、情感体验力等,这正是美育自觉性提高的重要标志,也是美育实践性的体现。

第四,理论性。

美育的目的是不仅要提高学生的审美与创造美的能力,而且要教育学生树立正确的审美观,区分出真正的美和丑。审美教育课中的美学内容恰好以深刻的理性色彩区别于音乐和美术,有利于培养正确的审美观。

审美教育课中美学内容的理论性包含三个层次。

首先是感性形象的领悟启迪。寓抽象于形象中,寓理性于感性中是美的事物的特点。在对作品的讲解阅读中必能同作者一起去赞赏美,鞭挞丑,从而领悟作者的审美理想,得到关于美的理性启示。这一间接的理性内容为一切艺术所共有。

其次是作品中审美观的理性表述。关于美的本质的,如说:“自然加上人的活动就定会改观。”(《风景谈》)“美的事物都是劳动创造的。”(《茶花赋》)涉及美丑关系的,如说:丑石是“以丑为美”“丑到极处便是美到极处”(《丑石》)。谈到自然时,秋色之美是“因为它表示着成熟和繁荣,也意味着愉快与欢乐”(《秋色赋》)。谈到社会美时,中国人民志愿军战士的美在于“他们的品质是那样的纯洁和高尚,他们的意志是那样的坚韧和刚强,他们的气质是那样的淳朴和谦逊,他们的胸怀是那样的美丽和宽广”(《谁是最可爱的人》)。这些穿插于文艺作品中的抒情或议论文字,为美育增加了理性色彩。这是文艺作品所独有的特点。

上编

# 01

# 美育的内容与形态

天地之间，主要有三种不同形态的美：自然美、社会美和艺术美。

## 一、自然美

自然美蕴藏在大自然之中，只要我们面对大自然，陶冶于大自然，就可以受自然美的教育。自从人类开始用审美的眼光来看待世界，大自然就成为人类的审美对象。但是在古代，一方面由于人们超越功名利禄的本质力量还没有完全展开，另一方面由于自然条件的限制，因此，欣赏自然的能力受到一定限制。在今天，自然美的资源不断得到开发，加之人要从社会的桎梏中解放出来的要求和愿望日益强烈，因而对自然美的欣赏成了现代美育的重要方式之一。

自然不仅是人类赖以生存和发展不可缺少的物质环境，也是丰富人们精神生活使其获得美感的基本源泉。人生活在自然中，宇宙万物，千姿百态，五彩缤纷，处处蕴含着美的韵律。要欣赏自然美，就要了解自然美，了解它的基本特征，提高对自然美的欣赏能力，培养学生的热爱自然之情。自然美是审美素质教育的重要组成部分之一。

## 二、人生美

人是社会的动物,社会就是水,人就是鱼。社会的各种关系像空气一样包围着人,无处不在。社会美与人同在。哪里有人的活动,哪里就显现出人的创造力量,显现出丰富的人生美。同样,人生美也是多样的。有属于人的心灵美、形体美,有属于人与人之间的语言美、服装美,有属于群体活动的环境美、人情美。他们都不是人们自由选择的结果,而是在社会历史和经济发展基础上,客观形成的。人生美一方面有历史继承性,过去的审美观无所不在地影响着现代人的审美观;另一方面又是社会群体产物,群众的爱好和趣味常常支配着一个时代的风尚。社会在进步,时代风尚也在不断变革和改造。如何正确引导人生美的健康发展,是一个关系时代精神方向的重大问题。

由此,人生美是指社会事物、社会现象、社会生活的美,它是美的最直接的存在形式,是现实生活美的最主要、最集中、最核心的一部分。人生美主要是由人的思想、意识、情感,以及它们在人们和自然的相互关系中的体现而组成的。人生美是审美素质教育的重要内容之一。

## 三、艺术美

艺术,是艺术家借助一定的手段和方式对现实生活的概括反映,是艺术家创造性劳动的产物。艺术美,是艺术的核心,它来源于现实美,又高于现实美,是现实美的凝练化,集中化。艺术美具有丰富的内容,是审美素质教育的重要组成部分之一。

# 第一章

# 自然美与美育

丽日苍茫、长空明月、隐雷蒙雾、烟楼雨阁、青松参天、红花铺地、秃石奇峰、深谷幽洞、流川飞瀑、惊涛拍岸、黄沙卧雪、凌波载舫，美既在你的脚下，又仿佛远在天边；美时而温情脉脉，时而又性如烈火；时而坦然相迎，如旷野百合，时而又情思隐约，如深谷幽兰。

蓝天白云、日月星辰、起伏山峦、茫茫草原、潺潺流水、艳艳鲜花，月华泻地，树影婆娑，雾霭团团，朝晖夕照……自然之美鬼斧神工，绝妙无比！

人来自自然，最终将回归自然。到自然中去，以青山为挚友，认兰潭为知己，与自然景物亲密无间，相融为一，在领悟自然美的无限魅力之时，陶冶自己的情操、怡养自己的性情，提高自己的生活情趣，增进自己的身心健康，使自己更加热爱生活，并热情、勇敢地去创造更美好的生活，是自然的审美教育意义的重要体现。

优美的环境能促进人的优良性格的形成，完善的人格、高尚的情操，离不开自然美的影响。少年朋友们，让我们走进自然，在大自然的怀抱中，去摘取美的硕果，品尝美的乳酪，领略美的风致与情味，促进自己的全面发展吧。

## 第一节　自然美的意义、特征和类型

黄河是中华民族的母亲河。它浩浩荡荡，九曲回肠，奔流入海。“黄河之水天上来，奔流到海不复回。”黄河从远方的高原奔流而下，冲击着两岸的泥沙，击起冲天的巨浪，那洪大的声音更是震耳欲聋。黄色的泥土大块地剥落下来，摔落水中，又激起巨大的水柱。就像千军万马奔腾过来，声音越来越大，水流也越来越大，黄泥土融化在水流中，原本清澈的河水越来越黄，就成了今天我们见到的黄河。

落日的余晖笼罩大地，那金黄的光辉与黄色的黄河融为一体，共同形成了长河落日的雄奇壮丽景色。茫茫大地上，只有映照一切的太阳和奔流不息的黄河。在它们面前，一切都显得渺小了，我们胸中会不由自主地升腾起一股豪迈之情。这种自然美就是一种阳刚之美。怪不得英雄们要为这样的壮美"折腰"了。

对于自然美有着两种不同的解释：一种认为，所谓自然美，是不加任何人的痕迹的美。如：日月山川，飞禽走兽等就是自然美。而经过人类加工改造的就不是自然美，如：亭台楼阁，小桥茅屋等都是经过人为加工制造的，它们并不能表现自然本身的特性。

相反的观点认为，美在于"人化的自然"。也就是说，在人类出现以前并不存在自然美。这两种观点显然都有些片面，不利于解释自然美之本质。我们认为自然美是客观的，千姿百态的自然万物提供了自然美的物质基础，没有它们也就根本没有所谓自然美。但另一方面自然之"美"又与人的思想情感密切相关。因为它不是一种纯客观的物质世界，而是一种"人化的自然"。简单地说，就是自然美是客观存在的，又往往随欣赏者个人主观情趣的变化而变化。不过且让我们抛开理论的争论，先来看看自然美色彩缤纷的景象吧！

东晋诗人陶渊明的田园诗中所描绘的自然就充分体现了自然美的特性。"山气日夕佳，飞鸟相与还"。这是一幅多么宁静、和谐的自然美景啊！

这里没有任何喧闹，大自然又在宁静中度过了它这一天。傍晚，太阳落山了，树林阴暗下来，仿佛一切都将甜甜睡去。这时，一群群鸟儿相伴着飞回来了。它们忙碌了一天，也该休息休息了。树林告别了白天的生气，进入了梦乡。等到第二天，太阳升起来时，它又会苏醒过来……

历代诗人、词人对自然美的描述可谓不胜枚举，为我们认识自然美提供了可资借鉴的宝贵资料。

王维的诗句，"明月松间照，清泉石上流""蝉噪林愈静，鸟鸣山更幽"。还有诸如，"大漠孤烟直，长河落日圆"，茫茫大漠中，为什么冒出的烟会是直的呢？因为这里没有风，一切仿佛都是凝固的，没有任何生物。但这种荒凉却也是一种静态的美。面对它，我们可以什么都不用想，只需欣赏就够了。

这给我们打开了自然美的广阔天空，让我们认识到自然美包含的无穷内涵，领略到它的无穷魅力。

又如：我们儿时就熟悉的一些诗句也是自然美的真实写照："鹅鹅鹅，曲项向天歌，白毛浮绿水，红掌拨清波。"雪白的鹅，一尘不染，悠闲地在绿色的水里游泳。白的毛、红的掌、绿的水，仿佛画中一样美丽。它那优美的颈项弯着，弯出美丽的弧线，一边引吭高歌，令人欣赏赞美不已。"忽如一夜春风来，千树万树梨花开。"

春夜,风过之后,白天去看,呀!怎么满树的梨花在一夜之间全都开了?再看,不只是一棵树,满园的梨花都开了。雪白的梨花在朝阳下愈发耀眼。它白得像雾,像雪,置身其中如在画中。

大自然是个无尽的宝库,它以它神奇无比的魅力放射出无穷的光辉,吸引我们去体会欣赏。每当我们置身大自然中,或是看到、想到自然中的一片绿叶、一朵鲜花,我们心里是不是就有一种轻松、舒畅的感觉,是不是感到有一颗充实、快乐的心在跳动?这就是自然美给我们的感受。

为此,我们绝对应该感谢大自然以它博大的胸怀给予我们的恩赐!所谓"一叶知春""一叶知秋",一草一木都能让我们无限感动,产生无尽的联想。在这种联想之中,我们感到自己的心灵仿佛插上了翅膀在自由地翱翔。我们真切地感到,一草一木中浓缩了无尽的自然之美!更何况名山大川、江流飞瀑呢?

……

碧野的《天山景物记》中有一段对自然美的描写:"朋友,你到过天山吗?天山是我国西北边疆的一条大山脉,连绵几千里,横亘于塔里木盆地和准噶尔盆地之间,把广阔的新疆分为南北两半。远望天山,美丽多姿,那千年积雪高插云霄的群峰,像集体起舞时维吾尔族少女的珠冠,银光闪闪;那富于色彩的连绵不断的山峦,像孔雀开屏,艳丽迷人。"

接下来,作者便以绚丽多彩的笔墨,向我们展现了天山的"美丽多姿":矗立于蓝天下的巍巍雪峰、飞悬峭壁的雪水溪流、幽深寂静的原始森林、五彩缤纷的无边野花,长鬣飘曳的野马群、毛色发亮的旱獭、密如繁星的蘑菇圈、冰清玉洁的雪莲,还有一望无边的大草原、金碧辉煌的夏季牧场、明净如镜的天然湖、人迹罕至的果子沟……"处处有丰饶的物产,处处有奇丽的美景"。真是琳琅满目,美不胜收!

我们看到,构成天山自然景观的是自然物的物质特性本身。天山之"大"与新疆之"广阔"是由许多美的事物组成的。

矗立于蓝天下的高峰,近似巨大的三角形,呈现出稳固坚实的美;飞泻而下的雪水,"像千百条闪耀的银链",呈现出宛曲流畅的美;还有五彩缤纷的野花的美,一望无垠的草原的美……天山地区的山灵水秀,珍禽异兽,奇葩异卉,共同构成了天山景物多样统一的和谐美。我们的祖国,幅员辽阔,地大物博,名山大川比比皆是。像天山这样美妙的地方还有很多。那么,就让我们慢慢走,去欣赏吧!

但是,仅仅看到这一点并不能真正理解自然美的本质。天山的雪峰、溪流、原始森林、高山湖泊,在人类出现之前就已存在;天山的天鹅、旱獭、雪莲、果树,即使没有人类的存在,也按照大自然的规律生长繁衍。它们的形体、色彩、声音、动作无所不备,可是那时却无所谓美。为什么呢?因为这是不和人发生关系的自然。文章中的天山景物却不是如此。它之所以美是因为它已不是一个纯客观的存在,而是一个社会的存在了。体味课文,我们可以发现:第一,天山景物是作家眼中的景物,它已成为作家的观赏对象。“远望天山”的一个“望”字就把“人”这个审美主体突现出来了。因此,文中描绘的一切都是作者“望”的结果,处处有人的感觉。如果它不能“迷人”也就无所谓美。第二,天山本身还有人的存在。骑着骏马的牧女、“温暖的家”一般的蒙古包、发现和开发果子沟的人……可见这是一种适于人生存的优美的自然环境。适宜的温度、明丽的阳光、可饮用可灌溉的溪水、可食用可乘骑的马群、可狩猎可采集的森林,以及“处处有丰饶的物产”,无不为人的生命所必需。天山之美追根究底与它的有用性是分不开的。正是旱獭那珍贵的皮毛,才使它那“胖墩墩、圆滚滚”的体形增添了给人的美感享受;正因雪莲是“很难求得的妇科良药”,它那光洁晶莹的色彩才有了更多迷人的魅力。也正因此,人之美与自然景物之美才能相映成趣。那牧场黄昏的灿烂云霞,不正是因为把牧场照耀得金碧辉煌,给蒙古包和牧女镀上了一色的玫瑰红而显得更美吗?雪山群峰不正是因为像维吾尔族少女的珠冠而更“迷人”吗?第三,作者是把天山作为“祖国西北边疆”的一部分,向读者介绍其迷人的风姿的,美的景色中到处充溢着作者对祖国的无限热爱之情。这种感情中包含着人与自然景物的特定关系,无此关系就没有此种感受。

上述事实说明,自然美虽以自然物的物质属性为基础,但最根本的还是因为它是社会实践的产物;是人在社会实践中发现了它的观赏价值、实用价值,并与之建立了特定的关系。这时的自然是人的生活和人的活动的一部分,蕴含丰富的社会生活内容。我们在观察自然美时,往往把它作为某种社会生活的比喻和象征,根源就在这里。一个天然湖的湖水竟然会是“一个不幸的哈萨克少女滴下的眼泪”,不就说明湖水是哈萨克人苦难生活的见证吗?自然美能给人以丰富的联想和想象,增强审美感受,与人的社会实践是不可分的。社会实践不同,所产生的审美联想、想象的内容也不同。

可见,自然美的本质并不在自然本身,它是人类社会实践的结果,但它又离不开自然,因而是自然性与社会性的统一。

“五岳归来不看山,黄山归来不看岳。”明代著名旅行家和地理学家徐霞客,对黄山的奇丽景色推崇备至。他在《游黄山记》中描绘了黄山的奇峰、怪石、云海、劲松,惊叹“黄山当生平奇览”!

黄山奇,黄山美,奇在何处?美在何处?徐霞客注意到的是它美的形状和色彩。你看徐霞客笔下的黄山:“下瞰峭壑阴森,枫松相间,五色纷披,灿若图绣。”这是作者登山途中所见到的景色。俯瞰山下,青松苍翠,枫叶如丹,红绿相映,鲜艳夺目,还有浅红、橙黄、绛紫等各种色彩的枫叶混杂其间,真像图画、锦绣一样灿烂明丽,这是多么赏心悦目的色彩之美! 作者登上天都峰顶,又是一番景象:“雾气来去无定,下盼诸峰,时出为碧峰,时没为云海;再眺山下,则日光晶晶,别一区宇也。”下望群峰,有时露出来像碧绿的山尖,有时被雾淹没了像一片银海;再眺望山下,日光晶莹闪亮,别有天地。这时,山尖碧绿,云海银白,日光晶莹更于色调和谐美之外,又增添了变幻莫测的神奇之美。作者登山途中,“石峰片片夹起”,使人想到刺破青天的长剑;既登峰头,“一庵翼然”,使人想起振翅欲飞的雄鹰;峰顶“石顶壁起犹数十丈”,使人想起支撑苍宇的天柱;奇松“曲挺纵横”、怪柏“平贴石上”,使人想起虬枝横逸的树根。这里山石树木,呈现出千姿百态的形状美,给人以新颖奇特之感,徐霞客所欣赏的,正是黄山变化无穷而又和谐统一的形式美。

徐迟的《黄山记》,注意的则是黄山的整体布局:“在周围一百二十公里、面积千余平方公里的一个浑圆的区域里,分布了这么多花岗岩的山峰。它巧妙地搭配了其中三十六大峰和三十六小峰。高峰下临深谷;幽潭傍依天柱。这些朱砂的、丹红的、紫霭色的群峰前拥后簇,高矮参差。三个主峰,高风峻骨,鼎足而立,撑起青天。”由火山喷发而形成的黄山地貌,千变万化而又和谐统一,自然天成而又似巧妙的安排。这种外观的整体美,同样是形式在起作用。

自然美的形式,不仅有诉诸视觉的线条、形状、色彩,还有诉诸听觉的声音之美和诉诸嗅觉的馨香之美。女作家菡子的《黄山小记》(见湖南人民出版社《现代游记选》)则以女性特有的细腻笔触,别开生面,着力赞赏黄山的奇花异草、珍禽异兽、飞瀑流泉、云海日出。首先作者给我们感受的是强烈的听觉美:“夏天的黎明,我发现有一种鸟儿是能歌善舞的……它的歌声清脆嘹亮委婉动听,是一支最亲切的晨歌,从古人的黄山游记中我猜出它准是八音鸟或山乐鸟。”

“急雨过后,水自天上来,白龙骤下,风声瀑声,响彻天地之间,‘带得风声入浙川’,正是它一路豪爽之气。……路边的溪流淙淙作响,有人随口念道‘人在泉上过,水在脚下流’,悠然自得可以想见。”这是大自然优美动听的交响乐!

其次是嗅觉美:“还有嫩黄的‘兰香灯笼’——这是我们替她起的名字……在一片雾气中,她亮晶晶的,在山谷里散发着一阵阵的兰香味,仿佛真是在喜庆之中;杜鹃花和高山玫瑰个儿矮些,但她们五光十色,异香扑鼻,人们也不难发现她们的存在。”在黄山蜿蜒的山路上攀登,你仿佛置身于温馨馥郁的芬芳世界。

假如把黄山的不同侧面综合起来与他山做一比较,它既兼有他山之长而又有其独特的风格。例如,在《黄山秋行》中黄山给老作家黄秋耘总的印象是:“黄山兼有泰山的瑰玮、武夷的秀逸、华山的峭峻、匡庐的飞瀑腾空、衡岳的层烟叠翠、雁荡的丛石嶙峋……真可谓集全国名山之大成。”正是这种综合之美,使人们认可了徐霞客的赞语:“五岳归来不看山,黄山归来不看岳。”

从上述对黄山奇观的不同描绘中,可以看出自然美具有如下的特点。

第一,自然美具有多面性。

不同作家着眼于不同的角度,都能写出黄山之美就是其多面性的确证。自然美的多面性根源于自然物本身的多面性。既然事物本身具有形状、色彩等因素,人们就可以从各自的角度去发现它的美。不同侧面与人的关系不同,给人的感受也不同。八音鸟的歌声与“兰香灯笼”的幽香使人感到优雅,山峤的突起与云海的变幻又使人感到雄奇。取其“秀逸”,它是优美的;取其“峭峻”,它是崇高的。这种多面性,使同一自然物能给人以丰富的美的享受。

第二,自然美重在形式。

美的事物都是内容形式的统一体,但自然美却更重形式,无论徐霞客关注的形状、色彩,徐迟关注的整体布局,还是菡子关注的音响和气味,都是外在的形式因素,不涉及任何社会生活内容。我们在观赏自然美时,仅只是色彩的艳丽、形状的奇异,音响的谐调以及外在的形式变化的巧妙,就令人惊叹不已,而不必考虑它们所表现的内在含意。正因为如此,对自然美的欣赏才较少有阶级的差别。清风明月,人所共赏;花香鸟语,人所共爱。赏、爱的就是外在的形式。形成这一特点的根源在于自然物属于自然生成,它的社会内容隐约模糊,人们无法确切地说出一座山一棵树的社会意义,因而只好从外在形式上去把握其美的特性。这是自然美最突出的特征。

但这并非说自然美没有社会性。而是说它的社会性也是通过自然性来表现的。如果松树没有四季常青、枝干挺拔的特点,它所寓意的大雪压顶犹能“挺且直”的“高洁”性格也无从表现。

第三,自然美具有变易性。

自然物因自然条件的变化而变化,所以它的美并不是恒久不变的。黄山的“枫松相间,五色纷披”,随秋天的过去而改变;“来去无定”的雾气,翻腾变幻的云海,会在刹那间化为乌有;雨后瀑布,因久旱而断流;扑鼻花香,因花谢而消失。至于日出、彩虹、朝霞等景观,更因时而变。自然美的这一特性决定了观赏自然美就要抓住特定的时机。但是人们并非都有条件在适当的时候去观赏某一景观,这又使有幸看到这一景观的人得到更多的审美享受。同时,自然又是人化了的自然,因而人对自然的破坏或改造，也是自然美具有变易性的原因。这也要求人们都要自觉地保护风景区，为人们保存更多的属于自然美的对象。

自然美，千姿百态，色彩纷呈，琳琅满目，不可胜数。但是就自然美与人类社会实践活动的关系而言，又可以大概分之为两大类。

一类是经过人类的智慧和力量或多或少地加工、改造过的自然景物，如千里运河、人造森林、青青禾苗、家禽家畜、风景名胜等；另一类是未经人类直接加工、改造的自然景物，如日月星辰、风云雷电、虹霓潮汐、山川湖海等。

先说未经人类加工改造的自然之美。日月经天、江河行地，是不以人的意志为转移的客观规律；风起云涌、电闪雷鸣，目前人们尚不能控制。这些天文、地理、气候等自然现象本身并不存在什么美丑。马克思、恩格斯曾经指出："自然界起初是作为完全异己的、有无限威力的和不可制服的力量与人们对立的，人们同它的关系完全像动物同它的关系一样，人们就像牲畜一样服从它的权力……"①天地自然作为一种异己的与人对立的现象，并不可亲，因此原始人类对这种具有无限威力的神秘自然力量并不感到美。

随着社会的发展，科学技术的日益进步，生产力的逐步提高，人们对这些天文、地理、气象、物候的认识逐渐加深，能够掌握其变化的规律，从而利用自然为其服务。这时，日月星辰逐渐由人类的恐怖对象变为审美的对象。陶铸在《太阳的光辉》中写道："山川大地壮丽奇瑰，可谓多彩多姿了，但如果没有太阳的照耀，它将顿然失去光彩；万物生灵蓬蓬勃勃，可谓生机万类了，但如果没有太阳的浴泽，它将逐渐枯萎以至死亡。更不要说，太阳的光与热给我们的生存所带来的必需的东西了。"陶铸的本意是借太阳来比喻党，阐明对待缺点错误的正确态度的。而他对太阳作用的概括也是正确的，正好说明了太阳与人类的密切关系。人类认识了太阳东升西落的规律，能够利用太阳的光和热，来为自己服务，然后它才能成为审美的对象。太阳之所以美，是因为它是人的有益的生活环境的有机组成部分。人们离不开这个环境，因而也喜爱这与人同生存、共发展的自然环境中的一切。人们赞美旭日喷薄而出的辉煌壮丽，也欣赏夕阳落照的绚烂多彩。这不仅因为它色彩的迷人，也因为它在光明与黑暗的分界线上对人类的生活有着巨大的影响。正因此，白居易在其诗中，既赞美过朝阳"日出江花红胜火"（《忆江南》），也描写了夕照"一道残阳铺水中，半江瑟瑟半江红"（《暮江吟》）。

① 《马克思恩格斯全集》第3卷，第35页。

这种未经人类直接加工改造的自然美，有的作为生活美、精神美的象征，使人联想到生活中人和物的美好形象。如鲁彦在《听潮》中描写“睡熟”的海：“海在我们脚下沉吟着，诗人一般。那声音仿佛是朦胧的月光和玫瑰的晨雾那样温柔；又像是情人的蜜语那样芳醇；低低地，轻轻地，像微风拂过琴弦；像落花飘零在水上。”有的使人联想到生活中美好的道德、品性，如鲁彦描写“愤怒”的海：“它咆哮着，猛烈地冲向岸边袭击过来，冲进了岩石的罅隙里，又拨刺着岩石的壁垒。”这不禁使人们想起冲锋陷阵的战士英勇无畏奋不顾身的气概。

总之，日月星辰等自然物本身，虽然未经人类直接加工改造，但这些自然物与人的关系却是客观存在的。这类自然物是自然“人化”的间接形态。

经过人类的智慧和力量或多或少地加工、改造过的自然景物，是自然“人化”的直接形态。它既是自然的生成又有人工的创造，是自然和人工和谐的结合体。它们身上留下了人类自由创造的印记，直接显示出人类有目的按规律改造自然、战胜自然的本质力量。

秦牧在《土地》中对珠江三角洲的土地之美尽力描绘之后，接着写道：“劳动者的力量把大地改变得多美！一个巧手姑娘所绣的只是一小幅花巾，广大劳动者却以大地为巾，使本来荒凉单调的地面变得像苏绣广绣般美丽了。”漫步祖国大地，从南国到北疆，从西部高原到东海渔村，到处可见耕耘、开发过的肥田沃土，修整、治理过的江河湖海，人工培育、种植的作物，人工饲养、驯化的动物……所有这一切，都是人实践活动的结果，显示了人的本质力量，都打上了人类创造的印记。但它们仍然是自然物，因而仍属于自然美。

自然界两类不同形态的美，有时界线分明，有时却又相互渗透。朝阳、落日是美的。但再加上高山、大海、长河、平原以及村落、庄稼等的陪衬就会更美。如丹妮在《野景偶拾》中写了落日之后，又写了漳河和太(原)长(治)公路，还写了庄稼：“我的脚前是一片谷子，沉甸甸的穗在阳光里，也发出白里透黄的光芒。眼前的一切都沐浴在阳光下，被照得亮闪闪的，放射出蓝的、绿的、黄的、白的光，一切大自然的产物都像是宝石制成的了，宝石制成的东西却没有这样自然、秀美。眼前的一切又像是天山仙匠精心镶嵌的一幅华美的贝雕画，只怕天山仙匠也未必能想象出这样的画境。……这就是大自然的美。”在这里，未经人加工的落日与曾经人改造的大地互相辉映，构成了自然的极致美。

## 第二节　自然美的双重审美特性

老虎的形象是美还是丑呢？试看下面的不同描绘："突然，从下边传来一只猛虎的吼叫，非常愤怒、雄壮、深沉，在面对高山的峭壁上震荡着回声。""雷声未停，从近处又传来一阵猛虎的深沉、威严、震撼人心的叫声，在四面山腰间回响……这一阵虎叫却特别引人注意，好像是替这一支小小的部队送行似的。""隔着深涧，又传过来一声虎吼。"姚雪垠在《虎吼雷鸣马萧萧》中，三次写到猛虎的吼叫声，与隆隆的雷鸣、萧萧的马嘶，以及汩汩的急流、飒飒的松涛，组成一支威武雄壮的交响乐，为主人公李自成的讲话大壮声威，以表现这支农民起义队伍"不怕千辛万苦，不怕千难万险""勇往直前，百折不挠"的英雄主义气概。在这里，老虎的吼声是作为雄壮、威严、勇猛、英武的美的象征而出现的。

然而，在另一部大家非常熟悉的古典长篇小说《水浒传》中武松在景阳冈上遇到的那只"吊睛白额大虫"，却毫无美感可言。你看它一窜、一翦，一扑，张牙舞爪，啖人无数，把这一带搞得路断人稀。在这里，猛虎是作为人——主人公武松的对立面，作为凶恶、残忍、暴虐、冷酷的丑的事物出现的。

在文学作品中，猛虎有时是艺术美的典型，有时又是艺术丑的化身。在日常生活中，人们往往把朝气蓬勃的青年誉为"小老虎""虎头虎脑""下山猛虎""生龙活虎""龙腾虎跃"；而把蛮横刁悍的泼妇讥为"母老虎"，把横行乡里的恶棍也称为"吃人的虎"。这种对同一自然物做出的不同审美评价就是自然美的双重审美特性。

对同一事物，为什么会有截然相反的审美评价呢？

首先，自然物本身具有双重审美特性。就老虎而言，那矫捷的身姿、斑斓的毛皮、劲健的尾巴和威猛的长啸都能给人以雄健的美感；但作为"兽中之王"的老虎，又是嗜血动物，它以弱小的异类动物为食，也会吃人，那眈眈而视的虎眼，那鲜血淋淋的虎口，那坚如钢锉的虎牙，那硬似铁钳的虎爪，又能使人感到恐惧可怖。老虎这两种不同的属性，必然会引起不同的审美感受。

其次，自然物的双重审美特性决定了它与社会生活有着不同的关系。还是拿老虎来说吧，景阳冈上的老虎，威胁到武松的生命安全；沂岭上的老虎，吃掉了李逵的老娘，当然是凶恶的。人们也不会去欣赏它的矫健。而动物园里关进铁笼子的老虎，已经不能逞强施威，人们可以毫无顾忌地欣赏它的美姿美色，所以成为人们闲暇时的宠物。色彩鲜艳,“落英缤纷”的“桃花源”虽为人们称道千古,但当桃花迅速凋谢时,又会被斥之为轻薄无情。

再次,自然物的美丑也与人的主观意识有关。人在不同环境中思想感情不同,审美感受也不同。一幅挂在地主家中的老虎画,在被逼租催债的农民眼中,就是吃人的虎的凶恶形象。同一幅画挂到翻身农民的家中,也能显示自己的威武与力量。在自然物面前,人们选取它的何种属性,全由审美主体自己决定。比如竹,一般人把它作为虚心劲节,坚强不屈的象征,袁鹰的《井冈翠竹》就是用竹来赞颂井冈山人的革命气节和革命精神;而杜甫曾写过“恶竹应须斩万竿”的诗句,把它比作横行无忌的恶少,应予斩尽杀绝。再说竹笋,人们爱用“雨后春笋”来比喻大量涌现的新生事物,竹笋的形象是美的;而在毛泽东的《改造我们的学习》一文中却用“山间竹笋,嘴尖皮厚腹中空”来讽刺那些徒有虚名并无实学的主观主义者,竹笋的形象是丑的。

总之,自然美具有双重性。同一自然物有时呈现出美的风貌,有时又显露出丑的面目。产生自然物美丑二重性的原因即在于:自然物本身的属性、特征是双重的;它与人类生活的联系也是双重的。这就决定了自然物的美在与人类生活的特定联系中,会得到不同侧面的显示。在不同的条件下,就可能出现美与丑完全对立的情况。

还应该指出的是,自然美重在形式,而形式美是有相对独立性的,它与内容的联系并不那么紧密,因而才可以作为不同社会内容的象征。同一老虎的外在形式,可以象征生气勃勃、威武雄壮,也可象征凶恶残忍、嗜血成性。但不能以为自然物的美丑完全凭人主观意识的爱憎好恶来决定。只有从人在社会实践中同自然物的特定关系中才能对此予以科学的解释。

狮子是食肉动物,常常显示出凶残的本相,一般用来比喻凶残的敌人,然而它又性格勇猛,毛色斑斓,因而又往往用来比喻勇猛无畏的英雄,或因其有王者风范,在众兽中所向无敌,因而用来比喻无所畏惧的英雄。同理,狼性凶残,在文学作品中它常作为“残、贪、凶”的代名词,而裴多菲的《狼之歌》则称狼是为自由而战的勇士,这是取其“顽强勇猛”的审美特征。在大家都熟悉的歌手齐秦的一首《狼》中,狼也不是凶残的形象,而成了孤独的英雄的形象,那苍凉的乐曲确实能打动孤寂的人心。德国诗人海涅的长诗《德国——一个冬天的童话》则把狼看作是不畏艰难困苦、勇猛顽强的英雄,这显然是取其坚忍的审美特性。

这样看来,对同一自然物的审美观照就有种“各取所需”的味道。而经过人们心灵加工过的自然美就像一块多面镜,不同的面折射出不同的光彩。其实,有相当多自然美的审美意蕴还有待我们从不同角度深入开掘。

月亮是古往今来人们观照最多的自然美的典型。下面我们就来看一下古代诗人们眼中的月亮有多少摄人魂魄的美。

"更深月色半人家,北斗阑干南斗斜。今夜偏知春气暖,虫声新透绿窗纱。"(唐·刘方平《夜月》)这里的月是温暖的、春意盎然的。"峨眉山月半轮秋,影入平羌江水流。夜发清溪向三峡,思君不见下渝州。"(唐·李白《峨眉山月歌》)这里,月又是清冷幽静的。"黄尘古渡迷飞轮,白月横空冷战场。"(明·李梦阳《秋望》)这月又是慷慨悲凉的,透着寒气,让人觉得冷飕飕的,"初闻征雁已无蝉,百尺楼高水接天。青女素娥俱耐冷,月中霜里斗婵娟。"(唐·李商隐《霜月》)月是晶莹剔透充满神话色彩的。"多情自古伤离别,更那堪冷落清秋节!今宵酒醒何处?杨柳岸,晓风残月。"(柳永《雨霖铃》)月又是哀伤凄凉的。月是残月,离愁别恨全被这冷月无声地提升到无法表述、难以忍受的程度。望见此等残月,我们也许都会不禁垂泪。"但愿人长久,千里共婵娟。"(苏轼《水调歌头》)月是明亮幽远的,寄托着词人美好的思念、无声的祝愿,遥遥地寄向心中的远方。

从上面的诗句中我们可以看出,月亮真是太神奇、变幻莫测了!它能寄寓不同时代人们那么多不同的思绪。不同是显而易见的,月亮美的丰富、深厚就在这杂多之中。但杂多之中又有统一。月亮以它的柔光、温润、朦胧、纤细、纯净引发的人们的思绪,唤起的美,都是静谧的、平静的、柔柔的美,温暖的情。这与灼热的太阳所显现的灿烂,那种强烈的美显然是不同的。

虽然日月这种自然美归根结底是客观存在的,但在审美观照中日月的美除了它们不同的形态之外,诗人对它的欣赏,还寓托了人类自己的主观情感。主观欣赏在其客观基础上使其丰富、升华。当我们深入探讨美与美感的产生时,我们就会发现,美既不单纯是客观的,也不单纯是主观的,它实际上产生在主、客相互碰撞之中。也就是说,只有人去观照美的事物时,美感才会产生,美也才会被发掘出来。

自然美在受人们观照时被注入了人的主观情感,它变得不光是它自己了。于是在自然美的欣赏中我们看到了人本身。

## 第三节 望峰息心:自然美对美育的意义

> 风烟俱净,天山共色。从流飘荡,任意东西。自富阳至桐庐,一百许里,奇山异水,天下独绝。

这是南朝吴均《与朱元思书》中的名句,作者以简洁的笔触,勾画了江南晴日的天光水色,表达了置身于这一美好自然环境时舒心畅怀的审美享受。在描绘了清澈缥碧,"千丈见底"的异水和"负势竞上""争高直指"的奇山之后,作者写道:"鸢飞戾天者,望峰息心;经纶世务者,窥谷忘反。"这里的意思是说,那些怀着对名利的渴望极力高攀的人,看到这些雄奇的山峤,就会平息淡漠他那热衷于功名利禄之心;那些忙于经营俗务的人,看到这优美的富春江景色,也会流连忘返。这两句抒情中兼有议论的对偶诗句,实际上讲到了自然美对人的多重美育意义。

马克思说:"人创造环境,同样环境也创造人。"①这里所说的"环境",应该说主要指社会环境,但与此同时,这一道理对自然环境也同样适用。一方面,人通过社会实践,可以使自然界"人化"为美的自然界,创造出适宜于人类生存的美好环境;另一方面,优美的自然环境也能反过来"化人",即使人受到教育、陶冶而变得更完美、高尚。

自然美的审美教育意义,有以下几点。

第一,赏心悦目,丰富生活。

茅盾在《风景谈》中描写了抗日根据地延安的几幅"风景",其中一幅是"桃园小景"。这里,虽然只有二三十棵桃树,半盘旧石磨,几尺断碑,但对于延安的革命青年来说,却是一处好"风景"。人们在战斗、工作、学习或劳动之余,来到这里品茶谈心,顿觉神清气爽,疲劳尽消,愉悦了身心,丰富了生活,使革命工作的精力更加旺盛。这与吴均所说的"经纶世务者,窥谷忘反",虽然主体的主观情趣有高下之分,但自然美对人的身心有愉悦作用,道理是基本相同的。富春江那清澈见底的江水,泠泠作响的山泉,清脆悦耳的鸟鸣,横逸掩映的绿荫,构成了一幅优美幽静的图画,一曲和谐动听的乐曲,使人们留恋不舍,乐而忘返。即使那些被世俗事务缠绕得晕头转向的人,也会头脑为之清醒,身心得到休息。

---

① 《马克思恩格斯选集》第1卷,第43页。

第二,陶冶情操,磨砺品性。

人的品格、气质、精神、情操是在后天的生活环境中逐渐培养、形成的,其中主要影响来自社会环境,但不可忽视的是,自然环境对人品格的影响力也相当大。我国幅员广大,地域辽阔,生活在不同自然环境中的人类群体,往往表现出性格、气质上的明显差异。大体说来,山里人憨厚,水乡人灵秀,草原牧民剽悍,沿海渔民开朗,北方农民淳朴,南国居民精明,等等,这等性情特质不能说与所处的自然环境的长期铸炼、陶冶无关。而人们如能走出自己的小天地,就会发现外面的世界很精彩。饱览祖国的名山大川,游历九州的自然风光,就会拓展人的视野,净化人的心灵,久而久之,也会对人的性格、气质产生有益的影响。

《与朱元思书》中,吴均所说的"鸢飞戾天者,望峰息心",说的正是自然美对人的性灵的熏陶化育作用。你看,那些汲汲于追求个人名利,四处奔走,苦心经营的人,目睹"负势竞上,互相轩邈"的奇峰,聆听"泠泠作响,嘤嘤成韵"的美声,不禁心旷神怡,移情于山水而淡漠了功名利禄之心。陶渊明的《归园田居》之一,把仕途生活称为"樊笼""尘网",因此为"守拙归园田""复得返自然"而感到庆幸、欣慰;李白《梦游天姥吟留别》公然宣称"安能摧眉折腰事权贵,使我不得开心颜",他们都是在自然美的陶冶中,坚定了不随波逐流的志趣的。

千姿百态的自然美,呈现于人们面前时,能排除人们心中狭隘的功利观念,激起纯洁无瑕的审美感情,净化人的心灵,久而久之,就能使人的性格、气质受到潜移默化的陶冶与铸炼。自然美具有的象征意义,使人面对大自然的美好景色时,还可以产生无穷的联想,激起美好的社会感情。如陶铸看到松林,"油然而生敬意",想到人应该有松树那样"要求甚少,给予甚多"的风格,想到鲁迅先生"吃的是草,挤出来的是牛奶和血"的高尚人格,从而产生每个人都应具有松树风格的强烈愿望①。这就是自然美陶冶情操,铸炼品性的功能。

第三,激励弘扬爱国精神。宗璞在《西湖漫笔》中写道:"平生最喜游山逛水。……那五百里滇池粼粼的水波,那兴安岭上起伏不断的绿沉沉的林海,那开满了各色无名的花的广阔的呼伦贝尔草原,以及那举手可以接天的险峻的华山……曾给人多少有趣的思想,曾激发起多少变幻的感情。一到这些名山大川异地胜景,总会有一种奇怪的力量震荡着我,几乎忍不住要呼喊起来:这是我的伟大的、亲爱的祖国——"宗璞的这种感情是很多人都体会过的,不过程度有些差别罢了。我们的祖国有 960 万平方公里的土地,有无数的高山平原、江河湖泊、森林草

① 《松树的风格》。

地、矿藏水产……经常接触,就可以增进对祖国的了解,从一山一水、一草一木中领略祖国母亲的伟大与可爱,从而激发和弘扬爱国主义精神。

此外,自然美还能给人以哲理的启示。站在庐山的正面,人们看到的是绵延起伏的崇山峻岭,然而走到侧面,看到的却又是直插云霄的尖峰了。庐山依然是庐山,它本身并没有改变,只是由于游人观赏的角度变了,所以眼里的山才会显出“岭”与“峰”的不同图景。人们看到庐山美景在不同角度上的变化之美,就会体悟到一个深刻的哲理:对同一个人或同一件事,不同的人站在不同的立场,就会做出大相径庭的评价,所以看问题切忌主观片面。这正是自然美给人的深刻哲理启示。人们之所以在自然美景面前流连忘返,除了它们能给人以美的感受之外,能够由此受到思想的启迪也是一个重要的原因。

# 第二章

# 自然美的欣赏

各个民族对自然美会有不同的欣赏、评价标准,甚至对同一自然物,不同民族的感受也会不同。有些民族推崇玫瑰花,有些喜爱百合,而中国人则更喜欢菊花、荷花这样平淡中见神韵的花。有趣的一个例子是,非洲有些土著民族以长脖子为美,他们认为脖子越长就越美。而一般民族则认为脖子的长短应该有一定限度,不宜过长也不宜过短。

这种现象应该怎样认识呢?

## 第一节　美向何处寻?

纵目远眺,天湖之间夹着一抹暗霭的远山,那原本雄峻的山峰被晨霭抹去了粗犷的线条,呈现出一副娇媚柔和的姿容。随着那暗霭渐渐地向四下里扩散,山廓的边缘似染上了各种色彩,先是一层淡紫,须臾又浸出莲青、鹅黄、橘红。这色泽一一映入湖水,把深绿的湖面染濡成一种扑朔迷离的窈窕之景。——这就是丝绸之路上的海西之晨。

这一幅"海西晨景图"是美的。我们并没有清晰地看到远山的轮廓,因为有雾霭遮掩,但这不清晰的模糊景象恰恰都是美的。因为我们从青山与云雾的层次中看到了美。我们不必去追究到底山美在哪里,我们感受到整体上的这种美就够了。

普陀山的"二龟听法石",宛然神似,两只乌龟像是从山下爬上来似的,其一已经爬到石顶,其一正在缘石而上,昂首延颈,栩栩如生。

然而,不少人到这里都发现不了这两块龟形巨石的美态。只有经别人指点后,他们才恍然大悟,发觉它们确实神态逼真。这是为什么呢?因为未经别人指点之前,他们不是把注意力集中在这两块石岩的外部轮廓上,而是挖空心思想在其他细微之处发现什么美。这就有点舍大求小,"捡了芝麻丢了西瓜"的味道了。

对于自然界中的无数声音也是一样,要抓住主音,不要在细微之音上白伤脑筋。

我们春游花溪,那里的风声、鸟声、欢笑声及淙淙的瀑布声、潺潺的流水声……构成了优美动听的协奏曲。然而,我们如果在这一片轰轰然的声浪中,不抓住主音,而是来者不拒,点点滴滴都摄入耳朵,那么听到的定然只是一片嘈杂之音,而少有丰富的美趣可言了。

俗话说:"红花还需绿叶衬。"红花无论多么艳丽,也总有一种单调的感觉,若衬以几片绿叶就顿生姿彩了。这生动、直接地揭示出自然美的普遍特征——联系性。

实际上,不论是我们身处大自然中身临其境地感受到的自然美,还是通过文艺作品欣赏、领悟到的自然美,都不是孤立的,是诸多自然美组成的一个整体。

譬如,我们置身于一片原始森林中,眼耳鼻舌身就都能充分体会到自然美的种种不同魅力。入眼帘的是各种植物的形态、颜色,由此我们可以领略到它的形态美、色彩美。萦绕耳畔的则是各种优美动听的声音:树叶的沙沙作响、小鸟清脆的鸣叫、小溪的流水声……透过鼻子而沁人心脾的是整个大自然的气息:浓郁的花香、草香,泥土的芳香……事实上,也只有这种整体意义上的美才使我们感受到大自然的多姿多彩,令我们陶醉其间,它使我们如置身仙境,流连忘返!

小到一朵花、一株草也是一样,它们在与其他自然美的联系中才倍增姿彩。宽大碧绿如玉盘的荷叶衬着尖尖的蓓蕾,盛开的粉红的荷花;晶莹圆润的露珠点缀在草叶之间,愈发显出其迷人的风姿。

我国古代的许多文艺理论家、文学批评家乃至艺术家本人已经注意到这种联系之美,桂林的独秀峰,其实它的山体并不很高,全赖平地拔起,兀立中央。如无四周的平地,哪显其"独秀"之美? 正因其"孤峰不与众山俦",才有"直入青云势未休"之美感。

山水的这种美,是一种整体之美。它由多重景物构成,但又不是这些景物的简单相加,而是一种协调的配合,一种自然的融洽。这样它才更显示出自然美的丰富性。

宋代大散文家范仲淹登临岳阳楼,眺望洞庭胜景,但见"衔远山,吞长江,浩浩荡荡,横无际涯。朝晖夕阴,气象万千",从而发出"此则岳阳楼之大观也"的慨叹。"大观"者,就是整体呈现的意思。这里说的是居高临下观洞庭湖景色,正是它与远山及长江构成了"浩浩荡荡,横无际涯"的宏伟境界之美。

宋代画家郭熙讲道:"山以水为血脉,以草木为毛发,以烟云为神采。故山得水而活，得草木而华，得烟云而秀媚。”“山无云则不秀，无水则不媚，无道路则不活，无林木则不生，无深远则浅，无平远则近，无高低则下。”这些话，将山与烟云、树木、水的联系之美、讲得真是无比透辟！的确，山以草木为衣裳；以云彩为飘带、面纱；以水为血脉。水遇山而曲折，遇谷而蜿蜒，山山水水、花花草草、彩云烟霞、朝晖夕阴……所有这些构成了气象万千的自然联系之美，整体之美！

具有审美特征的各种事物相互联系会倍增其美。好似电影的蒙太奇手法，把不同的镜头巧妙地组接在一起，从而显示出新的意境。

杜甫脍炙人口的绝句：“两个黄鹂鸣翠柳，一行白鹭上青天。窗含西岭千秋雪，门泊东吴万里船。”此诗色彩明丽，音响清越，充满诗情画意，翠柳上的两个黄鹂已显示出两种审美对象之间的联系之美，又衬以在蓝天上飞翔的一行白鹭，再在近景上以大船相衬，远处还有雪山，这样黄、绿、蓝、白相间的色彩，清丽悦耳的音响，共同组成一幅优美的立体画。翠柳上的黄鹂因“鸣”而显出声音之美，千秋积雪因为“窗”所“含”而显出绘画般的美。这充分地显示出广阔的联系之美。

无怪乎中国园林艺术不筑死山死水，不搞封闭的围墙，而是山水相间，山围水，水绕山，加以镂空的花窗，拱形门。因为这样可以借来园外景色相配，使各种景物联系为一个统一的整体，这真是深得联系之美的奥妙啊！

元代人马致远有首名作——《天净沙·秋思》：“枯藤老树昏鸦，小桥流水人家。古道西风瘦马。夕阳西下，断肠人在天涯。”

这首曲数百年来传诵不衰，魅力不减。有人说其原因在于前三句连用九个并列的实词，把九种不同的景物巧妙地组织在一个画面里，渲染出一派萧瑟的晚秋气氛。这自然有一定道理。但为什么几个实词连用就能构成一幅动人的画面呢？

原因是：每一个实词就是一个大大简化了的寓意深远的形象。“枯藤”是什么藤？形状如何？“老树”是什么树？长相怎样？……作者没有说，但读者却可想见它们的样子，仿佛能看到一幅萧条悲凉的整体性图像，并由此引发无穷想象。

看来，欣赏自然美是不可太拘泥于细枝末节的，更重要的是对自然景物的整体把握。

整体上的美才是最重要的！美应向此处寻！

## 第二节　烟笼寒水月笼沙——自然景物的形象声色之美

唐代著名诗人贺知章那首有名的《咏柳》诗中对自然之手的鬼斧神工进行了

直接而又热情洋溢的赞美。诗云:“碧玉妆成一树高,万条垂下绿丝绦。不知绿叶谁裁出,二月春风似剪刀。”原来,柳树那迷人的丰姿竟出自二月春风那无形而又纤巧之手。妙哉!奇哉!自然的伟力真是无穷的啊!

自然美是绝对出于自然的,只受自然规律的支配,而不受其他规律支配。人们可以发现、欣赏自然美,可以用自己的审美想象去丰富和补充自然美的形象,可以创造神话、诗歌等作品去赞美它和歌颂它,但不能脱离自然美之所以为美的特性和条件。

朝霞夕阳、明月清风、碧海青天、湖光山影,不也是自然而成的吗?它本身就具有无尽的美,是不需雕饰的美。

人们现在已能登上月球,但发现月亮上并没有玉兔和嫦娥,什么都没有,只是一片荒凉之地。可见我们并不能因此而否定月亮所具有的温雅娴静的美。千百年来它给人类带来了无尽的遐想、憧憬。在皎洁、柔和的月光下曾发生过而又将发生多少美丽的故事啊!

看看我国古诗中涉及“月”字的你就更能深切地体会这一点了。“月上柳梢头,人约黄昏后”“床前明月光,疑是地上霜”“二十四桥明月夜,玉人何处教吹箫”“烟笼寒水月笼沙,夜泊秦淮近酒家”……如果说黑夜是一位迷人而娇羞的女神,那么月光就是她那双诱人欲醉的眼睛。在无风的夜晚,朗月当空,月光如水,确实令人心里倍感温馨、舒畅。

王维是唐代著名诗人兼画家,他的诗被誉为“诗中有画”,他的画被誉为“画中有诗”。可见他的诗画真正达到了炉火纯青、水乳交融的境界。请看:“明月松间照,清泉石上流。”这完全是自然景物的真实描绘,但这种近乎直露的白话式描写并不让人感到苍白无力,相反,它能引发人的思考,让人充分领悟到自然美的奥秘以及与此相关的深刻的人生哲理。这两句诗就表现了作者对宇宙无限性的思考,是寓无限于有限的典型写法。是啊!明月在松林间已经照了多久,还要照多久?清泉在石头上流淌了多久,还要流淌多久?这些平凡、简单的景物能寄托我们多少的思绪啊!

看来,对于我们人类来说,大自然中确有许多永恒的东西,而自然中所蕴含的无尽的自然之美更如神泉一般取之不尽,用之不竭,历久弥新。

说自然美的特性在于事物的自然形态,并不等于说凡是自然的都是美的。只有这种自然形态不是一般的、常见的而是生动、独特、奇异的,才是美的。

给予我们最直接触动,最易于被我们接受的还是那种有着生动、鲜明特色的自然美。奇特之美无疑较平淡之美有着征服人心的更大优势。如:石头遍地皆是,或竖或卧,或偃或突,谁都见过。但像云南石林那样,嶙峋的怪石拔地而起,密密葱葱,如树如林,如剑如戟,蔚为奇观,却是绝无仅有的,它美在一个“奇”字。再如:江河遍地,奇者险者不乏其数,为什么三峡之美脱颖而出,独具魅力呢?三峡的美就在于惊涛拍岸;两岸山崖壁立万仞,险峻无比;峡谷迂回曲折,江流随山而转,景色时时变换,突出一种“壮、险”之美。

明代著名地理学家徐霞客说:“五岳归来不看山,黄山归来不看岳。”这里显然是用了对比手法来对黄山在众山之中所独具的无可匹敌的美大加称扬,不免有扬此抑彼之嫌,有失偏颇。如果游者就此以为游了黄山,领略了黄山的美,就没有必要再去游览其余众山,就显然有些傻头傻脑。固然,黄山自有其不可替代的美妙之处,正是那些美轮美奂之处才使它在某一意义上越出其他众山之上。但这并不成其贬抑或否定其他名山的依据,五岳又各有其相对于其他名山的不可替代之美。

休说名山,就是名不见经传的小山小丘同样有其美妙之处。孔子曰:“登东山而小鲁,登泰山而小天下。”相对于泰山而言,小小的“东山”自“无足轻重”,但它或许在一狭小的领域中仍能成其美妙。东山及其山上的花草树木同样有着可入画的美,只要我们有一颗能不断感受美、发现美的丰富充实的心。

就各处名胜而言自有其独具之美,各处景观可谓风格各异,难分高下。四川九寨沟自然风景区就以其原始森林、高山流水而别具一番清新、古雅之美。其间原始森林的古朴之美与高山流水的宁静、和谐之美自是不同,但它们又结合得那么默契,共同营造了人间仙境。

同理,湖南张家界风景区也以它的原始之美名扬天下。它宛如一块未经琢磨的璞玉降临人间。其间如黄狮寨子之雄伟,腰子寨子之险要,金鞭溪之幽深,都会使人沉醉其中,流连忘返。相较之下,各景点风貌不同,却又相映成趣,使张家界的自然之美融壮美与秀美于一炉。可以说,是各种景物以其别具一格的美共同缔造了张家界的美。

一张桌子看似平淡无奇,但若在一定光线下,从某一角度观察它也能呈现出某种美来。就像素描中的各种零碎事物一样,一把斧头、一棵白菜、一块木头……经过组合及明暗处理后也能表现出某种独特的美。

中国水墨画就具有变平淡为神奇的力量。齐白石能把一棵大白菜幻化成一种平淡美的化身。自然界中不是缺少美,而是缺少发现。只要我们有一颗敏感善思的心,我们就能于平淡如水的万物中充分领悟到自然美的奇丽!

一座炊烟袅袅的村舍,也没什么特别之处,甚至在其主人看来也绝不会是美的。但对于久居闹市，生活在高楼大厦之间的人们而言，它却别有一种清新、质朴之美。在朦胧的月光或鲜红的夕阳余晖的映照下那村舍无疑将更添姿彩，而袅袅上升的炊烟则是一种动态之美。这样，自上而下无疑组成了一幅美丽的立体风景画。无怪法国画家梵高能挥动他那化腐朽为神奇的画笔淋漓地展现出寂寞乡村的清新之美。

美不是固定不变的，它有某种相对性。对某些人显得不那么美的东西，在某些人看来却会是美的。

就像张艺谋执导的电影《红高粱》《秋菊打官司》中那厚重的黄土地。在本地人看来是不美的，甚至是贫困落后的象征。但让我们来看：黄色的山冈上，缓缓地走着一队接亲的队伍、鲜红的衣服、鲜红的花轿，还有人们鲜红的胸膛；能听见痛快的嬉笑、欢快的叫喊，还有热烈的锣鼓声。就是这样一群人，走在黄色的土地上，红黄相映生辉。这是怎样一种美呢？是一种古朴、粗犷之美。

但如果问那些长年生长在这里的人："哎，你们是不是觉得现在这种情境很美？"他们一定会说："没什么美的呀！我们世世代代都是这样的。"

你们一定有过这样的经验：身在福中不知福。当你们生活在无忧无虑的童年时，并不感到有多幸福。可是，当美好的时光悄然飞逝，你们回首往事时，却发现原来童年时真的好幸福啊！自然美给我们的感觉也是这样的。

往时平淡无奇的事物往往会在记忆中变成美的。故乡的一草一木，在久居他乡的游子看来就会是无比亲切、美好的。

有首歌是这样唱的："窗前月光，地上银霜，低头思念我故乡。那山也青，水也青的好地方，总让人向往。"在记忆中，故乡留下来的全是美好的东西。往日平淡的山水这时也那么令人神往，那么美好了！

看来，美对于而言是需要感情的注入的。自然美也是如此，我们在欣赏自然景物时，感到美的愉悦的那一刻就有着自己感情的注入。换言之，我们感到了它的美，我们也爱这种美！

喷薄而出的朝阳，染红了天际，仿佛给天空披上了一层薄薄的红纱。它冉冉上升，令人心胸无比开阔。再配上辽阔苍茫的大地为背景，更给人一种昂然向上之美。如血般鲜艳的夕阳，它以厚重的颜色增添了整片天空的凝重、苍凉。所谓"夕阳无限好"讲的就是夕阳这种悲壮之美。深山鸟鸣，泉水叮咚，飞瀑轰响，小溪潺潺……美不胜收，妙不可言！正是绚丽多姿的自然美妙乐音启发了无数诗人、作家的灵感，诱发他们谱写出那么多优美的篇章。

"鸣蝉在树叶里长吟，肥胖的黄蜂伏在菜花上，轻捷的叫天子（云雀）忽然从草间直窜向云霄里去了。单是周围的短短的泥墙根一带，就有无限趣味。油蛉在这里低唱，蟋蟀们在这里弹琴。”

“如乌云乱卷，如怒火，如狂飙。这些乌云先是从下面向上喷射，喷到半空，又跌落下来，化成卷卷银雾。这一卷云雾给阳光照得闪亮，又飞上高空。乌云白雾，上下翻腾，再向上，如浓墨，如淡墨，像核爆炸时的蘑菇云，直耸高空，岿然不动……浪花飞溅，发出千万惊雷的轰鸣。”

前者在一个小小的院子里展现出鸣虫欢叫的情景，仿佛令人觉得是一个神往的天堂，后者则在黄河的奔流咆哮中使人感到一种冲决一切阻挡的气势与力量，让人在惊心动魄的大自然音响中受到一次灵魂的冲击与洗礼。

正如欣赏自然美的声响需要有“美的耳朵”一样，对自然美的色彩欣赏则需要有“美的眼睛”。请看碧野笔下的水上美景：

> 这飞泻下来的雪花，在山脚汇成冲激的溪流，浪花往上抛，形成千万朵盛开的白莲。可是每到水势缓慢的洄水涡，却有鱼儿在跳跃。在这个时候，饮马溪边，你坐在马鞍上就可以俯视那阳光透射到的清澈的水底，欣赏那五彩斑斓的水石间，鱼群闪闪的鳞光映着雪水溪流，给这寂静的天山添上了无限生机。

这段景物描写的无非就是溪流中的游鱼，一般人也许会认为这不过是随处可见的景物而已。然而作者却以一种艺术的眼光仔细地观察着那“雪花”般的飞流，“白莲”般的浪花，“五彩斑斓”的水石，眼睛不停地追随着那“鱼群闪闪的鳞光”，从而给读者展现出一幅五彩斑斓充满生机的美景。

我国古诗中对丰富多彩、绚丽多姿的自然美的描写更是举不胜举。杜牧的《山行》：“远上寒山石径斜，白云深处有人家。停车坐爱枫林晚，霜叶红于二月花。”让我们从这美妙的诗中仔细体味大自然的无穷美妙吧！这是深秋季节，一座陡峭、凄冷的山。它有白云陪伴，村居点缀，还有那火红的枫树，它们相处得那么和谐，不知它们已相处了多少年？仿佛历来就是这样的，静谧的环境多姿的色彩无声地向人们陈述着大自然的美妙。

再看白居易的《暮江吟》：“一道残阳铺水中，半江瑟瑟半江红。可怜九月初三夜，露似珍珠月似弓。”诗中用的完全是自然意象，这些意象的有机组合透露出一种未经雕饰的古朴、自然之美。斜阳夕照，映红了平静的江水，这时天与地仿佛合二为一，融洽相处，难舍难分。太阳落山后，月亮升起来了。如弓的月亮把如水的光亮洒向大地。这样的夜晚,在这样的月光下,还有俯拾皆是的珍珠般的露水,真是醉人的月夜啊！此情此景,你难道不心旷神怡、浮想联翩吗?

又如白居易的《江南好》之一:“江南好,风景旧曾谙。日出江花红胜火,春来江水绿如蓝,能不忆江南?”这里显然注重对自然美中色彩的描绘:红得像火一样的花,蓝绿色的江水。正是这强烈的色调打动了白居易的心并深深地埋入他的记忆之中。可见,自然的色彩美作用于欣赏者的效果是强烈的。那色彩鲜明的美景真能点燃你火一样的激情!

色彩美在整个自然美中占有重要的地位。可以这样讲,色彩美是自然美中作用于观赏者效果最强烈的因素。我们的世界就是由无数色彩各异的事物组成的。我们总是为置身于这样丰富多彩的事物中而感到幸福、充实。试想,我们生活的世界失去了五彩缤纷的颜色,一片灰暗……那该是多么的单调死板而可怕?所以还是让我们抓住那美丽的翅膀在美的王国里自由飞翔吧!

## 第三节　横看成岭侧成峰——变幻莫测的自然美

横看成岭侧成峰,远近高低各不同。
不识庐山真面目,只缘身在此山中。

这是苏轼与好友参寥和尚同游庐山时写的一首诗——《题西林壁》。看来,苏轼实在是很懂得山水美的特征的。他的意思是:人们对山水美的欣赏,从不同角度观察,就会有不同的发现。

身在庐山之中,当然也可以领略各处不同的山水风光之美,李白在秀峰山下,不是也写出了“日照香炉生紫烟,遥望瀑布挂前川。飞流直下三千尺,疑是银河落九天”的名篇吗?

再如锦绣谷、三叠泉都是吟誉古今的绮丽景观。然而,如果置身鄱阳湖上,石钟山下遥望庐山,则是另一番气象。庐山成岭,高耸入云,山体厚实宏大,霞飞云渡,其沉雄磅礴尽在烟光迷蒙之中,令人心潮激荡,心胸开阔。此番感受,自非身在山中可以比拟。

与苏轼同时代的山水画家郭熙曾说:“山水大物也,人之看者,须远而观之,方见得一障山川之形势气象。”这说的虽然是看画之法,但个中道理,亦与苏轼《题西林壁》一诗相通。

如观桂林独秀峰，登上峰之巅，自上而下，则桂林山水尽收眼底。清代诗人范学仪因此而吟出："一柱镇南天……拔地山千仞，环城水一川，凭高发长啸，声彻万家烟。"明代诗人梁轩取自下而上的角度，则见"一峰高耸插香衢，山气空蒙翠欲滴"。两者所见显然不同，却是同一景观。

当代作家秦似在他的《瑞士纪游》中，谈到他游阿尔卑斯山的所见所历。当他站在阿尔卑斯山麓观看时，但见："阿尔卑斯山二千米以上的冈峦成了千里冰封，寸草不长，二千米以下则松树成林，冰雪把山划成上下两半。"

而当他乘坐缆车飞越重重的树林时"就看见下面只是白茫茫一片雪地了"。当缆车绕过了悬崖，"一片灿烂的阳光，把周天照得通亮……这与泰山观日出，有异曲同工之妙"。

待到了峰顶，"往下一看，那茫茫云海，就像白色的轻纱一般在我们脚下浮荡飘动；数点高峰，露出它们嶙峋的顶端……这时，一只黑色的大鸟从我们身边翱翔而过……这雪山云海的奇观，顿时把我们弄得迷惘沉醉，连凛冽的感觉也忘掉了"。

正因为不同角度见出山水不同的景观之美，获得不同的美的享受，所以才有"山形步步移"与"山形面面观"的经验之谈。

湖南张家界自然风景区的黄狮寨上有一巨石，形似龟。虽然单独看它，似乎也是美的，但还嫌单调。当浓雾弥漫山头之时，石龟好似活了一般，仿佛正在雾海中遨游，比无雾时不知要美多少倍！因此人们给它取了一个美妙的名字"雾海神龟"。由此看来，正是雾海与神龟这种相得益彰的竞争结合才造就了这一奇妙的景观。其实，云雾缭绕，云蒸霞蔚中的黄山又何尝不是这样的呢？黄山不正是因为这种风雨云雾的变动才更显其神秀之美吗?

再来看五岳之首的泰山吧！

东岳泰山的日出是驰名海内外的。站在泰山顶上，看到火红的朝阳喷薄而出，冉冉上升，映红了整个天空，也映红了泰山，有一种神光普照大地的感觉，那时人的灵魂是能被无限提升的。泰山正是在朝阳的辉映下倍添风采，成为人们心目中神往的圣地的。古代许多帝王来到这里祭天拜神是不是也因这份神韵？朝阳映照的泰山有它的神秀，雨中的泰山也别有一番滋味。烟雨迷蒙中，泰山的一草一木，一石一丘都迷离不清，难辨其真，然而正是这种雨帘掩蔽下的美益发让人心醉神怡。

长江三峡中的巫山十二峰为什么美呢？除了山峰本身的秀美之外，这与变幻无常的云雨不无关系。好像有一双能翻云覆雨的手操纵着这一切，让人感到神妙莫测，如入幻境。刘禹锡的《巫山神女庙》写得好："巫山十二郁苍苍，片石亭亭号女郎。晓雾乍开疑卷幔,山花欲谢似残妆。星河好夜闻清佩,云雨归时带异香。何事神仙九天上,人间来就楚襄王。”是晓雾、云雨、星河将女神装点得如此婀娜多姿,神态活现。这里座座看似没有生气的石峰,在云雾掩映下顿生灵气,仿佛娇羞的神女来到人间。怪不得一些仙山灵地,总要衬以云、雾,看来云、雾确实是能增光添彩的高手,它是神仙奇士的随从。观音菩萨要踩着莲花宝座,孙悟空也要驾着祥云,由此可推想,他们这些形象的由来是以自然美为依据的。

再看一位作家为我们描绘的庐山五老峰的景色来体会这种动中有静、静中有动之美。请看:

“功夫不负苦心人,果然,那起伏如涛的云雾,团团向远扩展,就像一只神奇的手在抚弄似的。不一会,这雾海就‘解化’成一片片一缕缕的云絮,就像仙女们曼舞的长袖和丝带,飘飘飞拂,袅袅有度,太美了!

“我还没有来得及赞出这声好时,又看出了一处处极为美妙的景致。瞧,在这洁白的絮云中渐渐浮露的是天空的琼楼玉宇,还是海上的蓬莱仙岛?它若隐若现,半明半暗,绿影浮动,青黛相间,而那‘玉宇’和‘仙岛’,更是千姿百态,无可名状。……”

“令人欣喜的是,这别致高超的‘水墨画’,竟在我眼前久久浮现,而且,随着云雾的流动,那‘画面’也在不断地变化,真是各具特色,均臻妙境,每换一种‘镜头’,都要引得我们爆发出一声欢叫。”

自然美所依托的自然景物不仅是普遍联系着的,而且处在不拘的变动之中。静态的自然景色是美的,动态的自然景色也是美的,其中并没有高下之分。当然,对于某些景物来讲,处于变动中或以动态的事物相衬似更显其美。如美若西子的西湖,娴静处有如娇花照水,行动处则如弱柳扶风。动态中的西湖似真的活了,临风起舞,那荡漾的碧波都似西子绽开的笑容。

一座山当然是以静态的景物而成其美的,而柔嫩、鲜绿的垂柳则似于微风轻拂中才特显其枝叶纷披、绿影扶疏之美。综合观之,作为对自然美的整体观照当然是要讲求动静结合的。如:高山流水就是紧密结合为一体的和谐相处的美。国画家自然注意到了这种动静结合中所蕴含的无比深厚、旷远的美,并在他们的绘画中对此进行了有力的再现。有幅古画就是以《高山流水》为名的。古代音乐曲目中也有同名的曲子。

自然美的丰富多彩、千姿百态寓于自然景物本身与周围景物,甚至自然气象的变化之中。正是这种变化,魔术师般地使自然呈现出色彩各异的变幻之美。

春、夏、秋、冬四季也各有自己不同的景观。春天万物复苏,小草发芽,百花盛开，一派欣欣向荣的景象，催人奋发；夏天浓墨重彩，花草树木都长得郁郁葱葱，有种丰富、充实之美；金色的秋天，果实成熟，枫叶红得像火；起伏的稻浪，令人欣喜；金黄的果实营造出金色的天高气爽的季节；冬季，银装素裹，玉树琼枝，大地宛若披上了雪白的圣衣，顿时干净了许多。

如果说夏天是个喧嚣的季节，冬天则是个宁静的季节。它们之间自然无所谓高下之分，须知正是这四季的更替变换才使本来就丰富多彩、妩媚动人的自然美更添亮色，更显富丽！如果说人的生命在于运动，我们尽管不能唐突地讲自然美的生命在于变化，但至少变化的自然极大地丰富了自然美这一纯净的群体。

## 第四节　“此中有真意，欲辨已忘言”——自然美与人

著名诗人陶渊明有一首古往今来备受人们赞赏的名诗：“结庐在人境，而无车马喧。问君何能尔？心远地自偏。采菊东篱下，悠然见南山。山气日夕佳，飞鸟相与还。此中有真意，欲辨已忘言。”在这首诗中，秋菊、山色、夕阳归鸟这些自然景观当然有它赏心悦目之处，然而诗中的这些自然景物之所以能使读者叹赏不已，还在于诗人在这些平常的景物中注入了自己恬淡的心境与倾心的情感，从而在这些交融的景物中折射出自己因返璞归真而感到的无比欣慰之情。正是恬淡隽永的景物与诗人淳厚纯真的感情融为一体，才使它成为千古名篇。

再看王维的《栾家濑》和《竹里馆》这两首名诗：

飒飒秋雨中，浅浅石溜泻。
跳波自相溅，白鹭惊复下。

《栾家濑》

独坐幽篁里，弹琴复长啸。
林深人不知，明月来相照。

《竹里馆》

第一首诗写的是秋天的雨中景致：在秋雨飒飒之中，往日涓涓细流的水濑一下子浪花泻溅起来。安闲自在的白鹭偶然受到惊吓跳了起来，结果看到的只是一点小小的浪花，于是虚惊之后又飞落回了原处。这片断的小景不仅充满了自然的活力，同时透过这安宁恬淡景物的描写，我们可以感受到历经宦海风浪的诗人对

恬淡隽永的大自然的喜爱。正是这种主观的情感寄托,才使诗中的自然景致更显真切感人,而这种"人化的自然"在第二首诗中体现得更加明显。

诗中的景物很简单,不过是人们常见的"幽篁""深林""明月"罢了。可是这些平平淡淡的事物之所以能深深打动读者,不仅在于自然景物本身的清幽澄净,而且也是由于诗中有"独坐""弹琴"的诗人本身。正是人与自然的神契妙合,才构成了此诗独有的艺术魅力。

其实,自然美所折射的人的审美情感并不一定要有人明白地现身才能体现,在诗人艺术家的眼中和笔下,它们本身就寓含了人的主观情感。所以才会出现对同一景物的不同感受。像王维的《辛夷坞》:"木末芙蓉花,山中发红萼。涧户寂无人,纷纷开且落。"全诗根本看不到人的影子,诗中也没有明白地抒发某种思想感情,然而山中红花尽管粲然一片,却又落英缤纷,显出一种落寞的景况,正是这种景况,折射出诗人的寂寞感。

自然美的景物引发了人的美感,而人类的主观审美感受又投射到客观外物之中,于是作家艺术家的笔下便出现了人的情感与自然景物交相辉映的景色:

> 桃树、杏树、梨树,你不让我,我不让你,都开满了花赶趟儿。红的像火,粉的像霞,白的像雪。花里带着甜味;闭了眼,树上仿佛已经满是桃儿、杏儿、梨儿。花下成千成百的蜜蜂嗡嗡地闹着,大小的蝴蝶飞来飞去。野花遍地是:杂样的,有名字的,没名字的,散在草丛里像眼睛,像星星,还眨呀眨的……鸟儿将巢安在繁花嫩叶当中,高兴起来了,呼朋引伴地卖弄清脆的喉咙,唱出宛转的曲子,跟轻风流水应和着。

作家笔下的自然是一种作家精神情感作用下"物化"了的自然:梨花、野花、蝴蝶、鸟儿虽然不依人的存在而出现,但是桃花、杏花、梨花会"你不让我,我不让你,都开满了花赶趟儿",鸟儿"卖弄清脆的喉咙"高唱"曲子",野花甚至会"像眼睛,像星星,还眨呀眨的",这一切不正是作者对春天的激情礼赞吗?花不会竞争,草不会眨眼睛,作者笔下这些充满了希望的、生气蓬勃的景物完全是靠主观情感的投射,才显出了特别旺盛的生命活力。"新的"春天是自然,但"像刚落地的娃娃","像花枝招展"的"小姑娘","像健壮的青年,有铁一般的胳膊和腰脚,领着我们上前去"的春天就已经不是自然之春而是人化之春了。

正是由于有了作家艺术家的主观情感,美丽的大自然才显得更加可爱。不仅春天的景致让人充满喜悦,即使寒冷的冬天在诗人艺术家的笔下也会显出温暖的色彩。比方说济南的冬天本来是寒风刺骨令人难以忍受的，严冬季节到过济南的人都会有这个感受。可是在老舍的笔下，“济南的冬天”却完全是另外一番景象：“那水呢，不但不结冰，倒反在绿萍上冒着点热气，水藻真绿，把终年贮蓄的绿色全拿出来了。天儿越晴，水藻越绿，就凭这些绿的精神，水也不忍得冻上，况且那些长枝的垂柳还要在水里照个影儿呢！看吧，由澄清的河水慢慢往上看吧，空中，半空中，天上，自上而下全是那么清亮，那么蓝汪汪的，整个的是块空灵的蓝水晶。这块水晶里，包着红屋顶，黄草山，像地毯上的小团花的小灰色树影，这就是冬天的济南。”这色彩瑰丽的图景是济南的冬天吗？是，又不是。看：“灰色树影”“黄草”，这是冬天，可是“这些绿的精神”就是作家情感的产物了。

于是我们便在不同人的眼中看到了同一景物呈现的不同景象，这在《红楼梦》中有非常典型的描写。在曹雪芹的笔下作品中三位主人公同样是在咏柳，可是他们各自笔下的柳絮却显出完全不同的形象：先看林黛玉的诗：“草木也知愁，韶花竟白头。叹今生，谁舍谁收？嫁与东风春不管：凭尔去，忍淹留！”而薛宝钗的柳絮却一派欢歌笑语：“韶华休笑本无根：好风凭借力，送我上青云。”贾宝玉笔下则是柳的哀叹：“莺愁蝶倦晚芳时，纵是明春再见，隔年期！”三首意境不同的诗体现的正是三人各自不同的思想情感：充满叛逆思想而又寄人篱下的黛玉，整日感受到的不是春天般的温暖，而是孤苦无援的痛苦。虽然身边也有自己的知己，然而她不仅没有获取幸福的把握，反而日益感到“风刀霜剑严相逼”，愁苦的柳絮，正是她悲剧预感的象征。而薛宝钗作为一个钗裙中的卫道士，备受府中上下喜爱，得宠的她当然会在咏柳中流露那种踌躇满志的情绪。而贵族大家庭中的叛逆者贾宝玉虽然生在钟鸣鼎食之家，并作为继承者而被寄予莫大希望，可是这个满脑子古怪思想的冥顽不灵之徒，却看破了“红尘”，他与不愿说“混账话”的黛玉一样有着对自己那个大家族走向穷途末路的预感，正是这种颓丧的情感使他笔下的柳絮悲哀不已。

老舍笔下的麻雀与屠格涅夫笔下的麻雀所体现的不同形象也正是由于同样的原因。前者“进退为难”“委屈”“昏迷”，因为它是一只“娇养惯了的小麻雀”，而后者虽处绝境而“有一种比它的自卫本能更强的力”，使它扑下身来，“这种力竟然”能使凶猛的猎狗“倒退”，难怪作家对它要“怀着敬意”了。

因此，我们在观察自然美的时候，不仅要用“有音乐感的耳朵和能感觉形式美的眼睛”（马克思）来仔细观察大自然，更要在感受审美客体的时候发挥审美主体的主观能动性，这样才能在充分享受审美愉悦的同时从自然美的陶冶中升华自己的审美情趣与境界。尤其是通过阅读文学作品中大量的美文来提高自己的感受力和鉴赏力，从而不断加强自己的美学修养。

# 第三章

# 人生美与美育人生

人生美是美的形态中最重要的一种。社会生活中,蕴藏着无穷无尽的美。

人生美就是指社会生活的美。同时,由于社会生活是纷纭复杂、五光十色的,所以,人生美也是丰富多彩、千姿百态的。可以说,人的理性、力量、仪表、举动、行为、智慧都属于人生美的内容。

人是宇宙的精华、万物的灵长,其他动物是无法与人相比的。因为人不仅有自然属性,更为重要的是人还具有社会属性。其他动物的活动,都仅仅局限于其本能所规定的范围之内,而人则不同。

人,是有社会性的。人能用自己的大脑和双手有意识地从事生产劳动,创造物质财富和精神财富。并且,人还能按照美的规律来改造对象。

动物只是为了自己的生存和繁殖而从事本能性的活动,而人则能依据自己的目的、意志、兴趣、需要进行创造,使其创造物既具实用价值,又具审美价值。

当然,人的社会性并不等于社会人生美。社会生活中有真善美,也有假恶丑。作为社会性的人,有丑也有美。只有和真善美紧密相连的人才能够、才配称之为人生美的主体。

人生美的教育是美育的中心环节。以人生美的主体,即以美好的人,具有优秀品质的人以及他们的事迹来教育人们,塑造人们的灵魂,美化人的生活,使人们更加热爱生活、珍惜生活,以更好地推进社会前进,这是以美育人的重要内容。

## 第一节　人的体态美

### 一、神奇的黄金分割律

谁都希望自己的形体是美的,但到底什么样的身体才能称得上美呢？楚国有

位文学家名叫宋玉,也就是大名鼎鼎的屈原的弟子。宋玉在他的《登徒子好色赋》中是这描写他东邻姑娘的美的:

增之一分则太长,减之一分则太短;著粉则太白,施朱则太赤;眉如翠羽,肌如白雪;腰如束素,齿如含贝;嫣然一笑,惑阳城,迷下蔡。

宋玉描写的是理想中的美人:身材标准,脸色白里透红,眉毛浓密,肌肤像雪一样白,杨柳细腰,牙齿像贝壳一般洁白。微微一笑,整个阳城、下蔡的人都被迷住了。够美的了。可见,人体如果是美的,必定要身材适中,肤色浓淡相宜。可是什么样的身材才是标准的身材呢? 作者却并没有加以具体描述,而只给读者留下了猜测的余地。然而令人愉悦的形体并不是只可意会的,它的确有某种标准,这就是古希腊人发现的"黄金分割"律。

真正美的人体,各部分的比例大致符合"黄金分割律"。数学家经过测量分析得出,肚脐正是人体比例黄金分割的黄金点。人体结构,就整体上来说,肚脐以上部分和肚脐以下部分的比例是0.618∶1。大家看出来了吧,这个比值正好是"黄金分割律"。除此以外,人体结构的比例还有三种黄金分割法。一是肚脐以上部分,黄金分割点正好在咽喉,就是说,咽喉到头部顶端的部分与从咽喉到肚脐的部分的比例是0.618∶1。二是肚脐以下部分,黄金分割点恰在膝盖,就是说,从膝盖到肚脐与从膝盖到脚后跟的比例为0.618∶1。三是上肢的黄金分割点在肘关节,从肩关节至肘关节与从肘关节至中指尖的比例是0.618∶1。

人的身材固然重要,然而仅有合适的人体比例并不足以体现人体的美,还应该符合其他条件,最起码应该健康。《红楼梦》中的那个多愁善感的林妹妹,眉如柳叶,走路如风摆杨柳,然而许多现代读者却不欣赏这种病美人,他们喜欢的是健美的身材。健康的美正体现在一种力的展示上,就是说,要给人一种很有力量,很有生命力的感觉。古代文学作品中就有不少这样的人物,像施耐庵笔下的英雄大多具有这种力度的美。让我们来看一下《水浒传》中是如何描写武松的:

身躯凛凛,相貌堂堂,一双眼光射寒星,两弯眉浑如刷漆。胸脯横阔,有万夫难敌之威风;语话轩昂,吐千丈凌云之志气。心雄胆大,似撼天狮子下云端;骨健筋强,如摇地貔貅临座上。如同天上降魔王,真是人间太岁神。

瞧,这武松多健壮! 多威风! 多有气势! 这种形体美就给人一种很有力的感觉,这就是一种力度美。

当你看到竞技场上运动员们矫健的身姿,当你看到健美表演者长期锻炼出来的大块肌肉,你羡慕过吗?在古希腊运动场和竞技场上的运动员和武士都是赤身裸体的,特别是希腊名城斯巴达,更有女运动员裸体暴露在众目睽睽之下。其实这正是古希腊人作为"健康的儿童"(马克思语)对人体美的一种欣赏与崇拜。古希腊人有句名言:"健全的思想寓于健康的体魄。"所以,不仅现实生活中,那些体魄强健的竞技优胜者备受人们推崇,文学作品中的英雄人物也全是健美者。甚至连古代希腊艺术作品中的女神形象也正是艺术家们以现实的健美形体作为参照创造出来的。

不仅古代,古往今来的作家艺术家笔下许多典型人物都是健美的。法国女作家乔治·桑在《安吉堡的磨工》中,对那个理想人物,即磨工是这样描写的:

> 他的身体很健壮,发育得很匀称,真是仪表堂堂、落落大方,有一张引人注意的面孔。棕黄色的皮肤上更显露出一种十分美丽的光彩。他的端正的五官和他魁梧的身躯相称。他的眼睛又亮又深,他的牙齿雪白放光,他的栗色的头发长长的、卷卷的、弯弯的披在肩头上,像一个身体强壮的人所特有的丰盛的头发一样,衬托出一个宽大而丰满的额头,表现他的敏感、聪明、富有诗意的理想。

这个磨工就给人一种力度美的感觉,体现出一种大家平时听说过的阳刚美。你看他,"身体健壮""棕黄色的皮肤""端正的五官""魁梧的身躯""眼睛又亮又深""宽大而丰满的额头",怎么样?很有男子汉的味道吧!

前面曾经论及,不同的时代、不同的民族和不同的人对美的看法是不完全相同的,当然对人体美的看法也不可能完全一样。如藏于陕西博物馆的一尊唐代的失去头部的石雕半裸菩萨像,她的体态和希腊赛利亚的雕像维纳斯的体态虽然有共通之处,端庄中略显丰腴,给人以宁静、平和之感。但是这两尊雕像也有明显不同,那就是对胸部的处理上:希腊裸女雕像的乳房雕得玲珑高耸,表现出一个发育良好的少女的健美;中国唐代半裸的菩萨雕像,胸脯只是略显肥大而且没有乳峰,就跟肌肉发达的男子差不多。这种不同的原因是古希腊人崇尚健美,古代中国人十分遵守礼教。其实让菩萨裸着上身,露出肚脐,对于古代的中国人来说,已经够"非礼"(不合礼教)的了,把菩萨雕成这种样子也是实在不得已的事情,是以那些受不了炎热的煎熬就半裸着身子的印度女子为参照的。佛教从印度传到中国来,半裸的菩萨当然也就跟着来了。显然这些半裸像在中国人看来是很不顺眼的,可她们是菩萨啊!菩萨就是这个样子,你总不能让她们穿起宫装吧!该怎么办呢?那就只好按自己的"礼教"的观点,把敏感的地方处理得平淡无奇了。

你看,这人体美的具体内容倒挺丰富呢!

## 二、风姿特秀的嵇康

美的形体会给人以美的感受,但人的体态美就仅仅在于形体外表吗?让我们先来看看古人是怎样说的吧!

南朝时,宋人刘义庆的《世说新语》中有这样一段话:

> 嵇康身长七尺八寸,风姿特秀,见者叹曰:"萧萧肃肃,爽朗清举。"或云:"萧萧如松下风,高而徐引。"山公(指山涛)云:"嵇叔夜之为人也,岩岩如孤松之独立,其醉也,傀俄若玉山之将颓!"

这里大致意思是说:嵇康身体高大魁梧,风姿特别优雅。有人见到他,就赞叹说他潇潇洒洒,爽朗超俗。也有的人见到他就说他高雅潇洒像松林中自高处慢慢吹来的清风。山涛说嵇康的为人傲岸,像独自屹立的青松,即使醉了酒,要倒下去的样子也像一座即将倾倒的玉山。

嵇康的"风姿特秀"与他的外在形体固然有关,但他的"萧萧肃肃,爽朗清举"的风度,更是和他的"狂放傲世"的内在素质分不开的。每一个活着的人的外表,每一件有一定艺术性的雕像、画像,都不可能不提示人物的内在品质,只不过有的比较显露,有的比较隐晦罢了。

大家可能听过有关曹操的这样一个故事:曹操将要接见匈奴使者,他令相貌英俊身体高大的崔琰装扮自己,他自己只拿着刀站立一旁。接见完毕后,曹操派人去问那使者印象如何。使者说,魏王(指曹操)确实仪表堂堂,但那个拿刀立在一旁的人才真像大英雄呢!可笑不?其实要论身高、体态、容貌等"自然条件"曹操可远不如崔琰,但他作为一个政治家、军事家和杰出诗人,在整体上所表现出来的气质,却远远不是崔琰所能代替得了的。他的非凡的风度还是让使者看出来了。一个人的教养、意志、性情、品格等,总会流露在形体上,即使像曹操那样作为卫士站着,也瞒不过使者的慧眼。这就说明人体美不单单只是自然人体的美,还需要气质、涵养等内在的东西。

中国人对人体的审美在两千多年以前就已经达到了相当高的水平。但中国人对人体美的欣赏不是停留在自然人体本身上，而是更看重经过文化陶冶的充满内在精神气质的人体美。举个简单的例子，外表相同的两个人，一个有高度文化修养的人的形体就显得比没有文化修养的形体要美得多。实际上，人的肉体与野兽的肉体的根本区别就在于：人体处处都露出一种内在的精神气质，正是这种精神气质，才使人具有一种难以用语言表达的美，这就是美的深度。就是说，不是让人见后立即就能说清楚美在哪里，而是一种很模糊，但又很让人舒心的美。

西汉时期，有个美貌的才女名叫卓文君，西汉大文学家司马相如，碰巧到她家去做客饮酒。相如弹了一曲《凤求凰》，感动得文君心潮澎湃，再也守寡不住，就跟相如结为百年之好。据说文君长得可美了，什么"眉色如望远山"。想想看，远山可不是一眼就望得透的，而是越看越耐看，越看越好看，越看越有味，这就是美的深度，或者说有深度的美。中国有句成语叫"秀色可餐"，这里的"餐"字可不是"吃"的意思，而是对人体美的欣赏。这个成语表明的也是一种对有深度的人体美的欣赏。

美的形象当然有不美的因素，反过来说，一般人看来不美的东西也可能具有某种美的因素。咱们中国有句老话，叫"情人眼里出西施"，就是这种情况。人们对自己喜爱的事物总是容易看到它的优点而忽略它的缺点。这样，一个不是西施的姑娘，在她情人的眼里成了"西施"，这并不奇怪；而对于自己所憎恶的对象，就会感到此人缺点特别扎眼，即使这缺点在这对象身上是次要的，对一般人来说是不易觉察的。托尔斯泰在长篇小说《安娜·卡列尼娜》里。描写安娜爱上了渥伦斯基，带着幸福而又惊慌的心情回家去，刚下火车就见到她的丈夫卡列宁来接她，这时卡列宁在安娜的眼里突然显得异样：

> "啊哟！他的耳朵怎么是那种样子呢？"她想，望着他的冷淡的、威风凛凛的神采，特别是他现在使她那么惊异的那双撑住他的圆帽边缘的耳朵。

安娜跟卡列宁生活了好几年，一直没有发觉有何奇异的地方，可是她爱上了渥伦斯基以后，就变得这样敏感了。她对渥伦斯基爱得越深，就越加强她对那从没有过爱情的丈夫的厌恶，这样，卡列宁的耳朵就格外引起她的注意，使她感觉不顺眼。你看，由于感情起了变化，安娜对卡列宁那双本来无伤大雅的耳朵竟然感到如此别扭！

### 三、林肯体现的人性美

少年朋友们,听说过林肯吗?他可是美国历史上仅次于华盛顿的大名人啊!林肯出身于一个贫寒的农家,最后竟做了美国总统,从农舍一步步走进了白宫。那时候,美国南方各州还顽固地保留着残酷的奴隶制度。种植园主,也就是奴隶主,把园中的黑奴当作自己的私有财产,可以任意处置,就像对待牲畜一样任意打骂、役使、转让、交易,甚至处死这些黑奴。林肯对这种极不合理的奴隶制度极为憎恶。他当了总统以后,就竭尽所能地解放黑奴,消除种族隔离现象,于是与主张蓄奴的人发生了激烈斗争,甚至引发了内战。内战最后以北方的胜利而告终。不久,林肯总统因此而被奴隶主刺杀了。要论长相,林肯可绝对称不上美,实际上倒还有点丑。他的颧骨很高,眼窝又深陷下去,还有一脸的大胡子。但现在世界各地人民看到林肯的画像,倒并不觉得丑,原因就在于林肯的功绩和品行。在人们心中,林肯已经成为追求平等与解放的精神的化身,甚至成了一种象征,这正是林肯人性美之所在。

一提到"人性"这个词,少年朋友们一定会感到很陌生。那么什么叫人性呢?其实说起来也很简单,就是人之所以被称为人而不是动物的特性。大家都知道,人要比动物文明得多,那么表现在哪里呢?就表现在人性上,一个没有人性的人,就不再是人,跟动物没有什么区别了。人们之所以骂那些毫无人性的人为"衣冠禽兽",就是说他们虽然还穿着人的衣服,但已经没有人性了,跟禽兽就没啥区别了。

相反,那些自觉追求真、善、美的人他们便具有了美的人性。所谓求真,就是去认识自然,掌握规律去改造自然;认识社会,掌握规律去改造社会;认识人类(包括人自身),掌握规律去改造人类自身。总之,就是追求真理,改造世界(包括人类自身),为人类造福,为人类的进步而努力。不论是在自然科学领域(如数学、物理、化学等),还是在社会科学领域(如文学、艺术、哲学等)还是在其他领域,只要他所做的事情对人们有利,对这个世界有好处,那么在这种追求中所体现的人性(或精神)就是美的。

人性的另一个重要组成部分是人的伦理道德观念。伦理美说起来又不容易懂了,其实就是心灵美,它是人性美的一种表现形态。我们刚才已经举过的那个"衣冠禽兽"的例子就可以说明这一点。因为禽兽是没有伦理道德观念的,有恶劣行迹而被称为"衣冠禽兽"的人,不管他是多么漂亮迷人,人们都会认为他是丑恶的。反之呢?那些甘愿自觉地放弃个人利益,甚至不惜牺牲个人生命的人,当然会受到社会的敬仰,行为高洁的人会使人感到他们内在美的力量。伦理美(心灵美)往往看不到人的形体的丑陋。人们对那些有着美好心灵、高尚行为的人的赞赏,往往是看他们的心灵美,而不是形体外表,这就是对这些人的美好心灵的美学肯定。

美国作家海伦·凯勒生下来刚 19 个月的时候,可怕的病魔就无情地夺去了她的双眼和听觉,在她的启蒙老师安妮·苏利文的帮助下,海伦·凯勒凭着顽强的毅力,百折不挠,克服正常人难以想象的困难,掌握了几门语言,而且成为一名作家,用她的作品不但鼓舞着残疾的人们,还鼓舞着体格健全的人们,呼唤着人们去热爱生活,珍爱人生。海伦·凯勒之所以赢得了全世界人们的崇敬和热爱,正是因为她的行为所表现出来的一种人性美。少年朋友们,要是你读了有关她的书,会有何感受呢?我想一定是无比的崇敬和热爱,会因为从中吸取了不少力量而更加坚强,而绝对不会因为海伦·凯勒的身体残疾就认为她不美。

我国战国时期著名的道家代表人物之一的庄子讲过这样一个寓言故事:

有一次,鲁哀公问孔子:“卫国有一个面貌极其丑陋的人,名叫哀骀它。男人们和他相处,就舍不得离开他,老是想念他。女人们见了他后,就请求父母说:‘与其去做别人的妻子,还不如去做这位先生的妾呢。’而且这样的女人有很多。想必这哀骀它一定有超常之处,我就差人召他来见我,这位先生还真的面貌丑陋得吓死人,但是和他相处还不到一个月,我就觉得他啊,有超过常人的地方,我就对他特别信任。正好,这时国内没有宰相,我呢?就把国事全托付给他了。没过多久,他离我而去了,我就好像丢了魂似的,忧闷得发慌。你说说,他究竟是个什么样的人呢?该如何评价他呢?”

庄子认为哀骀它是一个纯粹的、道德修养很深厚的人,尽管相貌丑陋。我们用简单的话可以说他具有内在的心灵美。庄子讲的虽然是一个寓言故事,但它却道出了人性美的特殊魅力。

大家肯定熟悉世界一流音乐大师贝多芬吧。其实贝多芬相貌很丑,后来还成了聋人,而且个人的生活也很不幸,但他凭顽强的毅力,为人类呕心沥血地创造了美的乐曲、美的华章,给全世界的人们以无穷的力量,激励我们去与苦难做斗争,去热爱人生、热爱生活、热爱美。贝多芬的行为所体现出来的美是人性美的又一个组成部分,就是对美的追求、欣赏与创造。你不觉得贝多芬很伟大吗?这其实还是他人性的伟大啊!

# 第二节　人的风度美

## 一、羽扇纶巾的诸葛亮

提起诸葛亮这个人,大家应该很熟悉了。他是三国时期蜀国著名的军事家,此人不仅智谋过人,而且极有风度。据说他带兵打仗几乎没有失败过。在主持内政和外交方面,其才能也远远超过常人,经过《三国演义》作者的渲染,他更成为一位具有传奇色彩的人物。有关他的"空城计"的故事,就在古今广为流传。

街亭失守后,蜀军处境危险,必须转移,但又不宜暴露。诸葛亮命令西城绝大部分将士转移出去,城里就只剩下老百姓和极少数将士。敌军将领司马懿等带着数万大军围困西城来了。想想看吧,敌军真要是攻城,可说是易如反掌。可是这位诸葛先生却命令将城门大开,扫街的依然像往常那样扫街,洒水的还照常洒水,他自己则悠闲地坐在城头弹琴。司马懿大军来到,一看这情况,嗬,不敢攻城了。司马懿就想啊:"诸葛亮用兵作战,可从来都是深谋远虑的,可不会这般轻敌,想必其中有诈,一定是全布置妥当了,我们可不能上了他的当啊。"老谋深算的司马懿心里一合计,觉得不妙,连忙带领大军跑了。诸葛亮才又带领大家迅速转移,不战而胜。这就是千古佳话"空城计"的故事。

这位诸葛先生临危不惧、从容自若的神态举止表现出来的就是一种风度美,也正是这种镇定自若的神态和风度才把司马懿给镇住了。

风度就是一个人通过言谈举止所表现出的一种神情风貌。诸葛亮面对强敌围困,还依然能镇定自若地弹琴,这就是一种风度,它给人一种沉稳从容的美。

风度的表现多种多样,既可以从仪态举止中表现出来,还可以从言谈中表现出来,也可以从行为方式中反映出来,从而表现出异彩纷呈的特点。

古今中外的文豪诗圣、哲人学者的妙言不胫而走,脍炙人口。透过这些精美的语言,我们就可以感觉到他们特有的风度美。

萧伯纳是英国著名作家。这位作家50多岁时,有位年轻貌美的小姐对他说:"我们结婚吧,亲爱的萧!"萧伯纳就问:"为什么呢?"小姐说:"这样,我们生的孩子就会有我一样的美貌,有你一样的聪明。"大作家说:"可不行啊,如果生下了孩子像我一样丑陋,像你一样愚蠢呢?"瞧,这位幽默大师的语言多么风趣!很自然地体现了这一种风度美。

同时我们也可以体会到：一个人的风度与他的学养见识有直接关系。正是这个原因，胸无点墨，不学无术，金玉其外，败絮其中的人，就不可能有美好的风度。

《聊斋志异》中曾讲过一个嘉平公子的故事，说：嘉平公子由于风度翩翩，仪表堂堂，使得温姬对他十分痴情，甘愿嫁给他，终身侍奉他。嘉平公子的父母千方百计地阻挠此事，都未生效。后来温姬发现这位公子在临写一个帖子时，竟然别字连篇，把“椒”字写成“菽”，“姜”写作“江”，“可恨”写成“可浪”，于是温姬在帖子后面批道：“何事可浪，花椒生江，有婿如此，不如为娼。”然后愤然而去。你瞧，嘉平公子这个不学无术、矫揉造作的家伙，还谈得上什么风度美吗？

现实生活中，这种现象可并不少见。假如你的同学中有位姑娘，风姿绰约，长发飘飘，着高档风衣迎风而立，看起来好像很有风度，谁知她一张口说话，便俗不可耐，甚至恶语相加，出口成“脏”，这种人，除了那件风衣和那头长发之外，还有什么呢？这样的人能有风度吗？

## 二、泰山崩于前而面不改色

谁都希望自己风度翩翩。瞧，教师走上讲台从容自若，授业解惑口若悬河，人们会说这人有风度；外交家迎来送往举止得体，祝酒致辞轻松自如，谈判桌上，不卑不亢，人们会说他有风度；指挥千军万马，泰山崩于前而色不变；身为谋士，“运筹帷幄之中，决胜千里之外”，等等，都是盖世风神，美到了极点。

风度表现在一个人的言谈举止、形态坐姿、待人接物、为人处世等等许多方面。优美的风度令人为之倾倒，人人羡慕。少年朋友们，你们羡慕过些吗？是不是也希望自己干什么事都能有风度，但这风度如何培养，其中还真有不少学问呢。

风度虽然是外在的表现，却更是人的内外因素的自然流露，这些内在因素包括一个人的思想、性格、气质。相对于前者，后者乃是更为根本的因素。泰戈尔说：“你可以从外表的美来评论一朵花或一只蝴蝶，但你不能这样来评论一个人。”培根也说：“论起美来，状貌之美胜过颜色之美，而适宜并优雅的动作之美又胜于状貌之美。美之中最上乘的是图画所不能表现的，也是表面初看之时不能体察的。”

爱因斯坦肤色很黑，颅骨短小，一张嘴巴生得特别大，配上鹰钩鼻子和微驼的背，尤其是一头像杂草一样乱蓬蓬的头发，更是很没有风度。然而这样的人不仅没有人对他评头品足，甚至当他披上宽大的睡袍飘然走到大街上时，人们也会对他肃然起敬，对他那种超越常人的风度佩服得五体投地。

一位名叫安东妮娜·瓦朗坦的人，在与爱因斯坦相处交往几十年之后深为他的学识精神气度所折服。当谈起对这位伟大的科学家的印象时，安东妮娜深情地说："他那使人振奋、朝气蓬勃的神态，不达目的誓不罢休的使命感，使他周围的人都黯然失色，几乎像丧失了生气。"构成爱因斯坦独特气质风度的，正是一个科学家献身事业的激情，这种激情使其形象得到了美的升华。这也是他独特风度魅力的秘密。

正是人的内在意志、品质、思想，给予了人特有的自信，而这种自信流露于外，就自然形成某种特殊的风度。充满自信的人，往往显得落落大方，神采飞扬。周恩来无论是领导革命工作，还是在日常生活中，时时处处总能给人一种充满自信、坚定的感觉，总能表现出一种富有魅力的风度。陈毅将军指挥作战时，炮火轰鸣中，居然能安心与人下棋，这也是一种由自信所产生的风度。诸葛亮巧设空城计，也正是因为他的自信。

与自信相反的是自卑。自卑的人往往羞怯胆小。大家想想看，一个人如果虎头蛇尾，缩手缩脚，低眉顺眼，瞻前顾后，前怕狼后怕虎的，哪里还会有什么风度可言！

一个人只有充满自信，才能做到不一味地效仿他人而显示出自己的独特性。如果缺乏自信，鹦鹉学舌，人云亦云，学虎不成反类猫。成语"邯郸学步"讲的就是这样一个寓言：有个人看见人家赵国的人走路好看，就跑到邯郸跟着学，亦步亦趋，结果不但没能学会人家走路的姿态，反而把自己原来走路的方法也忘掉了。

所以如果一个人要培养良好高雅的风度，就必须从提高内在修养入手。托尔斯泰曾说："一个人并不是因为美丽才可爱，而是因为可爱才美丽。"而这在他自己是有深刻体会的。

年轻时他很为自己的容貌发愁，他曾这样写道："我很清楚地知道我长得不好看……因此凡涉及我的外貌的话都使我非常难受。……我常有失望的时候。我设想，对于一个有着像我这样的扁鼻子、厚嘴唇和灰色小眼睛的人，在世界上是不会得到幸福的。我祈求上帝完成一个奇迹，把我变成一个美男子，我愿为了一副漂亮的面孔付出我那时所有和我将来可能有的一切。"

可是他大错而特错了。上帝没有把他变成一个美男子，他却受到了全世界的崇高赞誉。他就是自己的上帝，因为他创造了奇迹。他的特有的风度不但常人难以企及，就连他那灰色的小眼睛也焕发出了独特的光彩。请看他的秘书古谢夫对此的精彩描述：

托尔斯泰五官中最特出的是他那双惊人的眼睛。他那双眼睛的表情变化无穷:当他在谈话中阐述某个使他惊讶的想法时,目光显得镇静、集中;当他在谈论当地农民的赤贫状况时,目光变得悲切、痛苦;当他听说沙皇政府犯下骇人听闻的暴行时,双眼会迸射出义愤的激怒光芒;当他看到孩子或来访的故人时,眼里总是浮起亲切的笑意;他了解到某种充满无私的爱和自我牺牲的举动时,眼里闪动着激动和喜悦。当托尔斯泰第一次见到一个人时,他总是用他那能够洞察一切的目光,仿佛要穿透对方的身体一般,仿佛要看到埋藏在对方心底深处的善与恶一般。

每一个希望自己“有风度”的人都可以从中汲取深刻的教益。

**三、袒腹东床的王羲之**

朋友们,听说过东晋著名大书法家王羲之被选作女婿的故事吗?东晋太尉郗鉴有个俊俏女儿,已长大成人,待嫁闺阁。郗鉴为了挑选一个才学品貌出众的人作乘龙快婿,就差一门生到名门望族王导家去物色。王导请来人亲自到他家东厢,从一大群子弟中任意挑选。家中的年轻人得到这个消息后,就一个个都装得一本正经的:有的看书,有的作文,有的练字,只有一个人若无其事地光着膀子,还露着肚皮,正躺在床上吃东西呢!门生回去后,就把实情跟郗鉴汇报了。这郗鉴倒偏偏相中了那位袒腹赤膊之人,说此人大有风度,一定有超群的本事,所以才那样恣意坦然。郗鉴的眼光果然不错,原来此公不是别人,正是大书法家王羲之。

风度美的一个很重要的条件就是自然率真。如果举止矫揉造作,故意卖弄风雅,就会弄巧成拙,当然也就很难有什么风度可言了。其实本色就是风度。古人说“唯大英雄能本色”,也正是这个意思。一个著名的美学家曾说:“泛滥就是自己没有本色的蹈袭别人的成规旧矩。西施患心病,常捧心颦眉,这是自然地流露,所以愈增其美。东施没有心病,强学捧心颦眉的姿态,只能引起嫌恶。在西施是创作,在东施便是滥调。滥调起于生命的干涸,也就是虚伪的表现,‘虚伪的表现’就是丑……在什么地位是怎样的人,感到怎样的情趣,便表现出怎样的言行风采,叫人一见就觉得其和谐和完整,这才是艺术的生活。”

**四、我不入地狱,谁入地狱**

人的志趣有高下之分,反映到人的风度上,就有优劣之别了;培养风度,首先要培养志趣和品格。为人正直、坦率、表里如一、恪守信用,这是基本的。张志新坚持自己的崇高理想,不向恶势力屈服,秉笔直言,胸怀磊落,浩气凛然;虽然被暴徒折磨到精神失常的境地,但是人们都赞扬她,认为她具有作为中华民族优秀儿女所特有的英雄风度。相反,一个人如果眼睛老盯着蝇头小利,心头老萦绕着邪僻思想,卑躬屈膝,人云亦云,怎能洒脱不羁,光彩照人呢?古往今来,凡是那些风姿伟岸、放射着崇高美的光华的人,多是伟大的求道者、殉道者。他们抱着“我不入地狱,谁入地狱”的坚强信念,不屈服于权势,不拜倒于暴力,不仅仅表现出超人的气质,更表现出非凡的风骨。

大家听说过古希腊的苏格拉底吧,他是一位大哲学家,整天到处宣传知识就是美德,告诫人们要认识自己,结果被雅典陪审团以亵渎神灵、妖言惑众、毒害青年的罪名判处死刑。苏格拉底在法庭上拒绝认错,有条不紊、逻辑严密地为自己申辩。被打进死牢后,朋友们、学生们都想方设法安排他逃走,可这位大哲学家倒和学生们讨论起“逃走是否符合正义”的问题,结论是逃走不合正义。最后苏格拉底从容自若地喝下了狱卒为他拿来的毒酒。而这位大哲学家最后说的一句话竟然是嘱咐他的学生不要忘记代他偿还他曾欠人家的一只鸡!这种既是常人又具有神人之姿、仙人之表的风度,当然是平常人难以做到的。这种为了真理而献身的执着更不是那些志趣滥俗、人格卑下的人所能具备的。

我国魏晋时期的诗人、音乐家嵇康也是有同样风度的人。嵇康不肯同流合污,不愿与当时把持政权的司马氏合作,结果遭人诬陷,被司马昭所杀。嵇康善弹琴曲《广陵散》,在刑场上他最后弹奏了这个曲子,弹毕叹道:“《广陵散》从此绝矣!”这种风度,没有相当高雅的志趣和高洁的品行能表现出来吗?

## 第三节　人的情感美

### 一、无情不是真君子

人们在真诚的交往中,总能产生一种亲切感和愉悦感,这就是人情美的体验。生活中,无论是依依惜别,还是久别重逢;无论是一见钟情,还是重归于好;无论是精神上的相互关怀,还是物质上的相互帮助,人情总像一股和煦的春风,徐徐吹进人的心底,或给人以慰藉,或叫人欣喜。它令人精神振奋,使人心胸豁达。它的作用有时十分明朗,如金秋时节晴朗的蓝天,使人神清气爽、精神大振;有时又十分微妙,如夏日里微凉的黄昏中的温馨浪漫,给人一种只能意会而不可言传的感觉。

人情,在我们生活中无所不在:

“受人滴水之恩，当以涌泉相报。”当人得到别人的帮助时，他会涌起一种感激之情，继而加倍地报答对方；而忘恩负义，过河拆桥的薄情行径则会为人们所鄙弃。

同胞兄弟姐妹，情同手足。这种血缘的特殊关系，赋予他们亲密无间的情谊。那种“本是同根生，相煎何太急”的行为在情感上是让人难以忍受的。

“但愿人长久，千里共婵娟。”当朝夕相处的亲人远离自己，天各一方，人们就会情不自禁地涌起思念之情，思念中怀着对亲人的美好祝福。这也是一种美的情感。

俗话说，“远亲不如近邻”“不拆墙是两家，拆了墙是一家”，这种诚挚的邻里友爱是令人羡慕和向往的。相反，如果“隔墙如隔山”“鸡犬之声相闻，老死不相往来”，这种生活环境就令人遗憾了。

人生之所以可贵，生活之所以可爱，人情美在这里起着重要的作用。

人们对人情美的赞美源远流长，《诗经》中就有这样扣人心弦的诗句：“投之以桃，报之以李。”“嘤其鸣矣，求其友声。”春秋时期，秦晋两国国君以子女相互婚嫁结成盟国，有出于政治需要的一面，但对促进人民生活的安宁和谐也有积极意义。直到现在，人们祝福新婚男女时，还祝贺他们结成“秦晋之好”。

丰富多彩的社会为人情的表达提供了广阔天地和丰富生动的内容，像爱、友谊、理解、同情、体谅、关怀、帮助，等等，都是人情的具体表现。这些不同的人情内容和不同的表达方式给人的感觉和体验也各不相同。

人们在共同的生活、学习、劳动中，彼此了解，相互熟悉，产生了情谊。一旦分别，就会依依不舍，甚至在很久以后重新回忆往事时，仍能记起曾经朝夕相处的友人的音容笑貌，这是因为挚爱之情在产生作用；老师、师傅、父母对自己的学生、徒弟和子女总怀着一种慈爱之情。当晚辈们取得进步和成功，他们会比亲身体验更愉快；如果晚辈们遇到挫折和失败，师长们就会感到比自身遭遇到它们还焦虑。反过来说，谁不希望有爱着自己的老师、念着自己的师傅、疼着自己的父母？人总是希望被人爱，充满爱的生活当然是幸福的。爱是人情中最重要的东西。

一位负气出走的女孩来到异地他乡，举目无亲，正走投无路时，得到了一对中年夫妇热心相助，他们安抚着女孩受伤的心，并送她回到了焦急的父母身边。一位女医生不顾闲言碎语，悉心照顾非亲非故的老大妈，因为大妈唯一的亲人远在国外……这些都是人情美的表现。它使人充满希望，更感受到生活的美。

## 二、让世界充满爱

中国有句古语“施恩图报非君子”，就是说，给人提供帮助如果是为了得到对方的报答，这种人算不上什么君子。广东省有位小学教师名叫许美云，她不满三岁的儿子患有绝症。但她不仅耐心照顾孩子，帮助他勇敢地面对生活，而且在孩子面临生命危险时，也不愿耽误自己学生的课程，她坚持不缺一节课，下课之后赶快跑到医院，一边照料孩子，一边备课批改作业，她的精神不仅令她的学生终生难忘，当她将自己的事迹在演讲报告中向大家交流时，一千多名听众含着热泪报以长时间的热烈鼓掌。正是人情美的光辉在这里发出了最耀眼的光芒。

人情的施予尽管相同，但作为接受的一方来说，他在不同的境遇下获得的感受是不同的。物质上的相互帮助贵在雪中送炭，而不是锦上添花。这是因为人们在困难的时候最需要帮助，这时才能真正体现人情的光辉。真正富于人情的人，在别人处于困境之时，总是热情地伸出援助之手。患难中的朋友，才是真正的朋友。在现实生活中，那些经历过困难而得到别人真诚帮助的人，会更加珍视人的情感。其实，人在一帆风顺时往往是不容易体会到人情美的滋味的。

人需要感情的交流，需获得精神上的慰藉，需要心灵的共鸣。国外有位心理学家，用一个判了死刑的人做实验：把这个死囚单独关在一间房子里，在物质上尽可能地满足他，但在精神上却让他完全与世隔离，断绝他同任何人的交往。关了三天，这个犯人就拼命地捶着墙壁，狂叫着要出去。一年之后，这个犯人得了严重的狂躁型精神分裂症。你看，精神上的沟通与交流在人的生活中要占多么重要的地位啊！

人情也是获得精神上满足的重要方面。正如人们常说，分享幸福就能得到双倍的幸福，分担忧愁就会使忧愁减少一半。人们在生活中得到满足、在学业上取得成绩、在工作和事业上获得成功时，都自然会产生高兴情绪，我们在把这种情绪与人分享的过程中会体验到更多的愉快。人们将自己的快乐传递给自己的亲朋好友，使他们体验到同样多的快乐。反之，人们在生活中遇到困难、受到挫折，产生烦恼和忧虑的时候，总是希望能得到精神上的慰藉，通常人们会把自己的苦衷向亲朋好友倾诉一番，以取得同情、理解和安慰。这种倾诉其实就是一种感情上的宣泄，可以减轻精神上的压抑。

有一句格言说得太好了：“你把自己的心用铁窗关闭起来，利箭射不到你的心，可是阳光也从此在你的心中消失。”

## 三、分享快乐

社会学研究表明,人们在青少年时期培养一些良好的人情美的观念,对一生都会产生积极的影响。不少青少年犯罪,往往与他们缺少良好的人情环境有关。比如说,西方犯罪的青少年往往长在父母不全、家庭关系冷淡、缺少父爱或母爱的家庭。人情的培养有助于加强人们对社会生活中美的体验,从而使人们形成积极乐观的生活态度;也有助于调节自己的感情生活,以便更好地做人。

不同的人生观指导下的人情观念是截然不同的。高尚的人生观指导下的人情态度总是首先考虑到社会的利益、集体的利益和他人的利益。一个具有人情美的人总是以他人的幸福为自己的最大幸福,以他人的快乐作为自己的最大快乐。范仲淹的"先天下之忧而忧,后天下之乐而乐"的观念正是这种人情美的体现,古人能具有这种人情美的境界,足以令我们钦佩。

相反,在利己主义人生观指导下的人情态度就截然不同了,他们对待人情的基本的出发点是利己的,信奉的是"宁教我负天下人,不教天下人负我"的信条。这种人只考虑自己的利益,一切都必须围着自己转。他们只希望得到,却不愿意给予,因而他们也不可能体味到真正的人情美。有这么一个笑话:一个贪心人得到三支神箭,神箭射出,就能实现自己的愿望。贪心人射出第一枚神箭,喝道:"什么都来!"于是,金钱美女、洪水猛兽一齐向他涌来;他吓得赶紧放第二枚神箭,说:"什么都走!"于是,连他自己也被狂风卷起;他又急忙放出第三支神箭,说:"只留我一个!"结果,三枚神箭都射光了,他还是和先前一样,一无所有。这个笑话形象地讽刺了利己主义者。利己主义之所以在现实中行不通,就是因为不懂得人在社会中既需要互相依靠,也就必须付出,不愿付出的人最后什么都得不到,只有不图谋取的人才能得到真正的充满人情美的快乐。

## 四、友谊地久天长

一提到朋友,你肯定会产生很多联想,古往今来颂扬友情的歌曲也不少。一曲英格兰民间诗人的《友谊地久天久》穿越时空,传遍全世界。中国古代诗歌中的许多名句也长久以来一直扣动着读者的心弦:"桃花潭水深千尺,不及汪伦送我情。""有朋自远方来,不亦乐乎?""劝君更尽一杯酒,西出阳关无故人。""洛阳亲友如相问,一片冰心在玉壶。"此类名句传诵千古,催人泪下。

友情之美,古往今来,一直为人们所珍视和称颂不已。体现友情的感人实例更是不胜枚举。伟大的革命导师马克思和恩格斯在共同的革命生活中结下了深厚的友谊，他们在为人类谋幸福的共同事业中，以深厚的友情互相理解、互相支持，深刻地体现了友情之美。他们的友谊是建立在精神、情感高度和谐的基础之上的。

唐朝文学家柳宗元和诗人刘禹锡等参与了王叔文集团的革新运动，遭到了保守派的反攻倒算，于是，柳宗元、刘禹锡等八位革新派的骨干都被贬到蛮荒之地。几次三番之后，柳宗元被贬到柳州，刘禹锡被派到连州做刺史。连州那地方比柳州还要荒僻。柳宗元听到这个消息后，替朋友落下泪来，难过地说："梦得（刘禹锡的字）的老母亲还在哪，他回家怎样跟老母亲说呀！没有让老母亲跟着儿子一起去受罪的道理啊！"于是，柳宗元毅然写了奏章，要求拿自己要去的柳州跟刘禹锡对换。后来，文学家韩愈为柳宗元写墓志铭时，曾为此发出"士穷乃见节义"的感叹，就是说君子只有身处厄境时，才真正能显示出气节和情义。朋友之间相互给予，多为朋友分忧解难，而不是企望从朋友那里索取到什么，做到真正的无私，这才是真正的朋友。

国外有这样一个发人深省的寓言：

两个朋友一起到森林中打猎，信誓旦旦地说不论谁遇到危险，另一个人都要拼死相救。正说着走着，一只大黑熊过来了。其中一人迅速爬到树上，而另一个人来不及爬上去，只好躺在地上装死。熊来到跟前，嗅了嗅地上的那个人，以为他死了，就走开了。后来，树上的人下来，问他的朋友："熊凑到你脸上，跟你说了些啥呢？"朋友回答道："熊对我说：'可不能相信你的朋友，他在你最需要他的时候，离你而去了。记住：患难之交才是挚友。'"

朋友之间的帮助，不在于物质上的多少，在需要你的时候，哪怕是几句知心的话，或一点行动的暗示，都是无价之宝，闪烁着美丽的光华。有一位先生的朋友家里遇上厄运，朋友受此严重打击而痛不欲生。这位先生便去看望悲痛中的朋友，什么也没说，只是默默地将散放着的鞋子擦干净，收拾好。他这一似乎微不足道的行动给朋友以无法估量的激励。朋友明白了，这是要让他从厄运中站起来，勇敢地面对生活。

1923年的冬天，年轻的作家沈从文住在北京湘西会馆的一间十分潮湿、长年散发着霉味的小房间里。这位年轻人当时不名一文。天正下着雪，但冰冷的小屋里生不起炉子，而且也没有棉衣穿。他用旧棉被包着腿和脚，双手红肿，流着鼻涕，伏案写小说。

这时，著名的文学家郁达夫找上门来。他看过沈从文的文章，再看了一眼屋里的情况，马上解下围在自己脖子上的围巾，给沈从文围上，然后又邀他一同去附近吃了顿饭。饭后,两人又回到那个小房间长谈。

郁达夫走时,留下了吃饭结账时找回的三元多钱。

“好好写下去,我还会再来看你的。”

沈从文伏在桌上哭了起来……

大家看,郁达夫并没有给沈从文多少东西,但他在沈从文最困难的时候,给了他最真挚的关怀和鼓励。正是靠着这种精神的激励和深情的关怀,沈从文后来成为中外闻名的作家。这才是朋友间最美的东西。

**五、高山流水觅知音**

奥地利作曲家舒伯特的音乐风格和个人气质,有很多地方与德国作曲家贝多芬相似,因此他素来就有“小贝多芬”之称。贝多芬成名早,名气大;舒伯特一生坎坷,连糊口的职业也找不到。两人的社会地位如此悬殊,所以同在维也纳,却未曾见过一面。

一个出版商对舒伯特好意相劝,建议他去拜访贝多芬。舒伯特不想高攀,但由于对贝多芬仰慕已久,终于挟了一册作品去拜访贝多芬。事不凑巧,贝多芬外出了,舒伯特只好留下自己的作品,怅然而去。

贝多芬这次离家外出得了病,回家后就卧床不起。一天,病势稍减,友人顺手拿起桌上的一册乐谱让他消遣。贝多芬略一翻阅,就惊呼:“这里有神圣的闪光!”这话传到了舒伯特耳中,他立即奔到贝多芬床前,两位音乐伟人终于相见了。贝多芬深情地握着舒伯特的手喊道:“我的灵魂是属于你的!”不久,贝多芬就逝世了。

舒伯特悲痛欲绝,亲举火炬为知音送葬。第二年,舒伯特也离开了人世。临终前,他向亲友提出了一个愿望:“请将我葬在贝多芬的旁边!”

在维灵公墓的墓地里,两个伟大的音乐家结伴长眠。

在世俗社会中,有尔虞我诈、互相利用的“酒肉之交”;有狐假虎威、为虎作伥的“狐朋狗友”;有淡泊若水、清明透澈的“君子之交”;有同甘共苦、舍身相救的“莫逆之交”;有高山流水、息息相通的“知音朋友”……在人们心目中,这知音朋友恐怕要算是最高档次的了,就是说达到这个层次的朋友已经不是单纯意义上的朋友了,而是知音。常言道:“朋友易找,知音难寻。”这种情况,除了上例中的贝多芬和舒伯特,要数“伯牙摔琴谢知音”最为典型了。

晋国上大夫俞伯牙本是楚国人,受晋王之命出使楚国,受到楚王的热情款待。办完公务后,伯牙乘船回晋国,途经汉阳,思乡之情不禁油然而生,于是抚琴抒怀。

弹着弹着,忽然琴弦断了一根,伯牙惊奇,知是有人听琴;找来听者,是位樵夫,名叫钟子期。

伯牙善于弹琴,可是一直未有人能理解,知音难寻,所以一直很苦闷,这下终于遇到了知音。于是二人相见恨晚,以琴相叙。伯牙弹琴时心里想着高山,子期听了就说:“善哉,峨峨兮若泰山!”意思是说:太妙了! 如巍峨耸立的泰山。伯牙弹琴时心里想着流水,子期便说:“善哉! 洋洋乎若江河!”意思是说:太妙了! 像江河那样浩浩荡荡。分手之后,子期一直想念伯牙,伯牙也思念着他。可是后来当伯牙后来终于再次来到他们相遇之地时,子期却已撒手人寰。伤心欲绝的伯牙闻讯之后,顿时将琴摔坏在地,留下了“伯牙摔琴谢知音”的千古佳话。

## 第四节　人的品格美

### 一、宁为玉碎,不为瓦全

“富贵不能淫,贫贱不能移,威武不能屈,此之谓大丈夫也”。做人要有气节,要有浩然正气,这种顶天立地的英雄在我国历史上层出不穷。南宋王朝在外敌的铁蹄下风雨飘摇,以至灭亡,著名民族英雄文天祥不幸落入敌人手中。面对敌人的威逼利诱,文天祥毫不屈服,还留下著名的《过零丁洋》,其中有两句千百年来一直流传,无数仁人志士将它作为座右铭,这就是:“人生自古谁无死,留取丹心照汗青。”表现了文天祥的一身正气。

历史上的包拯由于敢于主持正义,不畏权贵,千百年来一直被誉为“青天”,在合肥的包河公园,人们还为他修了祠堂,塑了像,海内外成千上万的人慕名而往,瞻仰这位被传诵千古的英杰。这一切就是因为包拯那一身正气。他能体恤百姓疾苦,敢于代民请命、为民申冤。包拯除暴安良,不惜得罪权贵,完全置自家性命于度外。

马克·吐温是美国幽默讽刺作家。他的代表作《镀金时代》,揭露了西部投机家、东部企业家和政府官吏三位一体,掠夺国家和人民财富的黑幕。小说的描写都有史实根据,发表后反响强烈。有位记者以《镀金时代》的真实性问题向马克·吐温发问,马克·吐温在酒席上回答道:

“美国国会中的有些议员是狗婊子养的。”

这话被公诸于报端,国会议员大为愤慨,纷纷要求马克·吐温澄清或道歉,并威胁要诉诸法律。马克·吐温就在《纽约时报》上登载了他的启事：

> 日前，小的在酒席上发言，说有些国会议员是“狗婊子养的”。事后有人向我兴师问罪，我再三考虑，觉得此言不妥，故特登报声明，把我的话修改如下，幸祈鉴谅，即：美国国会中的有些议员不是狗婊子养的。

这则大快人心的幽默故事足以体现马克·吐温不畏权势的正气之美。

1947 年 5 月，上海市大中学生举行罢课，声援请愿学生。66 岁的马寅初贴出一张声明：“本教授遵照上海市学联决定罢教一天。”接着他又应邀去南京中央大学做演讲。

当时，马寅初的处境十分险恶。他曾当过蒋介石的老师，蒋介石叛变革命，与人民为敌后，马寅初就和他断绝了师生之谊。蒋介石以委员长的名义请他赴宴，遭到他断然拒绝。蒋又派人来游说，让马寅初做财政部部长，或中央银行行长。马寅初微笑道：“你们想弄个官位把我的嘴巴封住，办不到！”蒋介石恼羞成怒，密令各地不准聘请马寅初任教授或安排其他工作，还不准他发表演讲。

马寅初应邀去南京演讲的消息传开后，按照蒋介石的旨意暗中布置在马寅初周围的特务们就公开发出威胁：“马寅初敢去演讲，就干掉他！”

马寅初临危不惧，他在离开上海去南京之前，干脆写出一份遗嘱。在南京中央大学，他作了题为《穷则变，变则通》的演讲，狠狠揭露了国民党反动政府反人民的罪行。

马寅初面对利诱威逼，毫不动摇，表现了大义凛然的正气之美。

### 二、岁寒而知松柏之后凋

华盛顿领导美国人民赢得了独立，建立了美利坚合众国，并做了美国第一任总统。他小的时候，爸爸送给他一把崭新的小斧头，他高兴极了。华盛顿经常看到大人们在森林里砍树。他觉得很有趣，就抡起小斧头，向一棵小树砍去。

一会儿，爸爸回来了。“谁砍了我心爱的樱桃树？”爸爸气得脸色都变了，大声喊起来，“这种树在我们这里只有这一棵，我栽培它花了多少心血啊，是谁砍的……假如我知道谁砍的……”小华盛顿吓得哭了起来，但他很快走到爸爸面前，含着眼泪说：“是我砍的，我想试试小斧头快不快。”

爸爸见孩子勇敢地承认错误，停了好大会儿，抱起小华盛顿说：“我的孩子，你知道你做了一件怎样的错事啊！但是，我很高兴，因为你大胆地承认了错误。我宁愿不要树,也不愿听你撒谎。"

华盛顿的这个故事,体现了一种美德:诚实。

公正无私表现了一个人的高贵品质。这要求我们待人处事要光明磊落、胸怀坦荡,尤其在原则问题上要做到立场坚定,决不能口是心非,投其所好。陈毅就是一位公正无私、刚正不阿的革命家,他曾赞美青松:"大雪压青松,青松挺且直。要知松高洁,待到雪化时。"而陈毅的一生也正像大雪中的青松,坚强挺拔。

### 三、赤子深情的鲁迅先生

在人格美中,爱国主义是一种极为高尚的道德美。爱国主义是对自己祖国的忠诚和热爱,是人们长期以来形成的对自己祖国的一种深厚感情。爱国热情不仅表现在对祖国的山河、民族、文化、历史的热爱,而且表现为崇高的民族自尊心、自信心和为祖国独立富强而奋斗的强烈责任感和英勇献身的精神。"祖国"这个神圣的字眼,古往今来,不知有多少仁人志士为之呕心沥血,有多少英雄豪杰为之肝脑涂地。

鲁迅先生一生忧国忧民,为民族、为祖国的前途呕心沥血,可以说是爱国的典范。日本歌唱家柳原白莲来到上海时,很想见见中国的文学家。在内山完造的安排下,鲁迅和郁达夫在一个饭馆里与柳原白莲见了面。

席间,鲁迅谈到了中国当时的政治现状,对国民党的腐败、黑暗、反动痛恨到了极点。柳原白莲听了后问道:"那么你讨厌出生在中国吗?"

"不,我认为比起任何国家来,还是生在中国好!"

当时在座的日本朋友增田涉看到,鲁迅先生在回答时眼睛里闪着泪光。增田涉认为,这是鲁迅先生对中国"爱极了的憎恨"。

鲁迅先生热爱祖国,即使国民党反动派对他进行残酷的迫害,他的生活极不自由,但他决不肯离开祖国。1936 年上半年,鲁迅的肺病日趋严重。8 月,苏联作协主席法捷耶夫通过塔斯社打电报邀请鲁迅先生去黑海疗养。尽管十分感激外国朋友的关心与帮助,但是他认为祖国正需要他,他不能离开祖国。当苏联同志听到鲁迅的答复后,感叹地说:"我们早已料定鲁迅这位中国人民的伟大儿子是决不愿意离开祖国的。"

鲁迅先生高度的爱国热忱不令我们深深感动吗?

我国卓越的地质学家李四光,年轻时到英国伯明翰大学读书,他选学地质专业。好友对他的选择表示异议,李四光解释说:"中国虽然地大物博,但是科学落后,如果我们自己不能找矿,将来也不过是给洋人当矿工!"

1919年,李四光经过6年寒窗苦读,终于取得地质学硕士学位。他的老师鲍尔敦教授建议他继续深造,获得博士学位。李四光诚恳地说:“不,我想将我学到的知识,尽快地贡献给我的祖国。”印度友人拍电报聘请他到印度担任工程师,待遇优厚。但李四光因忧国而留学,为国而苦读,他早就选择好了自己的道路,所以婉言谢绝了印度友人的好意,毅然回到了自己的祖国。

1950年,数学家华罗庚放弃了在美国的终身教授职务,奔向祖国。归途中,他写了一封致留学生的公开信,其中说:

“为了抉择真理,我们应当回去;为了国家民族,我们应当回去;为了为人民服务,我们应当回去;就是为了个人出路,也应当回去,建立我们工作的基础,为我们伟大祖国的建设和发展而奋斗。”

1979年,华罗庚应邀去英国讲学,在英国伯明翰大学,一位风度翩翩的女记者问他:“华教授,您不为回国感到后悔吗?”华罗庚含笑答道:“不,我回到自己的祖国一点也不后悔。我回国,是要用自己的力量,为祖国做些事情,并不是为了图舒服。活着不是为了别的,而是为了祖国。”

这类赤子为国而苦读,学成后归国的例子不胜枚举。少年朋友们,他们为什么这么做呢?正是因为他们心中装着生养自己的祖国,是高度的爱国激情使他们做出了这样的选择。

## 第五节　人的仪表美

### 一、变幻的仪态——美的骨架

席勒曾经说过:“优雅源于人的举止,亦源于合身的剪裁和精妙的花边。”优雅的仪态对人有极强的冲击性,这本身已是美的展现。

有一种有趣的说法,即昂扬挺拔的身姿能让人身价百倍。无怪乎人们可以一眼分辨出一年365天穿西装的人与仅有某日穿西装的人的不同。前者由于后天的训练具有了一定水准的仪态美,体现出清朗挺拔向上的良性气质。正是这种良好的仪态让人在人际交往中拥有了无往不利的有力武器。现代实用美学认为,这是人的互动模式。所谓互动模式,即良好印象造成的好感指数增值,这种增值又反作用于印象值。

具体而言,仪态分为举止、言谈、神态三者。美好的仪态则由得体的举止、善意的言谈、真诚的神态组成。

所谓得体的举止,就当代学生而言包括两个部分。学生在一定范围内扮演着学校的学生、父母的儿女这样简单合一的双重角色。这个角色合格与否的标准在于对师长的尊敬与配合。直截了当地说,就是要有此种认知的心态定位。另一方面,学生最重要的交际对象应是朋友。朋友交往中,关心与倾吐显得尤为重要。其举止表现为共同完成某件事,建立亲密的伙伴精神。

所谓善意的言谈,简而言之,就是在不同人际关系中确定不同的谈话方式与内容。例如,在竞选学生会主席就职演说中,你应该在演说中加入一些引导性的元素:信任、热情、活泼、庄重,让人信任、信服;在班级自由发言中,你则应该尽力张扬你的观点、你的个性,传达友好而激烈的信号。此时的仪态美表现为激烈生动的美。在与家长的据理力争中则需表现为信任前提下的坚持;在与朋友交谈中则表现为一种心仪之的张力与和谐。

所谓真诚的神情则是说,在所有的人际关系交往中保持真诚的态度。因为你若希望别人尊重你,你必须先尊重别人。巧言令色,或八面玲珑的交际手段会在一时之间得人青睐,但是,它会让你逐渐丧失你的光芒。真则美;若假了,只会沦为丑。简而言之,则是所谓的"金玉其外,败絮其中"。

弗洛伊德认为,在日常生活中,人们所表现出来的仪态是心灵的缩影以及虚像。也就是说,在真诚的前提下,人人都可以学会一套行之有效的社会礼仪。《卡耐基人际交往》丛书中这样说过:"人人都恐惧与人交往,怕被否定,怕被伤害。那么,为什么不先对别人微笑呢?"

只要拿出勇气,对人先微笑,那么,别人也自然会还以微笑。

**二、穿衣之道——美的魔术师**

整个人类历史从某种意义上也可以说就是一部穿衣史。

在美丽的童话书中,女孩们迷恋于蓬蓬裙那些优美迷人的线条,男孩们对英武的骑士装大吹口哨。在现实世界,时装界总是玩着复古与前卫的替换游戏。什么样的衣着永恒不衰?什么样的衣服总是受人青睐?就像一颗在空房间里滚动的球一样,居住在地球上的人们无法确定方向和答案。

巴黎的大师们轻轻巧巧地说,如今的穿衣之道就是自然、简单。用一种复杂的解说法就是色系的搭配、衣服的风格、个人的气质搭配出费尽心思的自然和极尽繁复的简单。

那么,穿衣的规则是什么?世界名模安迪妮娜说,选择适合自己的衣服,然后按心情着装。

简单的颜色搭配,相信朋友们已耳熟能详。在这里,我们要谈的是以美的规则穿衣。值得一提的是目前流行的日韩风格。韩国服饰强调个性的张扬与淡化,日本服饰则以 Hip-Hop 的风格吸引晚生代少年。两者的共通之处在于表达强烈的存在感。不错,美的穿衣规则就是强调我存在、我是。

如何实施这种美的穿衣规则?也许有以下三点可供参考。

第一,审检外貌体型,选择强调优点的衣服。

小巧玲珑的身材适合韩国风格的服装。即强调高腰线和腿的修长,着中长大衣配宽大的裤子。

身材高挑是穿衣者的优势,一般没有限制。

第二,选择适合本人气质的颜色。

第三,驾驭衣服。请牢记这一点,衣服只是人的附着物,人要表达的始终是自己。深深呼吸,你就是你。独一无二,这才是仪表美的核心。

### 三、仪表美的实践——美学理论的实体化

有这样一个故事:有两个朋友同是商学系的学生。其中一人口才极好,自视甚高。另一位则害羞内向,为人和善。一日,这两人同去一家规模较大的公司应聘。一路上,前一人滔滔不绝地大谈经商之道,后一位则细心地检视朋友与自己的仪容。那个害羞的提醒正在谈话的说:“你的袜子是不同两双的,颜色有区别。”谈话的那位说:“反正袜子在裤子下面,若我不高高跷起脚,又有谁会知道?”

之后,二人均被录取。

十年后,害羞的那位因为做事认真踏实成了公司的中坚分子。另一位则还在不断地跳槽,因为他老穿着双不同的袜子,老把事情做得表面光鲜即可。

这个故事说明了仪表美的真正要素,那就是认真做人的外表和心。衣服不必光鲜,干净就好。做人不必抢尽风头,踏实快乐就好。

### 四、历史悠久的仪表谈——仪表的审美欣赏

不管是拉丁美洲的居民们衣饰上极富特色的图腾,还是中国西部少数民族的节日头饰,仪表总是在不同的地方不同的种族不同的时间里有不同的侧重点。

中世纪时期的典型仪表之美以庄严高雅著称。古希腊时期则强调一种平静肃穆冲淡的美。18 世纪文艺复兴时期流行自由之美。20 世纪嬉皮士、雅皮士的出现则昭示仪表美进入个性张扬的新纪元。

20 世纪末则以“华丽自由”为仪表美的主题。社会学研究者汤姆士 · 汉克称之为“个人梦幻世纪”。

所谓“个人梦幻世纪”就是指在着装中引入心理暗示和建筑音乐等艺术元素，张扬一种真实的痛苦和虚幻的幸福感。这种独特的美感潮流分布在社会各个元素之中，建筑、绘画、音乐、服饰都受其影响，呈现出无政府主义的倾向。尤为突出的是在社会白领阶层中出现的“学生复活”主义着装。不必打领带，戴特别便宜的卡通表，概念车的流行都是其具体体现。

从美学角度讲，个人存在个性张扬的时代已经来临。作为学生，我们提倡这样一种仪表，这样一种心态，即有个人风格的干净装扮，诚实活泼的心理特质，乐观幽默的谈吐。不断挑战自身极限，不断追求存在价值，这正是新世纪青年人应有的仪表之美。

# 第四章

# 艺术美与美育

艺术美是美学的核心。假使没有绘画、雕刻、音乐、舞蹈、诗歌所产生的美感，人生则会显得单调、乏味，从而失去一半美好的意义。

艺术美是人们审美意识最集中、最充分的体现，对于培养人们对美的感受能力，对美的欣赏和领悟能力，都能起到极为重要的作用。

在美育活动中，艺术创作与艺术欣赏是重要手段，因此，有人认为“美育”就是“艺术教育”。

艺术美和自然美、人生美密不可分，它来源于自然美与人生美，又高于自然美与人生美，它是艺术家对自然美与人生美的加工，也是对人们心灵美、情感美的加工。

艺术美是在艺术中再现的美的价值。它不仅是对自然、社会和人生美的选择、概括，而且是对它们的正确的审美评价。通过对艺术美的领悟，不仅能使人们发现“美”，而且能够帮助人们判断、理解美，增强自己的审美创造能力。

艺术美融合了艺术家心灵的闪光，并将其物态化，成为美好心灵的载体。人们通过欣赏艺术美，获得思想情感、审美意识的净化和升华。

优秀的艺术作品，其审美包容量极为巨大，并能随着时间的推移不断更新、愈加丰富。所以说，优秀的艺术作品在引导人正确地感受、理解自然美与人生美时，能直接给人以情操美、理想美、情感美、形式美的教育和熏陶，以获得精神的解放，心灵的自由与品格的升华。

在艺术作品中，作家们对各类艺术门类的审美特征进行了很多描绘：琵琶演奏的音乐美，人民英雄观纪念碑的雕塑美，北京故宫、太原晋祠的建筑美，以及景泰蓝的工艺美，巴黎的绘画美，苏州的园林美……而这些描绘，又多是以诗歌、散文、小说等形式来表现的，本身又显示出了文学美，从而共同构成了艺术美的宏伟画卷。

## 第一节　艺术美的主观创造性

艺术美并不等于生活美,艺术源于生活同时又高于生活。艺术对生活的反映中有着艺术家的主观创造,这种创造更集中、更典型地反映了生活。吴承恩在《西游记》第一回中给我们讲述了一块仙石如何变为猴子的故事。

石头本是自然界中一个无生命的存在。在《西游记》中,石头之所以能变成一个有生命的艺术形象,显然是作家吴承恩根据自己对生活的理解主观想象的结果。它表现了吴承恩的审美趣味和审美理想,显示出一种观念形态的美,与原来的石头自然形态的美不同,与生活中的任何一个自然形态的人物也不同。他智慧灵巧,勇敢顽强,本领高超,深孚众望,具有多方面的审美包容性,能引发读者丰富的想象。石头变猴的过程,正是吴承恩主观想象的过程;而美猴王的诞生,则是吴承恩主观创造出来的结果。美猴王的诞生是如此,一切艺术美的诞生都是如此。

我们说艺术美是作家主观创造的结晶,主要是指艺术作品所反映出来的生活,总是渗透着艺术家对社会存在的感受和认识。

艺术是一种特殊的意识形态,它具有审美性特征。这种审美性特征突出地表现在艺术反映生活方式的不同。与科学家不一样,作家反映生活采用的是艺术思维即形象思维的方式。也就是说,唤起作家创作欲望的是现实生活中具体可感的形象,创作完成后奉献给欣赏者的仍是具体可感的形象;以形象始,以形象终,形象的活动便存在于艺术家思维和创作的全过程。

鲁迅在《秋夜》开头这样写道:“在我的后园,可以看见墙外有两株树,一株是枣树,还有一株也是枣树。”如果是一篇关于地理环境的论文,直接写“在某方位,墙外生长着两株枣树”,就非常清楚了。而《秋夜》之所以那样写,就是因为它是一篇文学作品,要求形象感人,文字更具有艺术美。

艺术创作以形象反映社会生活,但我们还必须指出,并不是所有的形象都能引起艺术家的创作欲望和热情,只有那些符合艺术家的审美需求并能激发艺术家创作动机的形象才是如此。这就是艺术家创造艺术美的主观性的最初表现。

所以,对于文学家鲁迅来说,正是由于他对中国封建社会中农民问题的思考,才使得他对闰土式的、阿 Q 式的农民形象产生极大的兴趣,而闰土、阿 Q 的艺术典型正是鲁迅对旧社会农民形象加工、概括进行主观创造的结果；对于音乐家冼星海来说，正是由于他对民族危机的忧虑，对民族精神的挖掘和发扬，才使得他把眼光集中到中华民族的摇篮——黄河这一形象上，《黄河大合唱》也正是他主观创造的结晶。

当然，这里的问题又在于：当艺术家运用形象思维进行创作构思时，整个创作过程，必然呈现出生动具体的形象活动，通过选择、加工和集中、改造，舍弃那些纯粹偶然的、次要的、非本质的东西，使那些本质的东西更加具体、生动、独特而富于深刻的内蕴。故而，在任何作品中，无论描写怎样细致，也不可能使描写对象“勾画了了”“毫发毕现”，如照相一样。

而一切抒情形象和象征性形象，则更是“移情”和“寄托”的选择结果。马致远《天净沙》，以短短 28 个字，就将深秋日暮的景象形象生动地呈现在我们眼前。短短的语句具有深广的艺术容量。

同时，作家在形象构思中进行想象和联想时，他的感情便自然而然地注入形象之中，加上艺术家的体验和思索、提炼与集中，这种主观性的创造更加明显地表现出来，使创造出来的艺术形象并不等同于生活中的形象。

鲁迅塑造的阿 Q，他的精神胜利法，他身上集中体现的中国旧社会农民的种种陋习，是经过鲁迅加工、概括的，在现实生活中如此鲜明的特征不会出现在一个人身上，他源于生活又高于生活，具有高度的典型性，与最初的生活原型不同；他又表现了普遍的落后“国民的魂灵”，又具有极大的广泛性。

冼星海的《黄河大合唱》所塑造的黄河这一音乐形象，不仅仅具有黄河自然形态的美，更表现为一种观念形态的美，黄河精神的美，一种奔腾不止、生生不息的民族力量和民族精神的美。这些艺术美的产生，是艺术家形象思维的结果，感情表达的结果，是透过生活形象看清其本质的思索的结果，它们同美猴王的诞生一样，是艺术家主观创造的结果。

艺术家是用形象来思维的。但不同的艺术家由于生活经历、审美修养、文化心态、风俗习惯、个人性格、气质禀赋的不同，以及情趣爱好、审美指向的差异，特别是对生活本身理解的不同，使他们面对相同的生活形象来思索和创作时，所产生的艺术形象也往往不同。同是“咏梅”，同是艺术美的创造，陆游咏的梅在“驿外断桥边”，凄凉、寂寞，表现了爱国词人壮志难酬的遗憾和封建士大夫落拓失意的苦闷；而毛泽东咏的梅则是“她在丛中笑”，明朗、乐观，表达了梅花在百花盛开时“不争春”的品格和无产阶级革命家的广阔襟怀。

更有趣味的例子是，中学语文教材中曾有两篇同是描写母亲形象的作品：小林多喜二的《母亲》与高尔基的《母亲》。小林多喜二的《母亲》,选取母亲与“我”相见、母亲在灯下写字的片段,表现了母亲对儿子从事革命事业的支持和关怀;高尔基的《母亲》则选写母亲与敌斗争的情景,展现了俄国工人运动蓬勃兴起的画面,刻画了一个革命者母亲的英雄形象。

两个母亲形象都是美的艺术形象,但她们又各不相同,分别具有不同的审美特征。这正是两位作家个性特色在作品审美风貌上的生动体现,并由此而给欣赏者带来不同的美的情趣与享受。

由此可见,艺术美是艺术家个体独特审美情趣的展现,是艺术家主观创造的产物。在这种主观性的创造中,艺术家对艺术作品进行构思的基本过程和心理活动能得以较为充分的表现。

以鲁迅创作阿Q形象为例。鲁迅的故乡曾有一个名叫阿桂的农民,愚昧、落后,经常做出一些令人啼笑皆非的事情(周遐寿《鲁迅的故乡》)。鲁迅对这一现实人物的认识、记忆的过程可以说是艺术形象在生活实践中的受胎过程。

而随着鲁迅思想的发展,当他进一步思考国民的弱点、这些弱点有何种表现、它的本质是什么等问题的时候,便对生活中的形象加以再认识,再思考,并产生了自己强烈的创作欲望和创作意图。而当鲁迅以艺术形式把这些认识和思考的结果表现出来的时候,通过想象以至虚构来强化上述的认识和思考,创作出一个比现实生活中的原型更集中、更典型的个性鲜明的艺术形象。这是形象在构思中的基本完成。

在这里,想象和虚构是十分重要的一环,它是艺术创造的翅膀,是艺术家主观创造的具体表现。在鲁迅笔下,阿Q脑后类似“Q”形状的辫子,阿Q头上戴的破毡帽,阿Q向吴妈求爱,与小D“龙虎斗”,与王胡比赛捉虱子等惟妙惟肖的形象和生动有趣的行为,活生生地呈现在读者面前。

总之,艺术家个体的情趣对于艺术创作有着极为重要的作用,艺术家情趣不同,其作品的审美风格也不同。各个艺术种类的特点不同,艺术家个体情趣的表现也不同,其主客观性强弱程度也有差异。例如,绘画、雕塑艺术所表现的现实生活的客观性要强一些,艺术家的个体情趣就显得较为隐蔽;而音乐艺术则极为明显地表现了艺术家的个体情趣。在文学艺术中,现实主义作品与浪漫主义作品也有类似的区别。

## 第二节 艺术美的真实性

真实性是艺术审美创作的第二个特征。在《林黛玉进贾府》中,课文把贾府的建筑格局、派头、礼仪、主要人物的服饰、行为、言语、性格刻画得惟妙惟肖,使人恍若置身于当时现实生活中的封建官宦之家。为什么会产生这样的艺术效果呢?曹雪芹在《红楼梦》第一回中说得好,他说书的创作完全是根据自己"半世亲见亲闻""其间离合悲欢,兴衰际遇,俱是按迹循踪,不敢稍加穿凿,至失其真。"这既是《红楼梦》创作成功的秘诀,也是一切艺术美创造的一条重要原则。

曹雪芹所强调的"不敢稍加穿凿",指的就是艺术创造要真实、自然,要忠实于生活。美必须以真为基础,生活本身就呈现出一种"真",如果对生活"稍加穿凿",在创作中偏离了生活,往往会造成"差之毫厘,谬以千里"的结果。

当然,艺术美的真实性特征和艺术源于生活分不开。我们说过,就艺术创作而言,生活是艺术家进行创造的基础和前提,生活是艺术美赖以存在的土壤,只有植根在生活的土壤中,艺术美的花朵才能放射出绚丽夺目的光彩。

我们说艺术美的形象性与真实性相统一特征的形成与艺术美源于生活分不开,首先是指艺术家进行创作的大量素材只有在生活中才能获得。著名音乐家冼星海由于深入了延安抗日根据地的大生产运动,认识到生活的"真"才谱写了《二月里来》这样优美、动人的乐章,汇成了那个时代的"生产大合唱"。著名画家徐悲鸿是当代画马的艺术大师,他对生活中马的长期、仔细的观察和描摹,使他深刻地认识到了现实的"真",由此才画出了马的神韵。他说得很明确:"画马必以马为师,我爱画动物,皆对动物用过极长的功,即以画马论,速写稿不下千幅。"(廖静文《徐悲鸿的一生》)可见,供艺术创造的素材来自社会生活,艺术美来自生活的美与真。

当代著名散文家吴伯箫曾创作了一组以回忆延安生活为题材的散文。这组散文均作于60年代。面对当时紧迫的国际形势,国内严重的天灾人祸,作者常常在思考:"用什么精神来克服困难呢?"于是,他"便想起延安,想起延安的战斗生活"。他说:"作为一个亲身接受过毛主席的教育、延安教育的人,我觉得有责任介绍延安的革命传统,宣传延安的革命精神,从而激励人们把一时的困难置之度外,以苦为乐,以苦为荣,随时都以昂扬的斗志、冲天的干劲,从事社会主义革命和社会主义建设。"他想起了在延安曾经参加劳动歌唱时的动人情景,创作了散文《歌声》;他想起了在延安时,亲身经历过的集体纺线的宏大场面,写下了《记一辆纺车》;他以自己在延安种菜的亲身经历和真实感受,完成了《菜园小记》……这位在延河边成长起来的作家,于在延安亲身经历过的生活中选取创作素材,创作出风格独特的作品,在当代散文文坛上独树一帜。

一些抒情色彩较为浓郁、风格上颇为空灵的作品,也是对现实生活的表现,其艺术的美必须具有真情实意。鲁迅的散文诗《雪》,作于 1925 年 1 月,时值深冬。他在那几天的日记里,就有"晴,大风吹雪盈空际"的记载。他显然为现实生活中亲眼所见、亲身所感受到的雪所触动,先描绘了北方的孤独的雪的奋飞、升腾,又以此展开联想,描绘南方的雪的滋润、明丽,从而表现了他自己内心深处对春天的展望和对理想的追求。

即便是那些想象极为丰富的浪漫主义作品,也是如此。想象是艺术家在艺术王国里自由飞翔的翅膀,没有想象也就没有艺术创造。但是,再丰富、再奇妙的想象,也是以真情实感为基础的。郭沫若的《天上的街市》可谓想象丰富,而他在诗歌的一开头就表明了创作素材源于自己的真情实感:

远远的街灯亮了,
好像是闪着无数的明星。
天上的明星现了,
好像是点着无数的街灯。

你看,正是生活中的"街灯",才触发了诗人的思绪。他从人间的"街灯",想到了天上的"明星";由天上的"明星"一样的"街灯",想到了天上必有一个"街市",并进一步联想到牛郎织女,隔街相会,手提灯笼,如同流星。诗人美妙的想象是以人间的街灯、宇宙的银河为基础的。

我们说艺术美必须是美与真的统一,也指艺术家的创作激情的真。任何一种艺术美的创造过程,都是艺术家激情表达的过程,也只有对生活的深切感受,才蓄积了艺术家的激情。正是 30 年代日寇对我国的大举进犯,才激起了包括田汉、聂耳在内的所有正直的中国人的沸腾热血,促使田汉写下了"起来,不愿做奴隶的人们"的铿锵诗句,促使聂耳谱下了使人奋发惊醒的激昂乐曲。可以说正是由于五四新文化运动对一代作家爱国爱民感情的激发,鲁迅才"一发而不可收"地创作了大量战斗檄文,郭沫若才热情洋溢地写下了大量的激情诗歌。

茅盾在散文《白杨礼赞》中有这样两段描写:

> （当汽车在黄土高原上“单调”地行走时）然而刹那间，要是你猛抬眼看见了前面远远有一排——不，或者只是三五株，一株，傲然地耸立，像哨兵似的树木的话，那你的恹恹欲睡的情绪又将如何？我那时是惊奇地叫了一声的。

“惊奇地叫了一声”，显然是现实生活中视觉触发的结果；而正是这种现实生活中的白杨树，才激起了作家的创作激情。当作者把他的多种生活感受贯注到这些白杨树形象上的时候，这种激情又表达了极为丰富的内涵：

> 当你在积雪初融的高原上走过，看见平坦的大地上傲然挺立这么一株或一排白杨树，难道你就只觉得它只是树？难道你就不想到它的朴质，严肃，坚强不屈，至少也象征了北方的农民？难道你竟一点也不联想到，在敌后的广大土地上，到处有坚强不屈，就像这白杨树一样傲然挺立的守卫他们家乡的哨兵？难道你又不更远一点想到，这样枝枝叶叶靠紧团结，力求上进的白杨树，宛然象征了今天在华北平原纵横决荡、用血写出新中国历史的那种精神和意志？

可见，假如没有茅盾的新疆之行，假如茅盾没有对抗战军民的深刻思索和衷心崇敬，也就不会产生这种创作激情，我们也就未必能读到脍炙人口的名篇——《白杨礼赞》。

我们说艺术美的形象性与真实性相统一、美与真的统一和艺术创作源于生活分不开，还在于生活的“真”触发、影响并推动了艺术家的创作技巧。

鲁迅的小说《故乡》，以鲜明的对比手法真实地描绘了旧中国农村的破败景象，成功地塑造了闰土这一中国农民的典型。

采用对比手法是因为，作者 20 余年后重返故乡，故乡已面目全非，生活本身就造成了鲜明对比；而这种变化就自然地使作者以这种对比手法来反映生活：想象中的故乡与现实中的故乡的对比；少年英雄的闰土与中年木偶人似的闰土的对比；“我”与闰土少年时的情同手足与现实的隔膜的对比；“豆腐西施”杨二嫂与“圆规”式的杨二嫂的对比……生活本身的对比触发了作者在艺术技巧上使用了对比手法，而艺术上的对比又极为真实地表现了旧中国农村破败的现实与本质。

生活在不断地变化，这就要求艺术家的技巧也要发生相应变化，艺术技巧的提高是没有止境的。而一切有作为的艺术家，只有深入生活，拥抱生活，才有可能在生活中选取素材，产生激情，提高艺术技巧，才能把多种多样具有真善美统一的艺术美奉献给人民。

当然，艺术美的真，又与社会生活的真不同，它不再是生活本身，而是以一个独立的存在出现在人们面前。它既有深刻内容，又有外在形式，是一个完整的有机统一的实体。

总之，艺术作品的内容来自客观的现实生活。艺术作品是一定的社会生活在作家头脑中反映的产物，是作家对现实生活的主观加工改造。客观的现实生活是艺术美的根源，美离不开真与善作为基础。尽管艺术作品是经过艺术家主观加工改造的产物，但这并不能改变它所反映的社会生活内容本身的客观性和真实性。

## 第三节　内容与形式的统一

艺术美的产生还离不开善，只有真善美相统一，才有隽永不朽的艺术美。因此，艺术美必须是内容和形式的统一。任何艺术作品都包含内容和形式两个基本因素。任何优秀的艺术作品都是内容与形式的有机统一。任何一种艺术美，都是其内容美与形式美的完美结合。

所谓艺术内容，是指艺术作品所反映出来的社会生活及作家所表达的思想情感，表现了作者对人的本质意义的肯定，这也就是艺术美所具有的善的内涵。它具有具体性的特征，即以生动、具体、完整的艺术形象来表现生活和肯定人的本质；它又具有认知性的特征，即表现了艺术家追求真理和实现善的热情和能力以及对这种形象、生活的认识和评价。艺术作品的内容就是构成艺术形象主观因素的总和。

小说《祝福》的内容，就包括祥林嫂的人生悲剧（客观），以及作家鲁迅基于对人的本质的肯定所做出的对这种人生悲剧、造成该悲剧的社会原因的认识和思考（主观），等等。

我们通常用三言两语来概括某艺术作品的内容，也仅仅是提炼出它的主题思想或内容梗概，而并非艺术作品内容的全部。艺术内容是与艺术作品同在而显示出来的十分丰富的社会生活。

真善美必须统一，艺术内容必须通过艺术形式来表达。没有形式的内容是不存在的。没有线条、色彩、构图，也就没有绘画的内容；没有音响、旋律、节奏，也就没有音乐的内容。鲁迅所要表现的祥林嫂的悲剧如果不借助《祝福》这一小说形式表达出来,这个艺术形象也就无从诞生,它所包含的生活内容也就无从表现。它只能不为人知地贮存在作家的头脑里。没有艺术形式,艺术内容便无法存在。

艺术内容本身就包含作者对人的本质的肯定,是作家思想感情的表现,是真理的光辉和善的灵魂的熔铸,因此艺术内容对艺术形式起着决定性作用。同时,真善美相统一的艺术内容必须通过美的艺术形式以得到具体表现。就文学艺术而言,如果不是从人物命运和情节场面中自然流露出来的思想感情,即便是真的、善的,也不能说是作品的美的内容。

我国五四新文化运动和文学革命运动中,一批先驱者之所以提倡白话文,反对文言文,是由于文言文这种形式已无法满足人们反对旧思想、提倡新思想,反对旧道德、提倡新道德的需要。为了满足这种需要以白话文为语言形式的诗歌、散文、小说便应运而生。

再以我国古典小说为例。《红楼梦》反映的是封建社会四大家族的盛衰历史,曹雪芹在形式上便采用了多线头的复杂结构;《水浒传》所表现的是108条好汉被逼上梁山的经过,施耐庵在形式上便选取了"百川归海"式的艺术形式。可见,艺术内容决定艺术形式,艺术形式是为艺术内容服务的。

同时,美的形式不只是直接诉诸审美感觉、引起感应的形式,而且是同内容直接融合的形式。在这里,形式并不只是运载内容的工具,而是其本身就表现着内容。所谓艺术形式,也就是艺术内容的物质外壳,是艺术内容的存在方式。它包括内形式和外形式两个密切联系的方面。内形式是指作品的内容结构(如故事情节、人物性格、情感发展的内在逻辑联系等),外形式是指作品的外观(如作品的语言、体裁、外部结构、技巧手法等)。任何一种艺术形式都是为艺术内容而存在的,没有了艺术内容,艺术形式也就虚无。

艺术形式是由艺术内容所决定的,但它具有相对的独立性,能够反作用于内容。离开形式,无从感受美。而且形式变了,美也会发生相应的变化。

我们将水墨画的梅花和用彩色画的梅花相比较、把用二胡演奏的《二泉映月》同交响乐的《二泉映月》相比较、把《米洛的维纳斯》从大理石改为青铜或花岗岩、把同一幅书法作品从楷书改为隶书,或把它用湿笔改为枯笔,这些无一例外地都会带来审美效果的变化,也就是审美客体的变化。

所以,为了更有利于真善美的统一,如何创造艺术形式,是十分重要的。郭沫若创作历史剧《屈原》,开始构思时准备将作品在形式上分为上、下两部,上部写屈原的楚怀王时代,下部写屈原在楚襄王时代,但后来作家发现,这种艺术形式不能集中反映屈原的悲剧,突出表达自己的创作意图,也不利于强化戏剧冲突。于是,郭沫若大胆地改动了艺术形式,把屈原的一生放在楚怀王时代的一天中来表现,构成了戏剧矛盾的尖锐冲突,故事情节的大起大落,结构安排的大开大阖,以高度的艺术凝聚力,使作品从本质上准确、集中地反映了屈原的悲壮人生,收到了震撼人心的艺术效果。

和艺术内容相比较,艺术形式具有较大的灵活性,有着自身的继承性和创造性。同一形式,可以表现多种内容;同一内容,也可以采用多种形式来表达。例如,同是表达祥林嫂的人生悲剧,就有小说、电影、戏曲等多种艺术形式。而在这方面,很难评判出孰优孰劣,我们只能说,各种不同的艺术形式运用不同的物质手段,可以多角度、多侧面地表现作品内容。

在鲁迅的小说《祝福》里,对祥林嫂"捐门槛"的描写只是一笔带过;而在夏衍改编的电影《祝福》里,艺术家以画面、音乐、表演等艺术语言表现了祥林嫂捐门槛、继而怒砍门槛的动作,反映了这位贫苦妇女受愚弄后继而反抗的愤恨;在袁雪芬主演的越剧《祝福》里,艺术家的精湛表演,特别是祥林嫂临死前的"魂灵到底有没有"的喃喃自语以及大段唱腔,极为准确地揭示了祥林嫂欲生不能,而对死亡又充满恐惧的复杂内心世界。从这里可以看出,艺术形式对艺术内容的表达是灵活多样的,艺术形式的创造具有广阔的天地。

在艺术美的创造中,我们强调真善美的统一,既反对重视艺术内容而忽视艺术形式的倾向,也反对重视艺术形式而忽视艺术内容的倾向。

艺术美的真善美的统一,艺术内容与艺术形式的有机统一,首先是指这种内容应该被形式充分地表现出来。鲁迅的小说《祝福》表现的是一个贫苦妇女不幸的遭遇和悲剧的命运,以及作家对祥林嫂的同情和对黑暗社会的憎恨;而小说采取的倒叙手法,就充分地显示了鲁迅的艺术追求。

这种艺术形式,一是充分表现了人物的命运。作品首先把祥林嫂的死突现在读者面前,以造成一种悬念,引导读者去寻找祥林嫂死去的原因;而后用"她不是鲁镇人"一句领起倒叙,详细地描写了祥林嫂的不幸经历,使读者对这一人物形象有了完整的了解。二是充分展现了人物活动的典型环境。倒叙手法又把鲁镇上的"祝福"典礼推到读者面前,而祥林嫂两次到鲁四老爷家做工,都是在"祝福"前夕,她的死又恰恰在"祝福"这一典型环境中。小说的倒叙手法,又把祥林嫂在"祝福"时节的死去突现在读者面前。

正是在鲁镇上的人们阖家祝福的时候,正是在鲁镇上的人们希求来年的好运气的时候,一个无家可归、可怜无告的生命倒毙在雪地中。这是作家对那个黑暗社会的强烈控诉,对那些贫苦妇女的深切同情,充分显示了作品的现实批判力量。《祝福》的艺术形式充分地表现了其艺术内容。

其次,艺术美的真善美和艺术内容与艺术形式的有机统一,是指形式在表达内容时,又具有不可替代性。在这方面,我国历代诗人所追求、推崇的"一字师",可谓典型的例证。王安石《泊船瓜洲》中的"春风又绿江南岸"的"绿"字,曾写为"到""过""入""满"等字,诗人反复推敲,觉得都不如"绿":一个"绿"字充分表达了春风的潜入和威力、春天的气息和色彩,并且极为生动地表现了诗人在不知不觉中,猛抬头看到满眼绿色,惊愕于春天来临的情景。所以这"绿"字在此就具有不可替代性。

《红楼梦》中香菱学诗,读到王维的诗句"大漠孤烟直,长河落日圆",开始认为这"直""圆"二字颇俗;但一合上书,只觉得眼前出现的诗中景色,深感这二字是无法替代的。可见,艺术作品要做到内容与形式的有机统一,就需要艺术家去寻找、创造表达这种内容的不可替代的艺术形式。

我们多次提到的鲁迅写作《祝福》,正是因为祥林嫂"不是鲁镇人",所以作者不可能、也无必要去详写她的一生,正是因为祥林嫂来时去时均在鲁镇的"祝福"时节,所以鲁迅才以倒叙手法,把祥林嫂的人生悲剧放在"祝福"的框架中来表现。可见,艺术形式对内容的表达来说也是不可替代的。

再次,艺术美的真善美与艺术内容与艺术形式的有机统一,指的是这二者必须互相联结,互相渗透,互相依存,具有高度的和谐性,这样,人们往往在欣赏作品的时候,从艺术形式充分感受到了艺术内容,而又一时忘记了形式的存在。读者读完小说《祝福》后,浮现在头脑里的是祥林嫂的艺术形象,一时忘记了小说形式和它的倒叙手法;听众听完《黄河大合唱》后,脑海里出现的是奔腾、咆哮的黄河,感受到的是中华民族的精神力量,耳畔似乎一时失去了音响、节奏和旋律。这样的艺术作品,其形式已完全融化在艺术内容之中了。

## 第四节　形神兼备与情景交融

在具体的艺术作品中,艺术美的形象性、真实性和真善美的统一性等基本特征,又突出地表现为两种形态:形神兼备和情景交融。

形神兼备指描绘生活要惟妙惟肖,既做到形似又做到神似。所谓形似,就是指艺术作品要忠实地模仿对象,使艺术形象逼真地反映出客观事物的形体美,具有逼真性。

要做到形似，并不容易。《韩非子》里曾有这么一段有趣的对话："客有为齐王画者，齐王问曰：'画孰最难者？'曰：'犬马最难。''孰最易者？'曰：'鬼魅最易。'夫犬马，人所知也，旦暮罄于前，不可类之，故难。鬼魅无形者，不罄于前，故易之也。"①就是说，人们谁都没见过鬼神，你画出来后无所谓像与不像，人们无法评价，所以最易，而画犬马，则为人们司空见惯，你画得像不像人们一看便知，所以最难。可见要做到形似，并非易事。

艺术形象的形似是艺术表现的最基本要求，是艺术形象感人、悦人的基础，舍此则不能产生艺术形象。这就要求艺术家深入生活，长期观察，仔细体会，使形象烂熟于心。郑板桥画竹，从"眼中之竹"到"手中之竹"，终于做到"胸中之竹"。徐悲鸿画马，对马的描摹不下千幅，终于创作出令人惊叹的《奔马图》。高尔基说，要塑造小公务员、小官吏形象，至少要观察、熟悉生活中不下一百个公务员和官吏。艺术家们的这些艰苦劳动，突出地表现了他们对艺术创作中形似的追求。

但是，外形的真实仅仅是塑造艺术形象的一个方面，而并非是一个最重要的方面。艺术形象不仅要做到形似，更要做到神似。所谓神似，就是指艺术形象要表现出事物的精髓和独特个性。要求艺术家在创作中必须对具有审美价值的个性特征，加以概括、提炼，描写出对象生动而鲜明的神态情状，传达出对象内在的精神气质。

鲁迅说得好："要极省俭的画出一个人的特点，最好是画他的眼睛。"鲁迅在这里强调的"画眼睛"艺术，也就是追求的以形传神，因为眼睛是心灵的窗户。只有做到神似，艺术形象才能获得生命，形神兼备。

优秀的艺术作品所表现出的艺术美总是真善美的统一与形似和神似的辩证统一。传神是写形的目的，写形则是传神的手段，传神是写形的依据，传神离不开写形，写形要注重传神，艺术创作既要以神统形，同时，神与形又要有机统一。二者的完美结合，也即我们所说的形神兼备。请看《核舟记》中的一段描写：

船头坐三人，中峨冠而多髯者为东坡，佛印居右，鲁直居左。苏、黄共阅一手卷。东坡右手执卷端，左手抚鲁直背。鲁直左手执卷末，右手指卷，如有所语。东坡见右足，鲁直见左足，各微侧，其两膝相比者，各隐卷底衣褶中。佛印绝类弥勒，袒胸露乳，矫首昂视，神情与苏、黄不属。卧右膝，诎右臂支

① 《韩非子·外储说左上》。

船，而竖其左膝。左臂挂念珠倚之——珠可历历数也。

这段描写，从文学角度说，其描写既有形体动作，又具神情特征，惟妙惟肖，读者不能不佩服魏学洢的语言表达。而这种形神兼备的艺术形象，产生了巨大的艺术魅力。

在抒情性的作品中，则要求做到有诗情画意，情景交融。在任何艺术作品中，都倾注有艺术家的情感，而抒情性的作品，情感就更丰富更鲜明。客观的形象描绘（境或景）与艺术家主观的思想情感（意或情）有机统一的境界，在中国美学中则称为意境。

在作品中，“情景名为二，而实不可离。神于诗者，妙合无垠。巧者则有情中景，景中情”。“景中生情，情中含景，故曰景者情之景，情者景之情也。”①“感时花溅泪”为情中景，“一枝红杏出墙来”为景含情。但二者中又似情与意为主导。有了情意做主导，才最能体现艺术美为艺术家的主观创造的特点，以实现主客观的高度统一。

艺术创作中作者的主观情感与客观景象相交相融，从而熔铸出既具有丰富意蕴又具有无限超越意识的审美境界和艺术形象，创造意境，做到情景交融，之所以会产生诗情画意的效果，首先在于意境具有鲜明、生动的形象性。朱自清笔下的荷塘月色、茅盾笔下的白杨、吴伯箫笔下的歌声，等等，都是来自生活中的形象，又都是生活中具有诗意的形象。而当艺术家在生活中摄取了这些形象，并把它们生动、形象地表现出来时，作品中就有着另一种意象，一种情境、氛围，它们意象结合，情景交融，构成一个意蕴深广的艺术世界，审美空间，强烈地感染着你，使你身临其境般地体验到一种难以用语言尽说和传达的情感，表达着主体在有限的艺术形象中向着无限超越的生命感受和某种哲理的感悟，是一个有着巨大概括力的宇宙和人生相映相合的审美境界。

的确是这样的，这些形象中浸透了艺术家的感情意绪，使得这些形象不再是生活中的原型，不再是单纯的自然景物或事物，而包含了更深刻的内涵。它空灵、朦胧、浑成，一种难以言喻的意蕴、理趣弥漫整个作品，可望而不可即，可意会而不可言传，闪耀着一种启人心智的光辉。

朱自清描写的荷塘月色，不再是清华园中的荷塘月色，而是一种人格化的景物，其中明显地打上了朱自清“这几天心里颇不宁静”的淡淡的忧愁色彩；茅盾塑

① 王夫之：《姜斋诗话》卷二，《唐诗评选》卷四，见《中国美学史资料选编》下。

造的白杨形象，也不单单是西北高原上的白杨树，而在这人格化的形象上凝聚了作家的赞美之情，使人们联想到了北方农民，联想到了英勇不屈的中华民族；吴伯箫笔下的歌声，也不仅仅是延安的歌声，作家的颂扬与钦佩之情使歌声得到升华，成为亿万人民的心声了。在形象上注入艺术家的感情，显示了艺术家的意境创造，渗透人的感情，它引起人们的感觉、感悟，并由此而获得一种特有的审美超越。

当然，在意境的创造中还表现出了艺术家的艺术技巧。缺乏艺术技巧绝对创造不出意境。它既需要精巧的艺术构思，也需要对艺术表现手段的巧妙运用。只有富有表现力的语言、色彩、线条、形体，才能既描绘出形象的美，又传达出情感的高尚纯真，做到"状难写之景如在目前，含不尽之意见于言外"，从而发挥其含蓄蕴藉，内涵丰厚，启人想象，余味无穷的艺术效果，给人以极大的美的享受。

无论是形神兼备还是情景交融，都充分地体现出艺术美是主观与客观的统一、内容与形式的统一的特点。二者的相辅相成，就是以这共同特征为根据的。

# 第五章

# 艺术美的类型(上)

艺术美的种类是多种多样、美不胜收的,在对其进行分类时,由于角度的不同所依据特征的不同,以及原则和标准的不同,对艺术美可以做出各种不同的分类。根据艺术形象的表现形态,可以分为时间艺术、空间艺术和时空联合艺术:音乐、文学等属于时间艺术,绘画、雕塑等属空间艺术,戏剧、影视等属时空联合艺术。根据作品形象与人的感知觉等心理联系的原则,可以分为听觉艺术、视觉艺术和想象艺术:音乐等属听觉艺术,绘画、雕塑等属视觉艺术,文学则属想象艺术。我们在这里依照艺术家所采用的物质材料的不同,将其划分为文学、绘画、雕刻、音乐、建筑、园林、工艺等多种门类。这些美的艺术作品,各有千秋,各具特色,能产生不同的效果,在艺术美的百花园中,姹紫嫣红,争奇斗妍,呈现出繁花似锦的景象,装点着美的艺术世界。

## 第一节　文学艺术

首先我们来看文学艺术。文学艺术也就是语言艺术。文学艺术的形象不能直接作用于欣赏者的感官,而必须以语言为中介,它是以口头语言或书面语言——文字作为物质手段和表现工具,来塑造艺术形象,从而反映现实生活,表现艺术家的审美趣味和感受的。

用来塑造艺术形象的语言是一种特殊的物质材料。它不同于绘画用的色彩、线条,不同于音乐用的音调、旋律,不同于雕刻用的石头、象牙。它是一种无所不能代表的符号。文学的形象则隐藏在语言符号之中,必须通过读者的想象,才可能在自己的脑海中唤起具体可感的形象来。

文学借助于语言工具所表现的美是独特的。文学的形象不能直接作用于欣赏者的感官而必须经过语言的中介。少年高尔基曾有这么一件趣事:当他读了文学作品体味到一种情绪感染的时候，觉得书中有一种奇妙的魔力，竟情不自禁地把书举起来，张开其中的一页，对着太阳光，想透过阳光对书页的照射来窥探字里行间的奥秘。

高尔基曾激动地说："我常常一面读书一面哭……每一本书都好像是以记号或语言刻印在纸上的一种精神，而这些记号或语言一接触到我的眼睛和理性，就生气勃勃地活跃起来……简直像童话里所出现的奇怪的小鸟们似的，对好像被囚禁在监牢里的囚犯似的对我歌唱、讲话。"①由此可见，文学这种语言对读者的感染是十分强烈的。那么，这种美的力量究竟是怎样产生的呢？

首先，文学语言是一种特殊语言。文学语言具有鲜明的形象性或形象之美。它不同于日常语言，它具有一种经过艺术加工的凝炼性；它也不同于理论语言，它具有一种带着感情色彩的形象性。

文学语言的形象，不是对变动不居的生活做客观的死板的模拟，也不是对流动的审美情思做凝固化的处理，而是要以富于动态美感的语言，描绘出动态之"象"。例如，鲁迅的小说《故乡》一开头写道：

我冒了严寒，回到相隔二千余里，别了二十余年的故乡去。

这段文字，清楚地表述了一个事件的开端，表达了作者游子思归的心境，使读者体会到了"寒冷"的艺术氛围，从中引出了一个令人为之动容的故事。它显然与日常语言、理论语言不同。如用这两种语言，可表述为"我在冬天赶回故乡"等句式，而鲁迅的上述文学语言，在准确程度上更见其凝练、含蓄、形象和生动，富于动态的形象之美，并流露出作者阔别故里的感慨等情绪。

其次，文学艺术的形象是一种间接性的形象。即是说，它通过语言的中介，通过作家的描述，从而给欣赏者提供想象和再创造的广阔天地。它与诉诸视觉和听觉的艺术，同造型艺术、表演艺术、综合艺术等不同，虽不塑造直观性、直觉性形象，却能使欣赏者体会到、感受到形象；虽使人不着耳目，却能使欣赏者体会到、感受到声色之美。显然，文学语言就具有这种特异功能。它虽仅是一种文字符号，但由于作家创造性的排列组合，使读者能透过语言文字而看到色彩、画面，听到音响。同时，读者虽与艺术家素不相识、不谋一面，却能体会到、感受到他的感情和思想倾向。例如，鲁迅《故乡》中对少年闰土的一段描写：

---

① 《高尔基论儿童文学·我怎样学习的?》。

深蓝的天空中挂着一轮金黄的圆月，下面是海边的沙地，都种着一望无际的碧绿的西瓜，其间有一个十一二岁的少年，项带银圈，手捏一柄钢叉，向一匹猹尽力地刺去，那猹却将身一扭，反从他的胯下逃走了。

这是一幅奇异、美妙的图画。这幅图画的获得，是欣赏者根据艺术家的语言表述，经过欣赏者的想象和再创造而构成的。深蓝的天空、金黄的圆月、海边的沙地、碧绿的西瓜，在欣赏者的脑海中显现出绘画美；项带银圈、手捏钢叉的少年向猹刺去的动态，在欣赏者脑海中又显现出雕塑美，使欣赏者明显地感受到作者童年在故乡的生活美，以及少年英雄的性格美。

再次，文学艺术能多方面地展示社会生活。文学借语言来塑造形象，反映生活，而语言是一切事物的媒介，它可以灵活地表达客观世界的一切事物和人们主观世界的一切思想情感。语言可以与世界上的一切发生广阔的联系，一切人物、事件，一切色彩、声音，一切感觉、知觉，一切情绪、心态……无一不可以用语言符号表示出来。只要作家创作时需要，大至无边的，小至一个人一刹那的细微的心理波动，都可以用语言加以描绘和表现。

在塑造形象上，文学艺术可以不受视觉形象和听觉形象所特有的限制，而更灵活、更自由、更广泛。从这个意义上说，语言艺术与其他艺术门类相比，是一种最自由、最灵活、最具普遍性的艺术种类。

具体说来，文学艺术在反映社会生活时，可以不受时间的限制，可把上下几千年的历史凝聚在笔端；它不受空间的限制，可把纵横数万里的风云浓缩篇中。它可以描绘自然界的景色美，如语文课文中朱自清的《荷塘月色》、杨朔的《香山红叶》；也可以再现社会生活的世态美，如茹志鹃的《百合花》、王愿坚的《七根火柴》；还可描摹万事万物的动态美，如柳宗元的《黔之驴》、蒲松龄的《狼》。

文学艺术可以描写人们的日常生活，如李健吾《雨中登泰山》，刘鹗《明湖居听书》；也可以展示你死我活的矛盾斗争，如《林教头风雪山神庙》，《葫芦僧判断葫芦案》；它描写的劳动场面令人赏心悦目，如王愿坚《普通劳动者》的争先恐后、丁玲《果树园》里欢乐的笑声。文学艺术描绘的战争场面又令人惊心动魄：《曹刿论战》中的两军对垒、司马光《赤壁之战》中的百里战火、姚雪垠笔下的《虎吼雷鸣马萧萧》。

总之，世界之大，尽收笔底；宇宙万物，描摹殆尽。文学艺术可以多侧面、多角度、全方位地表现社会生活。

文学艺术还有一个明显的长处,即对人物内心世界的刻画。固然,绘画、雕塑等艺术种类也可以表现人物的内心世界,但这种表现主要依靠形象的外部特征和容貌、服饰、动作等来表现,在这方面,它们不如文学艺术的细致入微,游刃有余。

文学艺术可以多方面、直接而深入地揭示出人物内心世界的奥秘,不仅可以通过人物的语言行动、音容笑貌、服饰风度等来展示其内心,而且可以直接通过人物的暗思默想,梦境描绘,以及抒情、独白来显示其灵魂深处的隐秘,使其内心世界展露无遗。

例如,阿 Q 在土谷祠中的梦境与白日里的活动相融合,充分展示了一个愚昧、落后、麻木的"国民的魂灵";狂人的内心活动和意识流向,终使他发出了"救救孩子"的呼声。而文学艺术在这方面的特殊功能,正显示了其强大的艺术生命力。

时代在发展,文学艺术也在发展。它属下的诗歌、小说、散文、剧本等体裁样式,正不断吸收和融会各种艺术门类的长处,在发挥自身特长的基础上,不断丰富和扩大艺术表现手段。而在这方面,语言是它的物质材料,是它的存在基础,是它的艺术生命力所在。正是由于语言具有"不是蜜,但是可以粘东西"(高尔基《和青年作家谈话》)的魔力,欣赏者才感受到、体会到那种不着耳目的声色之美——文学美。

## 第二节　迷人的诗歌艺术

诗歌本来也属于文学艺术的一种,但它的艺术美往往难于把握,对青少年朋友来说尤其如此。所以我们特别要介绍一下诗歌这种文学艺术。有人说,在文学艺术中诗歌尤如天鹅的歌唱,特别具有艺术魅力。在我们很小的时候,爷爷、奶奶就开始教我们背唐诗。人们常说:"熟读唐诗三百首,不会写诗也会吟。"虽然从小我们就开始学习诗歌,可是关于诗歌我们究竟又知道多少呢?

诗歌是在远古时代,我们的祖先在劳动生产过程中创作出来的。在中国,最早出现的诗歌总集是《诗经》,又称诗三百。在外国,最早出现的诗歌总集是古希腊盲诗人荷马留下的《荷马史诗》。

诗歌体裁大体上可以分为古典诗歌和现代诗歌。尤其是古典诗最经常采用情景交融的手法,形象化的艺术描写,把读者带入一个可以充分想象的空间并以此传达出诗的情调。被誉为"诗仙"的大诗人李白在《静夜思》中写道:"床前明月光,疑是地上霜。举头望明月,低头思故乡。"

短短的四句诗，就把一个身处他乡的游子，在孤寂清凉、月光如水的夜晚，寂寞难耐、无法入睡、思念遥远的故乡和故乡亲人的情景生动地表现出来。读了这首诗，犹如饮了一杯淡淡的清茶，温馨淡雅的韵味在喉头萦绕。其悠悠思念之情更令人久久难忘。

再如王维的诗句“明月松间照，清泉石上流”，清凉的月光撒满寂静的松树林，只听见清新的山泉在岩石上潺潺地流淌。多么优美的诗句，多么动人的画面，仿佛把人带入了一个人间仙境。

马致远的《天净沙·秋思》：“枯藤老树昏鸦。小桥流水人家。古道西风瘦马。夕阳西下，断肠人在天涯！”作者巧妙地把秋天万物萧疏，一派荒凉之时看到的景物叠加在一起，初看似乎风马牛不相及，“枯藤”“老树”“昏鸦”“小桥”“流水”“人家”“古道”“西风”“瘦马”，一连用了九个不同的景物，也即是诗歌理论上的意象来着力描写一种衰败、没落、凄凉的景色，使滞居天涯的游子见物伤怀，情景交融，感人至深。

诗歌为了达到这种优美的艺术境界，很讲究用字和炼意，尤其是我国的古典诗歌。相传贾岛写诗“鸟宿池边树，僧推月下门”，他反复吟唱，发觉“推”字不太好，于是在大街上念念有词，反复思考“推”还是“敲”字好，结果不小心撞在当时任京兆尹的韩愈的马上。韩愈爱诗如命，兴趣大起，当即下马与贾岛一块儿反复推敲，最终建议用“敲”字，此字更能体现寂静夜晚清新空旷的声音。

由于对写诗讲究用字深有体会，贾岛后来写了四句诗表达自己写诗的甘苦：“两句三年得，一吟双泪流。知音如不赏，归卧故山秋。”正是因为有这种求一字之精的精神，才使得中国古诗词在艺术的千年长河中放射出永不消退的光辉。

## 第三节　绘画艺术美的特性

你喜欢绘画吗？你喜欢欣赏美术作品吗？如果你想真正地进入这一片艺术天地。首先就得知道美术作品的魅力在哪里，它能给我们带来怎样的美的享受。

绘画是一门造型艺术。它主要以笔为工具，以墨、颜料等为物质材料，运用色彩、线条、形体等造型语言，来塑造艺术形象，以反映现实生活，表达画家对现实生活的审美感受。这门艺术存在于二度空间即平面空间的范围内，蔡元培先生在《图画》中所说，它“舍体而取面，而于面之中仍含有体之感觉”，就是说，欣赏者通过这些平面空间的视觉感受，却产生出三度空间感即立体感，从而获得美的艺术享受。

绘画又是一种想象的艺术。无论是中国传统的国画还是外国的油画，画家在创作时，都要展开想象的翅膀；而我们在欣赏一幅画时，也要通过想象才能品味到作品无尽的美。

宋朝时，有一次画院考试，题为“深山藏古寺”。主考官对众多考生的试卷都不满意。唯独有一份试卷使他拍案叫绝。这位考生没有直接画寺庙，而是画了一座茂密的深山脚下，在一条淙淙流淌的小溪边，一个小和尚正在挑水，在他身后一条蜿蜒而上的石板路掩没在密林深处。这幅画虽然没有直接画古寺，但只要我们稍微一想象，就会发现作者用隐藏的间接手法把古寺画了出来。

我们再来看看外国的美术作品。意大利文艺复兴时期的大画家拉斐尔有一幅最著名的作品《西斯廷圣母》，这幅宗教题材的作品并不重视宣传什么严肃的教理。但我们能从圣母的面部表情中感受出一种神秘的氛围：安定、纯洁、伟大，还有丰富的感情。而这些都是通过圣母具有女性的温柔、秀美表现出来的。欣赏这幅作品，我们最突出地感受到的就是一种母性的温柔。画面上整个的线条以及色彩似乎都在强调这种温柔：无论是圣母玛利亚的肌肤，衣服上的皱纹，还是她周围飘动着的朵朵白云，都给我们一种优雅、柔和的感觉，我们通过想象，就能进入一个神奇的世界。因此，无论你在绘画时，还是在观赏一幅美术作品时，别忘了想象带给你的无穷魅力。

绘画艺术给欣赏者的美的感受是强烈的。我国古代曾流传着一个“画龙点睛”的故事：“张僧繇尝于金陵安乐寺画四龙而不点睛，云：点之则飞去矣。人以为妄，固请点之。须臾雷电破壁，见二龙飞去。未点睛者如故。”说画中龙可以破壁而飞当然是不可能的，但点睛之龙神采俱生，呈飞动之势则是真的。这个经过夸张的故事，说明平面的、静态的绘画艺术，可以产生立体的动态的审美效果，给人以强烈的审美感受。

绘画艺术“舍体取面”，才能把所塑造的形象在二度空间内呈现出来；而它又“面中有体”，造成了可视性的明显特征，欣赏者才能从这个平面空间中，用视觉直接看到了形象整体。薛福成在《观巴黎油画记》中是这样描述的：

> 其法为一大圜室，以巨幅悬之四壁，由屋顶放光明入室。人在室中，极目四望，则见城堡、岗峦、溪涧、树林，森然布列……

在这里，整幅油画“悬之四壁”，显然是“舍体取面”，人们看到的仅是平面的图画,但欣赏者"极目四望",却立刻获得了各种物体"森然布列"的立体感觉,根源就在"面中有体"。绘画艺术的这种可视性特征,使欣赏者一眼就看到了作品上的形象,感受到了一种独特的艺术氛围,从而一下子就直接进入了欣赏艺术品的精神境界。这些直觉性、可视性特征,正是绘画艺术优于其他艺术的一大长处。

绘画艺术的可视性特征,是艺术家运用笔墨等工具,以色彩、明暗、线条、形体等造型语言所造成的。其各样颜色的有机调配,明暗色调的和谐运用,多种线条勾勒出的千姿百态的形体,构成了一幅幅精美的绘画艺术品。

它可以绘在纸张上,如徐悲鸿的奔马,于非闇的牡丹;它可以画在墙壁上,敦煌壁画便显示了我国古代劳动人民卓越的艺术才能;还可以画在房屋的梁柱上,如欧洲那些金碧辉煌的教堂。总之,以色彩、明暗、线条、形体所形成的造型手段,正是绘画艺术保持其强大的艺术生命力,赖以存在的基础。

绘画艺术作为一种平面的造型艺术,它所表现的仅是一个平面上的事物在瞬时的表现,这就造成了它的一定的局限性。但精美的绘画艺术品又恰恰能够克服这个不足,扬长避短,使欣赏者产生对这一平面的超越感,体会到非平面的而是立体的,非静止的而是动态的,非瞬间的而是有过程的形象,从而获得审美享受。请看薛福成《观巴黎油画记》中描写的战争场面:

……两军人马杂沓:驰者、伏者、奔者、追者、开枪者、燃炮者、搴大旗者、挽炮车者,络绎相属。每一巨弹坠地,则火光迸裂,烟焰迷漫;其被轰击者,则断壁危楼,或黔其庐,或赭其垣;而军士之折臂断足,血流殷地,偃仰僵卧者,令人目不忍睹。仰视天,则明月斜挂,云霞掩映,俯视地,则绿草如茵,川原无际。几自疑身外即战场,而忘其在一室中者。迨以手扪之,始知其为壁也,画也,皆幻也。

在这里,欣赏者由平面上的色彩、明暗、线条所组成的形象而体会出两军对垒、相互厮杀的场面。明明是静止的画面,欣赏者却感受到了士兵们的追杀和格斗;明明是瞬间的画面,欣赏者却看到了战斗的全过程;明明是悬挂在墙壁上的平面油画,欣赏者竟怀疑自己的身边就是战场,产生了鲜明的立体感。

成功的绘画艺术品能够克服平面空间的局限,收到超越平面,造成立体感的艺术效果。而优秀的绘画艺术家如能巧妙地选取现实生活中最具概括性、最有表现力的瞬间现象,就能准确地表现客观事物,使欣赏者如临其境,甚至置身于其中,产生奇妙而独特的艺术效果。

的确，绘画艺术所要表现的是客观事物的某个瞬间，但这种表现又并非是单纯的摹仿和对生活的照搬，而是经过艺术家的主观感受，对这个瞬间形象进行想象、发挥，对生活进行的再创造。

绘画艺术所表现出来的瞬间形象，与现实生活中的瞬间现象相比，不仅要形似，更要神似，以期在本质上反映生活。如上述“巴黎油画”中士兵死伤无数，炮火中一片残壁颓垣的夸张描绘，战争场面与“明月”“绿草”的对比描绘，突出地表现了战争的残酷性，收到了神似的艺术效果。著名国画家于非闇画牡丹，取现实生活中牡丹“春天之花，伏天之叶，秋天之老干”，创造出了一个现实生活中找不到的牡丹的瞬间形象，它比现实中的牡丹更美，更能引起欣赏者的审美感受。

中国有句俗语“人与人不同，花有百样红”。画家在绘画时，抓住事物各自不同的特征，从而描绘出它们各具特色的美。

不同的画家在画同一事物时，也会表现出不同的美来，我们在观赏时要善于抓住这些异同，加以比较。尤其是同一幅美术作品中的各具特色的事物。

唐朝大画家阎立本有一幅《步辇图》，画面描绘的是唐太宗接见吐蕃(今西藏)使者禄东赞来迎文成公主入藏与松赞干布成婚时的情景。唐太宗显得雍容华贵，和谐，平静安详，流露出一种称赞的神态。

四边的宫女一共九人。前后排列显得错落有致，相互之间都在打量着对方。其中六人用手挽着步辇，特别是前后两名宫女，双手紧紧地握着辇把，用带系在肩上，低着头，显得有些吃力的样子。和唐太宗肥胖的身躯，平静而又安详的神态形成了鲜明的对比。

使者禄东赞上身略微向前倾斜，腹部略略地收缩，双手合在胸前，神情显得十分恭敬。他的额上布满皱纹，有少量的胡须，好像是从很远的地方匆匆而来。禄东赞前面穿着红色袍子的可能是礼官，神情显得有些严肃，与整个画面的友好祥和气氛有些格格不入。后面穿着白袍手里拿着一卷文书的可能是当时的翻译人员。

画面上出现这样多的人物，而作者抓住他们各自不同的特征，尽力表现他们各具特色的神情、仪态，使整幅画充满友善。画面上出现的人物位置安排得十分合理，左边的三个人稍微有些散得过开，而右边的人物就显得较为紧密。画面的色彩也有变化。

观赏这幅画时，我们能明显感觉到一种亲切、融洽的气氛，使我们久久难以忘怀。因此，我们在绘画时，要在观察的基础上抓住对象各自不同的特征，并在作品中描绘出来。在观赏一幅美术作品时，也要善于从细微的差异处去领会作者给我们带来的各具特色的美。

画家在作画时,总会把他自己内心世界的感情表现在作品中,把他对生活的观察、感受用色彩和线条呈现在我们面前,因此我们要想完整而又准确地对一幅美术作品做出我们自己的评价,首先要深刻地理解画家为什么要画这幅作品,以及他当时的生活经历,只有这样,我们才能在面对画家的作品时,体会到画家暗藏在作品中的浓郁的感情。更为重要的是要能体会到画面上流淌出的感情。

17 世纪荷兰著名画家伦勃朗,他有一幅作品《浪子回头》,如果你能感受到画面那种永恒的父子之情,你会感动得流泪。

一个浪子带着他继承来的大部分遗产不听父母的劝告而离家出走,在外面花天酒地,挥金如土,把遗产花得精光。最后在走投无路的情况下,又一贫如洗地回到家中。

这幅画是伦勃朗在生命的最后时刻画的,也只有到了这个时候,画家才能画出生活的真谛来,画面上洋溢着一种慈爱的气氛,充满了一种大彻大悟和永恒而不朽的精神。

儿子赤着双脚,消瘦的身子裹在褴褛的衣衫中,可见他在外面也吃尽了苦头。跪在他父亲面前,由于对自己当初的所作所为感到羞愧难当,把头深深地埋在父亲的怀中。

年迈的父亲一脸的祥和,瘦削的脸庞布满皱纹,岁月的风霜无情地催老了曾经年轻的他,只见他弯下有些佝偻的身子,把一双枯瘦的大手放在儿子有些颤栗的肩上,手臂就绕着儿子的头,做出一个令人难忘的宽恕和欢迎的手势。

我们常说严父慈母,但我们在这幅画中体会到的却是伟大的慈父以一种不同寻常的方式原谅了因为年轻、生活经历太少而走错了路的儿子。那个手势暗含了一种大度,只要你回来了,愿意重新做人,即便你过去曾做错了事,但父亲依然会欢迎你回家来。

多么感人的画面! 多么伟大的父亲! 多么感人的父子之情! 而这一切都是画家伦勃朗用他自己的内心感受传达给我们的。

仔细体会作品中包含的情感会使你更加深刻地了解画家,也使你获得更加丰富的美的享受。

# 第六章

# 艺术美的类型(中)

## 第一节　凝固的舞蹈——雕塑美

### 一、立体的诗——雕塑的艺术美

什么是雕塑呢？我们如何才能完整而准确地从雕塑作品身上获得美的享受呢？

雕塑要借用一定的物质材料。不同于绘画，它的作品以一种立体的形态呈现在我们面前，要占据一定的空间，和周围环境和谐统一。

雕塑是以金属、石头、动物牙骨等硬质材料，或以粘土、蜡等软质材料，通过雕、刻、塑三种手法塑造实体形象的一种艺术门类。它和绘画同属造型艺术，但又有其明显不同的特点。

蔡元培先生说："雕刻，体面互见之美术也。"也就是说，它是立体的，而它立体的各个方位又呈现出具体的平面，所以说是"体面互见"。它出现在三度空间即立体空间中，既具有视觉的直观性，也具有触觉的感知性，以可视、可触的艺术形象反映现实生活。

雕塑分为圆雕和浮雕两种，圆雕出现最多的地方是各大城市。随着城市建设的发展，在许多城市的广场、公园、码头等公共场所都矗立着各种各样的圆雕作品，为城市增添了美。浮雕在我国出现最多的是石刻，山西省大同的云冈石窟，甘肃敦煌的石刻。这些都是我国古代劳动人民勤劳智慧的结晶。其中最为著名的是四川乐山的大佛石刻，是世界第一大石刻作品，有"山即是佛，佛即是山"的美誉。因而有人把雕塑比喻成"立体的诗"。

因为雕塑是无声的，因而要表现人物内心世界的所思所想，就只有通过人物的外形特征来表现。真正高明的雕刻艺术家,要能把人物的内心感情与肢体语言和谐统一起来。因而又有人说雕塑是“凝固的舞蹈”。

四川省大足石刻群中有一尊“媚态观音”。这位观音被作者塑成了一位模样娟秀、身材苗条、面容十分妩媚的少女。只见她双手交叉握捏着放在腹前,上身稍微向右边倾斜,腰肢显得十分的柔软,婀娜动人。

她的头微微地低垂着,偏向左边。一双大眼脉脉含情,眼睑微微向下低垂。润湿柔和的春风吹得她身上衣服的绸带随风摇曳,飞旋如云。要不是她赤着双脚,站立在莲座之上,手里拿着一串长长的念珠,嘴里念念有词,谁也不会想到她就是老少皆知的慈眉善目的观音菩萨。

可见雕塑的无穷魅力就在于用人物的肢体语言来表现丰富复杂的内心世界,使它成为“凝固的舞蹈”,以一些独特的身体造型打动我们,感染欣赏者。

优秀的雕塑作品往往唤起欣赏者强烈的审美意识,激起人们对美的留恋。著名德国诗人海涅晚年侨居巴黎,一天,他抱病来到卢浮宫博物馆,面对米罗斯岛的维纳斯雕像,仔细观赏,流连忘返,最后痛哭失声,潸然泪下,只因他觉得自己不久将离开人世,不忍与这个人类艺术珍品诀别。这个故事,充分表现了海涅的爱美之心,而引起他审美享受的,恰恰是维纳斯女神雕像。雕塑美的魅力之大,由此可见。

雕塑艺术与绘画有一个共同的特征,即它的可视性。它也要求艺术家精巧地选取生活中最具概括性和表现力的瞬间现象,塑造成鲜明、生动的可视形象,来准确地反映生活,产生独特的艺术效果。杨朔在《泰山极顶》中描写道:

> 王母池旁边吕祖殿里有不少尊明代塑像,塑着吕洞宾等一些人,姿态神情是那样有生气,你看了,不禁会脱口赞叹说:“活啦!”

欣赏者之所以会产生这种感觉,是因为优秀的雕塑品具有形神兼备、栩栩如生的特点,以鲜明的视觉触发了人们的丰富联想。

法国雕塑艺术大师罗丹的题为《思》的少女头像,使人百看不厌,产生了说不尽的思绪。杭州灵隐寺的弥勒佛雕像,笑容可掬,一看到他,欣赏者便能感受到“大度能容,容天下难容之事;慈颜常笑,笑天下可笑之人”的情思哲理与生活情趣。可见,雕塑艺术的这种可视性特征,使欣赏者由此产生了多少有趣的遐想啊。

而雕塑艺术又毕竟与绘画有所不同。它出现在三度空间即立体空间中,其形象本身就是立体的。这种特点,使雕塑艺术又明显地具有如下三个长处。

一是可以使欣赏者多角度、多侧面地欣赏形象，从而获得不同的审美享受。如周定舫的《人民英雄永垂不朽》一文中对纪念碑不同角度的观察描写：

……碑的正面朝北，在一块六十吨重、十四点七米高的碑心石上，有毛主席题的“人民英雄永垂不朽”八个镏金大字，这八个字是碑的主题，在阳光照耀下闪闪发光。在碑身背面，一行行镏金字整齐地排列着，这是毛主席亲自起草、周总理亲笔书写的碑文。

……

碑身东西两侧上部，刻着红星、松柏和红旗组成的装饰花纹，象征着先烈们的革命精神万年长存。碑座的四周，雕刻着牡丹花、荷花、菊花等组成的八个大花圈，这些花朵象征着英雄们品质高尚、纯洁，表示全国人民对他们的永远怀念和敬仰。碑顶是民族传统的建筑形式，是上有卷云下有重幔的小庑殿顶。整个纪念碑的造型既有民族风格，又有鲜明的新时代精神。

由于雕塑艺术品可以使欣赏者从前后、上下、左右等多种角度对其进行观察，也就使人们产生了丰富的联想，获得了多样的美感。

二是雕塑艺术品又给人以可触感。这是由雕塑所使用的物质材料的特点所决定的。法国雕塑艺术大师罗丹在欣赏维纳斯女神雕像时体会到：“抚摸这座像的时候，几乎会觉得是温暖的。”①这种触觉所引起的美感是独特的，也是雕塑艺术所独具的。

三是雕塑艺术品还给人以质量感。这是由它的可视性、可触性所产生的又一优点。仍以天安门广场的人民英雄纪念碑为例。人们用视觉看到了纪念碑的高大、汉白玉石的洁白，人们用触觉感到了花岗石的坚硬，便从整体上体会到纪念碑巍峨、雄伟、庄严，宛如一位顶天立地的巨人。它的高大、坚硬，使欣赏者产生了一种凝重感，感受到了先烈们的英勇献身重于泰山，感受到了三年来、三十年来、近百年来革命斗争历史的艰难与沉重，感受到了人民英雄坚如磐石的品格及其丰功伟绩，一种肃然起敬的感情油然而生。

雕塑艺术的特点还不仅限于此。就其形象本身来说，它往往不表现具体场合、生活背景，这在取材上是一个局限。这是它的短处，但恰恰又可成为其长处，因为这样一来，则更增其形象的可视性。

---

① 《罗丹艺术论》第六章。

当然,雕塑属下的浮雕艺术还是重视背景表现的。人民英雄纪念碑周围的四幅大浮雕,就在我国近百年来的历史背景中,表现了革命先驱者在各个历史阶段的英雄壮举。

另外,雕塑艺术品由于其物质材料的特点,又具有一种永久性的长处。秦代兵马俑、希腊维纳斯雕像,已经历了千百年的历史岁月。人民英雄纪念碑的四幅大浮雕,"据地质学家化验证明,这些浮雕至少能存在800年到1000年之久"。在这个意义上,可以说雕塑是一门优于绘画的艺术。

随着我国商品经济的发达,城市建设的繁荣,城市雕塑越来越受到人们的重视。它可以美化我们的生活环境,点缀人们的幸福生活,触发欣赏者的审美享受。城市雕塑的水平标志着一个城市、国家物质文明和精神文明建设的水平。

## 二、瞬间的精彩——雕塑的美学特点

雕塑不同于其他艺术门类,它讲第一印象。由于它特殊的造型,在一定空间范围内一览无遗地展现给观众。其目的就是要观众在瞬间的精彩之中被感动,获得一种美的享受。

古希腊雕塑家米隆,他有一件作品《掷铁饼者》。表现的就是铁饼投掷过程中的一个瞬间的动作。一个身材健壮的青年,紧握铁饼的右臂向后挥起,左臂则有力地屈向身前。他身子像一张紧绷的弓,向前张着。肌肉饱满结实的躯干给人以力量感。全身的重心落在了一只足上,呈现出一种不稳定感,使欣赏者产生一种担忧。但高高举过头顶的铁饼又使得全部运动协调一致,构成了一种暂时的平衡。使我们又感觉到我们的担忧是多余的。同时,由于铁饼的投掷有着一种必然向下滑动的趋势。这拉开的架势,挥起铁饼的一瞬间又使我们联想到即将转向的新运动,一种新的动势在召唤着我们,使我们感受到一系列连贯的动作带来的运动感以及前后动作之间形成的节奏感,从而把体育运动者的健壮的美与青春的力量呈现在观众面前,把人体的和谐一致带来的韵律感表现得完美无缺。这种瞬间的精彩留给我们的是无尽的遐想和无穷的回味,这就是雕塑的魅力所在。

18世纪下半期法国雕塑家乌桐,他的代表作品是《伏尔泰》,作品中的伏尔泰在辩论过程中抓住了对方的谬误,正要说出一句挖苦嘲讽的话。他的头部偏向左侧俯视着对方。显示出一种居高临下的优越感和蔑视、讥讽的神情,宽大而半秃的头顶,系着一根缎带,象征着法兰西艺术剧院送给他的光荣桂冠。伏尔泰的手轻松地放在椅子上,和面部的微笑配合着,表现出一种胜利者的自信。

他身上穿的袍子有点像古罗马人的服装。当时有不少法国人,尤其是那些进步人士往往以穿古希腊古罗马服装来标榜自己不同凡响的身份。这种服装具有时代特征,蕴含一定的社会意义。服装衣纹的处理对人物性格也起着一种衬托作用,表现伏尔泰性格的开朗、沉着和力量。同时又可以避免身体瘦弱给人物形象带来的不良影响。

这件作品最能打动我们的就是人物那转瞬即逝的动作、神情,作者抓住这瞬间的精彩给我们一个完整的人物形象。这瞬间的精彩可以胜过数以万计苍白无力的语言的描写。

### 三、想象的美——雕塑的审美欣赏

雕塑通过静止的形象向我们传达无尽的内容。如果我们不通过无穷的想象,就无法理解作者的创作目的以及作品中更深层的内涵。因为雕塑作品通过立体的形象毕竟只能表达出片面瞬间的精彩来,最主要的还要留给读者去想象。通过想象,在想象中获得一种难以言说的美是正确欣赏一件雕塑作品的最好方法。

意大利文艺复兴时期,法国雕塑大师罗丹有一座大理石的雕像,名为《思》,这是一个秀美的、女性的头像作品。她戴着一顶朴素的帽子,正沉浸在一种冥思苦想之中,她那忧郁的眼神、凝视着这世界的目光,显得有些木然。闭着的双唇,却暗示了她想诉说,一吐为快却又不知从何说起,于是只好紧闭着双唇,但却表露出了她内心世界的丰富复杂。好像经历了太多的苦难,正沉浸在一种充满矛盾而又痛苦万状的氛围之中。

我们刚接触到这件作品时,或许会产生形象似乎不够完整的感觉。似乎会发出这样的疑问,作者为什么只雕刻一具头像,而且底座十分粗糙?但很快我们就会被这粗糙方石衬托着的秀美的头像深深地吸引住,被这位女子的那种沉思冥想的神态强烈感染,从而驰骋起自己的想象来。

她或许是位农家少女?在辛勤的劳作之余正想象着遥远的天空和美丽动人的故事;也许是为了爱情而苦恼?多情却被无情恼,无法排遣心中的烦恼而陷入沉思。

她或许是位不幸的少妇?婚姻的不幸、儿女的夭折,使她陷入了深深的人生苦痛之中。或许失去了亲人,正沉浸在一种巨大的悲痛,对亲人的无限思念之中……

尽管这件作品没有任何的背景材料,简单得只有一尊头像呈现在我们的面前,但它鲜明的人物形象以及她那令人产生无尽遐想的神态都构成了一种新颖而又十分优美的图画,在想象之中,我们就能感受到它的不尽之意。犹如一杯清醇的茉莉花茶,越品就越发感觉到它的无穷之味。这就是在欣赏雕塑作品过程中想象带给我们的美。

## 第二节 “凝固的线条”——建筑美

### 一、技术和美的综合——建筑的艺术美

你游过八达岭吗?你曾登上岭巅的烽火台,观赏过古长城的雄姿吗?当你的视线随着长城的身影,在万山崇岭中蜿蜒游动的时候,你体验到了什么呢?

长城作为举世闻名的古建筑,被誉为世界七大奇观之一。万里长城并不以高耸见称,而是侧重向水平方向展开,作为古代的军事建筑,更为重要的是要实用,当然也是坚固的。两千多年来,多少风风雨雨过去了,长城依然矗立在高山之巅,成为中华民族不屈意志的象征。

长城就这样在中国北方广袤的大地上,在崇山峻岭之间一段一段绵延开来。每一段都以一座烽火台为标志,从而使你的视线获得一种暂时的休息,而又引导你的视线自然地向前延伸,产生有力的节奏。

万里长城在空间上无尽的连续,展示了时间上无穷的绵延,而时空的无限,又给人以突出的崇高感,使长城成为一首雄壮的歌。

通过长城的建造我们会发现,建筑是技术和美的综合。两千多年以前,勤劳而智慧的中国人在没有什么现代化机器设备的情况下在高山之巅修建了令世人惊叹不已的长城,这本身就是一种美。

早在原始社会氏族公社时期,人类的祖先就已经逐渐摆脱了“穴居野处”的生活,开的学会始用石头或木材来搭建能够遮风避雨,祛暑防寒的一处空间,用以充当自己生活的场所。

当时搭建空间主要讲求实用。是为了生存而付出的劳动成果。后来,随着生产力的提高,人们在生产实践活动中积累了更加丰富的经验,于是他们开始在地面修建既能满足实用需要,又使外观显得赏心悦目的建筑。从那时起,建筑就有了实用、坚固和美的因素。

随着社会的发展,物质文明尤其是技术的不断进步。建筑越来越体现出技术和美完美的结合。现代社会的钢筋混凝土建筑、框架结构、玻璃幕墙,都成为这个时代物质文明的最好见证。

## 二、"重重叠叠,层层楼阁"——建筑美的欣赏

建筑与人们日常生活的关系是极为密切的。它是人类为了生存,按照自己的愿望和需要改造自然界的一项重大创造。建筑更是一种艺术,人们运用建筑艺术手段,通过建筑的物质实体表现空间造型艺术,以表达设计者、建筑者对现实生活的审美情趣。

建筑艺术以它"重重叠叠,层层楼阁"的造型美,给人们以多种多样的美感享受。

古代埃及的金字塔,单纯、高大、稳重,象征着埃及法老的权威,给人以震慑心灵的艺术力量。古代中国的万里长城,是从月球上唯一能够看到的地面建筑,绵长、坚固、巍峨,象征着中华民族众志成城的决心,使人产生抵御外敌的浩然正气。北京的故宫建筑群,记载着封建帝王统治人民的历史;而雄伟的人民大会堂,则表现了翻身以后的中国人民当家做主的自豪感。

不仅如此,建筑艺术还能使具有不同层次文化修养的欣赏者产生各种各样的遐思。"德国大诗人歌德就曾在圣彼得大教堂前广场的廓柱内散步时,感觉到了音乐的旋律。中国建筑大师梁思成还为北京天宁寺辽代砖塔的立面谱出了无声的乐章,从颐和园的长廊内发现了和谐的节奏。"①可见,建筑艺术给人们的审美感染力量是强烈的。

从总体上说,建筑是一种实用与审美相结合的艺术。这是它区别于其他艺术门类的一个重要特点。可以说,实用性是建筑艺术赖以存在的基础。远古人类的石穴洞居、房屋建造,现今人们的住宅和厂房建筑,显然是以它的实用为第一需要。即便是北京人民大会堂的设计与建造,也首先考虑到它是供人民代表共商国策的场所。

然而,随着物质技术的发展和社会生活的进步,建筑越来越具有审美的性质。关于这一点,我们的古人就有所认识。汉代丞相萧何对高祖刘邦说,宫殿建筑"非壮丽无以助威"②。可见,它不仅仅是供统治者居住的物质存在,更能体现他们的精神、意志和力量。

正是由于物质技术的发展和社会生活的进步,人们越来越重视和追求建筑的审美功能。也正是这种发展,使一些以审美功能为主的如纪念式、园林式建筑出

---

① 《美学向导 · 建筑美学浅说》。

② 《史记 · 高祖本纪》。

现,从而使建筑以一种艺术门类跻身于艺术美之林。一些海外侨胞看到北京人民大会堂的雄伟和壮丽,会从中体会到新中国的繁荣和强大,这正是建筑艺术的审美功能而非实用功能造成的。

建筑艺术具有鲜明的时代特征和民族特色,表达着设计者、建筑者明确的审美趣味。例如,北京的故宫(即紫禁城)建筑,是明、清两代的皇宫,黄传惕在《故宫博物院》一文中做了如下的描绘:

> 紫禁城有四座城门:南面有午门,北面有神武门,东西有东华门、西华门,整个宫城呈长方形,占地七十二万平方米,有大小宫殿七十多座、房屋九千多间。周围环绕着十米多高的城墙,墙外是五十多米宽的护城河。城墙的四角上,各有一个玲珑奇巧的角楼。故宫建筑群规模宏大,形体壮丽,建筑精美,布局统一,集中体现了我国古代建筑艺术的优良传统和独特风格。

显然,故宫占地面积的深和宽,象征着封建帝王权势的深不可测;故宫建筑的高和大,象征着封建帝王的至高无上。它体现了封建时代统治阶级的意志和精神,也表现了亿万人民的劳动创造,他们的智慧和力量。

的确,劳动人民创造了美,但他们创造的是那个封建时代的美,表达的是封建统治阶级的意志和审美趣味。它的总体布局和色调,又是中华民族文化传统的表现,与欧洲的建筑格局迥然不同。

而北京的人民大会堂建筑,则表现出明显不同的特点。孙世恺在《雄伟的人民大会堂》一文中对其整体造型是这样描绘的:

> 庄严的人民大会堂,是首都最宏伟的建筑之一,建筑面积达十七万一千八百平方米,体积有一百五十九万五千九百立方米。一条黄绿相间的琉璃屋檐,把巍峨的大会堂的轮廓从蔚蓝的天空中勾画出来。那壮丽的柱廊,淡雅的色调,以及四周层次繁多的建筑立面,组成一幅庄严绚丽的画图。

它给人以壮丽感,表现了劳动人民翻身解放的崇高美;它给人以开朗感,表现了劳动人民心情的喜悦;它给人以严整感,体现了人民代表大会的庄严;它给人以亲切感,因为这是劳动人民自己的场所。人民大会堂是劳动人民主体创造意识的表达,鲜明地体现了社会主义社会的时代美。

建筑艺术又十分注重与自然环境的关系。西藏的布达拉宫背靠布达拉山,使其挺拔的建筑轮廓与高耸的山峰融为一体，更增其坚实和庄严；北京的天安门广场，前门与天安门城楼南北相望，博物馆与大会堂东西相呼应，中间则是人民英雄纪念碑和毛主席纪念堂，使人感到严整和开朗。梁衡在《晋祠》一文中的描写，更能说明建筑艺术与环境的关系：

> 从山西省太原市西行四十里，有一座悬瓮山。在山下的参天古木中，林立着一百多座殿堂楼阁和亭台桥榭。悠久的历史文物同优美的自然风景浑然融为一体，这就是著名的晋祠。
>
> 晋祠的美，在山，在树，在水。

你看，这里的山，巍巍的，长长的，“将晋祠拥在怀中”；这里的树，古老苍劲，“晋祠在古木的荫护下，显得分外幽静、典雅”；这里的水，多、清、静、柔，“当你沿着流水去观赏那亭台楼阁时，也许会这样问：这儿百间建筑怕都是在水上漂着的吧！”的确，由于晋祠的山美、树美、水美，所以晋祠更美，并成为我国锦绣河山中一颗璀璨的明珠。

建筑艺术与其他艺术门类也有很密切的关系。它和雕塑艺术有某些相同之处，于是便有人将其归入“造型艺术”。但二者又有明显的区别。由于建筑艺术的实用性特征，所以它一般不像雕塑那样具体地再现特定的对象。它又和音乐有较密切的关系。其建筑材料合规律的组合，给人以韵律和节奏感，所以也有人称其为“凝固了的音乐”。但它又和音乐有本质区别，因为它那确定的空间性，并不能如同音乐那样随着时间的流动去自由地表达人们的思想感情。

建筑艺术是一门综合艺术，除其本身的艺术表达方式外，又综合了雕刻、绘画、书法等艺术形式来表现它对美的追求。建筑的分类也较多，按其材料使用、结构形式等的不同，可分为木质、土质、石质建筑等类别；按其用途的不同，可分为生产建筑、居住建筑、纪念性建筑、园林建筑，等等，在实用功能和审美要求上各有所侧重。而随着物质技术的发展和人民生活水平的提高，建筑艺术的审美功能则越来越成为社会和人民的需要。

### 三、凝固的音乐——建筑的音乐美

建筑总是要占据一定的空间，是静止不动的。我们欣赏建筑时总是以我们的眼来获得美的享受，而德国19世纪诗人歌德却把建筑称为“凝固的音乐”，这又是为什么呢？

如果我们仔细地观察一座建筑物,就会发现,一座建筑所占据的空间无论朝着哪个方向展开,无论是水平方向、垂直方向还是纵深方向,它的各个组成部分、各个建筑构件,都有一定比例关系、有一定规则、有变化地排列着。形状、体积、构件(如窗、柱、门、洞等)、线条、装饰图案,都要合乎比例的变化,而且有反复,这样就形成一定的节奏。当你在观赏一座优秀的建筑物时,你就能在一定时间内感受到节奏上反复多样的流动,像一首歌曲的旋律,深深地吸引了你。

被誉为"印度的珍珠"的泰姬陵(建于1646—1653年),整个建筑由宽近300米、长达576米的围墙圈成一个总院落,内部又划分为若干层次:走进不大的第一道门,呈现在我们面前的是两边配备有小院的大院落,院落的终点是中央有穹顶的第三道门。穿过第二道门,是一片长宽大约均为300米的开阔草地;草地由十字形的水渠一分为四,中央是带有大喷泉的方形水池;四片花园,各由夹道的柏树和橘树环绕。中间有无数的小喷泉。

越过这一大片绿色的院落,主体建筑就屹立在远处。这是一座在两座赭红色的次要建筑拱护下的高达70余米的白色大理石陵墓。泰姬陵以第一道门为起点,逐步过渡到陵墓,陵墓本身是高潮也是结尾,整个建筑显得节奏鲜明。湛蓝的天空下,草色青青托着晶莹洁白"太和"的陵墓和高塔,两侧赭红色的建筑物把它映照得格外如冰如雪。倒影清亮,荡漾在澄澈的水池之中,当喷泉飞溅、水雾迷蒙时,它闪烁闪动,飘忽变幻,景色尤其迷人。为死者而建的陵墓,竟然洋溢着一种乐生的欢愉气氛。

泰姬陵严谨的组群布局,犹如一首完整的乐曲。不知你在观赏完这些美妙的建筑之后,是否明白了建筑是"凝固的音乐"的真正含义。

### 四、和周围的风景融为一体——建筑的和谐美

1927年,国际联盟日内瓦总部计划建造一座大厦,并为此发起了建筑设计方案的竞赛活动。著名建筑师柯布西埃也交出了自己的设计。

他的设计可谓匠心独运,将大厦置于日内瓦湖畔,造型则呈水平方向展开,建筑物鲜明的水平线条既与湖水协调一致,也和远山的轮廓互相呼应,建筑、湖光、山色和谐地融为一体,使大厦造型显得极其优美。然而令人遗憾的是这个方案居然没有入选。

十年之后,按照另一个方案建设而成的国联大厦,显得十分呆板平庸。由此,柯布西埃一气之下向国际海牙法庭提出诉讼,状告这次设计方案评选的不公正。

这桩公案说明,不是所有人都懂得建筑必须和周围的风景打成一片,形成一

种和谐美。因为建筑一经落成,就成为我们生活环境的一部分,它除了自身的整体美之外,还应该追求与周围环境的协调。

澳大利亚悉尼市的水上歌剧院和美国宾夕法尼亚州的“瀑布别墅”就是两个成功的杰作。悉尼是一个海湾城市,为了在海滨建造一座歌剧院,来自丹麦的建筑师出人意料地利用薄壳结构,把屋盖设计成高达 50 米的白色风帆,呈贝壳形,使这座剧院近看如扬帆待发的大船,远看又像一朵浮于水面的巨大睡莲。它和横跨海湾的悉尼大铁桥遥遥相对。铁桥如长虹卧波,巨大的弧形把剧院的白色建筑衬托得分外醒目,被人称为建立在那儿的不可替代的形象。

“瀑布别墅”建在宾夕法尼亚州的一处峡谷之中,1935 年由建筑师莱特设计。莱特没有像常人设想的那样,把别墅建在瀑布的对面,以便让人能时时观赏瀑布的美景,而是将别墅直接建造于瀑布之上。他设计了一座凌空挑出的巨大阳台,让它同瀑布两侧的巨石取得协调,瀑布就从阳台下自由倾泻。于是,建筑与山石、树木、瀑布共同组成有机的观赏整体,使这座建筑获得“125 年来美国最佳建筑”的盛誉。

我国古代的许多建筑,也极其重视建筑与环境的协调,往往使它和自然景观交相辉映,产生一种和谐宁静的美。拉萨的布达拉宫,依山而建,高大的宫墙峭削如壁,因而尽得山势之雄伟;中国最古老的石拱桥河北赵县的赵州桥以长达 37.4 米的大型石拱构成,两肩各负两个小拱,与周围平原的景色配合得十分和谐,自古以来就有“初月出云,长虹饮涧”的美称。

江南水乡之地,廓屋沿河而筑,显得修直平远,而粉墙青瓦,竹影荷香,都临水融成一片,更觉恬静宜人。

## 第三节　“巧夺天工”——园林美

### 一、“自出心裁”的山水——园林美的特点

园林艺术是一种特殊的建筑艺术,是以模拟自然山水为目的,按照一定的审美趣味和要求,把自然的或经过人工改造的山水、植物与建筑物等有机组合为整体的一种综合艺术。

它要求设计者和匠师们因地制宜,“自出心裁”,把人为的物质环境与自然风景有机地融为一体,在有限的空间内以多种艺术创造浓缩、再现无限的大自然之

美。它所造成的建筑实体,使人可观、可游、可居,令人赏心悦目,获得多方面的审美享受。显然,园林艺术作为建筑艺术的一个类别,它的审美要求远远超过其实用要求,其功能更多地表现在精神方面。

园林艺术给人们的美感享受是很独特的。《红楼梦》第40回描写刘姥姥二进大观园,当贾母问起"这园子好不好"时,刘姥姥回答说:"我们乡下人,到了年下,都上城来买画儿贴,闲了的时候儿,大家都说:'怎么得到画儿上逛逛!'想着画儿也不过是假的,那里有这个真地方儿?谁知今儿进这园里一瞧,竟比画儿还强十倍!"刘姥姥身为山村野妇,久居乡下,可是一走进大观园,立刻产生了景色如画,甚至比画更美、人在画中的感觉,可见园林艺术的审美效应是强烈的。

园林艺术作为一门综合性艺术,往往以建筑艺术为主体,又吸收了雕刻艺术、绘画艺术、文学艺术等多种艺术表现手法,构筑成一个集中、典型的审美整体。这是古今中外园林艺术的一个共同特征。以我国晋祠里的园林艺术为例,梁衡在《晋祠》一文中描写道:

> 园中的许多小品,也极具匠心。比如有一座假山,山上一挂细泉垂下,就在下面立着一个汉白玉的石雕小和尚,光光的脑门,笑眯眯的眼神,双手齐肩,托着一个石碗接水。那水注在石碗中,又溅到脚下的潭里,总不能盛满碗。再如清清的小溪旁,有一只石雕大虎,两只前爪抓着水边的石块,引颈探腰,嘴唇刚好没入水面,那气势好像要吸尽百川似的。历代文人墨客都喜爱晋祠这个好地方,山径旁的石壁和殿廊的石碑上,留着不少名人的题咏,词工句丽,书法精湛,为湖光山色添了许多风韵。

栩栩如生的雕刻艺术品、画龙点睛的文学艺术品、龙飞凤舞的书法艺术品,既点缀在这自然或人工改造后的山水之中,又构成了一个完整的艺术整体,综合地发挥了园林艺术的审美效应。

但是,中外的园林艺术又有着明显不同的特点。西方的园林艺术往往在整体上注重人工化的自然山水的构置,以明确显示人的主观创造力;在局部上也往往流露出人工改造的斧凿痕迹。而中国的园林艺术则强调出神入化,巧夺天工,以对自然情趣的追求,设置浑然天成的艺术整体,达到物我为一的艺术境界。中国园林艺术的这个特点,是我国千百年来文化的凝聚和显示,它具有如下四个方面的长处。

首先,中国园林艺术特别强调意境,体现出自然美的诗情画意。叶圣陶先生在《苏州园林》一文中提出了一个很有意思的问题：为什么我国古代的建筑往往讲究对称，而“苏州园林可绝不讲究对称，对称的建筑是图案画，不是美术画，而园林是美术画，美术画要求自然之趣，是不讲究对称的”。“故意避免对称”，也就排除了人工建造之嫌；“要求自然之趣”，也就体现了山水风光的诗情画意。

正是从这种追求自然美、创造意境的审美趣味出发，“水面假如成河道模样，往往安排桥梁。假如安排两座以上的桥梁，那就一座一个样，决不雷同。池沼或河道的边沿很少砌齐整的石岸，总是高低屈曲任其自然”。这样，欣赏者便可得到“如在画图中”的实感，而游览者看“鱼戏莲叶间”，则又是入画的一景。

其次，中国园林艺术又很注重布景的转换，即随着游览者空间的变动，其视觉所至的景色也发生不同的变化。叶圣陶先生描写道：

……苏州各个园林在不同之中有个共同点，似乎设计者和匠师们一致追求的是：务必使游览者无论站在哪个点上，眼前总是一幅完美的图画。为了达到这个目的，他们讲究亭台轩榭的布局，讲究假山池沼的配合，讲究花草树木的映衬，讲究近景远景的层次。……他们唯愿游览者得到“如在画图中”的实感，而他们的成绩实现了他们的愿望，游览者来到园里，没有一个不心里想着口头说着“如在画图中”的。

的确，游览者一走进苏州园林，随着脚步的移动，所看到的景色也各不相同，真可谓美景处处收，眼界层层新。

再次，中国园林艺术还追求景致的虚实相同、点缀和渲染。《苏州园林》一文描写道：

游览苏州园林必然会注意到花墙和廊子。有墙壁隔着，有廊子界着，层次多了，景致就见得深了。可是墙壁上有砖砌的各式镂空图案，廊子大多是两边无所依傍的，实际是隔而不隔，界而未界，因而更增加了景致的深度。有几个园林还在适当的位置上装上一面大镜子，层次就更多了，几乎可以说把整个园林翻了一番。

虚虚实实，真真假假，以少许胜多许；再加上“高树与低树俯仰生姿”“落叶树与常绿树相间”，该使人们生出多少情趣。特别奇妙的是，“如果开窗正对着白色墙壁，太单调了，给补几竿竹子或几棵芭蕉”，这一点缀，又使游览者感到无限的喜悦。

最后,中国园林艺术又讲究对景和借景,把大自然的美融于一处。如果说苏州园林只是体现了南国的秀美的话,那么,承德避暑山庄的园林艺术则是把江南的秀丽与北国的雄伟结合在一起。且不说它本身的地形地貌就具有“南秀北雄”的特点,单说它那如同苏州园林的文园狮子林,具有长城气势的北部宫墙,显示草原风光的万榭园,以及湖区的“月色江声”“云容水态”,山区的“南山积雪”“北枕双峰”,就足以表达出设计师、建造者借景、对景的艺术匠心,使游览者产生身居一园之中而尽得天下风流的感觉。

总之,中国园林艺术的意境创造,布景转换,虚实相间,点缀渲染,以及借景和对景等,显示了我国劳动人民充满艺术辩证法的杰出创造,体现了中国园林艺术以追求自然情趣为主的审美特征。

## 二、曲径通幽处,禅房花木深——园林艺术的诗情画意

你去过苏州吗?去苏州如果不去看苏州的园林,将是一件令人非常遗憾的事。“上有天堂,下有苏杭”。苏杭一带的园林,让你如置身人间天堂。

从两晋时期开始,随着人们游历山水机会的增多,私家宅园就应运而生,古代的许多读书人都喜好在自己的私家宅园里吟诗作画,弈棋鼓琴。他们的私家花园可以说就是一幅微缩的名胜山水图,亭、台、池、榭一应俱全,假山、飞瀑,弄假成真。

他们都力求使自己的宅园更有天然色彩,尽量避免人力雕造带来的痕迹。亭台参差不齐,道路弯弯曲曲,山石错落有致,花木掩映,使整个园林成为一幅立体的山水画、一首无声的诗。清代大诗人袁枚的“随园”就是一座非常有名的私家宅园。

然而古代私家宅园面积都很小,无法与面积广袤的皇家园林相比。清朝嘉庆年间完成的当时世界上最大的结合了中国和西方园林技艺精华的圆明园,就堪称世界奇观。尽管由于清政府的腐败无能而使它毁于战火,但仅凭残存的一点废墟柱石也足以令人们想见它昔日的风采。而皇家园林河北承德的避暑山庄至今仍使来游览的客人惊叹不已。

尽管大多数园林不能与广袤的皇家园林相比,但古代的能工巧匠们仍能在有限空间内造成精美杰作。中国古代的园林艺术家们,在建园时,总想把园林建设得与自然景观一样,但他们又不有意模仿自然的山石林泉。经过他们的巧手,虽然园中的景物变小了,但比自然更合理,更具有集中性,从而也更富有诗情画意。

而自然与人的巧妙融合更能倍添园林之美,两湖美景中就有这种精品。

杭州西湖十景之一的“柳浪闻莺”,南宋时曾是偏安江南的南宋王朝的皇家花园。这里绿草如茵,小桥流水,沿湖种植的垂柳,万千柔软嫩绿的柳丝倒挂轻垂,像一道绿钩似的屏障。每当微风轻拂的时候,柳枝摇曳不定,犹如碧浪翻空,浓荫深处不时传来几声清脆悦耳的莺啼。“柳浪闻莺”的景名真是恰到好处,自然的景物与人的感情融为一体,构成了美妙的旋律。

为了达到虚虚实实,真真假假,而又不失空灵活脱之美的境界,园林艺术家们采用了许多艺术手法。最具有中华民族特色的办法是借景。借景的方式又有很多,主要的有远借、近借、仰借、俯借、镜借等,其目的都是想通过园林把周围的景色组入画面。

江苏无锡的寄畅园借景锡山龙光塔,山势的变化,塔身的倒影使全园顿时增加了几分色彩。北京的北海公园、什刹海公园、中南海成功地借景故宫,故宫的参差不齐、变化多端的宫阙建筑都显出景致的错落变化之美。而颐和园则近借昆明湖的湖光,远借玉泉山和西山的山色,使得近景、远景天然融合,相映成趣。

江苏扬州的瘦西湖一带,以一处处的名园、寺院作为节点,景物之间互相呼应,彼此资借,从而组成了一个连锁形的优美景区和景带。如闻名遐迩的“四桥烟雨”景区,就是以黄氏花园作为主干,将虹桥、长寿桥、春波桥、五亭桥周围的景色——“白塔晴云”“水云胜概”“长堤春晓”“虹桥览胜”再加上其他一些山水亭阁组合而成的,使瘦西湖美不胜收,给古城扬州带来“赢得二分明月夜,扬州千古属诗人”的盛名,更体现出了借景的巨大魅力。如今,为了满足人民休闲娱乐的需要,我国的园林建设在保持原有的风貌之外,增加了一些现代的点缀,使公共园林更富有时代气息。

## 第四节　“高超细密”——工艺美

所谓工艺,是指人们在生产物质产品时所显示出来的技艺和技巧。广义地说,它和绘画雕塑等同属美术范畴,因此,也可称其为工艺美术。狭义地说,由于它的美学特征主要是装饰性,即运用一定的艺术技巧和造型手段对生活实用品进行装饰加工,使其具有一定的艺术性和审美价值。所以,又可称它为装饰艺术。

工艺美术在我国有着悠久的历史,它与人们的日常生活有着密切的关系。室内装饰、门窗布置、家具设计、陶瓷彩绘,以及服装样式与色泽、物品造型与光彩……从而构成了工艺匠师们从事艺术创造活动的广阔天地。

工艺美术作品能给人们强烈的审美共鸣。明代作家魏学洢看到同代奇巧人王叔远竟能在径寸之木上雕刻出苏轼泛舟赤壁的情景,感慨万端,遂写成脍炙人口的名篇《核舟记》;当代著名作家叶圣陶感于我国传统工艺景泰蓝宜人的造型和色彩,便向人们详细介绍了《景泰蓝的制作》;我国著名美术评论家陈叔亮看到造型好、装饰好的茶具,感到哪怕"只看不喝,也是舒服的愉快的";当代美学家王朝闻见到一只民间工艺品布老虎栩栩如生,憨态可掬,从而开始了他对美的追求和遐想。工艺美术这种历史悠久、几乎无处不在的艺术种类,以它特殊的美感效应点缀着、美化着人们的日常生活,使我们的生活变得更加丰富多彩。

工艺美术一般具有实用与审美相结合的特点,我们可称其为实用工艺。实用工艺品以实用功能为主,以审美功能为辅,这样才能被人们在日常生活中接受。

一件装饰得再好的家具如不能使用,它也只不过是个废物。因此,对实用工艺品的设计和制作,应本着"实用、经济、美观"的基本准则。而只有当装饰艺术服从实用目的,与实用功能有机地结合在一起时,它才能唤起人们特殊的美感效应。一个明丽的景泰蓝花瓶、一套精美的茶具、几只彩绘的花碗、数双烙花的竹筷等,当人们使用它们时,感觉到的也就不仅仅是它们的实用性,而是多种的审美享受。

工艺美术具有鲜明的时代与民族特色。可以说,一件精美的工艺品,总是体现了一定时代和地理环境中人们的经济文化水平、生活习尚和审美观点。特别是我国的工艺品制作,有着极为悠久的历史。

两千多年前,我国先秦古籍中的科学文献《考工记》,就详细记述了百工之事,对工艺品的制作提供了宝贵的资料。

我国各个朝代的工艺品可谓琳琅满目:战国漆器、秦代瓦当、汉铜镜、唐三彩,以及宋瓷、明锦、清代的金银器具等,无不显示了我国古代灿烂的文化。而人们往往通过对这些工艺品的考察,窥见到了彼时彼地人们的政治、经济和文化生活。

当代著名作家邓友梅的小说《烟壶》,正是通过对烟壶这一工艺品的观照,写出了时代的众生相,表达了他对千百年来中国传统文化的深刻反思。在某种意义上,工艺美术是一种民间艺术,它直接体现了劳动人民的艺术创造。同时,在其制作过程中手工性大于机械性的劳动特点,不仅表现了这项劳动的艰辛,而且体现了制作者高超的艺术和技能。

叶圣陶先生在《景泰蓝的制作》一文中详细地说明了一件景泰蓝工艺品制作的全过程:它经历了做胎、掐丝、烧焊、点蓝、烧蓝、打磨、镀金等多种工序,而"全部工作是手工,只有待打磨的成品套在转轮上,转轮由马达带动的皮带转动,算是借一点儿机械力。可是拿着蘸水的木炭、磨刀石挨着转动的成品,跟它摩擦,还得靠打磨工人的两只手”。尽管劳动是如此的艰辛,可是艺术工们的劳动又是这样地自由:

> 他们能自由地在铜胎上粘成山水、花鸟、人物种种图画,当然也能按照美术家的设计图案工作。反正他们对于铜丝好像画家对于笔下的线条,可以随意驱遣,到处合适。美术家和掐丝工人的合作,使景泰蓝器物推陈出新,博得多方面人士的爱好。

看似随心所欲,实则胸有成竹,匠心独运。而正是这一双双灵巧的手,创造了一件件精美的工艺品,创造了一个崭新的艺术世界。

# 第七章

# 艺术美的类型(下)

## 第一节 “主人忘归客不发”——音乐美的特征

### 一、“无声胜有声”——音乐美的审美特征

音乐是一门声音的艺术。它以在时间上流动的音响为物质手段,通过这种有组织的音响运动,创造音乐形象,表现人们的审美感受。由于这种有流动性和时间性的变化着的音响能够表达人们在特定情况下起伏的情感和变化的思想,因而音乐成为一种反映社会生活的独特的艺术类别。

音乐艺术引起人们的审美享受是奇特的。据《论语·述而》记载,孔夫子周游列国至齐,听到“韶乐”的演奏时,认为此音“尽善尽美”,乃至如醉如痴,竟“三月不知肉味”。

从古今中外的音乐发展历史来看,音乐所产生的作用又是巨大的。楚汉相争,垓下之围,一曲楚音竟使项羽兵败如山倒;法国大革命中,一曲《马赛曲》竟击退了代表封建专制势力的普奥联军;诞生于我国抗日烽火中的《义勇军进行曲》,激励着中华民族热血男儿挥舞起了杀敌的大刀。

当然,音乐的作用并不仅限于此。它具有教育作用,也具有娱乐作用。它不仅能使人们热血沸腾,也可以带来平静和谐。贝多芬的《田园交响曲》给听众带来了田园的享受,使人们看到了美妙的田园风光;听到莫扎特的《摇篮曲》,听众大概会想起孩提时的生活、母亲的慈祥,会重新做起那些天真烂漫的美梦。

音乐这种独特的潜移默化的作用,它的普遍的可传达性,使其成为一种表现极为广泛的艺术。

音乐是一门时间艺术。它通过特殊的音乐语言,在乐音的不断运动和发展中

产生音乐形象,使之具有深刻的表现力和感染力。而音乐表现手段的根本要素之一是旋律。

所谓旋律,又称曲调,指的是若干乐音有组织地排列和进行。请看吴伯箫《歌声》一文中对“生产大合唱”旋律及其效果的描写:

> 冼星海同志指挥得那样有气派,姿势优美、大方;动作有节奏,有感情。随着指挥棒的移动,上百人,不,上千人,还不,仿佛全部到会的,上万人,都一起歌唱。歌声悠扬、淳朴,像谆谆的教诲,又像娓娓的谈话,一直唱到人们的心里,又从心里唱出来,弥漫整个广场。声浪碰到群山,群山发出回响,声浪越过延河,河水演出伴奏;几番回荡往复,一直辐散到遥远的地方。

为什么“生产大合唱”的旋律具有如此动人的魅力?就是因为这种旋律作为感情的符号、激情的表现手段,在“自己动手,丰衣足食”的抗日战争年代里引起了人们强烈的共鸣,造成了音乐独特的征服人心的力量。

音乐表现手段的另一基本要素是节奏。所谓节奏,是指乐音运动的轻重缓急,它表现在乐音运动时间的长短(缓急)和力度的强弱(轻重)两个方面。白居易在《琵琶行》中对音乐的节奏是这样描写的:

> 转轴拨弦三两声,未成曲调先有情。
> 弦弦掩抑声声思,似诉平生不得志。
> 低眉信手续续弹,说尽心中无限事。
> 轻拢慢捻抹复挑,初为《霓裳》后《六幺》。
> 大弦嘈嘈如急雨,小弦切切如私语。
> 嘈嘈切切错杂弹,大珠小珠落玉盘。
> 间关莺语花底滑,幽咽泉流冰下难。
> 冰泉冷涩弦凝绝,凝绝不通声暂歇。
> 别有幽愁暗恨生,此时无声胜有声。
> 银瓶乍破水浆迸,铁骑突出刀枪鸣。
> 曲终收拨当心画,四弦一声如裂帛。

这段诗句对音乐的描写,相当精彩。琵琶女续续弹出的节奏,或如急雨,或如私语,嘈嘈切切,轻重缓急相间。其节奏一如黄莺在花下啼叫,宛转流畅;又如泉流在冰下阻塞,艰难冷涩;乃至凝结停顿,无声胜有声。

这种轻重缓急的节奏变化,与升降跳跃的旋律转变结合在一起,诉尽了琵琶女生平的贫富荣辱,激起了诗人政治上的升沉得失之感。于是,两人的心灵借助音乐的魅力而沟通:“同是天涯沦落人,相逢何必曾相识!”

当然,音乐表现手段的基本要素并不仅限于上述的旋律和节奏,它还包括和声、复调、配器等多种要素,要素之间相互配合共同创造音乐形象。那么,这种音乐形象是如何产生的呢?

音乐表现手段塑造形象是间接性的,即通过具有感性感受的音乐表现手段,间接反映产生这些感情的生活,利用欣赏者的“通感”,使他们由聆听乐曲,而联想到有关的生活形象。

所谓“通感”,即人们在感知某一对象时,某种感官可以获得另一处感官才能得到的感觉。例如,见到某种事物,好像听到该事物的声音;听到某种声音,则好像看到了该事物的形状和色彩。朱自清的《荷塘月色》中有几处描写运用了“通感”的修辞手法:

> ……微风过处,送来缕缕清香,仿佛远处高楼上渺茫的歌声似的。
>
> ……塘中的月色并不均匀;但光与影有着和谐的旋律,如梵婀玲上奏着的名曲。

作家由荷花的“缕缕清香”,似乎听到了“渺茫的歌声”,由月亮的“光和影”,似乎听到了小提琴演奏的名曲。

人们聆听古曲《春江花月夜》,仿佛看到了春天的江水、江上的明月;一曲《草原牧歌》,似乎使人们看到了“蓝蓝的天上白云飘,白云下面马儿跑”的草原景色。在古曲《十面埋伏》中,可以看到两军厮杀的激烈场面;在小提琴协奏曲《梁祝》中,可以看到感人肺腑的真挚爱情。

音乐艺术具有鲜明的时代和民族特色。在这方面,流行歌曲表现得最为明显。而由于音乐的基本材料——音响是非概念性的,也无需翻译,因此,音乐又具有国际性的特点。

优秀的音乐艺术作品是引起全世界各民族人民之间精神文化、思想感情交流的精神财富。当听到贝多芬《命运》交响曲一开始那急促的音乐,人们霎时感到代表封建势力的“命运”在敲门之后,圆号奏出的英雄主题,弦乐奏出的副部主题,使人充满了对未来的憧憬与幻想,产生了与命运做斗争的力量——虽然,斗争的历程曲折。

当听到《国际歌》那雄浑、激昂的曲调，每个立志献身于共产主义事业的人无不热血沸腾。列宁说得好："一个有觉悟的工人，不管他来到哪个国家，不管命运把他抛到哪里，不管他怎样感到自己是异邦人，言语不通，举目无亲，远离祖国——他都可以凭《国际歌》的熟悉的曲调，给自己找到同志和朋友。"在这里需要说明的是，尽管音乐是具有国际性的表现艺术，但不同民族仍有不同民族的音乐旋律，形成各自的音乐传统。这一点是不可忽视的。

音乐可分为器乐和声乐两大类。器乐可分为管乐和弦乐。声乐可分为男声、女声，高音、中音、低音等；也可以按演唱方式分为美声、通俗等唱法。对音乐的类别，可按不同标准做出不同的划分。

### 二、流动的诗画——古典音乐美

作为四大文明古国之一，我国具有悠久灿烂的历史文化传统。祖先给我们留下了许多令西方人羡慕不已的文化遗产，而古典音乐就是其中之一。

在漫长的历史长河中，古人留下了不胜枚举的反映我国古代劳动人民勤劳、勇敢、智慧的音乐作品，这些作品相对于今天的我们来说，就是古典音乐。

由于我国古典音乐在谱曲作词上以及演奏的配器上都很富有民族特色，因而古典音乐有它独特的美。

在我国古代，诗歌和绘画特别发达，因而有人称我国为"诗的国度"。中国古诗一般都能配曲加以吟唱，所以古典音乐可以说是流动的诗画。显得非常典雅、别致。

《春江花月夜》就是一首优雅的古典乐曲。它是根据唐代诗人张若虚的同名诗而谱成的，全曲一共分为十段，每一段都有一个富有诗意的小标题，如"江楼钟鼓""月上东山""风回曲水""花影层叠"。乐曲宛如一幅长长的山水画卷，把春天静谧温馨的夜晚，月亮在东山缓缓升起来，一叶小船在江面上轻轻荡漾，花影在两岸轻轻摇曳的迷人景色，一幕幕地展现在我们面前。清新悦耳的乐音，仿佛一杯清香的茗茶，在我们耳畔回响，使我们烦闷浮躁的心归于平和，沉浸在一种静谧、优美和祥和的气氛之中。

古筝曲《渔舟唱晚》是一首音乐语言十分简练，意境悠远空旷的著名古乐。它的标题取自"初唐四杰"之一王勃《滕王阁序》中的一句话："渔舟唱晚，响穷彭蠡之滨。"这句诗的大意是：在夕阳余晖洒满江面的傍晚，忙碌了一天的渔人们满载而归，渔船上传来他们快乐的歌声。阵阵歌声在江面上随波荡漾，一直传到了鄱阳湖的岸边。

乐曲借王勃的诗句加以发挥,把古筝独具特色的清丽悠远而富于变化的音乐技巧用来表现古代江南水乡在夕阳映照时,渔船纷纷归航,江面歌声四起,一片热闹非凡的动人画面。

而《满江红》则是以南宋时著名的爱国将领岳飞的一首《满江红》的词填写而成的。它那激昂慷慨、悲壮有力的旋律,向我们展现了一位“壮怀激烈”“待重头收拾旧山河,朝天阙”的民族英雄的伟大形象。

### 三、音乐之王——交响乐的审美欣赏

因为交响乐是音乐作品中容量最大,最富有表现力的一种音乐,故有音乐之王的美誉。

革命导师列宁非常喜爱贝多芬的《热情奏鸣曲》,他常常听钢琴家凯德洛夫的演奏。有一次,他兴致勃勃地对坐在一旁的高尔基说:“我不知道还有比《热情奏鸣曲》更好的东西,我愿每天都听一听。它是绝妙的、人间所没有的音乐。我总带着也许是幼稚的夸耀想:人们能够创造怎样的奇迹啊!”交响乐给了革命导师极大的精神鼓舞,使他在漫长而又充满艰辛的革命生涯中总是充满乐观向上的斗争精神。

交响曲产生并兴盛于欧洲,因而有人称它为西洋交响曲。它就像文学中的戏剧和长篇小说一样,规模宏大。演奏时要有独立的指挥家、庞大的演出队伍。它的内容宽广而严肃。演奏的乐器众多而且复杂,音色富于变化,音响深沉浑厚,能全面、深刻地表现人们的思想、情感、生活经验和各种矛盾的相互冲突,从而表达一定的审美情趣。

德国音乐大师贝多芬永远和交响曲联系在一起。在他短暂而又杰出的一生中,他敢于面对命运,挑战自我,为我们留下了九部交响曲,把交响曲提高到了前所未有的新高度。他的作品表现了英雄的思想、奋斗的强烈愿望和正义必胜的信念。

他的英雄交响曲,是对为了人类的美好未来而斗争最后付出生命的英雄的赞美。用法国大作曲家柏辽兹的话说,是“英雄的葬礼”。他的命运交响曲,正如他自己一样,反映了面对身体疾病而决不屈服的坚强意志,表现英雄的英勇斗争、对命运的沉思以及最后认识到人民大众才是历史的创造者而光荣加入人民群众的变革过程。

第九交响曲是他最伟大的作品,也是以通过苦难的折磨,英勇顽强的斗争,最

后达到欢乐的过程来表现音乐大师对人类命运的关怀。

听贝多芬的作品，总感觉心中有团火在熊熊燃烧，催促你去奋斗，向更高的人生目标迈进。

被誉为“悲怆音乐大师”的俄国交响曲之父柴可夫斯基，他的交响曲有着强烈的抒情意味，而且有一定的情节结构，最善于表现人类对幸福、理想的无限渴望和不懈追求。然而无情的现实又会产生一定的矛盾冲突。从而表现出人类的一种复杂而难以言说的心理状态。

他一生共完成了六部交响曲。尤其是四、五、六交响曲，既充满了一种向往幸福、渴望得到幸福的巨大热情，又表现出一位智者断肠般的忧思，深刻地反映了处在沙皇亚历山大二世残酷统治下的俄国知识分子的一种矛盾、痛苦的心理。

他的交响曲，献给人类的是一种忧郁的美。他告诉我们，真、善、美与假、丑、恶是相伴而行的。

交响曲并不是那么难以听懂，最关键的是我们要能理解作曲家的创作目的、作曲表现的主题。只要你不断地加强修养，了解更多的交响乐知识，你就能进入交响曲宏大、神圣、庄严的艺术殿堂。

### 四、流行歌曲谈

如果有人要问，如今的社会什么东西对青少年的影响力最大？我想恐怕就是流行歌曲了吧！这些年来，流行歌曲以大批量的生产方式、现代化的传播手段迅速传播，在我们的生活中无处不在。

流行歌曲，顾名思义，就是在社会上风行一时，被相当一部分大众喜闻乐唱的歌曲。流行歌曲大致可以分为本土原创歌曲，港台流行歌曲以及外国流行歌曲。

流行歌曲以它特有的方式在诉说着现代人的苦闷、困惑，主要是寻求一种轻松、快乐的效果。有许多流行歌曲，特别是一些抒情歌曲，词曲都相当优美。不知你听过由朱逢博演唱的由陈晓光作词、谷建芬作曲的《那就是我》没有？这是一首吟诵体的抒情歌曲。“吟诵体”是指节奏自由，带有朗诵诗歌般的韵律，并且着重内心体验的一类抒情歌曲。

《那就是我》的词真美，像一幅淡雅而又略带一丝朦胧的山水画。歌曲通过对故乡的“小河”“炊烟”“渔火”“明月”的绵绵思恋，对妈妈的倾诉情怀，把一个远方游子的拳拳之心，表现得淋漓尽致。

这首歌的结构是三段体。第一段，主题句是“我思恋故乡的小河”，旋律在中音区、悠扬自由的节奏，如诉如泣，这一句的句尾还有绵长的拖腔，它有一种感叹的，思绪绵绵的语气。这种如思如慕，如吐如诉的吟诵性旋律贯串全曲，把歌词的情景表现得十分具体。

第二段，曲词是第一段的进一步发展。开始的地方："我思恋故乡的渔火……"就把音乐从$6\dot{3}$扩展到$6\dot{6}$，那悠长的节奏和高音区激荡心弦的旋律，表现了主人公对故乡，对祖国母亲的无限情思和动情的呼唤，这种激情在第二段尾部，随着"那就是我，那就是我……"的歌声，像一股不可遏制的江水，一泻千里，奔涌而去。

最后的弱音结束更像是主人公魂萦天外的绵绵情思，余音袅袅，让人回味无穷。

我们再来看风靡校园的校园歌曲，充满抒情色彩，词曲优美，清晰欢快，非常符合中学生的口味。有许多歌曲充满清新的泥土气息，如叶佳修作词作曲的《乡间的小路》《赤足走在田埂上》《外婆的澎湖湾》《同桌的你》等，词写得清新优美，犹如一首首小诗；曲调朗朗上口，易于传唱。校园歌曲反映了一代人对生活的理解，其创造的美给人们留下了美好的回忆。

### 五、泥土的芳香——民歌的艺术美

"好一朵茉莉花，好一朵茉莉花，满园花草香也香不过她。我有心采一朵戴，又怕人笑话"，这支深受人们喜爱的民间小调《茉莉花》洋溢着浓郁的江南风情。

"梳呀洗啊打呀扮戴上花啦，情郎哥他捎来信，让我去瞧瞧他呀，倒叫我呀没有啥拿呀哎咳哎呀！"东北民歌《瞧情郎》，描写了一个农村姑娘带了一大堆东西去瞧情郎，可偏逢"天上下雨地下滑，一不小心摔了一个吱溜滑。飞了一对鸡，跑了一对鸭，爬了一对螃蟹蹦了一对虾，摔坏了两个大西瓜，哎呀哎呀呀！"歌词生动有趣，曲调轻松活泼，反映了东北人民质朴、爽朗、诙谐的性格。

"蓝蓝的天上白云飘，白云下面马儿跑。翠绿的草地上跑着白羊，羊群像珍珠撒在绿绒上"，内蒙古民歌《牧歌》，是一首旋律绵延起伏，节奏缓慢自由，音调开阔宽广的民歌，充满了辽阔的草原气息。

我们的祖国幅员辽阔，有着悠久灿烂的历史传统，在我们960万平方公里广袤的国土上，生活着56个民族，拥有丰富的民族歌曲。

北方地域辽阔以豪放粗犷见长，如东北民歌《绣荷包》。江南秀丽水乡以委婉秀美著称，如《茉莉花》。各地各民族的民歌又像绚丽多姿的鲜花，各自焕发出独特的光彩。

如果说交响曲是宏丽神圣的殿堂，流行音乐犹如迷人的时装的话。那么，民歌就像灿漫的山花，像山野吹来的风，透射着清新、质朴的泥土芳香。

民歌产生于民间，在流传过程中经过了无数代人的修改、提炼从而成为精美的艺术作品，为祖国灿烂的文化添姿加彩。我国各地区各民族都有许多优秀的民歌，全面地表现了我国各地区劳动人民的勤劳、勇敢和对生活的坚定信念。云南民歌《小河淌水》曲调优美，声音高亢悦耳。四川民歌《康定情歌》，反映了康巴高原上纯朴憨厚的劳动人民的质朴爱情；《太阳出来喜洋洋》，则充满欢快，表现一种对生活的热爱。青海民歌《半个月亮爬上来》，诗一般的歌词、优美抒情的曲调，多少年来，打动了多少青年男女的心。新疆民歌《阿拉木汗》《达坂城的姑娘》反映新疆各族人民乐观、开朗的生活状况。湖南民歌《月光下的凤尾竹》节奏舒缓，曲调悠扬婉转，犹如一位多情的少女在轻轻地诉说她心中的故事。广东民歌《彩云追月》曲调优美，充满抒情色彩，把游子对故乡的思恋娓娓道来。使这些民歌真切感人，饮誉海内外。

世界各国各地区的民歌更是为数众多，琳琅满目。如60年代在我国广为传唱的印尼民歌《星星索》《睡吧，宝贝》，使我们对这个神秘的群岛国家充满了向往之情。俄罗斯民歌表现力相当丰富，常具有一种宏大的气象、动人的旋律和深沉的感情。如《三套车》，“冰雪覆盖着伏尔加河，冰河上跑着三套车，有人在唱着忧郁的歌，唱歌的是那赶车的人”，歌声唱出了一个不幸弱者的深重的悲哀；又如《伏尔加纤夫曲》，是一曲铿锵有力的劳动号子，一听到它，列宾那幅著名的油画《伏尔加河上的纤夫》就会呈现在脑海里，声像交融，使人深深地感觉到被压迫的俄罗斯民族蕴藏着的伟大力量。《田野静悄悄》，描绘了在寂静天边的田野中，一个失恋的青年牧人在倾吐自己忧伤的心情。歌曲以自然小调式构成的起伏有致的音乐线条，表达了俄罗斯农民真挚、朴实的感情。

### 六、封陈的美好记忆——历史歌曲的魅力

人们常说酒是陈的香，人是旧的好，留在我们记忆中的东西很多都是尘封了的美好记忆。历史歌曲也是对逝去岁月的真实写照，包含了许多令我们难以忘怀的回忆。

一唱起这些老歌，我们仿佛又回到了那些令人难忘的历史时期。回到“雪皑皑，野茫茫”的万里长征，“风在吼，马在啸，黄河在咆哮”的抗日战争，“钟山风雨起苍黄，百万雄师过大江”的解放战争，“雄赳赳，气昂昂，跨过鸭绿江”的抗美援朝战争，“唤醒了沉睡的高山，让那河流改变了模样”的社会主义改造和建设运动中去。

而一批优秀的儿童历史歌曲更是经久不衰，至今在中小学广为传播。安娥作

词、聂耳作曲的《卖报歌》音调活泼、节奏跳跃，勾画出旧社会天真可爱的报童形象。创作于40年代的《歌唱二小放牛郎》，民歌风味的悠扬曲调像阵阵清风在向我们传诵着抗日小英雄王二小的动人故事。创作于新中国成立初期的《我们的田野》《让我们荡起双桨》《听妈妈讲那过去的事情》都是非常优秀的曲调清新优美，充满诗情画意的少儿歌曲，真实地记载了生在新中国、长在红旗下的那一代人的幸福、欢快的童年生活。至今，这些孩子们唱的歌仍能勾起与共和国同龄人的无限回忆。

1991年底，在毛泽东诞辰98周年之际，中国唱片社华东分社制作了一盘《红太阳——毛泽东颂歌》投放市场，收集的歌曲全是五六十年代的历史歌曲。历史虽然过去了，近20年的改革开放使中国变化十分巨大。人们重新回顾那段历史，在这些歌唱毛泽东的历史歌曲中，仿佛又回到了那个迷狂的年代。不出所料，盒带一投放市场，就引起了轰动。

据《上海文化艺术报》报道，当音像店营业员把《红太阳》插入录音机播放，歌声响起的时候，过往的行人都被那熟悉的曲调深深地吸引住了，驻足不前。显得有些激动同时又有几分惊异，争先恐后地涌向柜台，最畅销时，一小时可以销售百余盒。许多音像店门口排起了长队，在一些音像门市部，当运送《红太阳》的小车一到，等待购买的人们竟然热烈欢呼起来。许多没有买到盒带的人久久不愿意离去，而当营业员告知发行公司马上派人专程送来磁带时，已经走散开了的人们又立刻自觉地排成一队，有的人竟然在严冬里等了一个多小时。于是，一夜之间大江南北响起了“红太阳颂歌”，如《北京的金山上》《翻身农奴把歌唱》《众手浇开幸福花》等。

人们喜气洋洋地在家里纵情高唱那些他们曾经不知唱了多少遍的“红太阳”。一种温暖的感觉在心里升起，勾起了人们无尽的回忆。

这些优美的历史歌曲犹如一位慈祥的母亲，可以为归来的儿子抹去眼角的泪痕，成为永远赏心悦目，留在我们心中的开不败的花。

## 第二节　无声的艺术——舞蹈美

### 一、旋转的人体——舞蹈的艺术美

一提起舞蹈，或许你马上会想到舞厅里面的交谊舞以及中场休息时的劲舞。

不错，交谊舞和迪斯科舞都属于舞蹈，它们的主要目的是增进人与人之间的交往，消除疲劳，使我们的身心得到放松。然而，舞蹈包含很多的内容，各种舞蹈给我们带来的美的享受也是不同的。

舞蹈是一种无声的艺术，在表演的时候，主要是通过人物身体的动作变化来表现感情。我国青年舞蹈艺术家杨丽萍在表演孔雀舞时，用无声的身体语言向我们展示了舞蹈的无穷魅力。

只见她动作舒缓，优美，腾挪跌宕，显得婀娜多姿，在柔和的舞台背景灯光下我们仿佛看见了一只年轻漂亮的孔雀在优雅地梳理着她的羽毛，展开她那美丽动人的尾巴。

舞蹈演员必须用手、足、头、腰等舞姿动作，形成一系列的流动画面，使观众的注意力被深深地吸引。观众通过自己双眼看见的画面，结合自己的实际素养，展开想象的翅膀，从而获得美的享受。

杨丽萍有另一个作品《火》，形象地向观众展示了火苗的初生、缓慢燃烧直到变成熊熊大火的全过程。

作品开始时，站在背景灯光前的她犹如一幅黑白剪影画。我们无法看清她的脸以及表情。只见她匍匐在舞台上，身体的颤动非常轻微，伴随着优美柔和的音乐，她用双手组成的火苗图案在白色背景上缓缓上升，而且伴随着反复，表明火苗的柔弱，随着火苗越来越大，两只手臂运动频率加快，上升的速度也越来越快。最后熊熊大火在舞台上燃烧，她整个人仿佛变成了一团火。杨丽萍用舞蹈征服了观众的心，她的精妙绝伦的表演，让爱美的人们永远记住了她的名字——杨丽萍。

### 二、红舞鞋上的歌——芭蕾舞的审美欣赏

芭蕾舞兴起于欧洲中世纪的宫廷。中世纪教会势力非常强大，它们控制了文化。因而芭蕾舞自产生之日起就带有一道中世纪宗教神圣的光环。

而现代的芭蕾舞则竭尽全力表现作为大自然精灵的人体的线条美以及现代人的复杂思想感情。为了达到这个目的，追求挺拔和俏丽的人体外形成为芭蕾舞的目标。芭蕾舞演员总要穿上质地非常柔软的舞鞋，尽力用脚尖站立，使身体成一条线，在旋转过程中达到一种线条的流畅美。

芭蕾舞如同音乐中的交响音乐，内容宽泛，能够表演具有一定情节结构的作品，表现一些较为严肃的主题。

随着社会的发展，芭蕾舞不仅有了古典和现代之分，而且传播到了世界各地。有的国家和地区又结合自己民族的舞蹈特点，对芭蕾舞加以改造，但芭蕾舞通过

跳动的舞鞋都要表现一定的思想主题,激发观众的情感,促使人们自觉地去追求真、善、美,摈弃假、恶、丑。

俄罗斯芭蕾舞《天鹅湖》讲述了这样一个故事:王子齐格菲对母后为他挑选未婚妻的劝告无动于衷,便外出打猎。行至湖畔,一群洁白的天鹅扑面而来。在晶莹的月光下,有一只天鹅特别美丽。她忽然变成了一个美人——奥杰塔公主。天鹅们于是围着王子翩翩起舞。奥杰塔向王子诉说了内心的秘密:恶魔坑害他们,把她们变成天鹅。只有纯洁坚贞的爱情才能够解除魔法。她们只有在夜深人静的时候,才可以慢慢地恢复人形。王子深深地爱上了奥杰塔。但她和王子的秘密很快被恶魔知道了。恶魔从中进行破坏,叫自己的女儿变成奥杰塔去迷惑王子。后来王子发现上当受骗了,便勇敢地与恶魔展开了决斗,最后终于打死了恶魔,取得了胜利。齐格菲和奥杰塔在天鹅姑娘们的簇拥下,翩翩起舞,在一片欢乐祥和的气氛中去迎接美丽的朝阳。

正是由于《天鹅湖》歌颂了真善美,揭露了假恶丑,赞扬了纯洁坚贞的爱情,因而才具有不朽的艺术价值。才能强烈地打动观众的心灵,而被俄罗斯"文学之父"普希金称赞为是"灵魂的一次飞翔"。

在我国,新中国成立后出现了许多优秀的芭蕾舞剧,如《白毛女》《红色娘子军》《红灯记》等,曾经在那个时代产生过巨大的轰动。

《白毛女》通过喜儿与大春的爱情被地主黄世仁毁灭,黄世仁以抵债为由,抢走喜儿,后来喜儿逃入深山古庙被八路军救起,然后与大春团聚的故事,反映了旧社会把人变成鬼,而新生的社会主义则把鬼变成人这一主题。

《红色娘子军》以洪常青、吴琼花等一批革命先烈的革命斗争活动为线索,展现了在白色恐怖时期,一批觉悟的劳动妇女走上革命道路的成长过程,演员在演出时如朵朵绚丽多彩的白玉兰花,更像袅娜飘逸的海葵,最后组成一朵巨大的螺旋形的百合花,真是五光十色,变化无穷,把观众带到了一个神秘的美的世界。

### 三、程式化的舞蹈——戏曲舞蹈的审美欣赏

在古代,诗歌、音乐和舞蹈是融合在一起的,是在长期的劳动生产过程中应运而生的。尤其是我国的传统戏剧舞蹈,作为宝贵的文化遗产之一,大都是与歌吟结合的,而融会了各种技巧,如杂技、魔术等。现今仍在民间广为流传的"凤阳花鼓""秧歌""踩高跷"等,就有很多的技巧性动作。

传统舞蹈要借助一定的道具,如手巾、扇子等,表情达意就要通过道具来表现。传统舞蹈最大的一个特点就是武技性,表演过程中有许多武术动作,如果没

有这些武术的基本动作,如要刀舞棍、空翻等,是难以表现出舞蹈的奇特韵味的。

流传千年的磁县“讶鼓”在舞讶鼓求雨时,中间扮演“神魂附体”的主角,总是以表演各种武术来显示他超乎常人的神功。流行于胶东半岛的“胶东秧歌”舞,虽然被分为南北两大派,认为南派偏重于武术表演,被称为“武花鼓”;而北派偏重于说唱,被称为“文花鼓”,实际上同样有许多武术动作。

宋代,随着城市的不断增多,出现了一种公共休闲娱乐场所,称为“瓦肆”,在那里,戏曲艺术得到了快速的发展。在长期的表演过程中,把一些舞蹈动作加以模式化,以便于流传和学习。用一支橹,就代表在江河湖海上划船;一支马鞭就表示骑马飞奔,跨越了万水千山;两个演员间的一阵动作对接,就表示千军万马的激烈厮杀。传统舞蹈成了程式化的戏曲舞蹈。

在我国各地区,劳动人民又结合当地的实际情况,融合当地的戏剧动作和文化内涵,这促使我国出现了许多剧种,如京剧、川剧、越剧、沪剧、豫剧、黄梅戏以及河北梆子等。但各种剧种在表演时都离不开伞、手帕、鼓等道具,不仅说唱相结合,而且各有一些不同的武术动作。

著名京剧艺术大师梅兰芳先生的代表作之一《贵妃醉酒》要表现杨贵妃以嗅花来寄托情怀的内容,梅兰芳先生巧妙地做出一个卧鱼的动作来,卧鱼就是由武术动作“歇步望月”柔化而来的。

江南第一武生“活武松”盖叫天先生,在表演《武松打虎》时,用了很多虎虎生威的动作,有力地表现了打虎英雄的英勇之气。

戏曲舞蹈作为我国的国粹,需要进一步发扬光大,尤其在现代社会,有许多年轻人都不再喜欢看戏曲的情况下就更需要我们下大力气来宣传普及戏曲知识,弘扬戏剧文化。我们要更好地建设有中国特色的社会主义,就应该弘扬祖国优秀的传统文化。“纪念徽班进京一百周年”活动就是为了进一步弘扬和发展我国的传统文化,向广大青少年介绍和推广我国优秀的戏曲舞蹈。

**四、自娱自乐的舞蹈——现代舞蹈的审美欣赏**

随着社会的发展,人们在劳动工作之余,需要轻轻松松地消除疲劳,一种自娱自乐的舞蹈便产生了。

现代舞的许多舞蹈动作都不受限制,随意性很大。当然,表现最明显的自娱自乐的舞蹈就是交谊舞和各种劲舞,受到了青年的普遍喜爱。

交谊舞是一种流传很广的舞蹈。交谊舞由于易学,舞蹈动作难度不大,老少皆宜,30 年代从外国传入中国后,很快广泛流传,由华尔兹演化而来的“快三”“慢四”等成为主要的交谊舞舞蹈。

在现代社会中,人们可以通过交谊舞放松身心,增进人与人之间的了解。尤其在城市,适当地推广和普及交谊舞,把这项活动和全民健身活动有机地结合起来,举办各种交谊舞大赛,鼓励各个年龄层次的人练习交谊舞,既可以培养人们高尚的审美情操,同时又可以锻炼身体。

劲舞的出现是伴随着各种前卫音乐而出现的,主要是在青少年中流行。由于劲舞动作难度大一些,有一些技巧性动作,可以说是融会了一种武术动作且节奏感很强,因而极受年轻人的喜爱。如“迪斯科”舞蹈往往与摇滚乐、爵士乐联系在一起,主要是吸收了拉美、非洲的一些土著舞蹈动作。动作男女不分。配对跳时,没有交谊舞中的抱腰抚肩的动作,双方的身体可以完全不接触。可以配对跳,也可以单独跳、集体跳。集体跳时,动作经过一定的编舞程序,单独跳时,可以有自我的编排,也可以是即兴的各种花样,随意性很强,很符合青少年不愿受拘束的个性,一切都显得自由自在,无拘无束,如醉如痴,如腾如飞。

迪斯科舞蹈不仅赢得了青少年的心,同时也大量地糅进了体育项目之中,如体操、冰上运动、水上艺术体操、杂技等。可见它的影响十分深远。

## 第三节 “综合的舞台艺术”——戏剧美

### 一、表演艺术——戏剧美的审美特征

中学语文课本选了不少剧本,如《白毛女》《龙须沟》《雷雨》《威尼斯商人》《窦娥冤》等。但剧本并非完整的戏剧,它只是戏剧的要素之一,是戏剧演出的文学基础,故称“一剧之本”。剧本虽也有独立的文学欣赏价值,但归根到底,写剧本都是为了舞台演出。所以中学课本在《谈谈戏剧》的知识短文中说:

> 戏剧是一种综合的舞台艺术,它借助文学、音乐、舞蹈、美术等艺术手段塑造舞台艺术形象,揭示社会矛盾,反映社会生活。

作为一门综合艺术,戏剧美有些什么特征呢?

首先是多种艺术的综合性。戏剧不同于文学、绘画和作曲可以由个人独立完成,它是集体智慧的结晶。可以说,许多艺术样式的美都为戏剧美增光添彩,但它

们也同时都要改变自己原有的独立性而成为戏剧整体的有机部分。

在戏剧综合进去的各种艺术中，文学是基础，是依据，舞台上的人物、事件、主题等均由文学剧本提供。

但文学剧本只有符合戏剧的总体特征和舞台演出的需要时才有价值。因而剧作家的任务在于写好对话、独白和少量的舞台提示。而这对话、独白一旦被演员在舞台上说出来，就被纳入动作的轨道，其功能也就大为改变和加强。

剧本要设置尖锐的矛盾冲突，其他文学作品大量运用的叙述、描写和抒情在剧本中却很少有用武之地。演员的表演美是戏剧美的中心，有了表演，文学形象才能转化为舞台形象，才有了戏剧。

戏剧可以没有导演、舞台、服装、音乐甚至可以没有剧本（意大利的即兴喜剧和我国早期的幕表戏都没有剧本），唯独不能没有表演，表演在戏剧中的中心位置是永恒的。布景、灯光、道具、服装等是用来说明剧情发生的时间、地点、人物的身份和烘托剧情；音响效果和音乐是为了烘托戏剧气氛，表达戏剧感情，因而都属于从属的因素。所有这些艺术因素的有机结合，才能构成完整意义上的戏剧。

其次是反映生活的集中性。戏剧是高度集中的反映生活的一种艺术。因为戏剧演出受严格的时间和空间的限制。戏剧的美，集中表现在舞台上，舞台只有几十平方米的空间，演出最多也只有两三个小时，所以戏剧在结构上要分幕分场，以利于把生活集中在少数的几个时间和地点里。

戏剧美又要集中在尖锐的矛盾冲突中。“没有冲突就没有戏”是一条永恒不变的戏剧规律，所谓“戏”就是集中的尖锐的富有吸引力的矛盾冲突。戏剧美的两方面是相辅相成的。矛盾冲突尖锐了，才能集中在特定的时间地点里，一旦许多事情都在一个时间、一个地点发生，就会增加冲突的尖锐性。

再次是戏剧表演的动作性。表演居戏剧的中心，动作是表演的基本内容。有着明确目的、意志和愿望的动作，表现着人物性格，展现着剧情的矛盾冲突，有着丰富的美。动作又是戏剧吸引观众，使之全神贯注地感受戏剧艺术并与台上人物同临其境的重要手段。

戏剧的直观性首先是动作的直观。戏剧的动作包括大的形体动作如踱步、手势等，也包括说话的声调、语气以及伴随的面部表情等。动作不是机械的机体运动，而是在激情的驱使下表现着内在的心灵。因而动作不仅展现外在的冲突，而且揭示内在的思想感情。

舞台动作不同于生活中的动作，它不仅有着更鲜明的目的和更丰富的内涵，而且为了达到预期的戏剧效果，动作往往带有明显的夸张性，更讲究形式美。如夸大微小的动作，使后排观众能看见，夸大本应小声的说话声音，使后排观众能听见。这在讲究如实再现生活动作的话剧中也不能免，而在中国的戏曲艺术中则被发展到极致。

经过将生活动作集中、夸张、浓缩、变形了的戏曲动作，具有更大的程式性、虚拟性、节奏性。这种虚化了的戏曲动作，不重形似重神似，犹如中国的写意画；同时更重形式美，比如语言（唱和白）的歌唱化、韵律化、动作的舞蹈化、程式化等，一言一语、一招一式都有极严格的美学要求。《窦娥冤》中的“外”“净”“正旦”“卜儿”都是特定角色名称，他们在扮相、服装、动作、念白、唱腔等方面都有不同的形式美要求。至于歌唱的韵律化更是一目了然。

最后是戏剧演出的剧场性。戏剧必须在剧场中演出。剧场是由舞台和观众席构成的特定空间。戏剧演出就要受到舞台和观众的制约。这种制约性表现在演出自身，就是前面讲的戏剧的舞台集中性；表现在演出与观众之间，就是台上的演员与台下的观众之间思想感情的双向交流，从而产生特殊的戏剧效果。

由有血有肉、有思想、有感情的真人扮演角色在台上演出，是戏剧独特的长处。演员的动作、声音以及台上的布景、音乐、音响效果乃至气味，都直接诉诸观众的视、听、嗅觉，有着强烈的直观性，给人以特有的临场感。

正是这种演出的直观性、认识感情效果的强烈性、观众感受的亲切性，使戏剧有了强烈的艺术感染力，从而可以维系住不同年龄、职业、文化教养、艺术水平的观众群体。

剧场里的观众也不是消极被动的木偶。他们也是有血有肉有思想有感情的活人，因而对演出效果能做出积极的反应。

戏剧的观众不是单独的个人，作为一个群体，他们的情绪互相感应，并形成一种强大的力量，使演员在表演过程中能从他们身上获得反馈信息，从而影响自己的表演情绪和效果。舞台演出刺激着观众的情绪，观众的情绪又刺激了演员的演出情绪，给演员演出注入新的活力，这种双方的情绪交流所形成的剧场气氛，使观众自觉不自觉地参与到戏剧艺术的创造当中，强化着或削弱着戏剧特有的美。

在电影、电视可将舞台演出真实地再现在银幕或屏幕上的时候，戏剧并没有因此消亡，原因之一，就是电影、电视的演出并不是演员直接面向观众，它产生不了戏剧所特有的观众与演员的双向交流，因而也达不到剧场上所感受到的美的享受。戏剧作为一种独立的艺术形式，仍将保持其旺盛的生命力。

## 二、表演出来的人生——戏剧的艺术美

对广大青少年朋友来说，一提到戏剧，我们也许马上就能联想到初中语文课中学习过的鲁迅先生的文章《社戏》。

戏剧在旧时代，是我国流传最广的一种艺术。戏剧是一种非常复杂的艺术，不仅要有优秀的剧本，感人的故事，精心布置的舞台；要有演员的精湛演出，要带有舞蹈性；还要有一定的音乐伴奏。

戏剧最重要的是演员的表演，演员要能进入角色，沉浸在剧本的故事情节之中，仿佛就是剧本中的主人公，在哭，在笑，要能使观众通过他们的表演信以为真。

俄罗斯著名演员莫恰洛卡在演出莎士比亚名剧《哈姆雷特》时，每到一处精彩的地方，场内便连续爆发出暴风雨般的掌声和欢呼声，这种强烈的观众情绪显然是在支持和鼓励着演员的杰出表演。

因为戏剧毕竟是在舞台上的故事，是舞台上表演出来的短暂人生。黄梅戏中的一出生活小戏《夫妻观灯》表现的是一对年轻农村夫妇在正月十五日元宵之夜进城去观看花灯的情景。台上没有任何花灯的实际场景和音响效果，主要通过演员来表现生活的场景。只见男女演员在舞台上载歌载舞，从侧面展现出熙熙攘攘的人群争看花灯那种热闹非凡的节日景象。花灯和观看花灯的群众都是虚的，是通过年轻夫妇面临这个热闹场面的心理反应，他们的那种新鲜感、惊讶感以及他们的兴奋不已和万分焦急的神情来表现的。他们俩为争看花灯而相互埋怨又相互成全的情节，通过妻子的娇嗔与活泼，丈夫的纯朴与憨厚被表现得淋漓尽致。这里虽然不是活生生的生活场景，却通过两个男女演员的精彩表演而展现了活生生的人物、活生生的生活氛围和生活情趣。

再如《梁山伯与祝英台》，表现梁山伯与祝英台逶迤下山沿途观看池中的游鱼、水上的鸳鸯，又一同前去参拜古庙，共渡溪桥，最后来到他们曾经结拜为兄弟的柳阴深处依依话别的情景。但情景中出现的空间实物全是虚的，是通过人物的心理活动，尤其是外部神情、动作的暗示来表现祝英台复杂的心理，每一件景物都被祝英台用来作为点醒自己是女儿身的道具，从而表达她对梁山伯的依恋和舍不得他离去的深厚情谊。

在戏剧表演中，德国的布莱希特主张“演员要完全变成他所表演的人物。这是一秒钟也不允许的”。俄罗斯的斯坦尼斯拉夫斯基主张演员“进入角色”，要达到不知自己是演员的程度。而我国的梅兰芳大师主张演员既要向观众展现一个信以为真的戏剧人物；但同时又要清醒自己是个演员，是在舞台上演戏。

戏剧是一种舞台上的人生，只有在观赏过程中，我们才能体会到它给我们带来的愉悦和意义。

### 三、最伟大的演员和最伟大的观众——戏剧的观赏态度

戏剧的最大特点也是它的最大优点就是观众可以直接面对演员，而且彼此之间可以通过表演的戏剧加以交流。

往往观众容易把自我的爱憎分明体现在对演员的态度上。这是一种不好的倾向。我们始终要明白：戏剧是假的，演员不是戏剧中的人物。因此我们在观赏戏剧的时候，无论是悲伤还是高兴的时候，都要保持自己与戏剧的距离，千万不能“假戏当真”，否则就会造成严重的后果。

戏剧观赏的最佳态度就是别把假戏当真。在外国，曾流行过一些关于演出莎士比亚戏剧的逸闻趣事。有一次，演到了《理查三世》的最后一场。暴君理查王在与里士满的交战中落荒而逃，他的坐骑被打死，陷入末路穷途。理查王绝望地一再惊呼：“一匹马！一匹马！我的王位换一匹马！”这时，有一位看戏的农民果然牵出自己的那匹马，想向理查王交换王位。气得扮演理查王的演员只好在台上破口痛骂：“你自己上来，一头驴也成！”由于这位农民没有保持最佳观赏态度，结果把一出表演得十分精彩的戏剧全搞砸了。

又有一次在纽约演出莎士比亚另一出戏剧《奥赛罗》时，剧情到了激动人心的时候：只见牙戈正得意扬扬地施展他的“手帕计”，奥赛罗和苔芘丝德蒙娜即将双双落入他设置的陷阱之中去。观众席上突然响起枪声，扮演牙戈的演员应声倒在舞台上，中弹身亡。正当场内惊叫四起，一片混乱之际，观众席上又传来一声枪响，原来是刚刚打死“牙戈”的那位看戏的青年军官，已经醒悟过来，他面对着自己一手造成的不可挽回的惨剧，便举枪对着自己的太阳穴开了一枪。

事后，纽约市民合葬了两位死者，并立下墓碑，上面写着：“最伟大的演员和最伟大的观众。”

在我们中国也发生过类似的情况，歌剧《白毛女》演出到喜儿被掠走，遭受非人的强暴时，台下的观众出于愤怒，飞身上台要怒打扮演黄世仁的演员。他们都把戏剧中的情景与现实生活情景混为了一谈，对剧情迅速做出了真善美的评判。想用自己的活马来换取“王位”的农民不但破坏了一出好戏，而且当众遭到了羞辱；枪击“牙戈”的军官，也用自杀惩罚了自己。观众和演员一样，在看戏和演出时不能完全丧失清醒的意识，随时都要明白自己是在看“戏”和演“戏”。

舞台的一切都是“假戏真做”。这样，观众在观看战争场面时，尽管台上硝烟

弥漫，枪声四起，但观众都不会失去安全感，不至于因时刻担心会被流弹击中而战战兢兢，也不会把演员扮演的角色误认为角色本人，制造出“枪击牙戈”的悲剧来。

我国的戏剧表演就明确告诉观众：这不是生活本身。戏曲演员的扮相可以勾画脸谱，京剧里的净、丑两行，满脸涂上鲜明的油彩，描绘出美丽的图案；人物一上场就来个漂亮的亮相，接着自报家门。在舞台生活和现实生活之间，划出了明显的不容混淆的界限。

## 四、怎样把戏看懂？——“戏剧性”的把握

俗话说：“会看的看门道，不会看的看热闹。”戏剧是一种综合的舞台表演艺术，因为受到电影、电视、录像的冲击，再加上对青少年宣传普及工作做得不够，因而现在的青少年很不容易把戏看懂。没有一定的戏剧修养，又加之没有掌握一定的观赏技巧，于是对舞台上的打打杀杀，敲锣打鼓感到厌烦，一点也欣赏不到戏剧带给我们的美。因此，青少年朋友要对祖国的传统文化加深了解，要真正把戏剧看懂，就需要学会在看戏时从把握戏剧的“戏剧性”入手，这样才能逐渐进入戏剧神奇美妙的艺术世界。

首先是动作，包括形体动作、台词和心理活动。成功的戏剧演出要能把三者贯穿起来，如昆曲《十五贯》“访鼠”一场，只有况钟、娄阿鼠两个人坐在一条长凳上做饭，却展开了深刻的心理较量。况钟一身正气反而装成一个游戏江湖的术士，娄阿鼠鬼鬼祟祟反而装成一个一本正经的好人。况钟在主动观察着，在尽力试探；娄阿鼠在被动地防御，在极力掩饰。况钟对娄阿鼠采取的是猫逮老鼠般的一抓一放的办法，既要步步紧逼，务求探明真相，又要极力稳住对方，避免露出私访的痕迹。

况钟借测字点出“一定是偷了人家的东西”，娄阿鼠突然被触及要害，露出惊慌的神色来；况钟马上又若无其事地说：“鼠，善于偷窃，所以才有这样的断法”，娄阿鼠马上舒了一口气，一边说：“对的，老鼠是喜欢偷东西的”，一边手舞足蹈起来。待到况钟说出：“还有一说，那家人家可是姓尤？”娄阿鼠大吃一惊，从凳子上翻落下去，马上又从凳下钻出头来，惊恐万状地探视着，使这场戏表演达到高潮。在这场戏里，娄阿鼠的形体、动作是有意模仿老鼠，但又并不是一切鼠化，他是鼠，又是人，是一个有着老鼠那样机敏狡诈特性的流氓。

其次就是戏剧冲突和情境，在《罗密欧与朱丽叶》里，两个家族的世仇阻碍着一对年轻恋人的自由结合。他们的爱情如火一般炽热，如月亮一般明亮，但在封建家族势力的摧残下，这对年轻人双双殉情。这新生的爱情，就像一道明亮的流

星,在暗暗的夜空耀眼地一闪,归于殒灭。这流星的陨灭,也是对黑暗的抗议。

情境,又称“必需的场面”,最感人,在全剧中也最为重要,能激起观众强烈的情感反应。老舍先生的《茶馆》终场时“撒纸钱”的场面就是如此。常四爷、秦仲义、王利发这三位曾经奋斗过、梦想过、挣扎过的老友,现在都已经风烛残年,而且被生活逼到了走投无路的绝境。老友相见,互吐心曲,共同回忆着,咀嚼着他们一生的痛苦,抒发内心的愤懑。面对即将来临的“没有寿衣,没有棺材”的结局,他们只好借捡来的纸钱“祭奠祭奠自己”,于是三位老人,迈着缓慢的步子,照着北京“老年间出殡的规矩”在台上撒起纸钱来。这时,场内长时间笼罩着沉重的悲哀,这是三位老人的自悼自吊,也是对黑暗的旧时代——清王朝、北洋军阀和国民党反动统治下的黑暗时代的控诉和诅咒。他们预先在给自己送葬,也是给吞噬了他们的反动统治者送葬。全剧的情感脉流,汇集到这个场面之中,通过满台飞舞着的纸钱传给了观众。因此我们从动作、冲突、情境三个方面去仔细揣摩,是能把戏看懂的。

## 第四节　银屏上的艺术——影视美

### 一、最大众化的艺术——影视艺术的审美特征

新编的语文课本中节选了电影文学剧本《林则徐》《高山下的花环》的片段,并在“自读提示”中对电影文学剧本的特点做了简明的介绍。电影终于进入中学课堂说明了它作为最大众化的艺术,是不容忽视的。

电影是随着现代科学技术(如电学、光学、化学等)的发展而诞生的一门崭新的艺术样式。从1895年12月28日法国的卢米埃尔兄弟在巴黎卡布辛路大咖啡馆放映电影始,至今不过一百来年的历史。短暂的百年内,它随着科学技术的发展而发展,经历了由短片到长片,由默片到有声,由黑白到彩色,由平面到立体的巨大的变化过程。每一变化都标志着科学技术的前进。而语文课本中的电影文学剧本则为我们展示了这门新兴艺术的独特魅力。

节选的《林则徐》中赞颂了以邝东山为首的三元里抗英民众的英雄行为;《高山下的花环》则突出了艰苦朴素、淳朴坚强、深明大义、为国分忧的梁大娘、韩玉秀和一身正气、身先士卒的军长的形象。电影形象已不同于文学剧本,是活灵活现地站在银幕上的形象。课文的“自读提示”说:“电影文学的创作必须适应电影艺

术的特点，要按电影的表现方法。”正是这电影艺术的特点和表现方法决定着银幕形象有着特殊的电影美。那么，电影艺术的特点和表现方法是什么呢？

电影的基本构成单位是镜头，联接手段是蒙太奇。这是电影语言的特殊构成。

镜头是摄影机从开机到停机一次拍摄下来的影片片段。当今一部故事片通常是由 300 至 800 个镜头组成的。电影形象就是把运动着的人和事物拍摄下来再放映到银幕上的影像。拍在胶片上的画格本是静止的，它能变成运动的是因它利用人的“视觉暂留”现象（刺激物离开人眼以后形象并不立即消失，还要保留 1/24 秒），用每秒 24 格的速度拍摄，再用每秒 24 格的速度放映，这样，连续映在银幕上的静止画面就变成运动的了。

电影摄影机可以通过推、拉、摇、移、俯、仰方式拍出全景、中景、近景、特写等不同的镜头，因而电影艺术家可以随意强化自己所要强调的东西。

“蒙太奇”系法国建筑学上的术语，原意为“装配”，借用到电影上即为镜头的组接。我国电影艺术家夏衍说：“所谓蒙太奇就是依照着情节的发展和观众的注意力和关心的程序，把一个镜头合乎逻辑地有节奏地连接起来，使得观众得到一个明确生动的印象或感觉，从而使他们正确地了解一件事情的发展的一种技巧。”两个以上的镜头，一旦按生活逻辑和美学原则加以联接，就能产生新的艺术效果。正如苏联著名导演爱森斯坦所说：“两个蒙太奇镜头的对列，不是二数之和，而是二数之积。”这种用蒙太奇技巧连接起来的镜头就是电影特殊的表现手段。

选在课本上的电影文学并不能直接拿到摄影棚拍摄，还需导演把它变成“分镜头剧本”。但文学剧本是考虑并注意适应电影这一特点的。它那用空行或数字间隔起来的片段，大体上都是一个镜头，它的顺序也基本上显示着蒙太奇的联接顺序。如：

> 英兵拥着义律骑着马，汹涌而前。
>
> 大榕树上。梁三在树顶守望。急忙下树。
>
> 梁三从树上一跃而下——
>
> 三元古庙门口。梁三奔入古庙，闪电照亮了庙门上
>
> “三元古庙”四个字。

这三个空间上不在一处的镜头连在一起，就增强了两军对垒的叙事气氛。不言自明，在树顶守望的梁三是在观察英兵的动态；从树上跃下的梁三，又是奔向古

庙向人们报告英兵的来临。如孤立看,镜头的内涵就少多了。

正是这独特的表现手段决定了电影具有独特的审美特征。

第一,电影具有高度的逼真性。

在各门类艺术中电影最为逼真。它的逼真首先表现在运动上。现实世界的一切运动,大至日月运行、江海波涛、房倒屋塌、洪水猛兽、火车奔驰、飞机翱翔,小至飞鸟腾空、昆虫蠕动,等等,都可再现到银幕上。角色的运动更是自不待言。它的逼真还表现在场景和表演上。它可再现场景的广阔和微细,如《林则徐》中:

> 村庄,夜,风吹草动。电闪雷鸣。被炮火轰塌了的民房的废墟间,一个老妈妈的尸体仆倒在画面前景,手里捏着一把菜刀;后景是村中小路,英兵搜索前进。

这里,前景手中捏着菜刀的老妈妈的尸体、夜的气氛和后景的广阔,都是舞台上难以再现的。又如:

> 冈下。晨光下,十几里路周围——田野、村头、大路、荒山、屋顶、树梢、全都是手执武器的男女老少的乡民,打着各乡的旗帜,像铁桶一般包围着山岗。

这种宏伟壮观的场面更为舞台所无法企及,而电影却可自如地予以表现。

在表演上,电演舍弃了戏剧表演的夸张和假定,完全采用生活化的真实动作。比如,“义律和数英兵且战且退,突然滑入泥沼中——泥深没胫,拔不起脚来”,舞台只能作虚拟的象征动作,电影则两腿实实在在地插入泥沼中。再如,“义律的脑袋从草丛间冒出,脸上抹着污泥,头发贴在脸上”和“林则徐百感交集,眼里含着泪水”之类,即使借助夸张的化装和表演,戏剧也难以达到预期的效果,而电影的特写镜头,可以使真实的化装和表演曲尽其妙。

可见,电影无论是在宏观的、还是在微观的,都可把生活逼真地再现出来。但逼真毕竟不是“真”,它只是艺术的创造。角色是装扮的,布景是代用的或假的,许多奇妙的惊险的画面是电影特技制造出来的。因而,这是与假定性相统一的逼真。

第二,电影的时空自由性。

电影的时间和空间上不同于戏剧。戏剧的演出时间和舞台空间等同于实际时空。这就是说,一幕戏的演出时间和事件的实际时间相一致,一幕戏的空间也大体就是剧情实际存在的空间。电影则不然。它在一百分钟的演出时间里能叙述不到一百分钟或长至几十年乃至成千上万年内发生的事；在几十平米的银幕上可以表现一村、一县、一省、一国乃至世界、全宇宙范围内发生的事。蒙太奇镜头的组接和快摄慢放（慢镜头）、慢摄快放（快镜头）的技巧运用，可以使电影自由地创造出不同于实际时空的银幕时空。比如《高山下的花环》中，伴随着梁三喜的画外音：

玉秀……你自来到俺家，像个长工一样每天下地干活，回家伺候老人，担水做饭，喂猪养鸡，里里外外全靠你……

连续出现的镜头是——

伴着落日的余晖，玉秀背着柴草，踏着残雪，在山路上蹒跚而归……

头顶稀疏的晨星，玉秀在井台上打水。她吃力地用绳索把一大桶水从深深的井里提上来……

茅屋内，如豆的油灯之下，玉秀端着碗，坐在炕上，给病中的婆婆一勺一勺地喂饭……

猪圈里，玉秀汗水涔涔地将猪食倒进槽内……

这四个联接起来的镜头，放映时间只有几十秒钟，然而它却概括了玉秀与梁三喜结婚的几年间，玉秀在老家的广大空间的辛勤劳作。

此外像大雪纷飞与春花怒放的镜头连接可以表现冬去春来的季节转换；一颗种子的生根、发芽、生长、开花、结果的完整周期，可以在几秒钟内完成，运动员刹那间的体操动作在银幕上可以让你慢悠悠地看个仔细；华盛顿机场的飞机起飞与北京机场的降落，两个镜头使两半球连成了一个完整的空间等。这就是电影创造出来的特殊时空。它如此之活灵活现而又令人信服地显示了电影的独特表现力。正是这个表现力使电影有了独特的叙事与表情的功能。

第三，电影的综合性。

电影同戏剧一样是综合艺术，却又比戏剧综合的元素多，改变其性质的程度也比戏剧大。它从文学吸取叙事形式以及刻画人物、结构情节等方法；它从绘画、雕塑、摄影中吸取视觉形象的直接感染力，又打破了绘画等静态艺术的构图格局；它从音乐中吸取了音响构成的和谐感和节奏感；又从戏剧中吸取了表演艺术、结构形式、人物语言等(后来随着电影的发展,在这些方面更具有电影特性了)。然而它又不是绘画、音乐、文学、戏剧,它呈现的是一种完全独立的电影艺术之美。这种美也有自身的局限,它在概括生活事件方面不如文学周全,在色彩方面不如绘画精致,在造型方面不如雕塑有立体感,在表演方面不能像戏剧那样直接面对观众。

电视同电影一样是科技发展的产物,而且在审美特性上也同电影有共同之处。尽管二者在画面的大小、观赏环境、拍摄方法、审美效果等方面都有不同,但在镜头和蒙太奇的运用上却是相同的。因此我们把二者统称为影视美。

### 二、献给大众的艺术——电影的艺术美

或许你对一部正在上映的电影津津乐道,和同学们热烈地议论着影片中的主人公。可是对于电影本身作为一门诞生才百来年的新兴艺术又能了解多少呢?

前面已经提到,电影艺术的产生是19世纪末电的发明和推广使用带来的。1895年,法国的卢米埃尔兄弟制成了世界上最早的影片,开始时仅仅拍一些活动的生活场景,如工人下班、火车进站、小孩子吃饭等;接着拍摄了一部相对完整的影片《浇水园丁》,它是由一组镜头组成的:老园丁用导水管放水浇花,远处一顽童偷偷地踩住水管,水突然停止。园丁抓起导水管仔细察看,孩子一松脚,水冲着园丁的头突然喷出,淋了他一身。园丁发现了孩子,追打。

虽然这部片子粗略,甚至有些幼稚,放映的时间又极其短暂,但它却第一次创造了具有戏剧性的动态形象,标志着电影艺术的诞生。

随着科学技术的日益进步,电影也得到了长足发展。1927年以前,电影是黑白无声片,称为“默片”。1927年,随着传声技术的发展,美国拍成了第一部有声片《爵士歌王》,声音开始闯入电影;1936年,开始出现彩色影片。自此以后,电影成了名副其实的“有声有色”的世界。

二战后,随着第三次科技浪潮的兴起,电影受益匪浅,由窄银幕发展到宽银幕再到遮幅式立体电影到当今流行世界的球幕电影。

在世界各国,电影的发展跟科技水平有很大的关系,电影艺术发展极不平衡。美国的好莱坞成为世界上最大的电影生产基地,这个地方不仅使无数演员红极一时,也为美国赢得了数以亿计的商业利润。这跟美国现代化的拍摄技术分不开。如1998年风靡中国的《泰坦尼克号》拍摄技术就非常先进,而且耗资昂贵。印度被誉为“电影王国”,印度的孟买是亚洲的电影之都。但近年来,印度电影在国际市场上失去了竞争力,这跟技术跟不上不无关系。

美国每年一届的“奥斯卡”电影奖评选活动对电影艺术的发展推波助澜,成为

全球最具权威的电影奖;除此之外较为出名的还有法国戛纳的国际电影节;德国柏林的国际电影节。

中国的电影艺术几乎与世界同步,电影在刚产生不久就传到了中国。上海是中国电影的摇篮。1913年第一部国产短影片《难夫难妻》在上海诞生,由张石川担任导演。《孤儿救祖记》是我国第一部商业和艺术都取得双丰收的影片。《火烧红莲寺》掀开了中国武侠神怪片的序幕;而《歌女红牡丹》则是中国第一部有声电影。

新中国成立后,尤其是在改革开放以后,我国的电影艺术获得了空前的壮大和发展。一批优秀的中青年导演如张艺谋、陈凯歌等用优秀的影片向世界展示了中国电影发展的实绩。

### 三、花开两朵,各表一枝——电影的镜头分切

电影要在短短的时间之内,把不同空间同时发生的事件,几乎是同一时间呈现在观众面前。这是靠什么来实现的呢? 我们知道,电影是靠镜头来表现一定主题的。镜头的分切是电影最常见的艺术手法之一。

根据当代作家李存葆同名小说改编而成的电影《高山下的花环》有一场精彩的戏:雷军长甩帽。气冲冲的军长快步进礼堂,他要当众揭露一桩临战违纪的丑闻。军长的演说和场内听众反应的镜头交替出现。

军长说到"有那么一个贵夫人"时,出现了靳开来向梁三喜努嘴示意的镜头;军长说到"我不管她是天老爷的太太,还是地老爷的夫人,只要她敢把后门,开到我流血牺牲的战场上来,我就第一个送她的儿子去——"时,军长做了一个非常有力的甩帽动作。随着帽子啪的一声,影片出现的镜头是赵蒙生猛然一怔,两眼发直。

镜头又直接转回军长,他扬起胳膊继续怒吼:"炸碉堡!"随着场内爆发的如雷的掌声,又是赵蒙生的镜头:他汗流满面,羞愧难言,无地自容……

这样,由于把一个完整的戏剧动作分切为若干个镜头,这个动作就有别于戏剧上的舞台空间限制,而显得富有立体感。既有军长慷慨激昂的演说,又有场内观众的反应。特别是九连的正副连长梁三喜和靳开来,还有违纪事件的当事人,九连指导员赵蒙生的反应。这难道不是"一张嘴说了几家话"吗?

镜头的分切,使电影取得了时间与空间上的可跳跃性。一个完整的戏剧动作,可以跳着拍,而不必按动作顺序平铺直叙。《天云山传奇》中宋薇在吴遥出差之后,急于要读到罗群的申诉材料,但吴遥把材料锁在了自己办公室的抽屉里,宋薇只得回家打开衣柜,从吴遥的衣服口袋里取得钥匙,回办公室取出文件。

电影采用了这样四个镜头:A. 宋薇焦急地拉着吴遥办公室抽屉的把手,无法

打开;B.宋薇打开家中的门锁;C.宋薇打开衣柜的门锁,开门后在衣服口袋里掏着什么;D.宋薇打开了吴遥的办公室抽屉。这里以一连串找钥匙开锁的镜头,把宋薇回到家中又返回办公室的过程全部"虚"过去了,这一组镜头十分简洁,观众一看即懂。

还有一种分切镜头就是"主观镜头"的出现,它设想摄影机的"镜头"就是剧中人的眼睛,因而拍出来的镜头,是剧中人物以"我"观物的景况,有着很强的真实感。

主观镜头也是一种写意镜头,是传情达意的重要手段。《人生》中,刘巧珍出嫁的场面,是借巧珍的泪眼透过盖头的纱表现出来的,一切景物都笼罩着淡淡的闪烁抖动的红光,景物本身就浸透了巧珍对于自己被高加林抛弃如今又不得不嫁给一个自己不爱的人的满腹心酸和对家乡的依依惜别之情。

《城南旧事》的大部分镜头,则是通过小英子的充满童真的目光拍出,带着儿童的好奇感、新鲜感、惊讶感,显得情真意切。

在我们认识了解了分切镜头的艺术手法后,重新走进电影院时,你就能获得全新的感受。

**四、电影语言的组合——"蒙太奇"手法**

每一种艺术都有它独特的语言。戏剧的语言是演员的动作,音乐的语言是由乐音组成的音响序列,那么,电影的语言又是什么呢?是"蒙太奇",如果我们要真正看懂一部电影,就需要掌握"蒙太奇",不掌握"蒙太奇",是无法深刻理解电影艺术的。"蒙太奇",这是从法语借用来的一个建筑学术语,原意是指建筑部件的组合。苏联电影大师爱森斯坦借用它来表述电影镜头的组合方法。自此以后,"蒙太奇"成为一个重要的电影术语。

"蒙太奇"不限于单个镜头的对列,它可以在此基础上发展为两组或两组以上镜头复杂的组合。《高山下的花环》中,赵蒙生和梁三喜在周末之夜难以成眠,各自想家。赵蒙生想的是妻子柳岚怎样用娇滴滴的"妈妈万岁"来感激自己母亲设下的"曲线调动"的妙计。柳岚又怎样缠住他,"动员"他开假病条超假;梁三喜想的则是自己的新婚生活——登记、婚礼和婚后的劳动生活。这两组平行镜头,描写了两种生活方式,两种人生观和幸福观,彼此构成鲜明的对比。

在电影创作过程中,导演和摄影师的匠心独运,创造了新鲜的隐喻和象征。影片《天云山传奇》向观众提供了一个令人难忘的象征性意象——白马。

考察队的那匹大白马,本是宋薇和罗群的"媒人",就在宋薇试骑大白马的那个夜晚,他们定了情。可是由于命运的捉弄,宋薇却不得不违心地同吴遥结了婚。

在觥筹交错、宾客喧哗的结婚宴席上，宋薇不免独自黯然神伤。

这时，影片从杯盘狼藉的酒席画面上突然切入一个空镜头：一片葱绿的原野上，一匹白马撒开四蹄，从画面左上方向着右下方从容而轻盈地跑了过去。接着，又回到宴会，宋薇勉强地应付着客人，终于低下头来，合上了眼睛……

这匹白马象征着什么呢？为什么导演后来又让它在一匹小玩具白马上找到替身，在影片中反复出现呢？白马象征着宋薇与罗群的爱情，甚至象征着罗群本人。但它的意义不止于此。直至影片结尾，宋薇来到天云山，对着天云山喃喃自语："啊！天云山，我的青春，我的爱情，我的事业，都是在那里开始，又是在那里夭折的。"只有看到这里，我们才恍然大悟：大白马身上原来寄托着宋薇内心所珍爱的一切：青春、爱情、事业，但这一切都失去了，永远失去了，就像那匹跑过画面的大白马，一去不复返了。

我们知道，声音在电影中通常的用法是作为对话、音响效果表现的。还有一种画面本身没有声源，叫作"画外音"声音同画面在截然不相吻合的方向上进行这种"声画对位"的蒙太奇，会给观众带来全新的感受。影片《高山下的花环》就有一处成功的"声画对位"蒙太奇。梁三喜牺牲以后，韩玉秀在部队招待所接受梁三喜的遗物，其中有一件烈士舍不得穿的军大衣。画外响起梁三喜诵读自己遗书的声音，他诚挚地劝告玉秀，在他牺牲以后另嫁他人，并将这件军大衣作为赠礼。可是伴着这画外音的，并不是玉秀改嫁的场面，而是梁三喜和韩玉秀当年成婚的镜头，红通通的大红"囍"字，把一切照得通亮，幸福的梁三喜对着韩玉秀莞尔一笑……这真是"以乐景写哀，益发增其哀伤！"看到这里，不由得潸然泪下。

**五、电影的孪生兄弟——电视剧的艺术美**

电视在我们这个时代几乎成了生活的代名词。尤其是随着信息传播手段的现代化，电视机的不断推广和普及，电视成为普通老百姓最重要的生活内容。

电视剧在家中便可收看，随意性很大，可以自由地选择频道，随时可以离座去做家务事。虽然有人称电视剧为"小电影"，但电视和电影之间还是有很大区别的。创作的方法和手段以及欣赏的环境方面都与电影不同，尤其是电视连续剧。

电视连续剧容量巨大，一般由长篇文学著作改编而成，因而电视剧在普及古典文学名著方面做出了重要贡献。

电视连续剧由于播放时间较长，又很有吸引力，因而使许多青少年沉溺其中，耽误了学习。我们应该开设儿童频道，选择优秀的少儿节目或卡通故事片如《狮子王》等，使收看电视成为青少年尤其是儿童的"第二课堂"。

家长在收看电视的时候，要帮助孩子选择合适的节目，合理安排时间，才不至于因看电视而影响了孩子的学习生活。

## 第五节 纸上的音乐——书法艺术美

我国当代著名的美学大师李泽厚在《美的历程》中说书法是中华民族审美趣味的结晶。如果说，中国的国花是牡丹，国树是银杏，那么，书法就可以称为中国的“国艺”，因为它是中华民族特有的艺术。书法艺术源远流长，它是伴随着汉字的产生而产生的。

我们的祖先最早创造的是象形文字，“画成其物”。后来，随着生产实践经验的逐步积累，原来的象形文字逐渐演进趋向于方块字。汉字的笔画：点、横、撇、捺、曲、直、钩、挑等好像建筑用的砖和钢筋，能够成为建筑的材料。书法家是用笔蘸墨创作，书法家创作时运笔的好坏、用力的大小，是书法是否具有美感的重要影响因素。从而也会形成不同的风格特征。

就拿正楷字来说吧，钟体正楷字形较为扁长，与隶书有些相似，笔画显得清劲有力，略显妩媚色彩，笔画结构茂密雄强；王羲之所写的正楷，笔势显得清秀圆润，笔画遒劲有力，清新秀丽，笔画结构特别严整。欧体正楷，以二王书体作为基础，参以北朝北派书法的余韵，独创一格，用笔刚劲峻拔，笔画显得整齐之中透出方正圆融，结构显得开朗、爽健。而颜体则显得清劲丰肥。

关于书法艺术，还应该知道几种常见的书体形式。如同欣赏绘画要知道有油画、水粉、水墨等之分，欣赏音乐要知道有轻音乐、交响曲的区别一样，我们要能全面正确地欣赏书法艺术，也应该知道篆、隶、楷、行、草等多种表现形式。篆分为大、小篆，我们要多看它的结体、运笔和用墨。如果结体不圆，运笔时重时轻，用墨的浓淡又给人一种浓淡反差很明显的感觉，这样的作品就不是好作品。

隶书由篆书演变而来，要看每个字是否字皆真正，运笔是否“得其古风”，骨肉相称；用墨是否均匀有致，是否显得浓而不过于鲜妍。楷书又叫真书或正书，运笔和用墨极其灵活自由，却能表现平衡对称的美。对行书，主要欣赏结体、运笔，用墨流畅但又显得十分平易，草书则主要从整体中见部分之匠心，从部分中领悟到整体的神韵。如毛泽东用“板桥体”草书的《沁园春·雪》。

书法艺术是中华民族的瑰宝，它可以陶冶性情，愉悦身心，培养青少年的爱国主义精神。我们应该更加努力学习，以继承祖国的优秀传统文化之一——书法。

# 下编 02

# 美育的心理要素与过程

“无知者是不自由的，因为和他对立的是一个陌生的世界。”黑格尔这段名言透示出知识、智慧是人们掌握、征服世界的必不可少的条件，从哲学中分离出的美学，提供给人类一种改造自然、发展自身的必要武器。而审美主体审美过程的心理曲折轨迹的展露，对于我们今天的美育研究，无疑有着深远的意义。

为了分析这一过程，我们把美育心理整体的流程截成几个重要阶段，以便更清楚地看出这一过程的总体特征，实际上各个阶段没有分界，意识的流动像水流一样持续不断。分成的几个阶段是：审美的需要、感知觉、情感、想象、理解、体验。这些不同阶段同处于审美素质教育的过程当中，共同构成美育心理活动的丰富内容。

马克思在《1844 年哲学经济学手稿》中，对人的审美感觉做了经典性论述：“只是由于属人的本质的客观地展开的丰富性，主体的，属人的感觉的丰富性，即感受音乐的耳朵，感受形式美的眼睛，简言之，那些能感受人的本质力量的感觉，才或者发展起来，或者产生出来。”

“音乐的耳朵”“形式美的眼睛”是进行美育素质教育活动的必要前提与基

础。依据人类学观点，人类的全部文化史都“积淀”和“遗传”在人的“手指”“耳朵”“眼睛”等器官上；但现代人的眼睛不同于古代人的眼睛，同时代的每一个人的审美眼光也各有不同，这样才形成美育素质教育活动的多样性与丰富性。当年莎士比亚说“眼睛是人类灵魂的窗户”，现代哲学家维特根斯坦却说“眼睛可以威逼对方”！人的五官感觉是认识过程的开端，也是美育素质教育心理过程的初始。

# 第八章

# 审美心理过程

从这一章开始，我们将对审美心理活动的过程和审美心理因素进行分析。在进行这种分析之前，首先需要说明的是，所谓“过程”的说法，完全是为了描述的方便。事实上，在人类所有感觉中，最玄奥莫测的恐怕就要数美感了。要想对这种奇特的心理状态进行“过程”分析毕竟有很大的困难，因为我们至今尚未达到对美感做定量分析的地步，更何况当人们接触到某一具体的审美对象时，从物理信息到生理神经信息，再到心理信息、审美信息的转变，时间短得令人难以觉察。同时，我们所给出的这种关于审美心理的线性发展过程完全是就一般而言，并不排除个别审美主体跳跃发展的可能性。

## 第一节　审美心理过程是诸种心理因素和谐运动的过程

我们先来看一个实际的例子。

在《卢塞恩——德·涅赫留多夫公爵日记摘录》这部作品中，最善于进行心理描写的托尔斯泰为我们描述出音乐审美的心理变化过程。他写道：

我心里变得异常的冷漠、孤独和沉重，就像到了一个新的地方有时无缘无故地产生的那种心情。

我沿着滨湖街回到瑞士饭店去，只看着脚下，突然，一种奇怪的、但十分悦耳动听的音乐声使我感到惊讶。这些声音立即使我精神为之一振。像一道明亮而欢快的光芒射进了我的心里。我觉得愉快，高兴。我那困顿的注意力又留意起周围的一切事物来了。我原来对之冷漠的夜色湖景突然像新鲜的事物一样令人愉快，使我惊倒。在这一刹那我不由自主地看到，昏暗的蔚蓝色天空中飘荡着灰色的云片。被冉冉东升的月亮照得明晃晃，万家灯火倒映在波平如镜的深绿色湖中,远处的山岭雾气沉沉,弗廖申堡发出咯咯的蛙声,彼岸传来鹌鹑的圆润而清新的啼啭声。在我的正前方,在我特别注意的、传来音乐的地方,我看到,在半明不暗的街道中央密集的人群围成一个半圆,人群不远的地方有一个穿黑色衣服的矮小的人。人群和矮小的人后面,在云霞斑驳的深灰色和蓝色天空的背景上,花园中几株黑黢黢的白杨树亭亭玉立,古老的教堂两侧两座森严的塔楼尖顶巍然耸立。

我走近前去,声音变得更清晰了。我清楚地听出在远处夜空中甜美地荡漾的吉他和声及几个音部的轮唱,几个音部互不干扰,唱的不是主旋律,而是某些最突出的部分,使人能感觉到主旋律。主旋律有点像优美动听的玛祖卡舞曲。听起来歌声时近时远,时而是男高音,时而是男低音,时而是假嗓子唱出的抑扬婉转的蒂罗尔人的柔声细语。这不是歌曲,而是按照歌曲描绘的一幅明快精美的画卷。我不明白这是什么;但是这非常优美。这令人心旷神怡的吉他的微弱和声,这悦耳动听的轻快旋律,黑魆魆的湖面,普照一切的月光,默然耸立的两座巨大的塔楼尖顶和花园中黑糊糊的白杨,置身于这一切构成的奇妙背景中的这个黑衣小人的孤独身影——一切都很奇异,但无法形容的美妙,也许是我觉得这样。

我突然觉得,所有这些凌乱的、不由自主获得的生活印象变得异常优美,具有了某种意义。我的心中似乎开放了一朵鲜艳芬芳的花朵。刚才我感觉到的疲倦、心不在焉,对世上一切的冷漠都消失。我突然感觉到,我需要爱情,我充满了希望,无缘无故地产生了生活的乐趣。要求什么呢?希望什么呢——我不自主地想,——就是它,就是从四面八方包围着你的美和诗。尽你所有的力量,大口大口地把它吸进去吧,欣赏吧,你还要什么呢!一切都是你的,一切都那么美好……

稍稍咀嚼一下这段文字,我们不难发现这位最富于心灵辩证法的巨匠把音乐审美的心理过程“记录”得多么的准确和完整。当“我”刚听到音乐声时,心中感到“惊讶”“精神为之一振”“像一道明亮而欢快的光芒射进了我的心里”,这是“我”所获得的审美初感,“我”的注意立刻被不知来自何方的音乐声所吸引,并使自己的感觉发生了变化,冷漠被愉快所取代。同时,产生了一种审美需要,很想仔细地观赏演唱的艺人。当“我走近前去,声音变得更加清晰了”,“我”对歌手演唱声音的分析,开始渗透着理解的因素,这种理解又加深了对音乐声的感知和想象,甚至觉得,“这不是歌曲,而是按照歌曲描绘的一幅明快精美的画卷”(在托翁眼里,时间性突出的艺术与空间牲突出的艺术有着不可分离的关系)。这种审美体验的快感,“我”感觉到了,但“我”又“不明白这是什么”,这正是主体在对审美对象进行审美观照中所达到的极致,一种只可意会不可言传的美妙的意境。这种意境又往往与主体的审美经验发生反应,使主体竭力开掘审美对象所蕴含的美学意味,把自己的情感、意志注入对象中,从而得到一种更高层的美感——再创造后对自我价值的肯定感。“我”在音乐声所组合的画卷中看到了一种新的境界,觉得它“异常优美,具有了某种意义”,重新萌发出“生活的乐趣”。眼前的一切都是“美和诗”,“一切都是你的,一切都那么美好……”。

托尔斯泰所描写的这个心理过程很逼真地呈现了人们在审美活动中的心路历程,具有一般的现实意义。它告诉我们,人的审美心理过程尽管非常复杂、非常短暂,但它不是不可以被认识到的。这种心理变化过程的特征在于,它是需要、感知、情感、想象、理解诸种心理因素协调和谐运动的心理过程。因此,我们不仅要对美感的诸种心理因素进行静态分析,而且要进行动态考察。在一般情况下,美感运动要经历形式感知、内容经验、意象创造这样三个递进式的阶段(亦即审美感知阶段、审美经验阶段、审美创造阶段)。人们正是通过这样三个连动式的美感发展阶段,由形式到内容,由外部形象到内部实质再到深层意蕴以把握审美对象的。当然,必须指出,上述三个美感运动阶段在实际心理过程中并不是彼此孤立的,而是互相渗透、彼此诱发的。

## 第二节　审美感知阶段

### 一、对形式美的感知是美感运动的起点

所谓形式感知,是主体运用审美感官去观察审美对象的外观形式,把有关形式信息摄取到头脑中来。“遇到一件艺术作品,我们首先见到的是它直接呈现给我们的东西,然后再追究它的意蕴或内容。前一个因素——即外在的因素——对于我们之所以有价值,并非由于它所直接呈现的;我们假定它里面还有一种内在的东西,即一种意蕴,一种灌注生气于外在形状的意蕴。那外在形状的用处就在指引到这种意蕴。”①欣赏音乐,我们首先接触到的是旋律、节奏、和声效果;欣赏

① 黑格尔:《美学》中译本第一卷,第 24 页。

绘画，我们一眼看到的是色彩、线条、构图；欣赏诗歌，我们最先接触到的是按一定规则排列组合而成的文字；观看舞蹈，我们首先碰到的是形体动作——舞蹈语汇，摄取这些形式信息的是我们的审美感官。

审美感官的形成取决于两个方面的因素，一方面是生物进化所决定的人的先天配置系统。例如，人的感官和躯体的对称性来自亿万年的生物进化过程，具有对称性的人的感官和躯体又为主体摄取平衡对称、比例和谐的形式创造了条件。另一方面是文化进化（或如荣格所说的集体无意识）所决定的人的后天认识经验。例如人对各种色彩的感觉经验，对约定俗成的语言符号和线条的意味的掌握，特别是过去的审美经验的影响。因此，审美感官不仅能够通过刺激反应引起随意注意或不随意注意，而且能够通过形式因素感知到它所代表的审美意蕴。正如我们从一个人的眼睛、面孔能感知到他的心胸、气质和灵魂一样，我们的感官也能够从色彩、线条、声音、结构、形体姿态等外部形式中感知到它们所代表的内部世界，感知到灌注在其中的生气、情感、意志和灵魂。

这里，对一种艺术的形式感知比较特殊，需提出着重说明一下，这就是中国传统的书法艺术。传统书法艺术主要是点、线、面（间架结构）的艺术，它的形式特征尤其突出，甚至可以说，书法美就是一种形式美，它所蕴含的美学意义就在这种"有意味的形式"之中。但书法艺术同样有它内在的情感、生气、意志，只不过很难直接从字体上寻味到它的情感、生气、意志，须得跳过这形式，从字外之意入手，方可得其真谛。所以梁武帝萧衍的《观钟繇书法十二意》在品评了钟繇书法的"平、直、均、密、锋、力、轻、决、补、损、巧、称"十二种笔"意"（法）之后，特别提到"字外之奇，文所不书"这样八个字，也即是说，书法艺术的形式结构本身代表了一定的意义，每种笔法的命名就是这个意义的浓缩。同时，书法艺术又有一种超出笔意之外的意义，即它所表现的书写者的气质、情感、意志。

审美主体从形式中所摄取的信息量的大小取决于主体审美能力的高低。贝多芬之所以能看出歌德诗歌的秩序性，这与他超群的审美能力分不开。柏辽兹之所以能看出威柏的歌剧《自由射手》中的"旋律、和声和节奏像雷鸣、燃烧和闪电"①，其原因也在于柏辽兹本人即是现代管弦乐配器之父。波德莱尔之所以能从凯特林的两幅肖像画中看到"这两种颜色（红色与绿色）都在歌唱着它们的富有旋律的对立"②，其根本原因也在于他是一位诗人式的批评家，在于他的独特而精

① 《作曲家论音乐》，第 59 页。

② 《波德莱尔美学论文选》，第 245 页。

深的审美能力。审美能力的提高在于生活经验的丰富,缺乏生活经验,难以摄取到审美对象的形式信息。正如鲁迅先生所言:“看别人的作品,也很有难处,就是经验不同,即不能心心相印。所以常有极要紧、极精彩处,而读者不能感到,后来自己经验了类似的事,这才了然起来。”①然而,更重要的是主体应该具有与审美对象相应的形式感知能力。要感知绘画的形式美,就得训练自己对色彩、线条、构图等的感受能力:要感知律诗的韵律美,就得首先闯过古代汉语和音韵学常识这一关。尤其是对音乐的旋律、和声、节奏的感知,更需要、专业能力。这是因为音乐较之其他艺术门类,其时间性更加突出,瞬时式经验感觉更加明显。所以维纳说:“当我听一段音乐时,大部分声音进入我的感官,并到达大脑,但如果我缺乏欣赏音乐的起码能力和必要训练的话,这种信息就不能发生什么作用;但如果我是一位训练有素的音乐家,那么这种信息就碰到一种有解释能力的结构和组织,它就能将音乐的模式表现成一种有意义的形式,并导致审美的鉴赏和深入的理解。”②在我国传承了两千多年的“曲高和寡”的典故也说明了这个道理。

我们所说的与某一门类艺术相应的形式感知能力只是就一般而言,这并不意味着欣赏者本人只有在成为某一类艺术的专家之后才能对这一门艺术进行审美感知。事实上,没有创作经验的鉴赏家、评论家并不比有创作经验的鉴赏家、批评家在形式感知上表现出明显的差距。年轻时只上过几次声乐课,而且从未演奏过乐器的内维尔·卡达斯却是一位最优秀的音乐评论家,深受包括梅纽因在内的著名音乐家的欢迎。梅纽因甚至说:“他是一位善于表达场合感以及充分了解艺术家意图的评论家。他绝不是那种专挑小毛病的评论家。他能感受到艺术家所想讲的全部内容。卡达斯甚至理解那些艺术家本人没有能成功地讲出来的东西。”③许多著名的文学评论家本人并不就是创作家,但他们却享有盛誉。要确切回答这中间的复杂关系无疑是很困难的,不过有一点可以肯定,鉴赏家、评论家的赏评同样也是一种创造性活动。他们在审美感知中既是接受者又是创作者,有些时候,他们甚至能够在创作家本人没有能力创作出来的地方进行创作。

形式感知包含人们对形式外观的感觉和知觉两个方面。美感运动同其他形式的认识活动一样,必须以对审美对象的感觉为基础。只有通过感觉,审美主体把握了审美对象的各种感性状貌,才能引起审美感受,在反映事物个别特性的感

① 《致董永舒》,《鲁迅全集》第10卷,第165页。

② 《人当作人来使用》,《维纳著作选》,第81页。

③ 《梅纽因谈话录》,第84页。

觉基础上形成人们对审美对象的知觉。知觉反映事物的完整性,既表现在将同一感官所摄取的许多印象的综合上,又表现为运用多种感觉的联合活动去映现审美对象多种多样的外观属性。由感觉进入知觉(和大脑所储存的有关经验相结合),反映了美感运动的初步深入和发展。在理论著作中,通常把审美感觉和审美知觉统称为审美感知。有时理论著作中所说的审美知觉也包含感觉,与审美感知意义相似。

审美感知具有一般的感觉和知觉的共性,又有自己独特的个性。对这个问题,我们将在下面的章节中进行分析。

## 二、审美初感在审美感知中的意义

审美初感就是审美活动开始时对审美对象的第一次感知。审美初感是对人的感觉器官的一种新鲜刺激,或者说是对新鲜刺激的第一次感知,所以感知最为敏锐。它表现为下述几个特征,第一,极为灵敏地把握审美对象的形式特征。第二,加强注意的紧张性,缩小注意的范围,使记忆保持长期性。第三,出现瞬间的最佳时刻,获得深刻的印象。绘画创作中的审美初感突出地表现在视觉初感上。绘画家在进行审美观照时,眼睛的视线总是对准所注意的对象的某一点(这一点则成为眼睛的注意点),并且不断地转动着视线以转换注意的目标。眼睛是以跳动的方式将视线转换到新的目标上去的。视觉初感可以加强注意的紧张性,缩小注意的范围。但是长时间的、高度紧张的注意会引起疲劳,从而使审美初感受到破坏,失去新鲜刺激的意义。审美初感对绘画创作表现情感有不可忽视的意义,它可以使形象记忆和情感记忆深刻地、长期地储存在印象的仓库里。苏里科夫曾谈到他自己创作《女贵族莫洛卓娃》的体会:"我看见雪地上有一只乌鸦。乌鸦站在雪地上,一只翅膀向下垂着,一个黑点停在雪地上。在好些年里,我不能忘记这个黑点。后来,我画了《女贵族莫洛卓娃》。"①雪地上的乌鸦是苏里科夫获得审美初感的对象,他好些年不能忘记,说明所获得的形象记忆和情感记忆被长时间保存在印象库存中,后来成为触发他的创作激情的动因。印象派画家特别注意观察色、光的一瞬间的印象,毕沙罗就强调说:"要豪迈果断地画,因此最好不失掉你所感到的第一个印象,在自然面前不要胆怯……"②柯罗也说:"永远不要丧失那使

① 见《绘画心理学》,第 177 页。
② 见李浴《西方美术史纲》,第 624 页。

你激动的最初印象。”①

但是,也应该指出,由于审美对象的表现形式或者说外部属性的不同,审美初感的形成时间也不同。比如,人们从雪里红梅直接获得的审美初感和从“几株老梅竟斗雪开着满树的繁花,仿佛毫不以深冬为意”(《在酒楼上》)这句话里所获得的审美初感相比,在时间上就有明显的差距。一般来说,现实美、自然美给人留下的审美初感要直接一些,心理变化过程也要迅速一些。艺术美、精神美给人留下的审美初感要间接一些,心理变化过程也要缓慢一些。在艺术美中,绘画艺术使人得到的审美初感又要比其他艺术要直接一些。不过,即使是同一门类的艺术作品,由于表现手法和创作风格的差异,它们给人留下的审美初感也在时间上表现出明显的不同,其心理变化过程也不一样。例如,同是绘画,你在欣赏印象派画家马奈的《草地上的午餐》中所形成的审美初感与你在欣赏现代派画家毕加索的《草地上的午餐》中所形成的审美初感显然不一样。同是诗歌,你在吟诵莎士比亚十四行诗中所得到的审美初感与你在吟诵李杜诗歌中所得到的审美初感也不一样。特别是欣赏现代表现主义诗歌,我们首先得经过一番整合才能形成审美初感。有这样一首诗:

l(a
le
af
fa
ll
s)
one
l
iness

面对这样一首诗,无论我们怎样想象、感知和理解也很难在接触它的一瞬间或按常规吟诵它之后就得到一种审美初感。当然,当我注意到它的时候,这些符号毕竟还是传达了一些信息,但这些信息毕竟不是直接的,只有在我们对它进行整合、排列后,它所传达的意义方才比较明显:“aleaffalls”(落叶飘零),“loneli-

① 利奥奈洛·文杜里:《西欧近代画家》上册,第123页。

ness”(孤苦伶仃)这些符号之间存在着一种对应关系。由此,我们可以得到一种最初的美感:孤寂的悲哀凭借自然事物的衰落被渲染出来——这是我们在重新认识这首诗的时候,通过破译而带来的自我确认感,能力的确认使主体产生了一种审美初感。下一步,我们可以由此探求落叶与孤愁之间的关系,由此,才可以进一步发掘出诗歌内在的审美意蕴。

## 第三节 审美经验阶段

随着审美感知注意力对审美对象形式的动态扫描,美感运动也就进入由表及里的审美经验阶段。

### 一、审美经验的含义

这里所说的审美经验包含两个含义:第一,作名词用,指主体的大脑信息库中所储藏的从审美实践中获得的知识经验(包括生活积累、思想情感、文化水准等等)和情感体验积累(包括心理冲动趋向和情感反应模式)所形成的审美经验结构。第二,作动词用,指的是审美主体以上述的审美经验结构为内因,对审美对象内容美所进行的体验活动,它包括认知辨析、直觉感受、联想和探求等心理运动环节。在这一意义上的经验,其实就是主体的审美能力。名词的静态和动词性的动态相结合所构成的审美经验,是审美主体心灵与审美对象内容相契合进而萌生和发展美感的关键。

### 二、审美经验结构要素的两大系列

从静态的角度看,审美经验结构诸要素可归纳为两大系列:表象性信息系列和意向性信息系列。

人们在感觉和知觉基础上积累的映象就称为表象。在感知过程中所得到的都是当时作用于感官的外部世界的客体的感性映象,这些映象,有的完全不留痕迹地从我们的意识中消失,有的则是作为表象而以记忆的形式在意识中保持下来(通常所说的联想,即以记忆表象的复现为其根本特征)。显然,感知缺乏概括性,客观事物是什么,它就是照样反映。表象则不同,它可以是某个独特事物的反映(例如关于黄山迎客松的表象)。这诚然没有概括性(因为它所反映的事物是客观世界中独一无二的)。但是,表象可以反映某一类事物的某种具体形象(例如关于房屋的表象)，这种表象便有一定的概括性。因为说到房屋，大城市的居民可能想起平顶高层的公寓式房屋，小城市的居民可能想起砖木结构、斜顶铺瓦、墙面抹灰的二层楼房，农村也可能想起一明两暗、灰泥顶、四角硬的平房。这三种房屋表象已经不包含任何一种房屋中的实际个体所具有的许多特点，而是突出了三类房屋分别表现出的某些共同的、一般的特征（如样式、高低、外墙和屋顶等)，因而它们在同类房屋中具有一定的概括性。当然，它与高度抽象概括的概念（常是不可具体感知的)仍有区别。具有一定的形象性。这些形象储存在大脑中，就构成表象性信息系列。以此作为主体的内在参照物，才可能对特定的审美对象所包含的生活内容产生熟识感、亲近感并进而产生美感。

审美经验结构的另一组成部分是意向性信息系列。在包括审美在内的实践活动中，人们会对所见所闻产生一定的分析、思索和情感反应，这些心理活动并不都随事过境迁而被淡忘。有些会和表象一起留在大脑之中。日积月累，这类信息凝聚起来，就会使人们对某一事物形成某种带有巨大巩固性的稳定看法和想法，以及带有惯性的情感反应模式。这种建立在一定文化水准之上的、受制于思想的看法想法和情感趣味的意向、期望和需要以及与之相适应的情感反应模式，就是意向性系列。它左右着审美主体对审美对象的意蕴内容的辨察和探求，从而影响着美感发展的方向。

审美主体的感觉多种多样，无论哪一种感觉，就在它被主体意识到的那一瞬间，它就开始向知觉转化。这些来自外部世界的新鲜刺激与主体内部因生物进化和文化进化而形成的审美心理结构发生关系，从而形成审美表象。审美经验也可以说是对这种审美表象的破译。例如，上面所举的那一首诗，我们在接触到它的那一刹那，就立即从这种符号上跳开去，从诗歌的字面结构跳开去，转移到那些能帮助我们理解这首诗的外部事物上去。无疑，我们首先想到的是一个独立的个体的存在。其次，在对诗行稍加组合后我们得了“落叶飘零”的符号（aleaffalls)。而差不多就在同一时刻，“孤苦伶仃”与“落叶飘零”构成一组新的信息，逼使我们到这首诗以外去寻求审美信息。我们自然也就会“披文入情，沿波讨源”，在我们过去的审美经验中，在我们的记忆中寻找能够破译这首诗的深层结构的信息。当我们将“触景生情”和“孤寂的悲哀”与这首诗联系起来时，可以得到一种新的体验，新的快感。如果说“孤苦伶仃”与“落叶飘零”是一组表象性系列的话，那么“触景生情”和“孤寂的悲哀”则是意向性信息系列。

应该着重说明的是，无论是表象性信息系列还是意向性信息系列，它们都是一种想象性经验。而“凡是想象性经验都是凭借意识作用而上升到想象水平的感觉经验。或者说,凡是想象性经验都是连带着(对于同一内容的)的意识的感觉经验。审美经验是一种想象性经验,它完全是想象的,它不包括任何不属于想象性的成分,并且唯一能产生审美经验的力量就是经验者意识的力量。但是,这种审美经验并非无中生有,作为一种想象性经验,它是以相应的感觉经验为先决条件的。这里所说的以感觉经验为先决条件,并不意味着审美经验后于感觉经验而出现;而是说,审美经验是由把感觉经验转化成审美经验的那种活动所产生的"①。也就是说,审美经验的产生有赖于感觉经验的形成,但从感觉经验上升到审美经验还有一个中间环节,或者说还有一个中介,这就是想象性经验。离开想象性经验,审美经验无从谈起。

### 三、审美经验结构的两大系列与审美对象内容的对应关系

审美经验结构的两大系列与审美对象内容的一般构造相联系。从理论概括的意义上讲,无论是现实美,还是艺术美,都具有构架上的同一性。它表现在美的形式、美的形象和美的意蕴,是由外而内,形成互相联系而又层次分明的同心圆。特定的形式(特别是具象化的形式)所刻画或模拟的是特定的形象;特定的形象所暗示或象征的是有既定趋向而无确定范围的意蕴(常是多义的、确定的,是可以意会难以言传的)。形式美与审美感知相联系,已在前面论述,我们在下面的章节中还将予以分析。形象和意蕴所组成的内容美,则和审美主体的审美经验结构相契合而散射其感人的魅力。美感的深刻的审美心理根源,主要在于美的形象与表象性系列、美的意蕴与意向性系列之间的相似性对应关系。

美的形象与表象性系列的相似性对应:在审美鉴赏中,人们往往把真实性作为审美选择和评价的首要标准,因而真实也就成为美感萌发的首要原因。当人们对审美对象产生真实感(熟悉感)时,美的形象与自身经验结构的表象信息系列会不由自主地对应起来。这种对应不是客观形象与主观表象之间外在形态的相同,而是一种内在属性的近似。如有的人有过不被人(甚至是原先最亲近的人)理解的经历。这种经历作为难以忘怀的表象留存在脑海里。这之后,他观赏易卜生的名剧《玩偶之家》,当看到娜拉的好心并不为她的丈夫海尔茂所理解的情境时,美感迸发了。娜拉与那位老同志令人寒心的遭遇,在具体形态上是不同的,但有其类似的属性,因而这种属性成为共鸣触发的引起。

美的意蕴与意向性系列的相似对应:当美的形象所包含的意蕴内容符合审美

① 科林伍德:《艺术原理》中译本,第 313 页。

主体的意向发展的趋势，与审美期望显示的情思调式相吻合，能够满足特定的审美需要时，美感往往会不可遏止地涌上心头。即将出征的战士，听一曲《再见吧，妈妈》而激情满怀；战斗在上甘岭地洞里的战士，听一首《可爱的祖国》，幸福和崇高之情会涌溢心头，都是由于主体所体验到的意蕴内容与自身的意向性系列，在属性上相似而促成的。在审美过程中，审美经验的两大系列对美的形象和美的意蕴的相似性对应关系的寻求，乃是基于审美经验能力的动态性。

对内容美（美的形象和美的意蕴）的经验过程具有时间性。按照时间特征来划分，可以把这一过程划分为瞬时式经验和延时式经验两种类型。瞬时式经验，亦可称之为直觉式经验，指主体一瞬间迅速地找到自己的经验与审美对象的内容美之间的相似性，直觉地产生美感的心理过程。

当审美经验过程在心理时间中相对舒缓地展开的时候，就产生了延时式经验，它使主体可以比较从容地将审美对象的内容和自身的经验结构进行认知比较、体察辨析，从中找出某种相似性的对应关系，从而萌发美感共鸣。相对于瞬时式经验而言，延时式经验的心理机制，虽然还不能依赖于直观来把握，却因时间进程延续得较长，所留下的意识痕迹较多，而能被人们比较清晰地加以认识。延时式经验可以分为自我经历的联想，和对象意蕴的探求两种心理表现形式，前者的特点是由对象到主体、深刻地触动蛰伏在记忆中的经验，用这些经验去印证对象的真实性、合理性、可信性，后者的特点是由主体到对象、深刻地挖掘隐含在形象内部的新颖独特的意蕴内容，用这些意蕴内容来满足主体心灵的渴求、企盼、预见、推测。就心理反应来说，联想所诱发的是证同效应，即主体的经验在对象上得到证同而产生共鸣；探求所诱发的是求异效应，即主体以自身的经验为参照系，推己及物，去挖掘审美对象深层的那种还不十分了解的意蕴内容。正是后者，成为美感运动中审美经验阶段向审美创造阶段转化的重要环节。

## 第四节　审美创造阶段

审美创造是依赖于想象来实现的。审美想象就是在感性经验的基础上开拓新的意蕴、构筑新的表象的心理过程。其最终目的是创造富于独创性的意象。想象的创造性表现在意蕴的拓展和形象的创新上。

### 一、拓展审美对象的意蕴

隐含在形象深处的意蕴，大致上包括情思和性格两个方面。一般说来，在抒情性审美对象中（如音乐作品），主要指情感思想，在叙事性的审美对象中（如小说、戏剧），主要指个性品格。意蕴是形象的灵魂，它给形象带来勃勃的生机，使形象显得意趣盎然。对于审美对象的意蕴，审美者应善于由表及里洞悉三昧，只有这样，才能把美感运动引向精深的境地，审美对象的艺术魅力才能被揭示出来。比如欣赏罗丹的雕塑《思》，其整个形象的外观只是安在未经雕凿的像座上的一个女性头像。她年轻、俊秀、聪慧，仿佛沉浸在深刻的内心活动之中。一位外国评论家说："这尊女像是在倾听着自己灵魂深处的声音。"①它在"思"什么？完全留待人们去领略。倘若审美者不善于领悟体察，根本不能了解她在"思"什么，罗丹的这个杰作对他来说就只不过是冷冰冰的大理石，而不是包含着深刻的意蕴的艺术形象。对于具有较高艺术修养的审美者，由于他感知力敏锐、经验力开展、想象力丰富，因而由表及里体味其内在意蕴的能力比较发达。他往往不满足于纷纭的知觉印象和浮于表面的经验感受，而是深入领略对象内在的悲哀与欢愉、怨苦与思慕、豪放与婉约、坚贞与柔绵等等，从而使审美对象的内容更为完整、丰盈，也使主体的美感更加充实、深刻。

经验是创造的基础，而延时式经验中的审美探求，是想象时开拓深层意蕴的基础。当审美主体沿着形象特征所提供的线索，按迹循踪深入探求其内含的意蕴而有所收获时，往往不可避免地会带有创造性的因素。中国画《悄悄话》，画面中一位陕北老农盘坐着，正在编织柳条筐。一个天真的小女孩，背着书包、算盘，手里拿着学习成绩报告单，笑眯眯地，小嘴凑近老农耳边，正在说"悄悄话"。说的是什么？这就给欣赏者由表及里地探求时发挥主观能动性留下了广阔的余地。她是在说"我考试全得了满分"，还是在说"我的成绩好，老师表扬我了"，还是在说"我当上了优秀学生"，等等，使人横生遐想。欣赏者再把注意力转移到这幅画的背景上，可见一只老母鸡正带着一群雏鸡在觅食。这暗示性的细节又引起欣赏者饶有兴味的推测。审美实践说明，审美探求向审美创造过渡的原因，主要表现在两方面。第一，隐含在形象之内的意蕴，具有某种程度的糊模性、不确定性。这样，就使探求所得带有主观想象的因素。那小女孩的"悄悄话"，那女性雕像的"思"的活动，可以说是"仁者见仁，智者见智"，都道出几分真谛，但又包含着欣赏

① 引自《美术》1979 年 5 期，第 46 页。

者所拓展了的东西。当然，在深入探求时，必须按迹循踪。即“按”形象特征之“迹”，去“循”内在意蕴之“踪”。由于形象特征的质的规定性，意蕴既是不确定的又是确定的，既没有确切的范围但又有既定的趋向。这样，既使领略意蕴的探求活动富于创造性，又不至于偏离审美对象的特殊性质。第二，审美探求的发生和发展，依赖于主体求异思维能力的高度发挥。那些善于探求的人，往往是有强烈的好奇心和求知欲的人，他们竭力想在习焉不察的寻常事物中挖掘自己未曾见闻但又迫切希望了解和掌握的新鲜内容。想象就是对已有经验的不满足，对未知世界的渴求，对理想前景的展望。因此，作为延时式经验的探求，往往把从自身经验中生长起来的审美意识的触须，由此及彼，不断延伸，伸向未知的对象世界深处、从而和想象时的意蕴开拓和扩展取得步调的一致。也由于这个原因，审美探求作为一种心理内驱力，把美感发展过程中的经验阶段和创造阶段联系起来，成为这一联系的中介。

**二、构筑新的审美意象**

在领略内在意蕴的基础上，审美创造活动就朝着构筑新的意象形态的境地进发。一方面通过直接感知，吸取审美对象那能显示内在本质的形象特征，扬弃偶然的形象枝节。这种有取有舍的心理过程，乃是“得其精而忘其粗”。欣赏一幅郑板桥的墨竹图，应抓住竹子的风姿神韵反复玩味，对墨竹的具体色彩则可以视而不见。如果把注意力集中在墨竹图的黑颜色上就会觉得它与生活中竹子的翠绿色差别太大，产生“失真”的感受，形神兼备的意象——渗透着作者秉性操守的竹子意象就难以在脑海里浮现。因此，对感知的形象信息进行一番淘洗选择，是意象形态构成的重要环节。另一方面，调动记忆中的经验，即借助联想为创造性想象输送经验“仓库”中所积累的有关记忆表象。创造性想象的基本趋向是对联想所唤起的经验的改造，从而构筑带有审美者独特创造性的意象形态。

在创造性的想象中构筑各种类型的意象，是美感发展的最高阶段。意象创造使审美者的自由自觉的本质力量得到极其充分的展示。意象的灵魂输入了审美者心灵酿造的信息，意象的躯体混合着审美者孕育的血肉，意象成了审美者的对象化的自我。

审美创造性的动力源于人的自我意识能力。人作为创造性的实践主体，本身有一种自意识，他是客观的存在，这是相对于群体来说的。相对于他自己的意识来说，也就是他把他自身作为认识对象时，他又是一个主观的存在。人总是不断地在以自己的认识结构适应外部世界结构的同时，以自我意识的方式获得对自己的认识。“人以两种方式获得这种对自己的意识:第一是以认识的方式,他必须在内心里意识到他自己,意识到人心中有什么在活动,有什么在动荡和起作用,观照自己,形成对自己的观念,把思考所发现为本质的东西凝定下来,而且在从他本身召唤出来的东西和从外在世界接受过来的东西之中,都只认出他自己。其次,人还通过实践的活动来达到为自己(认识自己),因为人有一种冲动,要在直接呈现于他面前的外在事物之中实现他自己,而且就在这实践过程中认识他自己。”①黑格尔所概括的这种关于人的冲动具有一定的合理性。在审美活动中,审美创造和审美欣赏都是一种创造性的实践活动。创造者改变了外在现实世界,以形象化的方式再现了外部现实,他在这个创造过程中找到了他自己的位置,他的本质力量在其中得到肯定。欣赏者面对审美对象,不是被动地接受,而是积极地参与,这种积极的参与就是一种创造。他总想成为支配对象的主体,按照自己的经验世界来重构或再创造一个对象世界。

① 黑格尔:《美学》中译本第一卷,第39页。

# 第九章

# 审美需要

审美需要是审美范畴中一个非常重要的概念,是探讨审美规律和美育问题的心理基础和学理前提。审美需要也是一个历史范畴,它是在人类历史长河中所衍生的一种精神需要。原始人类通过图腾崇拜、歌舞宣泄来表达他们这种精神需要精神需要会随着人类体验的增多而不断积淀衍化,日益成为一种基本的生理和心理需要。先民对满足审美需要所采取的方式以及影响其审美需要的因素,为我们研讨审美和美育的问题提供了一些启示。

审美活动的开展与审美的需求、缺少或不满足相关。我们欣赏的都是我们需要的,从而乐于接近的。这一结论也可以从历史上人类对自然美的欣赏上找到证据。古代诗人陶渊明写了大量的田园诗赋,他之所以觉得其诗句"采菊东篱下,悠然见南山"以及散文《桃花源记》表现出一种意境美,是因为他生活在战乱年代,曾经当官。他为了逃避战乱和官场斗争——这些可能危及生命,于是极其向往田园生活。表面上他对自然美的欣赏和功利无关,但是,追求安全的生存环境就是追求最大的功利。现代人之所以欣赏陶渊明描写的田园风光,也无非是因为人向往没有精神压力的田园环境,渴望逃避喧闹的城市生活和污染的城市环境。中国山水画自唐朝以后广为流行,法国大革命后期产生了大批描写自然美的绘画作品。人们之所以在那个时候开始特别欣赏自然美,原因是从那时开始,人类对战乱更加厌烦,对安全、宁静、没有污染的自然环境的审美需求更加迫切;特别是物质需要得到满足的人群,对自然环境的审美需要更是被提到高的位置。

# 第一节 需要——主体积极性的源泉

## 一、需要的界说

古今中外的哲人都发现了人身上有一种动力因素，这种动力因素推动人去行动、思考，使人得到快乐或得到痛苦，它显现为人的兴趣、信念、意志、意图等心理现象。荀子把这种动力因素称为“欲”：“欲不待可得，所受乎天也。”①他所说的“欲”实质上是指欲望，也就是今日所谓的需要。他已看到需要的基本性质之一，“欲不可去，性之具也”②，即人的欲求是与生俱来，先天有之的。或者说需要是人皆有之的一种自然本性。但“欲不可尽”③，人的需要又是永无止境的。所以荀子提出“节欲”的观点以解决“欲不可去”与“欲不可尽”的矛盾。英国哲学家托马斯·霍布斯把人的欲求说成是“动念的微小根芽，它如果趋向什么，就是欲望；如果趋避什么，就是厌恶”④。而斯宾诺莎则把它理解为“自我保全”，并认为“自我保全是各种炽情的根本动机”⑤。他们都看到了需要在人的生命存在和发展过程中所起的重要作用。但他们没有注意到需要也是人的一种社会属性的体现，并非仅仅是人的自然属性的体现。也没有看到需要和满足需要的矛盾构成了人的发展的动力系统。

确切地说，需要是被人感受到的对生存发展具有意义的各种条件的需求，是个性的一种心理状态，它反映着个体对内外条件的依赖性。需要同其他心理现象一样，也是对客观现实的反映，只不过它是个体对外部环境与内部条件稳定需求的反映。比如，天气开始转冷，冬天即将来临，于是人们忙着安装取暖设备和购置保暖衣物。人们这一系列活动的内部原因是什么？是人们对具体生活条件的依赖性的反映——防寒的需要。当然，至于安装什么取暖设备，购置什么衣物，上哪个商店去购置，请人安装还是自己安装，这完全可以由人们自己决定。也就是说，同一需要可以表现为不同的动机并转化为不同的目的，只有目的达到了，需要才

---

① 《荀子·正名》。
② 《荀子·正名》。
③ 《荀子·正名》。
④ 见罗素《西方哲学史》下册，第71页。
⑤ 见罗素《西方哲学史》下册，第97页。

可以说得到了满足。在上面这个例子中,防寒的需要出现在人身上,如果你还未决定是购置衣物、安装取暖设备还是迁居到阳光地带时,我们就说你只有防寒的需要,如果你已选择决定迁居到阳光地带时,我们说你的需要已转化为动机。但阳光地带的城市很多,不同城市的生活费用也不一样,如果你还没有决定是到海南岛还是到广州时,你的动机仍旧只是动机,还未转化为目的。只有当你最终决定是到海南岛时,你的动机才转化为目的,因而你的防寒的需要才得到满足。

又如,紧张工作了一天,你觉得昏昏沉沉、疲软无力,很想恢复一下体力,也就是说,你有了一种精神需要。但满足这种精神需要的途径很多,可以静坐养神,可以看看闲情小说,可以赏画,可以听听轻音乐。当你选择听轻音乐时,你的这种需要转化为动机。但你可以在家中听,也可以上音乐茶座去听,既可以听国外的轻音乐,也可以听国内的轻音乐,既可以听甲作曲家的,也可以听乙作曲家的。当你选择欣赏国内甲作曲家的轻音乐时,你的动机才转化为目的。

总之,需要未转化成动机前,人不可能有所活动;动机未转化成目的前,需要也不能得到满足。

然而,如果购买取暖设备或御寒衣物缺乏资金,欣赏轻音乐而家中无录音机,那你就得想办法去解决这些矛盾,通过劳动去获得这些现实条件,从而获得满足需要的必要条件。因此我们可以说,需要是人实践活动的内在动力,个性积极性就表现在满足需要的过程中。"个性发展的动力就是人在活动中不断变化的需要与满足这些需要的实际可能性之间的矛盾"①。这种矛盾推动着个体人格的发展和完善,甚至在某种程度上也推动着社会的发展和完善。

马克思指出:"人们为了能够'创造历史',必须能够生活。但是为了生活,首先就需要衣、食、住以及其他东西。因此第一个历史活动就是生产满足这些需要的资料,即生产物质生活本身。"②马克思又指出:"没有需要,就没有生产。"③这就是说,推动人积极行动起来进行"第一个历史活动"的最根本的原动力,正是人的需要。马克思还指出,人的精神生活以及与意识密切联系的语言的创造,也是由需要推动的。"语言也和意识一样,只是由于需要,由于和他人交往的迫切需要才产生的。"④因此,需要不仅是生产实践的"内在要素",而且也是人的一般实践活动的"内在要素",是个性积极性的根本动力。

---

① 彼德罗夫斯基:《普通心理学》,第 141 页。
② 《马克思恩格斯选集》第 1 卷,第 32 页。
③ 《马克思恩格斯选集》第 2 卷,第 94 页。
④ 《马克思恩格斯选集》第 1 卷,第 35 页。

人的需要是在不断发展的,其发展是一个历史的过程。起初,人只是为了满足直接的肉体需要而活动和交往,后来,生产满足需要的产品的过程又把需要再生产出来,成为需要发展的原因。人在依靠生产满足人的第一个需要的基础上,又产生出友爱、交往等社会需要和求知、审美等精神需要。未来社会需要和精神需要是直接从物质资料的生产活动中产生出来的,后来,随着社会的发展,这种目的和手段的关系颠倒过来了,“第二个需要”的满足仅仅是满足高级需要——亦即真正体现人的本质的需要的手段。劳动也是如此,起初劳动为了满足人自身的生存,而后随着社会的发展,劳动就具有了以人自身的发展为目的的功能需要的性质,将来它还会变成人的“第一需要”。

总而言之,人的需要的这一历史发展过程就是人以自己的社会本质改造、统摄和占有自己的自然本质的过程。

## 二、审美需要是人的高级的精神需要

人的需要可以大致分为三类:物质需要、精神需要、社会需要。物质的需要基本上是生理的自然需要。它是人的生活的基础,是人维持生命、保存个体及延续后代必须满足的条件。社会需要包括尊重、友谊、荣誉、爱情、劳动、管理、竞争、模仿,等等。精神需要是人所特有的需要,它表现在满足精神文化方面的需求。审美需要是一种精神需要,因为美的享受能给人一种舒适愉快的情绪,给人以精神上的满足,并能陶冶人的高尚的道德和情操。

需要总是不断发展的,依据需要的发展水平,可以把它分为不同的层次。美国人本主义心理学家马斯洛首先提出需要层次论。他在《调动人的积极性的理论》一书中,首次提出“需要层次论”,并把人的需要分为五个层次:生理的需要、安全的需要、友爱和归属需要、尊重的需要和自我实现的需要(自我实现需要中包括求知和求美的需要)。在《激励和个性》一书中,他又把人的需要分为七个层次:把自我实现需要中所包括的求知需要与求美需要独立出来放在“尊重的需要”和“自我实现的需要”之间。马斯洛认为,在人的某一种需要得到相应的满足之后,另一种需要就会产生,于是人们又继续采取新的行为来满足新的需要。他还认为生理需要和安全需要为低层次需要,其他五项为高层次需要。无论是五个层次还是七个层次,在马斯洛看来,审美的需要都是高层次的需要。

马斯洛的需要学说呈现出一种金字塔式的结构。在马斯洛看来,高层次需要的满足有待于低层次需要的满足。低层次需要至少要得到适当满足以后,高层次需要才能发展起来,成为行为的内在原因、决定性因素。如果低层次需要得不到满足,那么,需要发展的自然过程就会不正常,高层次需要就可能永远不会出现。对人来说,高层次需要比低层次需要具有更大的价值,人的基本需要就是以最有效和最完整的方式表现他的潜力,即自我实现。

马斯洛的这种理论无疑具有一定的科学性。正如我国古代心理学家所指出的那样:“仓廪实则知礼节,衣食足则知荣辱。”①人与人之间交往的需要、自尊和被人尊重的需要建立在满足了衣食等生理需要的基础之上。一个衣不蔽体、食不果腹、居无常安和焦虑不堪的人显然无心思去欣赏泰山顶上的日出和钱塘江上的涌潮的。

但是,马斯洛的需要层次说只有在进化的、成熟的文明人身上才能得到印证和说明,而在下面两种情况中,我们则不可拘泥于马斯洛的需要层次说。

一是当人类还不是根据自然界的知识而是根据自身的知识来解释自然界的时候,人们低层次需要得不到满足(例如人类生存受到其他动物的威胁,在自然灾害面前无能为力,对自然变异现象感到恐惧,等等),反而会刺激起初民们的高层次需要。因为在自然灾变面前,面临人类一时无法理解、无法掌握的自然界,人们往往需要首先寻求一种感情上的慰藉,这样,在虚幻观念的作用下,图腾崇拜、偶像崇拜应时而生,原始艺术和原始宗教的诞生满足了初民们的高层次需要,这种高层次需要的满足又为满足低层次需要创造了条件。例如,出猎前的祭祀仪式或出海捕鱼前的祷告就积淀着这种文化因素。二是当世俗宗教和非世俗宗教的力量强大到足以异化人们的本性需要,剥夺人的本质的时候,有人又往往为了高层次的需要而抛却低层次的需要。西方中世纪的甘受肉体折磨的圣女对基督的迷恋和“以身相许”,中国封建社会中妇女的“从一而终”“饿死事小,失节事大”的信条,等等,正是她们为了尊重——自尊和受人尊重——的需要而不顾生理需要的现实表现。至于科学家为了探索自然界奥秘而废寝忘食,志士仁人为了大众的利益而舍生取义的现象,则更是马斯洛需要层次说所不能回答的。

上面这些情况都说明,人的需要并非总是按顺序从低到高发展的,只有当人的自然属性和社会属性的和谐结合有了必要的外部条件,只有当人真正按照自然界的知识而不是按照自身的知识来掌握自然界的时候,只有当人从宗教中夺回自我的本质、恢复了自身的主体性本质后,人的需要才能按照这种由低到高的金字塔式的顺序不断地得到满足,得到发展。

---

① 《管子·牧民》。

### 三、审美需要是人追求和获得审美情感的需要

按照心理学的原理,情感是人对客观事物与人的需要之间的关系的反映,或者说是人对客观事物是否符合人的需要而产生的体验。因此,情感与需要是紧密联系在一起的。需要的满足与否可以引起情感的变化。尽管情感多种多样,但总归起来可划为愉快与不愉快两大类。需要得到满足,引起主体愉快的情感,反之则引起不愉快的情感。《管子·禁藏》中有段话,把情感与需要的关系概括得非常准确:“凡人之情,得所欲则乐,逢所恶则忧,此贵贱之所同有也。”人的本性是,凡是满足了自身想要满足的需要,人就感到愉快,遇上不能满足自身需要的时候,人就感到不愉快。

情感必须通过体验来反映客观现实与人的需要之间的关系。审美对象能够给人以审美需要的满足,使人产生一种舒适愉快的审美情感或压抑的不愉快的情感,但这种在审美活动中产生的不愉快的情感与日常生活中所产生的不愉快的情感不一样。审美中的不愉快情感只是暂时的,并且是可以转化的,在审美主体审美心理结构的作用下,这种不愉快的情感会转化为一种审美快感,即经过净化和陶冶之后所产生的一种愉快。这正是我们观看悲剧时所具有的审美心态。因此,在审美活动中,压抑的不愉快的情感也是一种审美情感。

审美的需要乃是一种追求和获得审美情感的需要。人们进行审美活动,主要是使自己的本性需要和审美需要得到满足,标志着这种满足的是主体通过审美体验所反映出来的审美情感。同时,审美需要是人进行审美实践活动的内在动力。

艺术家的审美创造,既是为了满足其自身的审美需要,又是为了满足他人的审美需要。列夫·托尔斯泰曾说:“作者所体验过的感情感染了观众和听众,这就是艺术。在自己心理唤起曾经一度体验过的感情,在唤起这种感情之后,用动作、线条、色彩、声音以及言词所表达的形象来传达这种感情,使别人也能体验到这同样的感情——这就是艺术活动。”①“作者所体验过的情感”实际上就是作者审美需要得到满足与否的结果。作家、艺术家在现实生活中通过观察、体验、分析,产生了审美需要,他要把这种体验到的情感用艺术手段表现出来并以此去感染别人。王蒙说过,“创作乃是心灵的搏动与倾吐”②。“搏动”是创作者的审美需要得到满足,“倾吐”是创作者产生的新的审美需要——交往的需要和尊重的需要,他

---

① 《什么是艺术》。

② 《谈短篇小说的创作技巧》。

在用情感感染接受者的时候,他也就实现了自己新的审美需要,赢得了来自接受者的尊重。

作家艺术家在生活中所产生的审美需要只有在审美创造中才能得到最大的满足。巴金在回忆他创作《家》的时候说:"每天每夜热情在我的身体内燃烧起来,好像一根鞭子在抽我的心,眼前是无数惨痛的图画,大多数人的受苦和我自己的受苦,它们使我的手颤动。我不停地写着。"①唯有写出那惨淡悲怆的人生,给苦难中的同胞送去心灵的慰藉,才能使巴金感到一丝满足。创作过程中饱含着痛苦和悲愤,创作结束后又感到欣慰。写的是痛苦,但又希望作品不要给接受者带来痛苦,这就是作家的审美情感,一种审美需要得到满足后的快感。

审美需要又是审美鉴赏的动力因素。"夫乐者,乐也,人情所不能免也。"②"美者,人心之所乐近也;恶者,人心之所恶疾也。"③这些都说明对美的追求或者说审美需要是驱动人格不断完善的内在动力。现代人本主义心理学通过实验证明,对美的欣赏有助于唤起人的潜能,有助于人的健康发展。但是,只有当人产生了一定的审美需要的时候,他才会去观赏名画佳作,才会去饱览自然美景,聆听音乐和阅览小说,尽管有些时候,审美接受主体并不一定要意识到这点。他进行审美接受活动的动机产生在下意识或无意识中,实际上仍然是审美需要所产生的驱动作用。

更重要的是,人有一种"替代性"或补偿性心理,这种心理特征常常表现为人的审美需要促使人通过审美活动得到一种"想象的满足"。比如人们有一种想参观卢浮尔宫的愿望,现实条件不具备,使人感到生活中所具有的某种缺陷性,产生了一种想要用某种方式来代替亲眼见到卢浮尔宫的审美需要,通过浏览画册、观看电视片或纪录片、录像等途径,人们的愿望得到了实现。这说明,审美活动是受审美需要支配的。

人们不愿流着泪在现实中生活,却又甘当"傻子",在欣赏悲剧时落泪;害怕毒蛇的袭咬,却又喜欢欣赏《蛇舞》;憎恶战争,又对描写战争的电影产生兴趣。总之,在审美鉴赏中和在现实生活中,人们的双重人格得到了最明显的印证。人的审美需要包孕着人的双重人格,而不能在现实生活中实现的那一部分人格,却可以在审美活动中得到实现。因此,人们总是对美产生兴趣,总是能够在审美活动

---

① 《文学生活五十年》。
② 《札记·乐记》。
③ 王弼《老子》二章注。

中满足在现实生活中所不能满足的那一部分审美需要。

## 第二节 审美需要是审美主体的自我实现

### 一、对马斯洛“自我实现”概念的评价

需要层次论就其理论体系来说,是以存在主义哲学为理论基础的。不能把“自我实现”当成追逐名利的同义语。对这个概念要进行具体分析。首先,从严格的心理学的意义上说,自我实现就是充分发挥个人的潜能,成就自己之所能,“能成为什么,就必须成为什么”(马斯洛语)。因此,作为心理学概念的自我实现理论,是一种肯定人的积极向上、进取有为的人格学说。其次,从价值论的意义上说,自我实现论认为,人生值得追求的最高目的不是吃、穿等享受,不是权力欲、支配欲的满足,而是自我实现。只有它才能使人体验到最大的欣慰感、幸福感,产生高峰体验。所以自我实现论又是一种肯定个人本位合理性的伦理学说。这些都是值得肯定的。再次,但是,马斯洛的自我实现理论并没有突破个人本位意识形态的束缚。他在价值论问题上,调和了个人本位意识形态与人类精神文明之间的矛盾。他晚年看到了这种情况,曾极力强调自我实现的无私性质,以作为对他的理论缺陷的一种修补。

### 二、审美需要是人的自我实现的需要

马斯洛的需要层次论中,自我实现是最高层次,而审美需要就是一种自我实现的需要。人类的审美需要,是一种在物质需求以外的高级的精神需要,人们对于美的追求和欣赏,充分体现着人的精神的主体性。这种精神的主体性表现在:

(一)审美活动过程是一种“自我实现”的过程。

在审美活动中,审美主体对审美对象进行感知、想象、联想和再创造的过程,也就是审美主体将自己审美的本质力量对象化,使自己的审美能力、审美经验、审美理想在美的对象上得到体现的过程。

人有一种自我实现、在对象中观照自我本质力量的本能。黑格尔曾以小孩在水中抛了一块石子为例,说明了人的主体性本质的对象化问题。抛石子的小孩在涟漪中看到的是自我力量的显示,他的欢呼雀跃是体悟到自我力量对象化后的必然结果。黑格尔对人的这种实践性主体本质的研究曾影响到青年马克思。马克

思合理地利用了黑格尔说的合理内核，将劳动这一中介引入人的自我实现，即人的主体性本质的研究中，提出了既不同于黑格尔也有别于费尔巴哈的关于人的对象化问题的新理论。马克思认为，人在劳动实践过程中，一方面使自己的本质力量（智慧、热情、意志、性格等因素所组成的创造性）外化在自然界中，使自然界打上了自己的烙印。在烙印中，主体认识到自己的潜能，坚固了自己的理想。在这个过程中，主体本身的自然属性，或者如马斯洛所说，人的潜能也得到一次冲击和锻炼，进展到高一层次的自然属性又推动着人的实践活动的开展。审美接受活动也就是这样一种实践主体的创造活动。受者在对象中看到的不仅是对象本身的审美属性，接收的并非只是对象的审美信息，就在受者以参与者身份进入对象中之时，他本人也就成了一个创造者——在作品的基础上再创造。如果接受主体的审美心理结构比较健全，那么他的再创造会得出丰硕的成果，甚至得出超越审美对象本身的成果。他的作为创造性主体的本质，也就在这个过程中得到展现和认可。

从审美创造看，创造者自我实现的愿望十分强烈，这不仅可在创造者的作品中剖析他本人的形象，例如《红楼梦》中的贾宝玉之于曹雪芹，而且可以在那些自传体小说、自画像中找到更为明确的例证。例如高尔基的自传三部曲、凡高的自画像，等等。但审美创造者自我实现的最高点在于感情的交流。他们的自我实现的需要体现在他们的作品与接受者的接受中，离开接受对象，没有接受者的反应（好的和不好的），创造者的自我实现也只是一句空话。艺术首先需要的是艺术家的创造精神和情感兴趣，但它又不可能离开接受者的参与。所以高明的艺术家在创造美的作品时总是想到自己的接受对象。大仲马说过，作家的事业就是为了使读者生活得愉快，不使人愉快的作品又有什么意思呢？陀思妥耶夫斯基也说，他可以保证，当他创作《罪与罚》时，胸中充溢着热情，十分重视读者的反应，尽可能地使自己的作品满足读者的审美需要。对于戏剧创作来说，这个特点更重要。因为戏剧是一种集体经验，是演员与观众在特定时空条件下的面对面的交流。

（二）审美活动过程是一种“自我发现”的过程

也就是审美主体在美的对象上观照到自己，寻找到自己，并且与审美对象发生心理对位效应。

在审美活动中，审美主体在感知审美对象时，主要依据的是自己的审美心理结构，在感觉的世界中寻找着自我。审美主体有一种特殊心态，他总是想在审美对象中发现自己的本质，并把自己与作品中的人物、事件、情节对应起来，产生共鸣。生活中常有这样的事，一本小说出版后受到广大读者的欢迎，人们总是纷纷在自己熟悉的生活环境中寻找着作品中的主人公,有些人甚至就以为自己是作品中的某一个人物。古华曾讲过这样一件事:"今年四月里的一天,我正在人民文学出版社的客房里修订《芙蓉镇》的单行本书稿,忽然闯进来一个中年汉子,自报姓名,说是内蒙古草原上的一位中学教员。他说:'老古同志,我就是你写的那个秦书田……'说着,他泪水盈眶,泣不成声。我也眼睛发辣,深深地被这位内蒙古草原上的'秦书田'的真挚感情所打动。"①这位草原上的教师正是在接受《芙蓉镇》的过程中发现了自我,与"秦书田"产生了心理对位效应。有的时候,这种心理对位效应能量能够大到足以使人轻生丧命的地步。印象派批评家曾说,接受是灵魂在杰作中的冒险,有时甚至是生命在杰作中的冒险。一部《少年维特之烦恼》曾使不少年轻人自杀,杭州女伶商小玲演《还魂记》能当场气绝,这种心理对位效应所产生的能量的确是难以想象的。

审美创造主体的创造过程也是一个"自我发现"的过程。创作者在创作中既是创造主体又是鉴赏主体,一方面在创作,一方面也就是在鉴赏,在发现自我。杰出的作家总是在创作中既表现了自己所感知到的现实生活和自己的审美情感,又寻找着自我在作品中的位置,因而杜甫有"文章千古事,得失寸心知"的自得,曹雪芹有"满纸荒唐言,一把辛酸泪。都云作者痴,谁解其中味"的自叹。

(三)审美活动过程,也是审美主体"自我创造"的过程

无论是接受还是创造过程,都是如此。接受主体在接受过程中,总是要依据自己的生活经验,展开想象与联想,对审美对象进行加工、组合、丰富、补充,创造出一个符合自己的审美经验和审美理想的审美意象来。当审美对象作为一种独立的现实存在时,任何一个接受主体都可以在其中进行再创造,都可以"以意逆志"。因为我的对象只能是我的本质的外化,我所理解认知到的事物只有在符合我的经验世界的前提下来说才有意义。而人的认识又有一种潜在的创造性,当这种潜在的创造性在审美对象身上找到施展的机会时,它总是要改变审美对象的某些信息。王夫之的"各以其情而自得"(《姜斋诗语》卷一)则正是这个意思。文艺史上那么多的作品之所以具有永恒的魅力,那些人物形象之所以令人感觉到千年之下仍凛凛如有生气,其根本原因在于接受者的自我创造性。不同时代的接受者不停地在同一对象上进行着再创造,给对象注入新的时代色彩,新的审美信息。审美创造过程亦如此。审美创造主体在创造一个审美对象的时候,也是不断创造他自己的时候。他在创造过程中感受到的是对他自己力量的肯定,是他的灵魂的

① 《闲话芙蓉镇》,《中青年作家创作经验谈》,第35页。

震动。他把自己的观察、思想、印象、兴趣等等一切属于他的感觉世界的东西放进物质材料中时,也就是他自己的心灵、自己的形象得到创造的时候。因为人不仅在想象中复观自己,他还要在现实世界中特别是他所创造的现实世界中直接观察到自己。审美创造主体在创作中,一方面是以创作者的身份进行工作,另一方面又是以鉴赏者的身份进行欣赏。他在创作的同时又在欣赏,他就是他的作品的第一个欣赏者。当他作为欣赏者来对待他的作品时,也就是他在不断塑造自我的过程。

以上"自我实现""自我发现""自我创造",构成了审美主体强大的内在动力系统,推动着审美活动的进行。

## 第三节　审美需要产生与发展的条件与规律

### 一、激发律

需要的产生和发展有赖于内、外环境,尤其是社会环境的激发。如人们看电视的需要就是电视普及激发的结果。社会越发展,满足人们需要的方式越是多样,人们的需要也就越丰富。

审美需要这种"自我实现"需要的产生和发展,一样有赖于内、外环境的激发。所谓外环境,是指自我与环境的关系。这种关系处于和谐状态时,审美需要会被激发起来,这正像我们上面所讲到的,由于电视的普及,激发了人们看电视的需要。经常接触大自然美景的人,会不断被激起欣赏自然美的需要。一些艺术家酷爱文学艺术,常常从优秀的名著中激起进行创作的需求。德拉克洛瓦爱好文学、音乐,他的不少绘画作品的创作欲求是从但丁、莎士比亚的作品中,从音乐、歌剧中得以触发的。另一种情况,则是主体与环境的和谐关系受到破坏,而激起的需要,这是一种更加强烈的激发力量和因素。比如陀思妥耶夫斯基创作小说《赌徒》,就是产生于外部环境阻碍了他衣食温饱的生理需求。他当时负债太多太重,债主上门逼债,恶语相欺。为了维持正常的生活,他不得不与一位存心要敲诈他的出版商签订了合同,必须在一个月之内写出一部"篇幅要有七个大对折页,每页印两栏"的小说,为此,他在基本情节和人物关系都没有考虑好的情况下,被逼出了这次创作的需要。

我国古代有"愤书"的说法,所谓"愤书"实际上也是一种激发律,"愤而著书"

即主体与外环境充满矛盾而被激起强烈的审美需要并将这种审美需要用艺术的手段表现出来。从刘安“愤于中则应于外”①、司马迁“发愤之所为作也”②到韩愈“大凡物不得其平则鸣”③,柳宗元“感激愤悱,思奋其志略以效于当世,故形于文章,伸于歌咏”④;从欧阳修“非诗之能穷人,殆穷者而后工也”⑤、陆游“悲愤积于中而无言,始发为诗,不然无诗矣”⑥,到蒲松龄“集腋为裘,妄续幽冥之录;浮白载笔,仅成孤愤之书”⑦,等等,“愤书”之说一直贯穿我国古代社会。在中外文学史上,那些真正能够彪炳千秋的不朽之作,大多是发愤之作,大都是创造主体与外环境的和谐关系遭到破坏时所创作的。内心的平衡状态在强烈的刺激下引起震动,从而激发出巨大的能量。屈原思君爱国被放逐,忧愁幽思而作《离骚》;司马迁仗义执言遭宫刑而发愤著《史记》;杜甫一生穷饿,潦倒落魄,却写出辉映日月的“史诗”,以“诗圣”美名流传千古;曹雪芹过着绳床瓦灶、举家食粥的生活却写出《红楼梦》。

所谓内环境,既是指自我本身所具有的各种本质力量之间的关系,也指由人的各种生理机制所组成的“小宇宙”。当自我的各种相关的本质力量和人体的“小宇宙”都处于和谐、正常状态时,审美需要被激发起来。比如,人们欣赏贝多芬的《第九交响曲》时,他的欣赏音乐的审美能力,对贝多芬所处的历史时代以及这首曲子所反映的时代内容的知识水平与理解能力,处于一种和谐状态,这时,他欣赏音乐的审美需要就会被激发起来,假如欣赏者同时又具有音乐素养并对贝多芬有专门研究的话,那他还会在欣赏《第九交响曲》时被激发起不同于一般接受者的再想象。罗曼·罗兰就是这样一位欣赏家。因此,他能够为我们描绘出《第九交响曲》所具有的神奇的感染力:“当主题接着过渡到人声上去时,先由低音表现,带着一种严肃而受压迫的情调。慢慢地,‘欢乐’抓住了生命。这是一种征服,一场对痛苦的斗争。然后是进行曲的节奏,浩浩荡荡的军队,男高音热烈急促的歌。在这些沸腾的乐章内,我们可以听到贝多芬的气息,他的呼吸,与他受着感应的呼喊的节奏,活现出他在田野间奔驰,作着他的乐曲,受着如醉如狂的激情的鼓动,宛

---

① 《淮南子》。
② 《报任安书》。
③ 《送孟东野序》。
④ 《娄二十四秀才花下对酒唱和诗序》。
⑤ 《梅圣俞诗集序》。
⑥ 《澹斋居士诗序》。
⑦ 《聊斋志异自序》。

如大雷雨中的李尔老王。"①但也有另一种情况,自我的相关的本质力量的和谐和正常的心理状态受到破坏,从而引起审美需要。这种内部和谐关系受到破坏,从而引起审美需要,有生理的和心理的两类原因。生理的原因,如饥饿、疾病等。贝多芬的很多乐曲的创作需要,是由于他双耳失聪的生理上的痛苦引起的;陀思妥耶夫斯基之所以有把《罪与罚》中的主人公塑造成那样一个病态形象的需要,也与他患羊痫风病的生理痛苦有关。心理的原因,如联想的唤起、情绪的引发,社会责任感的触动、理想的激励,等等。苏联作家奥斯特洛夫斯基在身体瘫痪、双目失明的生理状态下,产生创作《钢铁是怎样炼成的》的需要,主要是由于他有崇高的理想和强烈的社会责任感。

当然,这里所说的内环境与外环境对人的审美需要的影响只是相对而言,即使是内环境中的生理因素与心理因素也是相对而言。实际上,内环境与外环境、生理与心理的变化都是密切相关的。我们可以举个例子来说明这个问题。

在我国文学史上,"悲秋"的母题经久不衰,历代文人骚客都不同程度地或从不同角度以不同的形式表现过这个母题。宋玉有"悲哉秋之为气也,萧瑟兮草木摇落"(《九辩》)的伤婉;刘彻见秋风起,欣然叹息:"欢乐极兮哀情多,少壮几时兮奈老何!"(《秋风辞》)发出人生短暂的感慨。杜甫有"无边落木萧萧下,不尽长江滚滚来。万里悲秋常作客,百年多病独登台"(《登高》)的苦吟。《淮南子》注曾对"春女思,秋士悲"的原因做出过直觉式的解释:"春女感阳则思,秋士见阴而悲。"现代心理学的研究已初步揭开了其中的奥秘。1984 年,有人对气候与心境的关系做了研究,通过被试测定出一组人的心境、情绪与气候变化的相关数字。结果表明,日照时间越短,雨量越大,气温越低,人的疑虑、焦虑情绪越明显,气温越高,人就越困倦。我国地处北温带,立秋之后,每天的日照时间逐渐缩短。我国大部分地区在秋季处于热带海洋气团与极地大陆气团这两种冷暖气团的交替过渡时期,所以往往在冷暖气团交汇时形成长时间的阴雨气候,导致秋风秋雨持续时间较长的现象。近来已有研究成果证明,人体内的"松果激素"具有调节人体其他激素含量的性能。太阳光强烈时,松果腺体所分泌的松果激素就多;太阳光微弱时,松果腺体所分泌的松果激素就少,而甲状腺素、肾上腺素的浓度相对下降。甲状腺素、肾上腺素是促使细胞工作的激素,它们相对减少时,细胞就会变得极不活跃,人也就出现倦怠的生理反应。一旦这种内环境的不和谐与外环境的不和谐相遇时,人也就产生一种多愁善感、哀惋低沉的心境。诗人作家也就极容易在这个时候萌发

---

① 《贝多芬传》。

出“悲秋”的审美需要而创作出“悲秋”的诗篇和小说。梁元帝萧绎有一段话,把我们今日所谓的审美需要的“激发律”概括得比较明显,尽管他的表述方式与今天不一样:“‘捣衣’清而彻,有悲人者。此是秋士悲于心,‘捣衣’感于外,内外相感,愁情结悲,然后哀怨生焉。苟无感,何嗟何怨?”①故乡亲人在瑟瑟秋风中为远戍边陲的征夫们捣制寒衣的情状激发了“秋士”的审美需要,当连续不断的单调而质纯的声音与“秋士”悲凉的心境生成异质同构的关系时,“秋士”也就能写出“愁情结悲”、充满哀怨之情的《捣衣》诗。

### 二、累积律

需要的发展乃是需要不断得到满足累积的结果。需要的适当满足不是需要的消失,而是需要的发展,会使需要升入高一级水平或产生更高层次。培养和发展健康的、高尚的审美需要的基本途径就是不断地满足它;如果这种需要长期得不到满足,它便会退化、萎缩,从而降低需要的水平或造成需要的消失。比如,从小就没有机会欣赏交响乐的人,到年老的时候,就没有、也很难培养和激发起这种需要了。

### 三、情绪强化律

需要的发展有赖于肯定性的情绪体验的强化。需要的满足会带来肯定的情绪体验,并反过来促使需要的进一步发展。但是,人的社会生活是复杂的,有时需要的满足由于种种条件的限制、影响带来的乃是否定的情绪体验,这样就会阻碍需要的发展。因此,必须使审美需要的初次满足与肯定的情绪体验相结合,从而促进新的审美需要的产生。

### 四、意识调节律

人的需要发展受着意识的自觉调节。人与动物不同,人是有自觉意识的,人的需要的发展不是盲目的,而是受主观意识的支配与调节的,因此,应该以正确的、健康的、高尚的审美趣味、审美理想、审美标准去指导和发展自己的审美需要。

如果不加节制地、一味迁就地发展自己的需要,反而容易破坏产生审美需要的生理基础。因为审美需要有时又制约于一定的伦理道德和政治思想。也就是说人的意识、心理素质能够影响人的生理变化。人的各种审美感官都有一种“嗜

---

① 《金楼子·立宫》。

欲”的本能,但决定它们的是人的意识,特别是人的审美理想。健康向上的审美理想能够指导人们正确地去满足自己的审美需要,在审美创造和审美鉴赏中得到高级的审美享受,为自我实现的需要打下良好的基础。另外,人的审美意识还决定着人们发现美的能力,从而影响着审美需要的发展。审美意识往往与创造性思维相连,具有创造性思维的人不仅能够发现生活中表现得比较明显的美以满足自己的审美需要,而且能发现那些表面上引起主体的不快而深层结构中却使人体验到高级快感的美,从而发展主体的高层次的审美需要。“给石头以思想”的雕塑家们之所以能在形形色色的冰凉的石头中看出美的形体,美的色彩来,原因也正在这里。至于委拉斯开兹的《侏儒赛巴斯蒂安》所表现的这个特点则更是十分明显了。

# 第十章

# 审美感知觉

感觉是对事物个别特征的反映，知觉却是对事物各个不同形态、色彩、光线、空间、张力等要素组成的完整形象的整体性把握，也包含着对这一形象情感表现性的掌握。人的知觉是一种积极能动的反映，以往的经验会在内心积淀成种种图式，由环境和目的性行为造成的特定期望会决定审美主体究竟去选择哪些图式。这种期望和图式总是自觉或不自觉地支配人的知觉活动，使知觉选择某种事物的一个方面或几个方面，抑制、舍弃另外一些方面。

审美知觉区别于其他知觉之处在于，它并不依照人与非人、动物与植物、有机物和无机物、有用还是无用去对事物分门别类，而是按照它们揭示的情感表现性去进行组装嫁接。“枯藤、老树、昏鸦”虽各个不同，但情感表现性质相同，所以诗人把它们放在一起，抒写出悲凉冷落的情境。当人们面对一座险峻挺拔的高山时他们会感受到狰狞可怕或威严崇高，看到一条潺潺流水的小溪时又会涌起欢快轻松的心情。审美知觉表面上是迅速直接完成的，实质在背后潜隐着审美主体全部的生活和知识积累，包含着他的信仰、偏见、记忆、好恶、所受的教育，这里掺和了想象、情感和领悟。审美知觉的终极目标是创造和引向一个独立的审美世界，一个丰富的外部世界与深邃的内心世界的统一体。审美感受产生于审美主体与审美对象的相互作用中。因此，首先要考察审美主体通过什么来与审美客体发生联系。

## 第一节　审美知觉的内涵

### 一、日常知觉

感觉是人们的一切认识活动的基础。是客观事物在人的头脑的主观映象。

客观事物自身具有多种多样的感性状貌,如各种色彩、声音、形状、硬度、温度等。感觉就是对事物的这些个别属性的反映。在反映事物个别特性的感觉的基础上形成人们对现实中客观事物、对象和现象的知觉。知觉的主要特点在于,它不只是反映事物的个别特性,而是把感觉的材料联合为完整的形象。知觉反映事物的完整性,既表现在将同一感官所摄取的许多印象的综合上,又表现为运用多种感觉的联合活动去映现对象多种多样的外观属性。如,映入眼帘的是银幕上的一匹马,这马的皮毛色泽、身体形状、神态等个别的感觉特征经过综合,就构成有关马的视觉图像。由于听觉的参与,使人感觉到马的长嘶声、马在奔跑时的马蹄声,这时,对马的知觉就更完整了。当然,知觉之所以能比感觉更完整地反映对象,是由于得到了主体在过去的实践中所获得的有关知识经验的补充。人们在彼时彼地的经验,在此时此地对客观对象的知觉综合的心理过程起着重要作用。同样是面对徐悲鸿笔下的骏马,草原上的牧民的知觉和大海上渔民的知觉是不会一样的;饱经风霜的长者的知觉和稚气未脱的少年的知觉也有巨大差异。在理论著作中,通常把感觉通称感知,有时理论家所说的知觉也包含着感觉。

感觉还有一种主动性,它要取决于躯体的状态。当躯体处于正常的稳态时,感觉传递的信息具有可靠性,反之则可能传递错误的信息。感冒患者进食,会觉得饭菜无味;嗅花,会觉得花香杳无。同一道菜,努力加餐时吃的味道与饥肠辘辘时吃的味道不一样。同一件物体,近视者与远视者所见不一样。知觉则不同,它一般不受躯体状态变化的影响,它受到意志的支配。如我们关于水果的知觉,无论感冒与否,我们都可以凭借以往的经验知觉到它是可以吃的、含水分较多的植物果实。感觉还介于生理现象与心理现象之间。知觉则已是明显的心理现象了。

此外,知觉还有选择性和恒常性。所谓知觉的选择性是说我们在进行知觉活动时,面对众多的刺激对象,该注意哪些和不该注意哪些,也就是说,哪些该作为我们的知觉对象,哪些该作为陪衬和背景。例如,对双关图形的辨认就需要知觉的选择性。背景反差越大的刺激越容易被主体所知觉。所谓知觉的恒常性是说刺激对象本身不变,但它给我们的感觉刺激由于条件的变化而引起一定的改变时,我们的知觉仍然不变。例如,我们在阳台上与站在楼下的一位曾经相识过的朋友打招呼时,会觉得他的相貌有所改变,头部与上身显得特别长,而下肢则显得特别短促。但凭借以往的经验,我们仍然可以知觉到这位朋友的匀称的身材和仪表堂堂的风度。这是知觉的大小恒常性。到百货商店选购衣料,我们想买的是深蓝色的衣料,价格说明上写的是深蓝,我们看到的却是湖蓝,但我们仍掏出钱买下这湖蓝色的衣料,因为知觉告诉我们,这是室内光和荧光灯照射的缘故。这是知觉的亮度恒常性。另外,尚有形状恒常性和声音听觉恒常性,这里不一一分析。

## 二、审美知觉

审美知觉具有一般知觉的共同性,又有自己独特的个性。

审美知觉(即处于审美态度中的知觉)要比日常知觉复杂得多。日常知觉可以分为视知觉、听知觉、触知觉、动知觉、嗅知觉、味知觉,等等。按照物质存在的形式,可以划分出空间知觉、时间知觉、运动知觉、能量知觉、信息知觉,等等。审美知觉是在日常知觉的基础上产生,而且是日常知觉的综合,它反映了审美主体对外界事物的情感态度。

审美知觉是在日常知觉的基础上产生的。如果没有对颜色的分析和综合的感觉与知觉经验就不会有丰富的关于色彩的审美知觉。没有对于声音的辨别、分析、综合的感觉与知觉经验,也就没有关于音乐的审美知觉。

审美知觉乃是主体对直接呈现于感官的审美对象的整体形象所做出的情感反映。这就是说,首先,审美对象必须直接呈现于审美感官。这是审美知觉作为知觉的特殊心理类型所必须具有的,也是审美知觉这种审美心理功能的感性特点。因为,知觉是直接作用于感觉器官的客观事物的整体在人脑中的反映。"直接"二字十分重要,这说明知觉必须是直接看出来、听出来、抚摸出来或者是品味出来的。

其次,是审美对象的整体形象的反映。这是知觉作为整体属性反映与感觉作为个别属性反映的主要区别。"整体",主要包括对象的里外、上下、前后、左右,等等。从空间上说,是三维的;从时间上说,是延伸的。本来,人在直接面对审美对象时,只能产生长宽二维的感知,只能感知现实的瞬间。就是说,人能直接感觉对象的上面、正面,却不能同时直接感觉对象的下面、背面;能直接感觉现实,却不能同时直接感觉过去。这样,"直接"与"整体"似乎就发生了矛盾。然而它们都是十分和谐的统一着。当人们看到自己亲人的面容时,绝不会认为这乃是一张平面的照片。面对《伟大的爱》这幅摄影作品(李时生摄,载《中国摄影》),经验丰富的主体能很快地知觉到对象的整体形象。这是一件黑白照,构图相当洗练:整个画面约三分之二都是空白,在下方正中有一面用稚拙的线条画出的国旗,左下角与右下角分别有两只大小不一的手掌,右边的一只大手正握住一支小手,小手的拇指、食指、中指和大手的拇指、食指、中指同时捏住一支铅笔,笔尖刚好落在国旗右下角的连接处。左边的大手也正帮助小手按在旗杆上,大手的手腕上有两块手表,除此而外,画面上别无他物。凭借一定的经验,再辅以作品的标题,我们的知觉可以很快地形成一个整体形象,未被摄入画面的母子形象宛如立在我们面前,赤子心、慈母爱与伟大的爱融合一处,含蓄而热烈。这里,二维空间变成了三维空间。没有色彩的画面也充满色彩的刺激。由此可以看出,审美知觉的整体性表现实际上具有补充作用,而这种补充作用源于我们以往的经验。我们之所以能将赤子与母亲的整个形象补充进画面,能把当前缺少的刺激按我们的主观意志补充进画面,关键是我们脑子里曾经留下过类似刺激的痕迹,比如平时教孩子画画、写字,等等,这些过去的刺激痕迹作为经验,成为我们补充画面的根据。

审美知觉的整体性还有删略和抽替的作用。所谓删略作用,也就是说,审美主体在感知对象时,能根据自己的经验排除掉多余的信息,将那些与自己的审美心理结构相一致的信息保留下来,从而形成完整的知觉形象。阅读长篇小说,我们常常删略一些人物、细节以便获得整体形象。必须指出的是,这种删略往往是随审美欣赏活动的展开,在潜意识中进行,并不是主体有意识地去删略。

抽替则刚好与删略相反,它往往是主体的一种有意识的活动。鲁迅所说的那种阅读小说偏要钻进去硬充一个角色的行为,也就是一种抽替作用。抽替作用是审美再创造的动力资源。

无论是补充,还是删略、抽替,都离不开主体的生活经验和审美经验。这说明知觉是以主体的整个生活经验为基础的。“知觉依赖于主体过去的经验。人的经验越丰富,人的知识越广博,则人的知觉就越丰富,他从对象中看到的东西就越多。”①

最后,是审美主体对审美对象所做出的情感反映。审美知觉特别富于情感,而日常知觉并不具有这种特征。这是因为处于审美态度中的审美知觉,是在审美主体的审美心理结构的支配下,进行知觉活动的,审美主体的审美需要、审美兴趣、审美愿望和审美情感总是强烈地影响着审美知觉力的发挥。

## 第二节　审美知觉的主要特征

审美知觉既具有一般知觉的共同性(如选择性、理解性、整体性、恒常性),又有自己独特的个性。审美知觉的特殊性表现在敏感性、朦胧性、生动性和丰富性等几个方面。

---

① 见彼得罗夫斯基主编《普通心理学》。

## 一、敏感性

审美知觉具有敏锐地觉察外界事物的细枝末节及其变化,并抓住其中所包含的特殊情味的特长,这些细节变化往往是常人所习焉不察的。海浪澎湃,细雨迷蒙,鲜花凋谢,泉水叮咚。此等景致,现实生活中不少人会视而不见,听而不闻。即便是观察,也往往粗枝大叶,很不细心。相反,那些具有敏感的审美知觉力的人,却会从中感觉到包蕴着某种特殊情味的色彩、线条、体态和动势,通过综合而产生富有审美趣味的知觉印象。艺术家们的审美知觉更是十分敏感,常常敏感到神奇的地步。法国印象派绘画大师莫奈,年轻时有一次在田野漫步,突然发现眼前的一切与往日所见大不相同。他眼前的田野,不再是覆盖着青草、作物和树丛的坚硬地面,而是一幅由光影和色彩交织而成的画面,这个与往常经验不同的发现,促使他日后倾向于印象派,创造出诸如《布日瓦的塞纳河》《阿尔让特之秋》《清晨的鲁昂大教堂》等风景画。这些作品凝聚着他对光与色的敏锐的感知印象。就像画家对形体、色彩、线条的美特别敏感一样,音乐家对曲调、节奏、旋律、和声的变化感受也特别灵敏。这些专业性的敏感,对于艺术创作中的美感深化,起着重要的作用。

在审美鉴赏中,知觉的敏感性也发挥着重要作用。刘勰很早就发现,善于鉴赏文艺作品的人总是有很敏感的知觉特点。他说:"夫志在山水,琴表其情,况形之笔端,理将匿焉?故心之照理,譬目之照形,目瞭则形无不分,心敏则理无不达。然而俗鉴之迷者,深废浅售,此庄周所以笑《折杨》,宋玉所以伤《白雪》也!"①这就是说,文艺作品总是要借助外在的形式表现出深蕴的情理内容。弹琴的人心里喜爱山川景物,他的琴声就一定会表现出这种情感,文学作品的表现方式虽然比较含蓄,作者的真实情感并不直接表达出来,但并不是不可以感知的。关键是鉴赏者本人要具备很高的敏感力。休谟认为,数学家对史诗不感兴趣,他是以一种明确的理性观念来对诗歌进行解析的,"所以他懂得这部诗中的一切,但是他却不懂得它的美;因为诗的美,恰当地说,并不在这部诗里,而在读者的情感或审美趣味。如果一个人没有领会这种情感的敏感。他就一定不懂得诗的美,尽管他也许具有神仙般的学术知识和知解力"②。狄得罗甚至认为艺术鉴赏力就是"由于反复的

---

① 《文心雕龙·知音》。

② 《论人性》,《西方美学家论美和美感》。

经验而获得的敏捷性”①。桑塔耶那在《审美趣味的衡量标准》中也说：“一个不敏感的人没有能力来感受和表达美的价值，这种能力是与敏感性成正比的。”②从他们的论述可以看出，审美鉴赏主体知觉的敏感性与他在鉴赏中所获得的审美享受有着十分密切的关系。知觉的敏感并非先天所有，而是无数次审美经验积累的升华，它与知觉的整体性一样，同样来自审美实践。所以恩格斯在《致裴・拉萨尔》的信中说，判断力久不运用的话，就会变得很迟钝。

## 二、朦胧性

审美知觉的朦胧性，是指在朦胧的对象所提供的朦胧的信息的刺激下所产生的朦胧的知觉印象。一般知觉往往是理性化的，直接为客观而又真实地认识事物的感性形态服务。例如，地理教师带领学生到野外考察地形地貌。那眼中的山山水水，往往成为巩固和丰富理性的地理知识的对象，显得冷静、客观、明晰。倘若从这个角度用望远镜去感知三峡神女峰，所看到的只不过是一块粗糙的立式岩石而已，缺乏美的情趣。但在情感化的审美知觉中就完全不同。这时，神女峰披上一层扑朔迷离的轻纱，恍恍惚惚，宛如情思绵绵的女子，伫立岸边等待她打鱼未归的丈夫。

从审美心理机制上说，知觉的朦胧性，是统觉活动的自由运用所产生的现象。统觉，现代心理学定义为，由当前事物引起的心理活动（知觉）同已有知识经验相融合，从而理解事物意义的心理现象。如果说知觉主要是反映事物的客观属性，那么，统觉则主要反映主体对于知觉到的事物属性的统觉加工。美国心理学家默里建立的“主题统觉测验”和瑞士心理学家罗夏建立的“墨迹统觉测验”都是让被测试者观赏墨迹或墨彩卡片。结果在这些模糊意象的模糊启示下，他们看到了云、山、战场等各种模糊的形象，甚至编出了故事③。统觉就是这样的一种心理过程，它能将朦胧的对象所提供的朦胧信息，与主体经验融合，从而产生朦胧的知觉印象，理解对象的意蕴。美国著名美学家乔治・桑塔耶纳说：“是统觉活动的自由运用，使得无形的作品，使得模糊的、暗示的、支离破碎的、模棱两可的东西具有特殊的兴趣。”④

---

① 《绘画论》。

② 见《美学译文》第1辑，第28页。

③ 参阅陈仲庚等编《人格心理学》。

④ 《美感》。

### 三、生动性

审美知觉的生动性，是指知觉印象的生机勃勃，富有活力。心理学告诉我们，知觉可分为有意的（随意的）和无意的（不随意的）两大类。无意知觉可以由外界对象的特点（鲜明性、排列次序、异常性等）所引起。如蔚蓝的天空中那展翅飞翔的苍鹰，浩瀚的大海里劈波斩浪的轮船，以其异常于背景的动态吸引人们的无意知觉。我国古代成语“鹤立鸡群”“烘云托月”中的仙鹤和皓月，因其比背景（鸡、云）更突出更鲜明而激发人们的无意知觉。无意知觉有时也可能由客观对象与个人兴趣暗合而引起。如在五彩缤纷的花园里，因其兴趣爱好的不同，人们不由自主地，有的巡视烂漫的杜鹃花，有的则观赏艳丽的山茶花。在审美知觉中，无意知觉的知觉印象，是充满生机的，那是主体的审美情趣映照的结果。

在审美活动中，善于审美的有心人，其知觉特性在于常常从对事物总体概貌的无意知觉，迅速过渡到对事物细部的有意知觉，使知觉印象生气勃勃。所谓有意知觉，是指为了某种目的，做出一定的意志努力，以便更好地实现其意图，随意的（有意的）选择知觉对象（如像学生听老师讲课，阅读教材）。人们在对大千世界不经意的浏览中，蓦地发现某一事物的审美意味。尽管当时的发现还带着朦胧预感的性质，但其全身心却为这种发现的心理冲动所迷漫，并随即进入了探求的审美历程。为了探求其内在价值，审美感官则有意地选择与此有关的大量的感知对象（特别是那些十分生动鲜明的对象）。大脑信息仓库中的细节库存，在有意知觉过程中不断得到充实。对事物的知觉也在有意知觉中滋长着生机勃勃的印象。有创作才能的人，将这种感受和知觉经验用艺术媒介表达出来，就成为生动具体而给人以感性观照满足的艺术形象。刘白羽的散文名篇《日出》，对日出过程的生动而精彩的描绘，就是刘白羽那积累在头脑仓库中的十分生动活泼的有意知觉的艺术升华。

### 四、丰富性

审美知觉的丰富性，是指五官感觉的积极性被整体地调动起来，形成知觉印象的丰富。审美知觉是建立在五官感觉的积极性被整体调动起来的基础之上的。多种官能的共同参与，为知觉的丰富性奠定了感性基础，使主体对审美对象产生多层次、多侧面的知觉感受，有助于从整体上去把握审美对象。最能体现审美知觉丰富性的是通感（联觉）。这是一种不同的感觉之间相互挪移流通的心理现象（对通感问题我们将在后面论述）。

## 第三节　形式结构与情感模式

审美知觉与一般知觉有着重要的区别：一般知觉完成实用目的后，并不注意和追求事物的外部形式结构是否符合人的内在心理结构的情感状态（模式）。审美知觉则相反，它不与实用功利的目的直接地联系在一起，它注意的是事物外在形式结构的式样，追求的是事物外在形式和人的内在心理结构如何才能契合对应，从而使情感得到表现。

### 一、形式结构的张力

所谓审美感受力，也称审美知觉力，是指审美主体对形式美的感受能力。外在形式结构的美为什么同内在情感模式有对应关系，这就涉及形式美的张力样式问题。

格式塔心理学家假设物理领域和心理领域都存在一种张力，由于这种张力的传递和运动，使形式美与情感生活同构对应起来。

审美对象抽象化的形式媒介有许多要素，如音乐的音色、节奏、和声，绘画的色彩、线条、明暗对比，诗歌的韵脚、平仄、停顿、句式，等等。分别把这些要素有机地搭配组合起来，可以创造出各有特色的形式美。格式塔心理学用一个独特的尺度来衡量众多的形式美，就是“具有倾向性的张力”①。这就是说，用力的运动结构式样，把形式媒介大相径庭的审美对象归为同一类型。比如，苏轼的词豪迈奔放，颜真卿的书法风骨凛然，施鸿鄂的歌声浑厚雄健，都具有一种昂然奋发，生机勃勃的张力，我们就把它们看成“倾向”（风格）相同或相类似的作品。

形式美内含的具有“倾向性”的张力样式，是由其力的运动的方向性、强度、速率的特定组合方式所决定的。

力的运动的方向性。如在一个垂直定向的静态画面里，向上运动的倾向总比向下运动的倾向强大。观看人民大会堂门前“顶天立地”的圆柱，会感到它具有一种升腾的力量。至于动态画面，力的运动方向性，取决于客观形象所显示的运动趋向。

力的运动强度。沿着某一方向运动的力，总是包含相应的强度。如在有的描

---

① 阿恩海姆：《艺术与视知觉》。

绘赛马的绘画中,画家们总是把奔马前后四腿分离到最大的限度,近乎一条直线,从而使形象的线条具有高度的张力,以此来表现赛马在急速前进。据此得出结论,某种运动动作的强度,往往取决于它偏离正常位置的角度。

力的运动速率。沿着特定方向运动的张力,总是具有一定的速率。速率一般与强度成正比。速度越快,强度越高,反之亦然。火车比汽车速度快,在强度上,火车显然高于汽车。

方向、强度和速率三要素的配比方式是多种多样的。这里着重介绍两种典型的张力结构样式:

(1)张力方向趋下,强度较低,速率较慢。如凄凄飘零的落叶、典雅靡丽的江南丝竹"霓裳曲"、声韵柔婉的李清照的词《武陵春》("风住尘香花已尽")等,就具有此类张力样式的形式美,在中国美学中,通常被人称作"阴柔美"。

(2)张力方向朝上,强度较高,速率较快。如高耸入云的泰山、激越嘹亮的《义勇军进行曲》、声韵铿锵的苏轼的词《念奴娇·赤壁怀古》("大江东去")等,就具有这种张力样式的形式美,这在中国美学中,又通常被称作"阳刚美"。

## 二、感应形式结构内蕴的张力

审美知觉在感受外在形式过程中所表现出的诸如敏锐性和朦胧性等特性,归根到底是为了感应形式所内蕴的与情感生活相一致的张力样式。

审美感受的敏感性并不单纯表现在对客观事物的知觉上,而且表现在对包含着特定张力的形象细节的摄取上。王朝闻在分析齐白石绘画的特色时指出:"他画的枯荷的长梗,虾的须,其用笔,确实可以当成有力的活泼的写字的用笔来欣赏,没有松散、零乱、软弱、板滞、浮滑等等缺点。它那富于节奏感和旋律性的起伏顿挫的特长,完全符合书法的要求。"①这就说明,白石老人绘画中的线条流动,不仅是对特定客观形象(枯荷、活虾)的敏感知觉的结果,更是其对所包含的生命的节奏、精神的旋律的把握的结果。所以,审美知觉在摄取外在形象细节时表现的敏感性,是与洞悉其内在张力相统一的。

审美感受的朦胧性之所以不同于寻常糊里糊涂的知觉,就在于这种"朦胧"是建立在深入地领略形式张力的基础之上的。画家吴冠中曾说过,以摹拟为特征的素描,运用了目测、量比、垂线检查等方法的素描,固然是掌握绘画艺术所必备的能力。但这种纯客观的再现能力并不等于艺术。艺术要求传神,要求气韵生动。

---

① 《王朝闻文艺论集》第1集,第165页,上海文艺出版社1979年版。

为此，就必须珍视情感化了的错觉（模糊性、朦胧性）。他讲了在巴黎留学时亲历的一次审美感受："我当学生时有一次画女裸体，那是个身躯硕大的中年妇女，坐着显得特别稳重，头较小，老师说他从这对象上感到的是巴黎圣母院。他指的是中世纪歌谛克建筑的造型感。这一句话，确启示了学生们的感觉与错觉。"①"巴黎圣母院"这种教堂建筑，整个正面形象宽厚沉重，像在显示耶稣基督的受苦受难；正门后边的钟塔尖顶高高耸立，升腾之势强烈，像流露出人们对理想生活的向往。在那位美术老师的眼中，身态肥硕，头部娇小的女裸体形象朦胧地幻化成为巴黎圣母院，这说明他看到了这两个表面似乎完全不相关的形象在张力样式（稳健和轻盈相结合）上的一致。

### 三、大脑生理电力场运动

敏感而又朦胧的审美知觉之所以能感应形式美内蕴的张力，更深刻的原因在于大脑生理电力场被激发而积极运动。

"场"是一个物理学概念。麦克斯韦建立的经典电磁场理论指出：场既是一种物质，又是力的传递者。当审美感官将所摄取的形式信息输送到大脑的相应部位之后，这种外部侵入的刺激力，就会打乱神经系统原来的秩序，触发生理电力场的运动。大脑生理电力场所被激起的感应电流朝着特定的方向，以特定的强度和频率传递着张力，从而引起相应的审美感受②。

可见，大脑电力场的运动取决于对象形式的客观性质。客观性质不同，大脑电力场运动的方向、强度和频率也就有差异。如圆形的稳定感和椭圆形的动态感，就是与这两种构图的特质有密切关系的。在圆形中，曲线沿着一个中心旋转，从这个中心向各个方向发射的运动力是均匀的，可以互相抵销，结果就造成了静态特征。椭圆形的曲线分别沿着四个轴心运动，从上下两个轴心发射的运动力和从左右两个轴心发射的运动力并非均衡，富于变化，因此显得比较活泼。

另一方面，诸如圆形、椭圆形等形式内蕴的运动力（张力），只是在大脑生理电力场被激发之后，才被审美感知所觉察到。换言之，审美感受能敏锐而朦胧地捕捉特定性质的形式内蕴的张力，是由于大脑电力场的积极运动。正是由于这种原因，人们从物理特性上看静止不动的对象时，诸如瓷瓶的曲线、宫殿的飞檐、陶器的几何纹饰、人物雕塑的衣服折褶，等等，能领略到某种"飞动之美"。T. S. 艾略

---

① 《绘画的形式美》，《美术》1979 年 5 期。

② 参见滕守尧《艺术形式与情感》，《美学》第 4 期，第 148 页。

特曾说过:“一个中国式的花瓶,虽然是静止的,但看上去却似乎在不断运动着。”①为什么能从静态形式中“看”到“飞动之美”,阿恩海姆指出:“我们在不动的式样中感受到‘运动’,就是大脑在对知觉刺激进行组织时激起的生理活动的心理对应物。”②这一过程可以分成三个彼此融贯的步骤:

(1)形式信息(如有机组合的曲线)通过感官进入大脑皮层。

(2)大脑生理电力场产生运动,传递着与客观形式的结构相对应的张力(花瓶曲线那不断变化的曲率具有自由运动的倾向)。

(3)产生与力的活动相应的心理感受(花瓶那轻盈而又活跃的意味)。格式塔心理学认为,情感与大脑神经系统中电化学的式样是同构的,即特定的情感与特定的大脑中力的式样密切联系着。当形式信息进入大脑,激起生理电力场的运动,继而诱发起相应的情感生活。以上三个步骤构成如下图所示的同构关系:

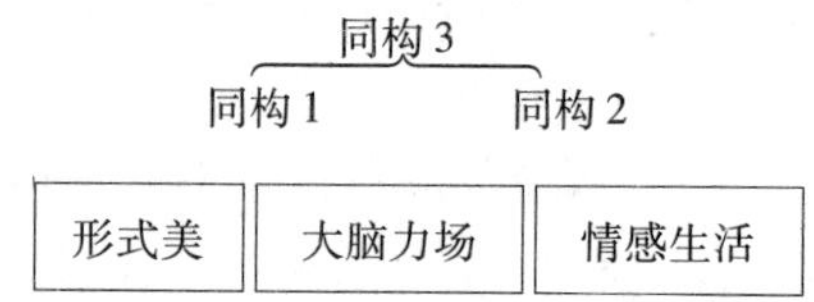


## 第四节　审美直觉、审美联觉

### 一、审美直觉

心理学上的直觉,指在感觉阶段,或者是指感觉之后,知觉之前的心理现象。朱光潜说:“最简单最原始的‘知’是直觉,其次是知觉,最后是概念。”③又说:“有‘见’即有‘觉’,觉可为‘直觉’,亦可为‘知觉’。‘直觉’必须是对于个别事物的知,‘知觉’必须是对于诸事物中关系的知,亦称‘名理的知’。”④他在译克罗齐的《美学原理》时,对“直觉”加了一个注解:“见到一个事物,心中只领会那事物的形象或意象,不假思索,不生分别,不审意义,不立名言,这是知的最初阶段的活动,

---

① 见《艺术与视知觉》。

② 见《艺术与视知觉》。

③ 《朱光潜美学文集》第 1 卷,上海文艺出版社 1982 年版,第 10 页。

④ 《朱光潜美学文集》第 2 卷,上海文艺出版社 1982 年版,第 51 页。

叫作直觉。”①他所说的“直觉”，实际上是心理学上的“直觉”概念。

审美直觉，是人们在对美的观照中不假思索地产生的精神愉悦。有的美学家曾描述过这种奇妙的审美心理现象：“大家都有这种美感经验，无论是观赏梅花也好，看京剧也好，读诗也好，并不是先通过一大段理智的考虑才来决定：是不是应该欣赏它，是不是应该产生美感；恰恰相反，而是根本没有顾得及考虑、推理。而立刻感到对象的美或不美。甚至感到美或不美后，还一时说不出个道理来。”②可见，并不借助于严密的逻辑思维程序是直觉的一个显著特征。必须指出，通常所说的“观照”，就是通过感性直觉直接达到对理性本质内容的把握的一种心理过程。

审美直觉（美感直觉）是通过意念领悟达到对审美对象的本质的理解的。所谓意念领悟，是一种尚得深入研究的心理现象。它一方面保持感性直觉（即直观。英文里，“直觉”一词有直观的含义）的鲜明性、具体性，始终不脱离对形象的知觉和想象过程；另一方面，进行富有诗意的悟性领略。去“理解”审美对象的内在本质，对它产生一种如黑格尔曾经指出过的“朦胧预感”③。正是这种独特的理解（审美判断）方式成为美感愉悦萌发的前提。这种判断并不是通过以概念语言为基本元素的理性思维来进行，而是融化在意念领悟的进程中。

意念及其领悟进程是积淀着理性因素的。

（1）人们在长期的生活实践和审美实践中形成了特定的审美需要、审美意向和审美期望，它们形成一个意念系统（而这些并非为主体明确意识到）。这个意念系统是一种能引导美感直觉迸发的心理冲动趋势，一种能规范审美判断的情感反应模式。特定的趋势和模式起源于丰富的经验积累。在平时，人们自觉不自觉地对经验所进行的整理和思考，都作为意识活动或逻辑思维的成果，融汇在大脑的经验库存里。这样，就使理性因素积淀在作为意念性（并非意识）的心理活动趋势和情感反应模式——往往尚未形诸言表的审美需要、审美意向和审美期望这个意念系统之中。这个意念系统在没有外界审美刺激的情况下，一般蛰居在无意识领域里，处于潜伏状态。

（2）当主体与对象的审美关系建立之后，包含着需要、意向和期望的意念性的心理冲动趋势和情感反应模式受到激发，开始从相对静止状态转入迅疾运动状

① 见《美学原理·美学纲要》。外国文学出版社 1983 年版，第 164 页。

② 李泽厚：《美学论集》，第 77 页。

③ 《美学》第 1 卷，第 163 页。

态。此时,就表现为意念领悟的进程。这一进程沟通了主观意念和客观对象之间的联系,前者对后者展开一系列认知辨析工作。由于意念领悟对客观对象本质的认辨极其神迅,难以被审美者的意识所觉察,这种心理现象可以称之为"无意识推理"(德国心理学家赫尔姆霍茨语)。意念领悟进程就是以"无意识推理"的方式来表现其理性功能的。

(3)在意念领悟进程的每一相对阶段,通过"无意识推理"就可能滋生和迸发"朦胧预感"。之所以称它是"朦胧",是由于"预感"没有变成用概念语言固定起来的明确思想;但既然有"预感",就和毫无所感或错乱的敏感有根本区别。因为,它毕竟已经捉摸到、揣摩到、领略到审美对象本质的氛围了。这时的"预感"所得,处于非语言概念的意念状态,而这种意念作为形象思维的结果之一,显然是积淀着理性因素的。综上所述,可以知道,在审美直觉中达到本质性的理解,其所运用的手段,是与形象感知密切结合的,是意念领悟(以意念性的心理冲动趋势和情感反应模式为内因,非概念、非明确的意识),而不是抽象的心理性分析;所产生的结果,是与美感进程水乳交融的、未被明确思想定形的"朦胧预感",而不是清晰的逻辑结论。

审美实践表明,意念领悟能够帮助人们富有诗意地体味和领略审美对象,从而沉浸在美感享受之中。在聚精会神的观照时,那种"只可意会,不可言传"的心理境界如果介入概念语言,有时就会暂时脱离审美对象、暂时丧失意味无限的美感。《红楼梦》二十三回对林黛玉听戏曲《牡丹亭》的心理活动的描写便可以说明这个问题。以爱情为题材的戏曲《牡丹亭》,恋思频频的林黛玉乍一听闻,就直觉地产生"十分感慨缠绵"的美感。当戏中唱到"良辰美景奈何天,赏心乐事谁家院"时,她"不觉点头自叹",随即想道:"原来戏里也有好文章,可惜世人只知看戏,未必能领略其中的趣味。"但想毕,"又后悔不该胡想,耽误了听曲子"。从美感氛围中"跳"了出来,用概念语言赞赏作者的技巧,批评世俗的陋习,固然无可非议,却"耽误"了看戏,中断了美感进程。需要指出的是,林黛玉在《牡丹亭》的戏文里,究竟"领略"了哪些"趣味",高明的曹雪芹并没有费笔墨写出来,而是留待读者去体味,读者在体验玩味时的意念领悟所得,要比运用定形而有限的语言进行分析陈述丰富得多,广阔得多。"味外之味",是概念性的语言永远不能穷尽的。人们读李白的诗句,"白发三千丈,缘愁似个长""黄河之水天上来""抽刀断水水更流,举杯消愁愁更愁",只有凭意念领悟去体味其中的情思,朦胧而有所感,才显得有审美趣味,一旦把所体会的意蕴"翻译"成确凿的概念语言,就难免会使诗味流失,使美感淡化。可见,朦胧的意念与确凿的语言相比,前者更机动灵活,丰富多彩。意念领悟之际，在概念语言来不及表达的地方，意念潜流却可以自由运动，有如饶有情趣的X光射线一样，无形地渗透到审美对象的深处，摄取其隐秘的内在本质，在大脑的相应部位迅疾地加以辨析认知，进而使得审美者的胸臆涌现意味深长的美感。

## 二、审美联觉

联觉，从生理学的角度说，是指身体的一部分受刺激而于它部分发生的感觉、伴生的感觉。从心理学上的意义说，是指一种感觉兼有另一种感觉的心理现象。颜色感觉容易产生联觉，即某种颜色往往兼有冷暖感、远近感和轻重感。钱钟书先生把"联觉"称为"通感"并做过生动的解释："在日常经验里，视觉、听觉、触觉、嗅觉、味觉往往可以彼此打通或交通，眼、耳、鼻、舌、身各个官能的领域可以不分界限。颜色似乎会有温度，声音似乎会有形象，冷暖似乎会有重量，气味似乎会有锋芒。诸如此类在普通语言里经常会出现。"①心理学的研究证明，客观事物作用于我们的感官而引起感觉，而客观事物具有不同的属性，它作用于人的不同分析器而产生不同的感觉，如视觉、听觉、肤觉（触压觉、温度觉）、味觉、嗅觉，等等。这些不同的感觉，是在不同的感觉分析器的外周部分接受外界事物的刺激，经过传入人的神经大脑皮层下的中枢神经而形成的。而各种中枢神经又互相影响，彼此打通，建立暂时的神经联系。联觉（通感）就是这样产生的。

审美知觉的丰富性往往表现在联觉（通感）上。审美联觉不同于一般联觉的最大区别，在于审美联觉是在审美感知的支配控制下所产生的心理现象，它注意的是审美对象的外在形式结构，追求的是外在形式结构与内在情感模式的对应契合。心理学意义上的联觉主要是一种生理反应，它传达的是生理信息；审美学意义上的联觉（审美联觉）主要是一种心理反应，它传达的是心理信息和审美信息。也就是说，审美联觉是在想象中发生和完成的。心理学意义上的联觉一般都有明显的刺激，躯体能马上做出反应。例如，当我们听到铁片与水泥地面摩擦所发出的声音时，牙床会产生一种酸痛的感觉。这时，听觉就转为肤觉（痛觉）。生活中常说的"声音刺耳""嗓音甜润""寒光似剑""湿润""光滑"等，都包含有联觉的成分。"声音刺耳"指听觉转化为肤觉（痛觉），"嗓音甜润"指听觉转化为味觉和触觉，"寒光似剑"指视觉与肤觉的转化，"湿润"指触觉与肤觉的转化，"光滑"指视觉与触觉的转化。所有这些都是一种联觉效应，联觉是人们所共有的一种心理素

---

① 《旧文四篇》，上海古籍出版社1979年9月版。

质和感受外部事物的能力，是人类的生物进化的成果。

心理联觉是审美联觉的基础，审美联觉是对心理联觉的选择和优化，它只出现在那些具有一定程度的审美鉴赏力的主体身上。没有审美能力的人不会有审美联觉的意识。审美联觉是主体感知审美对象的形式与意蕴的重要功能。审美联觉不是简单的躯体的自然机能，它是人类文化进化的成果。

我们知道，主体审美心理结构的形成是一个历史发展的过程，其中包含遗传的因子和历史积淀的成分。因此，在审美活动中，主体的心理活动总是必然受到这两方面的影响。主体审美知觉带有过去的经验，在审美感知中，当主体面对对象进行审美时，总是以极大的热情全身心地拥抱它，大脑生理电力场积极运动，从所有感觉中选择出最能表达审美感受的两种或几种感觉同时传递出来。审美联觉反映了审美主体的这种审美心理变化过程。“空山百鸟散还合，万里浮云阴且晴”①，这是以视觉和肤觉的感受来传递听觉的审美感受；“吴带当风”，这是以肤觉和听觉的感受来传递视觉的感受。

波德莱尔在对自然色彩做了诗化的描述之后说：“这一阙白昼的宏伟交响乐，它是昨日的交响乐的永恒的变奏，这种旋律的更替，其变化永远来自无限，这一曲繁复的颂歌，就叫作色彩。在色彩中有和声、旋律和对位。”②这是以听觉感受传达出视觉感受。梅纽因在回忆对他影响最大的音乐家时说：“如果说克莱斯勒的声音像阳光，温暖得足以使人的内心融化，那么海菲茨的声音就比较冷。他的声音是如此近乎完美，以至你会误认它是舒适的壁炉火光。但它不是炉火，这里没有灰烬，也没有余烟袅袅；在他的声音中，找不到思念家乡这类的缠绵情感。他的声音更像一束电流，能发生强有力的辐射，既光滑又动听……”③这是以肤觉、视觉、触觉的感受传达出听觉的感受。

审美能力强的人，特别是文艺家，他们比一般人具有更敏锐、更细致入微的审美联觉（审美通感），这是因为他们常常把一种自发的通感自觉地运用于审美活动。如民间音乐家华彦钧在双目失明以前，领略过二泉映月的美景，由于他有艺术的敏感，这种视觉形象的美景在他身上便与听觉形象的音乐相通了。因此，他在后来就能把二泉映月的美景化为《二泉映月》的乐曲；而音乐欣赏者又能从乐曲中领略到这种自然美景。有人把建筑描述为凝固的音乐，像现代大型建筑常有

① 李颀《听董大弹胡笳》。

② 《波德莱尔美学论文选》，第221页。

③ 《梅纽因谈话录》，第9页。

“柱、窗,柱、窗”或“柱、窗,窗,柱、窗、窗”的形式,就好像音乐的节奏和旋律,“颇富有圆舞曲的味儿”。这些都是从视觉到听觉的审美通感。由于视觉和听觉是高级审美感官,视听通感也就显得最有美学趣味。

在审美活动中,审美联觉(通感)有以下一些表现形式。

单项通感:即由一种感觉通向另一种感觉。其格式可表示为甲觉→乙觉。如:

有一种叫作雁抓啦的,羽毛灰中透黑,闪着缎子一样的光泽,红的喙,红的腿,鸣声是滚动的音儿,像滚出一串脆响的珠儿。①

“雁抓啦”这种鸟儿的“鸣声”,在作者听来,“像滚出一串脆响的珠儿”,“鸣声”仿佛具有珠子的“形状”,圆润盈满而光泽艳丽。在这里,听觉打通了视觉。

倒置通感:将先发生的感觉放在后面,把后发生的感觉放在前面的通感。其格式表示为:乙觉←甲觉。如:

歌台暖响,春光融融,舞殿冷袖,风雨凄凄,一日之内,一宫之间,而气候不齐。②

歌声荡漾,情绪热烈,给人以春天一样和暖的感觉。跳舞结束了,冷清清地,使人感到如秋风苦雨般凄冷。歌声带来了暖意,即由听觉通向温度觉。舞袖带来寒意,由视觉通向温度觉。不说“响暖”而说“暖响”,是把听觉→温度觉的通感形式变成温度觉←听觉;不说“袖冷”,而说“冷袖”,是把视觉→温度觉的通感形式变成温度觉←视觉。

连珠通感:即由一种感觉通向另一种感觉之后,再由第二个感觉通向另一种感觉,甚至不断继续下去。其格式是:甲觉→乙觉→丙觉……。如:

坐潭上,四面竹树环合。寂寥无人,凄神寒骨悄怆幽邃。③

(1)“四面竹树环合”,视觉。(2)“寂”,无声,听觉;“寥”,稀疏,视觉;“寂寥无人”,兼有听觉和视觉。(3)“凄神寒骨”,温度觉。(4)“悄”,静意,听觉;“怆”,凄凉,温度觉。“悄怆”,兼有听觉和温度觉。“幽”,幽静,听觉;“邃”,深邃,视觉;“幽邃”,兼有听觉和视觉。那么,此例的通感乃是:(1)视觉→(2)听觉→视觉→(3)温度觉→(4)听觉→温度觉→听觉→视觉。

发散通感:即由一种感觉,通向另一种感觉的几种情况,构成博喻,称之为发

---

① 刘成辛:《西寨村的鸟儿》,《散文世界》1986年3期。

② 杜牧:《阿房宫赋》。

③ 柳宗元:《小石潭记》。

散通感。其格式为：

甲觉→乙觉1→乙觉2→乙觉3

……

琴声复又变调，其声压抑而怪异，时或发出刺耳嗓音。似猛兽在囚笼碰撞，如迷羊在莽林挣扎，似离群孤雁声声哀叫。①

听觉上的“刺耳嗓音”，作者用视觉上的“猛兽碰撞”，“迷羊挣扎”，“孤雁哀叫”（兼有听觉）去形容。听觉的声音变为视觉的形象，将“压抑的怪异”的“琴声”描绘得活龙活现，栩栩如生。

审美联觉（通感），在审美活动中有着特殊的作用。

（一）联觉中的听觉和视觉的互转，可以使审美意象更具确定性或空灵性

由听觉形象转变为视觉形象，则对象会变得更确定，由视觉形象转变为听觉形象，则对象会显得更空灵。如我们走在山间的林荫道上，常常可以听到多种禽鸟的鸣声。声音对我们听觉的作用虽然是具体的，但由于它是眼所不能看见的无形之物，往往转瞬即逝，飘忽不定，难以捉摸，假如我们能将无形的鸟声转化为有形的物象，其情况就不一样。这就是由听觉转变为视觉，对象因而变得更加确定。如果是视觉形象转化为听觉形象，比如在欣赏盆景时，从那五彩缤纷的颜色和变化多姿的形态中，仿佛听到一支悦耳沁心的奏鸣曲，这就使对象显得更为美妙而空灵，因为奏鸣曲可以诱发人的种种联想和盎然情趣。类似的情形在西方现代派诗歌中时常出现，这些诗往往给人一种朦胧而空灵之美。原因之一就是将有形之物化为无形之声。如有一首诗中写道：“菲白斯（太阳神）啊，是他使白杨发光，是他的歌声压倒，风儿吹弄树叶的声音。”太阳可以使白杨发光，这是合乎情理的。但太阳何以能够歌唱，似乎不好理解。原来作者先把太阳想象作“在白杨树间的一只小鸟”（此诗开头两句是：在白杨树间有一只小鸟，它是太阳），而小鸟是能够歌唱的，于是太阳也就变得有歌声了。这样的描写，使意象变得空灵而有情味。

（二）联觉中的实觉和意觉的互换，可以使主体的情绪更富具体性和明晰性

徐上赢在《溪山琴况》中说：“若得之弦外者，与山相映发，而巍巍影现；与水相涵濡，而洋洋徜恍。暑可变也，虚堂凝雪；寒可回也，草阁流春。”若能弹出绝妙的琴声，而同时又有知音来鉴赏，那么，听者不仅可以将听觉形象化为视觉形象（“与山相映发”“与水相涵濡”）；而且可以将它转化为意觉（“暑可变也”“寒可回也”，即虽在暑夏可以使人觉得冷雪浸心，虽在严寒可以使人觉得温暖如春。“寒”

① 黄泉：《古井听琴》，《散文》1986年5期。

“暑”虽然是一种温度觉,然而是人们一种内在心灵的感受,是一种意觉),而意觉中的感受可以用具体形象表现出来,使内心激发出来的情绪明朗化。

(三)联觉中的主要审美感觉(视听觉)和辅助感觉的互补,使主体所感受到的审美意象更丰富和有适意感。在对大自然的审美中,虽然视、听觉是主要的审美感觉,味、嗅、触觉只是辅助感觉,但辅助感觉对美感的愉悦作用是不可忽视的。如我们既看到鲜花的形与色,又闻到它的芬芳,与仅看到其形色而闻不到香气所产生的愉悦是大不相同的。一般地说,总是前者所引起的情绪反应强,后者所引起的情绪反应弱。

# 第十一章

# 审美想象

审美活动中,想象必不可少。它一方面联系于知觉与表象,另一方面又不受知觉表象限制,而是受情感的支配,随意地创造出新的知觉和表象。想象指人们在外在对象和事物的刺激下,对头脑中已有的记忆表象做加工、改造,形成新形象的精神活动过程。这一过程是按情感的逻辑进行活动的。

想象分知觉想象和创造性想象,前者是一般审美活动中的想象,不能完全脱离眼前事物;创造性想象则是艺术家创作过程中的想象,它可以脱离实体,在内心情感的驱动下对记忆中的形象进行改造、加工,从而创作出美的艺术品。

知觉想象的效应是,当人的全部心理功能都活跃起来去拥抱自然或艺术品时,当人们的心境、爱情、痛苦或欢乐与大自然完全合拍时,人的想象活动便被激发起来。这种想象的缺陷是它滞着于所见之物,想象当中包含着这一事物,想象范围不广,程度较浅。

创造性想象产生于无数次感知、大量观察和丰富经验阅历,当然还有灵感的启示。刘勰《文心雕龙·神思》篇描述道:"文之思也,其神远矣,故寂然凝虑,思接千载;悄焉动容,视通万里;吟咏之间,吐纳珠玉之声;眉睫之前,卷舒风云之色,其思理之致乎。"这里所谓"思",虽指文学创作中的联想和幻想,也可以泛指一切类型的创造性想象。陆机的"精骛八极,心游万仞","笼天地于形内,挫万物于笔端",对想象的作用也做了极好的形容。作家、艺术家运用创造性想象才能把僵死的材料组合集中,熔铸成完美的艺术形象。

## 第一节　审美想象的内涵

### 一、想象与审美想象

想象是在人脑中对已有表象进行加工改造而创造新形象的心理过程。人脑在反映客观世界时，不仅能产生知觉印象和表象，而且还能形成新的形象。想象中出现的形象是新的，不是表象的简单再现。粗看起来，想象的内容似乎是“超现实”的，其实，任何想象都不是凭空产生的，它是在人的实践活动中，在已有表象的基础上形成的。当我们欣赏马致远的散曲《天净沙·秋思》时，头脑中就会展现出一幅充满苍凉气氛的景象。欣赏者可能没有经历过，但是，欣赏者头脑中却存在着“枯藤”“老树”“昏鸦”“小桥”“流水”“人家”“古道”“西风”“瘦马”“夕阳”等记忆表象，在读马致远的词句时，就会借助于这些表象的重新组合，产生一幅充满苍凉气氛的“秋暮羁旅图”。

审美想象区别于一般想象的特点，决定于审美主体的审美心理结构——为审美想象的展开提供了心理模式，确定了活动方向；并且它在感性经验的基础上开拓新的审美意蕴、构筑新的审美意象。也就是说，审美想象总是受制于主体的审美意识，它是一种表现主体个性和趣味的想象，它与主体的审美修养有着密切的联系。对同一个对象，不同主体所引发的想象不一样。对某一门类的艺术有特殊的爱好和兴趣的人总是比较容易对这一门艺术产生丰富的想象，这种想象也很独特。被梅纽因认为是世界上最好的指挥家之一的费伦·弗里克赛就“总是把一部总谱想象成一个戏剧故事。他是一位天生的歌剧指挥，他把所有的音乐，包括交响乐在内，都按这种方式进行处理。他通过把音乐和某种人物情节联系起来的办法，使音乐在他的内心保持着生命力。他把音乐编成他自己的故事。有时这种办法似乎有点牵强附会，但是对他来讲效果却很好。把每个重要的句子都想象成为一种戏剧的情节，并把它和整个作品联系在一起。这种办法使他所演奏的音乐具有强烈的感情，而且总能被听众接受”①。

---

① 《梅纽因谈话录》，第 50 ~ 51 页。

## 二、审美想象产生的条件

审美想象产生的条件有以下几点。

### (一)审美想象的基础是多彩多姿的现实生活

审美想象如果远离生活,就会成为"灰色"之物,只有与那些长青的生活之树相依为命,想象才会是具体而丰富的、新鲜而生动的。契诃夫的作品中呈现出新奇而又丰富的想象力,是和他丰富的生活有直接关系的。他长期在一个镇上当医生,接触了各式各样的人,获得了丰富多样的生活资料。后来他又到库页岛流放性地体验生活,既有丰富的经历,又有多种多样的阅历,因而在创作中就游刃有余,对审美想象力运用自如,以至写出了几百篇小说,成为举世闻名的小说家。我们欣赏借助显微摄影所得到的污染中的美,尤其需要一定的现实生活的基础,否则,很难从那些"奇形怪状"的物质微粒结构中获得美感享受,或者充其量把它们看成一些斑斑块块。如果我们具备一定的生活经验,很容易形成下面这样一些想象:"云的催化实验中所形成的雪花",颇似天然琥珀;"带有气泡的雹块横切面",令人想到敦煌的飞天形象;"后院的尘土",宛如朵朵郁金香;"雨滴中的针状硫酸晶体",恰似团团粉蝶①。

### (二)审美想象离不开激情的推动

审美想象与科学想象的区别在于,科学想象力要受理解力的支配,而审美想象力则受到情感的推动。科学家在科学研究中,要凭借想象力发现已经存在但还没有发现的某些客观规律;而审美者(特别是艺术家)却依据想象发现、体味审美对象的审美意蕴,创造新的审美意象。很多文艺家的创作实践证明,文艺创作过程中,浮想联翩、文思敏捷的时候,也是创作激情达到白热化的时候。感情炽烈,会使文艺家兴致勃勃;在饱满的创作激情促使下,艺术家才能走进一个艺术幻境,千头万绪纷至沓来,妙笔生花,势不可挡。

一般的想象并不一定凭借情感的推动,科学家的想象有的需要情感的推动,更多的却是依靠理智的作用。建筑师设计房屋和桥梁、隧道、港口、码头需要想象能力。他在设计蓝图时,凭借的是理论力学、弹性力学、计算数学等属于理智范畴的知识,其想象的发展过程是一种严密的推导过程。审美想象则不同,它自始至终要依靠创作主体和鉴赏主体的情感功能,离开情感功能,审美想象无法进行。

---

① 《显微镜下细看污染中的美》,《交流》1986年第4期。

创作者在创作过程中总是“思涉乐其必笑，方言哀而已叹”①，总是“登山则情满于山，观海刚意溢于海”②；鉴赏主体在鉴赏过程中，总是“各以其情而自得”，在领悟对象的形式美和意蕴美时都伴随着情感功能。审美想象区别于科学想象的原因是，科学想象的目的在于对象的普遍性、规律、思想和概念，它总是从独立存在着的鲜活的个别事物上超越过去，或从中抽象出普遍的规律。审美想象的目的就在想象者自身，在想象者自身的情感陶冶或自身的情感宣泄。它的着眼点在个别的存在，它始终关注着具体的个别对象，在这个具体的对象上寄寓他的情感或从这个对象上获取情感。

（三）审美想象要靠际遇的触发

在文艺创作中，这种情况最为常见。文艺家对一定的故事情节，大致构思成熟，但总感到还缺少一些什么，因此作品迟迟不能完成，甚至往往把作品搁置很长时间。有时，突然被一件事、几句话、一种现象等际遇触发，灵感爆发，想象力特别活跃，于是作品很快完成。《灵与肉》的作者张贤亮就谈到过这种情况。他刚开始写《灵与肉》时，将许灵均的劳教、当放牧员、结婚、平反等经历都一一写出来，写了三万多字。

但总感到没有矛盾冲突，情节也平淡无奇，于是就把三万多字的草稿搁置起来。过了一段时间，张贤亮曾经拜访过的严纪彤（此人是侨属，工程师，“十年浩劫”虽然受到种种折磨与痛苦，但在他出国探亲中，毅然决定放弃父母为他安排好的异国的舒适生活，重返祖国的战斗岗位——在国营农场从事农业技术工作，并做出了出色的成就）托人向张贤亮要一份材料，张触景生情，见人生意，浮想联翩，严纪彤的无数动人的事迹一下子都浮现在了他的面前。

这个际遇促使他的想象纵横驰骋，随之而来的是“一通百通，找到了主要的情节线索，整篇小说的架子很快就搭起来了”③。有些时候，一句话、一张图、一个偶然听到的案例都可以触发创作者的审美想象，使他们创作出皇皇巨著。叶辛在回忆他创作《蹉跎岁月》的经过时说，早在“文化大革命”初期，他就想写一部反对“血统论”的书。随着岁月的流逝，年龄的增长，特别是随着他在苗岭山寨当知青的生活的磨炼，他的这个想法一年比一年强烈。直到 1978 年冬天，他听到两位知青因出身悬殊而酿成恋爱悲剧的事后，决定着手创作。但提起笔，一直找不到合

---

① 《文赋》。

② 《文心雕龙·神思》。

③ 见《作品与争鸣》，1981 年 9 期。

适的开头。他“久久地苦闷着、思索着、等待着……”后来,在与一位老医生的闲聊中,老医生的一句话触发了他的文思:“一个人同另一个人的关系,往往是从他们认识的第一天就开始了……”这句话如一道闪电,突然使他明白过来。他说:“我的长篇小说,就是从男女主角的第一次相识写起,写他们的感情基础,写他们心灵的颤动。……一旦找到了这个开头方式,小说就顺畅地一章一章写下来了。”①据说,史蒂文生认为,他的《金银岛》得力于他偶然间画的一幅小岛地图。1881 年的某一天,他为了哄他 13 岁的孩子,即兴用水彩画了一幅想象中的小岛地图。他后来回忆说,当时,这幅小岛地形图使他产生了无法形容的奇想,看着那幅地图,《金银岛》里未来的人物开始在他心目中的树林里出现,他们为寻宝而打斗。于是他拿出纸来,将他想象中的人物写了下来。斯丹达尔则是被一件当时引起轰动的审判的新闻报道激起审美想象而创作出《红与黑》的。当时,一个名叫安东尼·伯尔岱的神学院学生,先后在两处当家庭教师。在第一处,他引诱了夫人,在第二处则引诱女儿。他被辞退后想恢复神学院的生活,可名声太坏,没有一所神学院同意接收他。他认为这一切该那位夫人负责,为了报复,就在教堂向那位夫人开了枪,然后自杀,但伤势并不致命,于是受到审判,被判为死刑。“这个丑恶而下贱的故事吸引了斯丹达尔;他把伯尔岱的行为看作是一种‘美好的罪恶’,是一个强有力的反叛的个性对社会秩序的反抗。”②斯丹达尔据此想象出《红与黑》的主要情节并获得成功。

## 第二节　审美想象的基本特征

### 一、具有广阔的覆盖性

即不论情境明确或不明确,想象机制都以它的能动性和有效性起着作用,纵横覆盖着美的欣赏和美的创造的全过程。一般情况下,在信息不充分的环境中,为着生存和行动,人们产生了想象的机制。所以想象是在情境非常不明确的认识阶段上发生作用的。对于那种基本规律已揭示出来的现象领域,就没有必要利用想象。但是,审美活动(包括审美和创造美)则迥然不同。即使文艺家以单个事物

① 《写作三部长篇小说的前前后后》,《中青年作家创作经验谈》,第 66 ~ 67 页。

② 《巨匠与杰作》,第 104 页。

为对象,对它了如指掌,也不会满足于这种事实判断。因为文艺内容不仅仅是事实判断,而主要是在事实判断的基础上做出审美判断。事实判断是服从于审美判断的。文艺家从对象世界中只筛选实现他的创作意图所需要的信息。在这种情况下,审美想象就是不可避免的。文艺家是以多种多样的事物为对象的,而这些事物在现实生活中并非是有机的系统。在文艺家的信息库中也可能只是散乱的储存,即使文艺家对它们的个别情况了如指掌,也不会更不能够把它们如实地转录下来,必定是按照自己的创作意图和心理定势,借助审美想象的虚构功能,把这些事物经过汰选过滤而融合为情感灌注、整体有机的形象体系。审美想象是贯串审美活动全过程的。

### 二、具有非物质功利性

即想象机制始终服从于审美需要和超功利实用的审美动机。在一般情况下,想象机制是在生活——实践的需要和实用——功利的动机的刺激下产生的。木匠为了人们生活的需要,借助想象,形成家具(如组合柜)的心理模型,这一心理模型的实现,就使人们能够经济地利用有限的居住空间,但是审美与创美则是远离物质功利目的的。我们不能够从画中的森林得到绿色的荫蔽;不能够从乐曲中的田园得到鸟语花香的庭院。文艺只是想象的产物,只给鉴赏者提供一个假设的、进行观照的文艺境界。对自然美的鉴赏,也只是为了获得审美的愉悦,而不是为了占有审美对象。所以,审美想象唯一要遵循的是审美的需要和审美的动机。

### 三、具有明显的情绪性

即想象机制始终伴随着明显的情绪色彩,它既为情绪所激活,也使情绪凝定在心理结构中,物态化在文艺作品上(情绪是情感体验的通常的而又特有的形式,反映着情感体验的心理过程)。总之,审美情感既是审美想象启动、激活的动力,也是它定向、展开的缰绳,飞腾、深化的基因。反过来说,随着想象活动的展开,文艺家、审美者的审美情感也会进一步被激活和强化。正如席勒在《论悲剧艺术》中所说的那样:“想象越生动活泼,也就更多引起心灵的活动,激起的感情也就更强烈。”因此,想象和情感是互为动力,互为基因的,它们互相影响,互相推动。审美冲动是一种情感冲动,审美冲动袭来,往往食不甘味、卧不安寝。从心理学的观点看来,冲动是由欲望激发起的一种强烈的、勃发性的情绪状态,是一种由主体需要而引起的心理上的不平衡。文艺创作的冲动当然主要不是生理上缺乏或肉体上的欲望(当然可能成为形成创作需要的原因),而是由于精神上的某种失衡和追求。外国有"愤怒出诗人"之说,我国古代美学中有"发愤著书"之论。情感不仅激活、启发着想象,而且制约规范着想象。在文艺创作中,文艺家一方面表现为深入的情感体验,这就如福楼拜所说的:"写书时把自己完全忘却,创造什么人物就过什么人物的生活……比如我今天同时是丈夫和妻子,是情人和他的姘头。"①另一方面则表现为深刻的情感评价,也就是对他的表现对象所做的爱、憎、好、恶的情感判断,如鲁迅对阿Q的"哀其不幸,怒其不争"的情感态度。无论是情感体验,还是情感评价,都直接、间接地制约和规范着他的想象定向。

### 四、具有普遍有效性

即各种类型的想象在审美活动中都能够发挥它们的能动性和有效性,把心理模型直接地转变为物态化的形式。

## 第三节　审美想象的类型

### 一、不随意想象与随意想象

想象可以是自觉的有明确的目的意图,有特定的意向;也可以是不自觉的、无明确的目的意图,无特定的意向。这就是想象的随意性与不随意性划分的界限。

不随意想象是想象中最简单、最初级的形式。它的映象、观念的产生是没有特定意向的。夏日乘凉,仰观天空,看到一团团飘动的白云,忽而想象它是一群羊,忽而又想象它是一座山。这类不随意想象的最根本的特征就是没有确定的意图,各种表象在脑海中不自觉地、自发地出现着和浮动着,自然而然地变化着、改造着,有时离奇地甚至荒诞地结合着。不随意想象的极端状态是梦。不随意想象的梦境在文艺形象的创造中有一定的作用。美国的布朗和拉克考克在《梦·幻想与发现》一文中说:"塔提尼梦见过他给魔鬼一只提琴让他拉,使他非常惊奇的是,撒旦竟演奏了一首美丽的乐曲片段。塔提尼醒后立即写下了令人爱莫能忘的《魔鬼的颤音》,瓦格纳于朦胧中创作了《歌唱大师》和《莱茵的黄金》的部分乐章。斯特文斯基的一些乐曲是在梦中写的。海顿和莫扎特都利用过无意识或促进睡眠

---

① 见《外国理论家作家论形象思维》。

状态。”①不随意想象对“意识流”文学的创作更是起着关键性的决定作用。

随意想象不同于不随意想象的根本特点是：表象是根据想象者的创造性构思，根据他有意识地为自己提出创造某种新的东西的目的来形成和进行改造的。在随意想象中，人们控制着想象过程的流程，按照一定目的自觉地积极地指使着它的活动。

随意想象首要的特征是它的意向性和目的性。文艺创作作为一种最富创造性的精神活动，它一方面有着自由想象的广阔天地，另一方面又总是文艺家本人的生活经验和一定创作意图结合的产物，是文艺家长期认识生活的结晶。因而想象就必然有一定的规范，而不可随心所欲，漫无边际。托尔斯泰说：“想象是一种那么灵活、轻巧的能力，以致运用它时要十分谨慎小心。一个不恰当的暗示、一个莫名其妙的形象，会破坏一切由无数美妙而可靠的描写所产生的魅力。作者与其在自己的作品中留下一处这样的暗示，不如漏掉十处美妙的描写来得更好。”②随意想象的第二个特征是它对现实的超越性，它可以打破时空的界限。我们知道，艺术的真实不等于生活的真实，艺术家的审美想象也不一定就是真实的生活中的想象。客观现实生活进入艺术家头脑后，变成了一种主观现实，一种渗透着艺术家思想情感和性格意趣的现实。事物的表象一旦被艺术家所摄取，它也就变成了艺术家的心象，改变了某些刺激信息的经过处理后的表象。因此，当艺术家在进行审美想象时，他可以而且完全应该以一种超越现实规范和违背常情常理的态度来构思作品，并以物态化的形式把这变了形的事物表现出来。这也就是苏东坡所说的“诗以奇趣为宗，反常合道为趣”③。这种“反常合道为趣”正是审美想象对现实的超越性表现。

随意想象这个特征广泛存在于浪漫主义艺术、象征主义艺术中，中国古典艺术中尤为常见。从屈原的“饮余马于咸池兮，总余辔乎扶桑。折若木以拂日兮，聊逍遥以相羊”④到李白的“吾将囊括大块，浩然与溟涬同科”⑤，均表现出“想落天外”⑥的超越常理的想象，但它们给人的印象又是真实的——情感抒发的真实性。惠洪曾在《冷斋夜话》中说：“今人之诗，例无精彩，其气夺也。夫气之夺人，百种禁

① 见《心理学探新》，1980 年 1 期。

② 见尼基伏洛娃《文艺创作心理学》，第 127 页。

③ 惠洪：《冷斋夜话》引。

④ 《离骚》。

⑤ 《日出入行》。

⑥ 《说诗晬语》卷上。

忌,诗亦如之。富贵中不得言贫贱事,少壮中不得言衰老事,康强中不得言疾病死亡事。脱或犯之,人谓之诗谶,谓之无气,是大不然。诗者,妙观逸想之所寓也,岂时限以绳墨哉!如王维作画雪中芭蕉诗,法眼观之,知其神情寄寓于物,俗论则讥以为不知寒暑。荆公方大拜,贺客盈门,忽点墨书其壁曰:'霜筠雪竹钟山寺,投老归欤寄此生。'苏东坡在儋耳作诗曰:'平生万事足,所欠惟一死。'岂可与世俗论哉。"对王维、王安石、苏东坡的这类作品,都应以审美想象的现实超越性对待之,否则只会得出不合常情常理的结论。石涛作画时的审美想象也表现出这种特征:"吾写此纸时,心入春江水。江花随我开,江水随我起。把卷望江楼,高呼曰子美。一笑水云低,开图幻神髓。"①这种想象也非常情常理所能理解。至于现代派艺术家的审美想象则更明显地表现出这种特点。总之,审美想象对现实的超越性也就是审美想象的普遍合理性,它在审美创造和审美鉴赏中有着不容忽视的地位。它可以打破时空界限,"八极可围于寸眸,万物可齐于一朝"②。千年以上的事物,万里以外的情景,都可以尽收眼底。想象活动可以"无远不到""无高不至",其活动范围和幅度是无限广阔和无限丰富的。这种广阔性和丰富性表现在它经常超出"常情""常理"之外,不受其束缚,如惠洪在《冷斋夜话》中所举王维作画雪中芭蕉,表面上看起来确是与物之常理不相吻合。但诗是文艺作品,它不能仅仅以描摹生活的现实图景作为自己的任务,它必须把反映客观生活与抒发主观感情完美地结合起来。只有通过审美想象的作用,生活和感情才能化合为文艺的"第二自然"。而审美想象的化合作用,正是通过变形、变意、变理的规律来实现的。但想象的超越性又是有一定的度的。狄德罗说:"诗人不能完全听任想象力的狂热摆布,想象有它一定的范围。在事物的一般程序的罕见情况中,想象的活动有它一定的规范。这就是它的规则。"③

### 二、再造想象与创造想象

再造想象是根据词(言语、文字)的描述和图样的示意(图表、符号、模型、说明等),在头脑中形成相应的新形象的心理过程。再造想象之所以能够形成,原因在于这些词语或符号都与相应的表象形成了约定的巩固的联系,而且由于各种结构条件的限制,这些词语、符号又可以化为具体的形象。因此,再造想象也可以说是

---

① 《石涛题画选录》。

② 左思《魏都赋》。

③ 《外国理论家作家论形象思维》,第29页。

对原有表象的重新组合。表象可以是旧的,但组合和结构的方式或条件却是新的。再造想象是进行审美欣赏和审美再创造的基本动力。

比如,我们欣赏王维的"人闲桂花落,夜静春山空。月出惊山鸟,时鸣春涧中"①。这些词语原本就与一定的表象联系着,各有一定的意义。我们在吟诵这首诗时,这些旧有的表象浮现在眼前,但我们不是逐一去辨析它们各自的概念,而是以极其短暂的速度将这些表象重新组合成一系列新的形象,形成一种幽静的意境,从而以间接的方式体验到作者曾直接体验过的审美情趣。可以这样说,没有再造想象就没有审美欣赏。而"欣赏一首诗就是再造一首诗,每次再造时,都要凭当时当境的整个的情趣和经验作基础,所以每时每境所再造的都必定是一首新鲜的诗"②。

有的时候,由于审美对象的意蕴是以相当含蓄的形式来表现的,因此,鉴赏这一类作品就需要双重的再造想象。比如欣赏漫画,尤其是欣赏那些具有政治讽刺意义或具有醒世警世作用的漫画作品更需要双重再造想象。双重再造想象的限制条件要比单一的再造想象多一些。单一再造想象是以间接方式对直接经验进行体验,双重再造想象则是以间接方式对间接经验进行体验。因而它要求审美主体具备广博的生活知识和一定的专门知识修养,要求鉴赏者在进行鉴赏时,必须首先考虑到作品产生的时间,地点和历史文化环境、艺术家的个性,气质以及该门艺术的特点。我们举个例子来说明这个问题。屈原的作品经常写到香花善草,如"杂申椒与菌桂兮,岂维纫夫蕙茝?""畦留荑与揭车兮,杂杜衡与芳芷"等,这些语言本身所联系着的表象在被我们的审美心理结构重新组合后呈现在我们眼前,这可谓第一层再造想象。这第一层再造想象并未改变词语所联系着的表象,只是重新组合而已。如果我们预先了解到屈原的身世、情操和他的政治理想,并且掌握了有关战国时代的基本知识以及懂得古典诗歌的"比兴"传统和表现技巧,那么我们会很快进入第二层再造想象,也就是说从"留夷、揭车、杜衡、蕙、茝、芳芷"这一类词语结构跳开,形成一种新的表象,从而将这些新的表象按我们的审美心理结构的要求组合成新的形象,获得"以香花善草代表贤人君子"的新的审美信息——变物质美的信息为精神美的信息,而不至于如刘彦和所讥讽的那样为"拾其香草"的"童蒙者"③。

---

① 《鸟鸣涧》。

② 朱光潜:《诗论》,第52页。

③ 《文心雕龙·辨骚》。

无论单一再造想象还是双重再造想象，都需要以思维为前提条件，要渗进理解的作用，原有的表象和主体利用这种表象重新处理变形的新的表象都是通过符号（词语、图形、模型等）表现出来的，对这些符号的前后逻辑关系的理解就成为再造想象的首要条件，至于掌握作品产生的时间、地点和作家的个性气质、思想修养以及作品的表现技巧，等等，则更是需要理解的参与了。在这个意义上也可以说再造想象兼有形象思维、逻辑思维的特征。有的时候，再造想象，特别是双重再造想象还需要灵感思维的参与。当接受者对某一对象百思不得其解的时候，在形成新的表象之前往往有一个想象停顿时期。在这个期间，很可能受到其他事物的偶然刺激而突然对原有的对象有了崭新的理解和感知，进入“拈花示微旨，悟者一笑粲”①的心境，从而一通百通，在对象的旧的表象上形成全新的表象。这也就是我国古代美学家所谓的“顿悟”与“妙悟”。关于灵感思维问题，目前学术界尚无确切解释，这里只是从审美接受角度提出一种看法。与一般关于灵感思维的看法不同的是，我们认为灵感思维不但存在于审美创造的心理变化过程中，而且存在于审美接受的心理变化过程中。

在再造想象中，灵感思维具有重要的作用，有时，它甚至能起到形象思维和逻辑思维所不能起到的作用。

创造想象是不依据现成的描述，而是用自己记忆中所保持的表象作材料，来独立地创造出新形象的过程。因而它是以新颖性、独立性、创造性为特征的。在文艺创作中，创造性想象在创造艺术形象时，经常采用联想、幻想、臆测与夸张等形式。（对于联想，我们将在本章第四节论述）

幻想，是一种与生活愿望相结合，并指向未来的想象（幻想一般是指在现实生活中不能实现而文艺家或审美者又非常希望实现的某种愿望或理想）。在幻想的过程中，人们根据自己所向往的和憧憬的生活需要创造新的形象，所以，它是构成那种包含愿望、向往、理想的艺术形象的重要手段。幻想根据主体对现实的态度、对社会的倾向性的不同而有所区别。有创造性的、积极的、激励人改造现实的幻想，也有消极的、脱离现实生活的幻想。积极的、富有创造性的幻想，是植根于现实而与生活实践联系着的。它能使人展望和预见未来，把人引领到闪烁理想之光的境界中去。在文艺发展史上，有不少作品都是文艺家用大胆的幻想创造出来的，像我国《西游记》《聊斋志异》等古典小说。幔亭过客的《西游记题词》中有一段话，把《西游记》的幻想特点概括得很准确：“文不幻不

---

① 《说诗用琥韵》。

文，幻不极不幻。是知天下极幻之事，乃极真之事；极幻之理，乃极真之理。故言真不如言幻，言佛不如言魔。魔非他，即我也。我化为佛，未佛皆魔。魔与佛力齐而位逼，丝发之微，关头匪细。摧挫之极，心性不惊。此《西游》之所以作也。"《西游记》所写神佛魔怪都具有人的某些特点，其幻想的基础还是人世生活，吴承恩的喜怒哀乐和好恶爱憎都借幻想的形式抒发出来。幻想程度越高，也就越有真实性。蒲松龄所写的仙狐鬼怪也多通人性，其幻想的根基还是现实生活。歌颂赞扬幻想世界的美好实际上是鞭笞现存世界的丑恶。弗洛伊德把创作家的创作视为"白日梦"，认为创作家所做的与孩子的游戏一样，都怀着极大的热情来创造一个幻想的世界。作家的幻想与夜间梦一样，都是受到压抑的愿望在无意识中的实现。他把这种受压抑的愿望归结为野心的欲望和性欲的愿望。换句话说，作家的创作即是以幻想的方式来实现先前受到压抑的野心欲望和性欲，这显然失之偏颇。但弗洛伊德同时又指出："我们不能假设这种想象的产物——各式各样的幻想，空中楼阁和白日梦——是固定而不可改变的。相反，它们根据人对生活的印象的改变而作相应的更换，根据他的情况的每一变化而变化，并且从每一新鲜活泼的印象中接受那种可以叫作'日戳'的东西。"①这说明，弗洛伊德并未完全排除现实生活对幻想的影响。他所说的"日戳"也可以说就是一种现实生活在创作家头脑中留下的烙印，这是创作家幻想的基础。被誉为魔幻现实主义最伟大代表作家的加西亚·马尔克斯在他的《百年孤独》中，"使用荒诞、变形的南美神话、传说作为隐喻意象和基本语义要素，来传导拉美民族的文化心理在百多年来动荡的历史过程中的内在苦痛和整体动律"②。他所描述的魔幻般的生活现实实际上还是现实生活的本质和规律的反映，与《西游记》一样，借魔幻来传导真实。无论是希腊神话中的人神和神人还是中国神话中的物神或与动物同形的人神，都是人类以幻想的方式所反映出来的现实存在，都"明显地证明了人的想象无法完全摆脱关于人的观念来创造神的形象"③这样一个真理。

消极的、脱离现实的幻想，是一种空想，它根本没有实现的可能。它使人处于一种想入非非的状态，是有害的幻想。

臆测，是关于艺术形象的合乎内在逻辑的想象。这种心理现象又可分为两种

---

① 《创作家与白日梦》。

② 《加西亚·马尔克斯的"世界"》，《读书》1987年第6期。

③ 克雷维列夫：《宗教史》上卷，第68页。

形式:一是设想,一是推想。设想就是设身处地,从所要表现的对象的角度、地位、处境着想。高尔基说:"科学工作者在研究公羊的时候,没有必要把自己想象为一只公羊,但是文学家,虽然是慷慨的,却必须把自己想象成是吝啬鬼,虽然是毫不贪婪的,却必须感觉到自己是一个贪婪的守财奴。虽然是意志薄弱的,却必须令人信服地描写出一个意志坚强的人。"①一个艺术形象为什么是这样而不是那样,一个人物性格的发展为什么如此而非如彼,都是根据生活的内在逻辑进行设想的结果。推想就是推测想象,是一种形象的推理。狄德罗说:"把一系列必然联系的形象按照他们在自然中前后相连的顺序加以追忆,这就叫根据事实进行推理。如已知某一现象而把一系列的形象按照它们在自然中必然会前后相连的顺序加以追忆,这就叫作根据假设进理推理,或者叫作假想;你是哲学家还是诗人,那就看你所选的目标是什么。"②设想和推想有近似之处,但仍有区别,设想重在假设,是设身处地,为对方想象;推想重在推测,包括忆测、预测、实测、幻测,等等。无论何者都不是"天马行空"式的胡思乱想,它是以艺术形象的内在逻辑的规律性为依据的,是在想象中进行的形象推理。

夸张,是对形象的扩大、突出、强调的想象。也包括奇想在内,是指对生活中的某种事物或生活现象引起的不同一般的奇特想象。如袁枚的《荆卿里》:"匕首无灵公莫笑,乱山终古刺咸阳。"由荆轲用匕首刺秦王不中,想象到乱山如匕首,一齐刺向秦都,似乎乱山亦为荆轲终身抱恨,想象可谓奇特。

### 三、审美想象在文艺审美接受过程中的表现形式

文艺接受一般可以划分为艺术感受,审美判断、体味玩赏三个阶段。这三个阶段的心理过程的特点不同,所以其想象活动也呈现出不同的情状。

#### (一)艺术感受阶段中想象的情状

艺术感受是文艺接受的起点,是主体根据对象所提供的信息在头脑中形成艺术家所发现和创造的那个形象世界,体会艺术家的思想情感。这一阶段中的想象,呈现三种情状。第一种情状是"瞻言而见貌"的直接想象,是由审美对象的形式结构引起的想象。它是具体感性的。第二种情状,是在阅读进程中,随着主体的被吸引、被感染,各种心理因素被调动起来,这时想象便由"瞻言而见貌"的直接想象变为活跃的、前后相照的扩散式想象。这是文艺家所发现和创造的那个艺术

① 《外国理论家作家论形象思维》,第150页。

② 《外国理论家作家论形象思维》,第29页。

形象作用于审美接受者感情的结果。

第三种情状是填充式想象,由于文艺作品本身只能提供一个多层次的结构框架,其中有许多“未定点”(“空白”)。这就要求审美接受者发挥想象力去填充,它具有定向性的品格,但不同于直接想象和扩散式想象。它还具有更强的主观性和朦胧性,因为它是主体在阅读过程中根据自身的体验和理解衍生出来的,打上了更深的“先结构”(海德格尔语)的印记,而且表现出极不确定极不稳定的特点。比如接受汉乐府《陌上桑》中对采桑女的描绘,就有“未定点”,要待审美接受者发挥想象力去填充。填充式想象在某种意义上说是一种扩散,所不同者,就是它的纯内向扩散性。

(二)审美判断阶段中想象的情状

审美判断是艺术感受阶段的继续和深化,是接受者在艺术感受的基础上对文艺家在客体中所发现和创造的那个艺术形象进一步做出自己的鉴别、评价。这一阶段的想象,主要表现为两种情状。第一种是由表及里、体察入微的掘进式想象。

真正的文艺接受不会只停留在第一阶段,还会在探究心理和情感反应的驱使下,从艺术感受过渡到思考和判断。第二种是由内到外、联系比较的扩散式想象。这是第一种情状的想象的延伸,是接受者在新获得的审美愉悦的基础上联想到更多的与此类似、相关联的人物、事件,在更广阔的背景上进行的思考、评价,进一步开拓作品的意蕴。这种扩散式想象和掘进式想象既是先后关系,又是交叉关系,两者交互作用,把审美认识引向更高的层次。

(三)体味玩赏阶段中想象的情状

这个阶段是文艺接受的极致,接受者会再次去咀嚼回味对象中那些动人、微妙、深刻之处,去寻找其味外之味。这时的想象表现得最为活跃,和接受者的联系往往更加直接而密切,具有聚合式和扩散式相结合的特点。所谓聚合式,就是接受者的审美注意力高度集中,对其他事物都视而不见,听而不闻,视点聚集于自己咀嚼回味的事物。这时的扩散式想象也和前两个阶段中的扩散式不完全一样,它是沿着聚合式想象的取向去扩散,目的性表现得集中而明确,有的扩散可以达到“思接千载,视通万里”的程度,从而沉浸在深深的情感激荡之中。

# 第四节 审美联想

## 一、审美联想的含义

联想是由一事物想到另一事物的心理过程。它是由于感物联类、由此及彼所产生的同类或与之有直接间接联系的想象。在联想过程中,人们可以由当前所感知的事物回忆起有关的另一事物,也可以由想起的一件事物又想起另一件事物。根据巴甫洛夫的条件反射学说,联想是神经中已经形成的暂时联系的复活。

联想是想象的基础,想象则是联想的进一步发展。但它们是有区别的。经验性的联想的基本趋向是复制过去曾经看到或听到过的形象。它是脑中贮存的信息与审美直觉中所感受的信息之间的往复回流,并不能创造出新的形象。创造性的想象的基本趋向是对联想所唤起的经验进行改造,最终构成带有审美者独特创造性的新形象。借用“推陈出新”这个用语,审美想象就是“推”经验性联想之“陈”,“出”创造性意象之“新”。

联想与联觉的心理机制没有本质上的区别。联觉是联想的一种特殊形式。当由一种感觉形象转换成另一种感觉形象,虽有生理学的基础,但生理系统在这里只是作为中介在起作用。而具有决定意义的仍然是意识的活动。比如说某人的歌声婉转流动,犹如一条飞蛇在黄山三十六峰半山腰里盘旋穿插,这并不是在视觉中出现的形象,它仅仅是联想中出现的形象。

## 二、审美联想的种类

### (一)联想按照它所反映的事物间的关系的不同,可以分为接近联想、相似联想、对比联想、因果联想

接近联想:是指在时间和空间上相接近的事物之间的联想。如“昔人已乘黄鹤去,此地空余黄鹤楼”“黄鹤知何去,剩有游人处”,由黄鹤楼想到黄鹤,是因为黄鹤楼有关于黄鹤的种种传说。“待到重阳日,还来就菊花”,由重阳想到菊花,是因为民间有重阳赏菊的习惯。“秋风生渭水,落叶满长安”,由秋风想到落叶,是因为秋风、落叶同时发生在秋天。马致远《天净沙·秋思》把十个形象联系在一起,就因为它们空间关系是接近的。当然,其中一些景物的感情色彩又是相似的,都体现着凄凉萧瑟的情调,所以又有着相似联想的成分。

相似联想:是指在性质上、形态上有相似特点的事物之间的联想。它反映着事物间的相似性和共同性,是暂时联系的泛化和概括化的表现。一般的比喻、拟人化等修辞手段,诗歌中的比兴、象征等艺术手法,从心理基础上看都是相似联想。因为毫无相似之处的事物是无法“比兴”和“象征”的。如“日出江花红胜火,春来江水绿如蓝”,是江花与火焰、江水与春草颜色的相似。“春蚕到死丝方尽,蜡炬成灰泪始干”,是和矢志不渝的坚贞爱情性质上相似。

对比联想:是指由对立关系的事物之间所形成的联想。它反映事物的共性,又反映事物相对独立的个性。艺术创作中经常出现的对比、反衬等手法就和对比联想有着密切的关系。“朱门酒肉臭,路有冻死骨”,是人生中的贫富对立。“去年今日此门中,人面桃红相映红。人面不知何处去,桃花依旧笑春风”,是今昔的时间对立。“在天愿作比翼鸟,在地愿为连理枝”,是天地的空间对立。

因果联想:是指在有因果关系的事物之间所形成的联想。“烽火连三月,家书抵万金”,因为连年战争,所以通信困难,前后是因果关系。“潭清疑水浅,荷动知鱼散”,潭清可以见底,水浅也易见底,因潭清而疑到了水浅,这是一句之内自成因果,鱼散引起水动,水动使得荷动,由荷动而想到鱼散,这是由果溯因,前后也是因果关系。

(二)在文艺创作中,联想按照作者的思路及其在作品中表现的结构特点,可分为辐射式联想、联串式联想和借托式联想

辐射式联想:作者在展开想象时,有一个具体的辐射出发点或网络集结点,整个联想都从这一点引出,环绕这一点,形成辐射状态或网络状态。贾平凹的《秦腔》,以我国西部地区,特别是八百里秦川群众喜爱的秦腔为辐射出发点展开联想。写秦腔虽则如秦人一样,死不离窝,不能流行全国,但几百年来未被淘汰,还那么富有生命力,其原因,它是秦川的天籁、地籁、人籁的共鸣;写秦腔是他们大苦中的大乐,秦腔与他们,是和《西凤》白酒、长线辣子、大叶卷烟、牛肉泡馍一样成为生命的五大要素;写秦腔在这里极其流行,村村有戏班,人人会清唱;写群众对秦腔的评论,对当地秦腔名角的格外崇敬,等等,读这样的作品,会使你想起秦腔的发源地——秦川那辽阔浑厚的黄土高原,高个、浓眉、手脚粗大、民性敦厚、对话如吵架的秦川府人,以及他们对秦腔的特殊感情。

联串式联想:这种联想有如串珠,以一个具体事物作开头,联想起第二个、第三个……开头的那个不是中心,以后联想到的也不环绕开头的事物,作者顺着思路把联想起来的或是相似、或是相近、或是相反的材料串联起来,从中引出一个主题,形成一个艺术形象。秦牧的《菱角的喜剧》,由具体事物菱角写起,但作品中心

不是写菱角,而是由菱角这种植物的各种角联想到动物如蝗虫、蝴蝶等昆虫也是品种多样,同中有异。再由动物联想到物理、化学等物质千奇百怪的形态,人体机能的不同,最后引出结论:复杂性、多样性的事物到处都有,只要努力寻找其规律,掌握它们的一般性和特殊性,就可以较为精确地认识事物了。这种作品,会引领你进入千姿百态的大千世界,一会儿清晰可见,一会儿扑朔迷离,让你在不知不觉中渐入佳境,最后突然受到启迪。

借托式联想:就是借景抒情、托物言志式的联想。作者在构思时,大都由花鸟虫鱼、山川日月,联想到与之神似或形似的事理或抒发自己的感情。

### 三、审美联想的美学意义

#### (一)具有生成形象的作用

自然物并不都是合目的的造型,它往往是粗糙,芜杂,不合规则的,某些事物就它们本来的形态而说是并不美的,因而不具有审美价值,但由于人们在观赏它们时,积极地(包括自觉和不自觉)运用联想的心理机制,经过编码、译制、反馈等的活动,会产生一个与对象的某一方面或某一点上极为类似的心灵意象。这时,主体再观照对象时,对象身上原有的某些与心灵意象不相符合的部分仿佛不见了,某些原来是次要的或隐蔽的部分,由于与心灵意象相合而突出起来,对象宛然变成了一个合目的的造型,一个具有审美价值的形象。如雁荡的双笋峰,原来只不过是矗立在一座山峰前面的两块巨石,粗陋而不规则,它的唯一特点是略呈圆锥形,人们就凭着这一点把它与拔地而起的竹笋联系起来,用语言去命名它,把它称作双笋峰。这样一来,形象生成了,原来是静态的死寂的峰岩,变成了动态的充满勃勃生气的有机生命。这种情形,观赏溶洞的岩壁时显得更为突出。

#### (二)具有深化对象的作用

在自然界中有些事物,本身就具有某种形象,能够引起观赏者一定的美感效应。但是,它们或因单薄而不丰富,或因浅露而不深沉,其审美意义又往往是有限的。这时,只要不满足直观的感受,而能运用联想,那就可以赋予对象以新的形或新的意,使它变得更丰满更充实。像某地高原上,隐藏在树丛中的雪水飘然而下,一涓涓、一淙淙、一匹匹,这形象本身是美的。但在没有经过联想的加工之前,这水似乎仅仅呈现一种形状,一种色彩,因而形象显得很单薄,很可能不会给你留下较为深刻的印象。一旦作家在作品中用“细如锦丝”“薄如蝉翼”“柔若银须”等多种形态和色彩加以描绘,那么,其审美意象较之实际对象就更为丰满了。

（三）具有产生象征的作用

自然物是美的，它的美固然与其千姿百态的形状、姹紫嫣红的色彩、雄浑的气势和幽深的境界有关。但更主要的是在人类社会历史发展的长河中，人与自然之间所建立起来的一种特殊关系。人不仅从自然的形象和声音中感到娱目悦耳，而且从人与自然的亲善与和谐的关系中获得快慰和适意，得到一种或令人陶醉或促人感奋的精神力量。因此，自然的美在一定程度上是作为某种象征而吸引着人们的。所谓象征，是指某一事物的后面有一个普遍性的思想作为基础。某一事物如果是一个象征性形象，那么它的意义并不在本身，而在它的后面所隐含的那个普遍性的思想。自然的象征和艺术的象征有所不同。在艺术里，象征的形象是作者有意的创作，它本身就是一个具体的东西和抽象的东西的有机结合体。而自然的象征性形象，则要主体在观赏时主动地把它创造出来，就它本身的客观形象而言，并不包括抽象性的观念，比如青松，它枝干挺拔，四季常绿，郁郁苍苍，确能引起人们的美感。然而，它的美蕴含着的意义，是要观赏者通过联想先把它创造为一个象征性形象，然后才有可能领悟它的审美意义。正因为如此，自然形象的意义会随着观赏者所产生的联想不同而有所不同。总之，不管是哪种情形，自然物的象征意义都不是它本身所固有的，而是主体联想的产物。

# 第十二章

# 审美情感

情感,是人的需要能否得到满足的体验。人的需要是多方面的,可概而言之为物质需要和精神需要。这两种需要是人的本质的需要,而这种需要能否得到满足,都会在内心激起肯定或否定感情,而情感中的美感,则是满足了人对美的需要时所产生的一种愉悦的情感,因而美感具有感性的特征。

正因美感的情感性特征,人的情感的活动又会影响对美的事物的感受。在审美活动中所产生的情感活动,有时也被称作审美快感;但这容易与生理快感混为一谈。生理快感不过是由生理欲望和冲动得到满足而引起的身心快适,它在本质上是物质性的,而不是精神性的。审美快感则是一种精神的愉悦,它要求的是所谓"赏心悦目",而不是物质情欲的发泄。因此,它是人的一种高级的情感活动。在审美活动中所产生的情感活动,有时也被称作审美快感;但这容易与生理快感混为一谈。生理快感不过是由生理欲望和冲动得到满足而引起的身心快适,它在本质上是物质性的,而不是精神性的。审美快感则是一种精神的愉悦,它要求的是所谓"赏心悦目",而不是物质情欲的发泄。因此,它是人的一种高级的情感活动。多数的美学家都认为,审美情感是人类审美活动中出现的一种独特类型的情感,它和人类其他活动中出现的情感有本质的不同。

康德十分重视审美情感和日常情感的不同。他指出,快感在先还是判断在先是区别快感和美感的关键。先获得快感再判断对象是"美的",这还不是审美,正如觉得这东西好吃,然后称之为"美食",这只是对生理快感的肯定;只有对象从一开始就引起主体想象力和理解力的和谐活动,先判断它美而后感到愉快,那才是审美的愉快。康德强调这个区别,表明了美感具有普遍的社会性内容。从这个意义上说,美感是"净化了的情感"。感官主义美学家抹杀美感与快感的区别,鼓吹艺术应追求官能刺激,醉心于色情、凶杀,等等,这是对美感的污染,同审美的本质恰恰相反。

审美情感和科学活动中的情感也有明显的不同。科学活动中也需要情感,它能促进科学活动的顺利进行，激发科学家发现未知领域的热情。但是这种情感不能带入科学成果之中，因为科学成果是实证的，确指的，来不得半点情绪化的描绘，情感只是起到外力的推动作用。而审美情感就不同了，它不光存在于艺术家的创作活动中，对创作活动起着动力作用，而且情感还能进入艺术成果之中，和艺术形象融合为一体，给人以形象化的美感。它不是实证的，也不是确指的，而是模糊的，朦胧的，给人留下太多的空白，太多的想象空间，人们用心灵的感悟、直觉才能品味到它。

## 第一节　审美情感的内涵

### 一、情感与审美情感

情感是人对现实世界的一种特殊反映形式，是人对客观事物是否符合自己需要而产生的体验。

情感虽然也是人对客观现实的一种反映形式，但它不同于认识过程。认识过程反映客观现实本身，情感不反映客观现实本身，而是反映客观现实与人的需要之间的关系。认识是通过概念来反映客观事物，情感则是通过体验来反映客观现实与人的需要之间的关系。

人之所以对客观世界中的对象和现象产生不同的情感体验，是由于现实中的对象与人的需要之间形成了不同的关系。

主体的需要千差万别，表现为层次性动态发展状态。我们在前面的章节中曾介绍过马斯洛的需要层次学说。各种需要不同程度的满足与否，就会产生不同的情感体验。主体的需要从总的方面看，大致可以分为三个层次，与此相对应，主体会产生不同的情感。主体低层次的需要是自然生理物质欲望的满足，中层次的需要是科学认识中的理智感与伦理实践中道德感的满足，高层次的需要则是审美中的美感的满足。我们讲的审美中的情感，就是指这种建立在高层次需要上的审美情感。

审美情感与情感的区别在于，审美情感主要是一种对象性的情感，比起日常生活中的情感来它有一种超脱性。日常生活中萌发的情感可以暂时改变人的行为方式，而且表现强烈、生动，直接显现在人的实践活动中，因而涉及个人。审美情感的产生总离不开审美对象，一个不美的对象很难激发起我们的审美情感。审美情感是我们的审美感官所感知到的外在世界中的某个人物或某个事物的特殊性质在头脑中加工处理的结果,审美情感的产生来自主体丰富的想象力,它一般不具备直接现实性。主体所感知到的审美情感并不立刻在行为上表现出来。我们感受到了《哈姆莱特》的悲哀、《梁祝》交响曲的凄丽、万里长城的雄伟,却不可能将这种悲哀、凄丽和雄伟外化在现实生活中,它们只存在于审美想象之中。在审美观照和审美创造中,我们可以感受到不同年龄、不同身份、不同性格的人的情感,但却不可能将这种情感表现为直接的现实。我们在为罗密欧与朱丽叶的悲剧洒下泪水的时候,也使我们的心灵因剧烈的冲动而得到净化,从而使内心得到审美的快感。人们在现实生活中往往容易陷入情感之网而难以自拔,而人们在审美中尽管如醉如痴、似颠如狂,或仰天大笑或长吁短叹,但始终保持着理智的敏感。也就是说,日常情感不易为意志所控制,审美情感则容易为理智所控制。也正因为如此,审美主体往往能从审美情感中跳出来以理性的眼光来审视对象,并再度体验对象所给予的情感享受。

须注意的是,我们这里所说的对象性情感并不意味着审美情感是凭空出现的或飘缈不定的。且不说作为社会生活内容的对象本身就是人的现实存在的反映,即使是作为自然事物的对象也是人化了的自然而非纯粹的自然。对象的情感受制于人的需要和社会的需要,即不同的个体和不同的社会赋予同一个对象的情感因素是很不相同的。

日常情感往往产生于主体对对象的内容与形式的两方面的感知,审美情感有时却可以直接由形式引发。由对象的形式所引发的审美情感又叫作形式情感。形式情感是主体超越形式本身之后所产生的情感。例如,中国传统戏曲的表演形式本身就给人以美感。武打动作的一招一式也能激发人的审美情感。其原因在于这些表演形式和武打动作是对现实生活动作的高度模仿化和抽象化的结果。这种形式满足了观众的审美需要,因而能引起观众的审美情感。

形式情感的获得往往需要主体理智的参与。一般来说,形式所具有的情感都是间接感知到的。主体只有暂时抛开眼前的形式因素才能进入这种形式所包孕着的审美情感。我们平时所说的直线使人勇往直前、坚挺不屈,曲线使人优柔寡断、平和舒展,这些审美情感的获得都是间接得来的。更多的形式情感则是在形式的运动方式与审美主体的生命运动方式相互应合下才产生的。节奏形式与心脏跳动形式的应合决定了不同节奏所表现的不同情感。平衡对称与人体结构功能的应合决定了主体对事物的对称形式能够产生一定的美感。在这个意义上我们可以说,形式情感就是作为具有感觉能力的生命与感知、观察、理解到的生命之间所产生的情感。下面这个例子，无疑可以帮助我们更有效地认识形式情感的特点。我们面前有这样一幅照片，画面上是一丝状网络团块，团块的整个形态呈平衡对称状，尤以中心的十字对称性最为明显。如果没有文字说明，我们很容易把它误认为是一张窗花一类的工艺装饰品照片。实际上这是一张经电脑放大后的蛋白质（RuBisCo）的照片，图形显示的是仅有人发粗度万分之一大小的这种蛋白质的“真相”。面对这样一张纯形式的照片，我们的内心却感到一阵震颤，激动之情油然而生。原因在于，这张小小的照片是我们观察到的生命的本质，它满足了我们的好奇心。更主要的是，照片上的比例关系和十字对称形态与我们感觉到的生命的形态如此接近，使我们对神秘的对称更感到神秘，因为我们面对的不是雪、霜一类晶体的对称，而是生命本身的对称。苏珊・朗格曾把生命形式的基本特征概括为有机统一性、运动性、节奏性和生长性，并由此探索出艺术形式与人类情感的同构关系，这是朗格受格式塔心理学和荣格心理学的某些观点启发的结果。她的研究揭开了笼罩在艺术形式上的一团迷雾，为我们了解形式情感提供了可靠的分析。不过，我们也有充分的理由指出，生命形式的基本特征还应包括对称性，这是当代生命科学已经揭示出并正在深入揭示的真理。我们相信，随着科学的进步，人类最终会解开形式情感之谜，以数量化的方式对形式与情感的关系进行描述。

一个美的对象尽管是内容与形式的有机统一，但有的时候，内容与形式的情感因素却可以相互分离。一般来说，内容情感是一种可变情感，它的作用随社会、民族、阶级的变化而变化。形式情感是一种不变情感，它的功能与人的生命功能在某种程度上有一种对应关系。这是不朽的作品之所以不朽的重要原因。因为，生命是不朽的。

美感虽属于情感范畴，但它是一种高级的情感，它不同于一般的喜怒哀乐，它具有对现实对象的理性的、社会评价的性质。一般的喜怒哀乐，常常是单纯的个人对现实对象的主观的爱憎与好恶，而审美情感则要求对一种客观对象做出价值判断时，要具有普遍的客观性质与客观标准。美感既不同于感官的愉悦，也不同于道德的愉悦。一般的喜怒哀乐，或者是感官的快适，或者是道德的愉悦，是因对象有利益，能满足某种欲望。因此，一般的情感，是以对象为目的，是由于对象自身的某些物质的或精神的用途或利益而引起的。美感不是以对象本身为目的，对对象没有欲望。欣赏齐白石画的虾、徐悲鸿画的马，不是为了吃虾、骑马。我们对对象感到愉悦，不在于客观对象本身的某些确定的客观性质或内容，它不是由对象自身的某些物质的或精神的用途或利益而引起的，而是视觉听觉器官通过客观对象获得了某种更多的东西的结果。一般的感情,没有普遍有效性,往往是个人的偏爱。美感具有普遍有效性,它是通过眼前有限的具体对象的形式,认识某种无限的真理的内容而产生的喜悦和满足,它是由认识真理而引起的一种人类精神的激动、满足和喜悦。

## 二、审美情感与道德感、理智感的联系与区别

道德感与美感有相同的一面。在伦理实践中,道德感有两种表现形式:一是道德认识的满足,如对道德规范原则的学习理解所产生的情感活动;二是道德行为过程中的情感活动,如为人民、为集体做了一件好事而获得快感。在第二种表现形式中,道德感与美感是相通的,它们都有着充实的内容和生动感人的形式。人们通过对形象的观照而认识到道德的内涵,在思想和情感上得到启迪陶冶。华山抢险既是一首道德的赞歌,又是一段美的旋律,人们对它的感受既是道德感又是美感。但是,道德感毕竟不同于美感:道德感带有直接性、强烈的外部现实性;美感则带有间接性,不需要强烈的外部现实性。在伦理实践中,情感是促进道德行为发生的内部动力。没有深厚的爱国之情,就不可能为保卫祖国血染边疆。并且,在伦理实践中的情感还具有一种"直接性",直接导致人们的道德行为,伦理道德规范原则要求人们变为现实,付诸实践行动,有着强烈的外部现实性的要求,"路见不平,就要拔刀相助"。而审美中的情感就不具有这种"直接性",不要求强烈的外部现实性,只具有一种"间接性"特点。在剧院看《白毛女》时,接受者可以为白毛女的悲惨遭遇洒下同情之泪,对地主恶霸恨之入骨,但不能立即采取伦理实践行动,枪击"黄世仁",因为这是在演戏和看戏。接受者只有在以后的斗争实践中,把这种强烈的情感充分体现出来。在这里,审美感受(狭义的审美情感)犹如一种催化剂,对道德起着催化推动的作用,最终将导致人们的实践行动。

一般来说,道德感与审美情感相互转化的过程比较持久,很难立即导致实践行动。但是,在特定的环境中,由于时空条件的限制,道德感与审美情感的相互转化过程可以在很短的时间内完成。这种现象多发生在人们对道德题材作品的欣赏上。在这一类作品中,审美创作者的情感往往直接物化在作品的道德内容上,当这种道德内容与审美接受者的伦理道德观念相吻合,并受到特定环境的规定时,作品的道德感可以很快转化成接受者的审美情感,并以强烈的外部现实行为表现出来,直接导致接受者的道德实践行为。梅纽因回忆他在世界各地巡回演出时所遇到的意外干扰时说,战争年代,他在旧金山以东的斯托克顿城开音乐会,音乐厅中挤满了1500个观众。当他正和他的钢琴伴奏师一起演奏埃奈斯库的《罗

马尼亚奏鸣曲》的慢板乐章时，突然，地震发生了，钢琴和大吊灯开始倾斜，但他们继续演奏。听众中发生了轻微的哼哼声。22秒钟后，第二次地震又发生了，听众发出了更大的响声。他们仍继续演奏。第三次地震则给观众带来极大的恐惧，大厅内一片混乱，人们发出像牛一样的吼叫声，开始挤向太平门。"这时，埃奈斯库的《罗马尼亚奏鸣曲》也失去了她那迷人的魅力！在感情的一时冲动下，我立即决定演奏国歌。由于当时是战争年代，人们都有一种爱国主义的感情，他们都立正不动，这证明星条旗的声音比他们的恐惧更加有力量。他们很安静地走出了大厅。半小时以后，听众又都回到自己的座位上来，音乐会又继续下去了。"①这是道德感与审美情感相互转化的典型事例。

理智感与美感也有着相通的部分。从科学史看，科学研究中所产生的愉快，可归纳为三种情况：一是因智力的吸引和智力上的满足而引起的兴奋情绪，即那种"超乎常人的智力上的快感和雄心壮志的满足"（爱因斯坦语）。也就是科学家如痴如醉地钻研某一门科学的热情和激情，或因解决了某一科学疑难课题引起的理智愉快。二是灵感突发时引起的冲动性兴奋，如阿基米德沐浴时，突然得到了解决皇冠是否掺入银子的问题的方法时所产生的欣喜若狂。三是自然界在科学家面前展开几乎令人震惊的简单性、完整性和秩序性的关系时，科学家所感到的狂喜和惊奇。② 这正是科学家感受到自然的和谐，感受到宇宙的美时所产生的愉快。这样，理智感也就转化为美感，二者合而为一，相互交融，不断升华。但是，理智感与美感是有差别的。在科学认识中，情感是推动科学前进的内驱力，人们对奥妙的宇宙规律的探索，对科学真理的执着追求，都离不开情感的作用，正如列宁所说的："没有'人的感情'，就从来没有也不可能有人对真理的追求。"③但是，科学认识的形式是以概念为中介的逻辑推理，是一种抽象的结构形式，而审美认识的形式却是以情感为中介为网络点的情感判断，是一种"有意味的形式"。科学认识必须由感性认识上升到理性认识，最终要舍去那些感性的、情感的成分；而审美认识则始终伴随着情感，不突破感性形式，在生动的感性形式中直观到深刻的理性内容。科学认识中的情感虽作为一种内驱力，但并不构成科学内容本身。钻研一部《高等代数》与阅读《红楼梦》是不同的。前者主要诉诸人们的理智，重在知识的接受，真理的追求，后者主要诉诸人们的情感，重在性情的陶冶，美的享受。

---

① 《梅纽因谈话录》，第56～57页。

② 见《试论科学美的实在性》，中国人民大学书报资料中心《美学》专集1984年12期。

③ 《列宁全集》第20卷，第255页。

## 第二节 审美情感在审美活动中的地位和作用

审美情感在审美活动中有着突出的地位，能发挥独特的功能和效用。下面对此进行静态考察和动态分析。

### 一、静态考察

#### (一)审美活动中的情感

审美活动不同于科学认识活动，是一种以情感为中介的非逻辑判断。艺术家"情动而辞发"，审美接受者则是"披文以入情"。艺术家凝结在作品中的审美情感，与接受者的情感融为一体时，便会产生强烈的共鸣。这样，作品中的情感的作用才能发挥出来，艺术创造才是真正的完成。审美活动是一种再创造活动，审美主体在审美活动中，虽以审美对象作为基础，受它的限制和制约，但并非被动的适应，而是渗透审美主体的情感体验，发挥自己丰富的想象和联想。没有审美主体积极的情感体验，就不会有审美活动本身。人们在欣赏大自然风景时，也只有通过"移情"的作用，才能获得更丰富的美的享受，"登山则情满于山，观海则意溢于海"(刘彦和)，人与自然、情与景、意与境达到和谐统一。

从心理学角度看，审美经验结构是由感知、想象、理解、情感等诸种心理元素构成的。情感这一元素在整个经验结构中，处于中枢地位，它推动感知、想象、理解自由地运动，和它们组成一个和谐的整体。这个整体有其独特的性质和作用，并非是各个元素的性质与作用的简单相加，而是大于各孤立部分之和。每个处于游离状态中的元素一旦和其他元素结合，就会获得一种新的质和新的能，而发挥积极作用。

审美心理结构中的情感元素不同于生活中的情感，也不同于科学认识、伦理道德中的情感，因为它是与其他元素(感知、想象、理解)有机地结合在一起的。生活中的情感与明确的功利目的和实践行为相联系，有着强烈的外部现实性。而审美心理结构中的情感却是同想象密切联系着的，因而是非功利的、自由的。科学活动中的想象由理智来操纵，而审美活动中的想象必须由情感去推动。科学认识中的情感要与感觉表象分离，而审美中的情感却与感知表象联姻，一旦离开了感知表象，情感也就无从表现。欣赏自然美时，情不能没有景，景也不能没有情，"我见青山多妩媚，料青山见我应如是"，情景相融，物我统一，情中有景，景中有情。

审美心理结构中的情感元素还与理解元素密切结合着，因此，审美中的情感具有社会的、理性的内容，社会观念、文化思想、伦理道德是人们的情感的基础，情感必须由理性暗中控制，所谓“以礼节情”“理在情中”，情感也要导向一定的社会内容，即所谓“情以理归”。并且，情与理的结合不是那种牵强附会的凑合图解，而是互相渗透，情感的理性化，理性的情感化，就像盐溶于水，有其味而无其形。

（二）艺术审美创造中的情感

在艺术创造中，情感是艺术家创作的动力。艺术家在进入创作之前，广泛深入地体验着生活，在他们“印象的仓库”里积满了生活素材，但这时并不能直接转入创作。只有经过艺术家心灵对这些素材的吸取、选择、酝酿、升华，并长久地放在心中玩味，建立起亲密的关系以后，才有可能在一次偶然的机会中深深地触动灵魂，产生第一次灵感，形成强烈的创作欲望，从而变成艺术家心中的一股激情，一团火焰，使内心动荡不平。这种心灵的不平静终究要归于和谐，从而进入创作过程。在这里，若没有情感的波动，就不会有艺术的创造。

艺术家的创作过程，本质上是艺术家的审美情感的物态化过程。艺术家进入创作实践后，仍要不断地进行情感体验，并将这种体验凝结在艺术形象中。汤显祖为杜丽娘而落泪，文与可画竹而“身与竹化”。福楼拜曾描述他写《包法利夫人》时的体验：“我今天同时是丈夫和妻子，是情人和他的姘头，我骑马在一个树林里游行，当着秋的薄暮，满林都是黄叶，我觉得自己就是马就是风，就是他们的甜蜜情语，就是使他们填满情波的眼睛里的太阳。”①倘若没有这种体贴入微的情感体验，艺术作品怎么会具有“永久的魅力”？所以黑格尔要求艺术家不仅要有“常醒的理解力”，还要“求助于深厚的心胸和灌注生气的情感”②。这是艺术家与科学家的不同之处。如果说，科学家的眼睛是主智的物理的眼睛，那么，艺术家的眼睛就是主情的心灵的眼睛。物理的眼睛，侧重于感知事物的客观性，反映的是客观对象的真；心灵的眼睛，侧重于感知事物的主观性，表现的是主观世界的真。这是两种不同的真实。从美学的角度来看，后者却是人的心灵世界的真实，是人的精神活动的一部分。物理的眼睛是主智的，重在冷静的思考与理智的探索，对事物的反映要合理；心灵的眼睛则是主情的，重在情感的追寻与爱的期待，对事物的感知要合情。

---

① 见《艺术世界》1980 年第 4 辑。

② 《美学》第 1 卷，第 359 页。

## 二、动态分析

审美中的情感心理活动可以简化为一个信息反馈过程。艺术家从生活中获取各种情感信息，并将情感信息送到大脑中存储（即记忆），同时，经过大脑的思考（即信息的加工、处理、变换），综合成新的情感信息，然后将新信息通过效应器官（嘴、手、形体等）和艺术媒介输出（这就是艺术创作），输出的情感信息此时还没有对外界做出反应，未形成关系，尚储存在一个“符号”形式之中（即艺术作品）。所以，艺术作品是物态化了的艺术家审美情感信息流的“集成块”。艺术作品无声地显示着艺术家独具的内心世界以及对外部情感生活的独特的把握方式，在尚未与审美主体（接受者）构成审美关系时，它只是以“符号”的形式储存着多种审美情感信息，仅仅具有一种潜在的功能效应。如果这时作品中的审美情感信息流作用于审美主体（接受者），这就是人们的审美活动。在这个过程中，一方面，艺术家通过人们在审美活动中对作品的反映和评价，通过反馈的情感信息，前后进行比较，从而调整下一步的情感认识和创作活动；另一方面，对审美主体（接受者）而言，作品中潜在的情感的教育功能和效应也就开始显现出来了。在这里，情感信息功能的显现可以划分为三个阶段。

### （一）“传情”阶段

对有意味的符号形式的“破译”，使艺术作品的外形式（形、音、色、语言等）直觉地激起审美主体的感官愉快，达到“悦耳悦目”的作用，进而引起接受者对作品的浓厚兴趣，产生“诱导效应”。这是情感的传递阶段。所谓对“形”的破译，主要是指审美主体对艺术作品的外部形态的感知和理解。艺术作品的外部形态一般由点、线、面、体四种要素构成，点、线、面、体的不同组合构成了对象的不同形态，不同形态具有不同的形式意味。例如，就建筑艺术来看，先于哥特式建筑的罗马式建筑（约公元950年至1200年间出现于意大利北部和法国，传播到西欧各地），其形态多为长方形，以厚重的石材为砌筑的原料，在边廊、开口部带有圆形拱券、厚实的墙壁和簇柱，整个外部形态给接受主体以笨拙呆板的形式感，在一定程度上传达出人性受到压制和人格遭到践踏的中世纪时代的感情色彩。哥特式建筑（12世纪中叶至15世纪兴起于西欧）则以线条轻快的尖拱券和大窗户、薄墙壁以及飞梁为外部形态，给人以昂扬豪放的形式感，传达出中世纪民众的信仰热情和希冀摆脱尘世压抑、进入天国的被扭曲了的理想之光。战后普遍兴起的现代建筑则以整齐划一的外部形态给人以统一平稳的形式感，表现出历经劫难的世界人民的平和心态。

在对音乐艺术的接受中,所谓对“音”的破译,主要指审美主体接受对以节奏、旋律、和声为主要构成元素的音乐形态的感知和理解。音乐是时间的艺术,音乐感受是一种特殊的感受。审美主体对音乐情感的领略只能凭借对声音的感觉来进行。它显然不是语言所能说明的。审美接受主体几乎就在感知音乐外部形态的同时感受到了作曲家曾经感受到的情感。因为声音在音乐里可以直接引起情感,它本身也就是作曲家的心境、情感和志趣的载体。

在对绘画艺术接受过程中所说的“色”,指绘画中的色块、线条、造型、构图等外部形态。与音乐艺术不同,绘画艺术主要是一种空间展示的艺术。绘画的外部形式可以直接作用于审美主体的感官,引起朦胧的美感。但要从静止的画面中领略到画家那颗跳动着的心,感受到画家曾经感受过的情感也非易事。不经过对色块等外部形式的“破译”,审美主体只会茫然不知所对。比如,欣赏凡高的《向日葵》,审美主体首先得“破译”出变化丰富的“黄色”和“淡蓝色”的内涵,才有可能感受到凡高的热情和痛苦,体悟到欢快明亮的黄色与忧郁冷淡的蓝色的对比所形成的神秘感。但是,对色块的“破译”并非绝对一律地按“码”——色彩所代表的心理感觉去进行。这一点是我们欣赏早期印象派作品和现代派作品时特别需要加以注意的。

在对文学艺术的接受过程中,首先是对语言符码的破解。语言是文学作品最重要的外部形式之一,作品的情感信息功能深潜于语言符号之中,它本身是静止的,只有在读者的接受过程中才能变为鲜活的情感刺激。作为表达思想概念的符号的语言具有深层结构和表层结构,即“所指”和“能指”两种关系。形象是能指,概念则是所指,任何词语都具有这种结构关系。在日常生活中,语言的这种性质基本上是序列性的,这一方面是说语言的表述有一定的约定俗成的限制,另一方面是说“所指”与“能指”是一种和谐的稳态对应关系。但是在文学作品中,特别是在诗歌作品中,语言的信息功能却表现为无序列性。也即是说,“所指”与“能指”有时并不完全呈现对应关系。因而审美主体“破译”文学作品的语言结构就不能依照常规语言的性质来进行。正确地做法是“得意忘言”和“以意逆志”,在特定的语言环境中把握作品的感情。例如,“欲悲闻鬼叫,我哭豺狼笑。洒泪祭雄杰,扬眉剑出鞘”(《天安门诗抄》)这首诗的所指和能指就不是一种序列性的关系。只有按照古典诗歌的比兴规律来“破译”才能体验到这首诗歌所包孕的深沉的历史容量和撼天动地的悲愤之情。

(二)“驰情”阶段

作品中的情感信息流进入接受者的大脑,与主体心灵交融,引起感情的强烈共鸣，达到“怡心怡意”的作用。这时，审美主体已进入情感角色，任凭想象的自由飞翔，在作品所展示的情感世界中奔驰。其情感世界的宏大精深、人生哲理的深邃庄严、形象的生动丰富，令人感到震惊，得到启迪，受到感染，从而产生“启迪效应”“震惊效应”。《红楼梦》二十三回，林黛玉回潇湘馆路经梨香院听墙内演唱《牡丹亭》这一段描写，就形象地说明了美感的传情与驰情阶段。“墙内笛韵悠扬，歌声婉转，‘原来是姹紫嫣红开遍，似这般都付与断井残垣’，黛玉听了，倒也十分感慨缠绵，便止步细听。”这正是美感激情阶段（传情阶段）。那悠扬的笛韵，婉转的歌声，引起黛玉审美感官（耳）的愉快，继而激起审美情感，感慨缠绵，止步细听，产生诱导效应。“又唱到‘良辰美景奈何天，赏心乐事谁家院’，不觉点头自叹。再听时，恰唱到‘只为你如花美眷，似水流年’，黛玉不觉心动神摇，又听到‘你在幽闺自怜’等句，越发如醉如痴，站立不住，便一蹲身坐在一块山石上……”这正是美感驰情阶段。作品中内在的情感与审美接受者主观之情，相互渗透融合，产生强烈的情感共鸣。从“止步细听”到“点头自叹”，从“心动神摇”到“如醉如痴”，从形式到内容，说明美感层次越来越深，情感意蕴愈来愈丰富，情感的功能和效应也越来越大。

（三）“澄情”阶段

审美主体充分发挥审美能动性，对进入大脑中的情感信息流再一次加工、处理、升华，从而形成新的情感信息，储存到更深的“信息仓库”（即潜意识领域），以达到“怡神怡志”的作用。这时，审美主体对弥漫在心灵的情感细细品味，进行总体把握，以寻求“弦外之音”“象外之意”，表现为心胸的开拓，情感的升华，对人生真谛的领悟，产生“净化效应”。罗曼·罗兰在《约翰·克利斯朵夫》中描写了一位高尚的苏兹老人读克利斯朵夫为一首古老的赞美诗谱的曲子时的情感体验过程，就生动地说明了美感的澄情阶段。他先是“手索索地抖着，大颗泪珠从腮帮上淌下……浑身打战，气呼呼地……此后，一连几天，他好像出神了。他再也不想到他的痛苦，不想到冬天，不想到暗淡的白色，不想到自己的孤独。周围一切都是爱，都是光明。在行将就木的年龄，他觉得自己在一个陌生朋友的年轻的心中再生了”。在这里，苏兹老人心胸中的审美情感得到了进一步的升华。

应该指出，在审美活动中，这三个阶段几乎是在瞬间完成的。也并非每个审美主体每次审美活动都能一一体验，情感传递虽处于低层次，但不可或缺。如果主体缺乏起码的审美情感，主体与对象之间就不表现为审美关系，当然也就不可能进入更深层次的审美活动。试以对大自然中的山水之美的欣赏为例。清人叶燮说：“天地之生是山水也，其幽远奇险，天地亦不能自剖其妙；自有此人之耳目手足一历之，而山水之妙始泄。”①山水本身是美的，但有待于人去感受、去认识、去开掘。主体胸中怀有深厚的审美情感，才能寄情于山水，流连忘返于山水，才能领悟到浓烈的千姿百态的美。如你到滇池游玩，你登上大观楼，向昆明市郊西山一带眺望。只见远山抹黛，绵延起伏的山陵，真好像仰卧着一位妙龄少女。她绰约多姿，清秀妩媚，柔细飘逸的长发随意浸润在九百里滇池上。故而不少中外游人到此，面对这幅剪影，都赞叹是一位动人的“睡美人”。而在一个缺乏审美力、审美情感贫弱的人看来，这位“睡美人”只不过是一堆石头，没有什么兴味。或者，虽然对此有一定的好感和新奇感，但情感不深不浓，也只能浮光掠影，跑马观花，结果内心实在并未激发起情感的波澜，谈不上真正的美感享受。此外，还必须指出的是，即使主体能深入驰情（情感共鸣）和澄清（情感辐射）阶段，由于主体条件各不相同，情感的网状结构各不相同，其审美感受也不可能是一致的。因此主体欣赏到的美也存在各种量和质的差异。在千差万别的审美者眼里的西山“睡美人”，其资质形象也必然是千差万别的。

## 第三节 审美情绪

### 一、审美情绪的含义

情绪同感情一样也是对对象是否符合人的需要而产生的体验。但它们是有区别的。首先，情绪是指与人的机体生理需要是否获得满足相联系的体验。如由饮食要求引起的满意的体验，在危及生命时所产生的恐惧等，即低级的、最简单的体验。情感则是与人的社会性需要相联系的体验。如由交际的需要、遵守社会要求的需要、精神文化的需要等所引起的高级的、复杂的体验。情绪是人和动物所共有的，情感则是人所独有的，受社会历史条件所制约。当然，人们的情绪，即使是最原始的情绪，也与动物的情绪有本质的区别，它也受社会条件的制约。其次，情绪带有情境性，它往往由当时的情境所引起，一旦情境改变，就会很快消失，一般是不稳定的。情感则不同，它可能既具有情境性，又具有稳定性、长期性，也可能不为情境所左右。例如，孩子的不良行为可能使母亲产生愤怒的情绪，这明显地具有情境性。而母亲对其子女爱的情感，则一般比较稳定、待久。再次，情绪比

① 《原诗》外篇下。

情感强烈,具有较多的冲动性和较明显的外部表现,情感体验一般较弱,很少有冲动性。就心理感受的不同层次来说,情绪状态经常是作为情感体验的外观形式而被体验和觉察到的。

当然,上述的区别,只是相对的。例如,与社会的需要和联系的道德感,也会以强烈的形式表现出来,而与机体需要相联系的体验,如爱情虽然与性的需要相联系,但又明显地受社会生活条件的制约,受道德的制约,是一种复杂的情感。

审美情绪,就是在审美情境下,在物质需要、精神需要能否获得满足时产生的一种心理体验。这种体验,会伴随着机体的生理变化而变化。如面对着审美对象而产生的愉快感、轻松感以及笑等生理心理的反应;在审美过程中,对厌恶的事物或人物产生痛恨、愤怒的反应;对与主体共鸣的人和事,会产生同情、怜悯,以至悲伤、忧郁、流泪和痛哭等反应。

审美情绪也同审美情感一样,是审美主体对审美客体是否符合自己的审美需要而产生的一种体验。不过,审美情绪直接联系着生理需要,并不像审美情感的静观态度那样超脱和深化。审美情感侧重于社会内容,审美情绪则侧重于生理形式。审美情绪是审美心境、审美情调、审美激情、审美热情的综合体验过程。在这些体验过程中,也已经带上某种特殊色彩(即社会内容),向审美情感变化和流动。

## 二、审美情绪的表现形态

在审美情绪里,由于情绪的不同体验,可以分为审美激情、审美心境、审美热情等形态。

### (一)审美激情

是一种迅速、猛烈、短时勃发的审美情绪体验过程。在审美对象的强烈刺激下,人的大脑皮层发生重大变化,神经兴奋迅速传遍皮层下中枢,引起内脏器官的剧变,显现出各种表情动作。这类情绪像狂风暴雨,突然侵袭,笼罩着整个人。激情状态时,人往往会改变原来的观点,做出的事情会使人难以预料,人的认识范围也狭窄了,仅指向于与体验有关的事物。但激情持续的时间往往较短。

葛洪的《西京杂记》曾记述下司马相如创作《上林》《子虚》赋时的激情状态,说"司马相如为《上林》《子虚》赋,意思萧散,不复与外事相关,控引天地,错综古今,忽然如睡,涣然而兴"。这也表明,激情涌来之时,主体往往改变着自己的行为方式以调动各种因素集中在注意的对象上,尽管主体本人并不一定意识到自己正集中注意在对象上。郭沫若曾说他的"《屈原》真可以说是意外的收获。各幕及各项情节差不多完全是在写作中逐渐涌出来的。不仅是写第一幕时还没有第二幕,就是第一幕如何结束都没有完整的预念,实在也奇怪,自己的脑识就像水池开了闸的一样,只是不断地涌出,涌到了平静为止"①。雪莱也说:"诗是最快乐最良善的心灵中最快乐最良善的瞬间之记录。我们往往感到思想和感情不可捉摸的袭来,有时与地或人有关,有时只与我们自己的心情有关,并且往往来时不可预见,去时不用吩咐,可是总给我们以难以形容的崇高和愉快。"②创作家在激情袭来时的忘我状态是审美创造的最佳时刻,这个时候创作出的作品,情感充沛,具有很强的感染力。处于激情状态中的审美创造者所注意的唯有他正在创造的对象,他把自己的热情、意志、情感、灵魂都灌注在对象上。甚至,他自己就是那个对象。N. C. 韦思就有这样的体验。他曾说:"(每当)我画骑马的人,耕地的人,或顶风行进的妇女,我都觉得自己肌肉绷得紧紧的,像是握着小胡桃木的犁把,或者低头眯眼抵御着风沙,画中人的一举一动我都有切身感受。一旦画完这些动作之后,我都会浑身酸痛几小时,因为当我把他们搬上画布时,我也替他们出了一身汗。"③这种"物化"现象是审美激情最显著的表现形态。

(二)审美心境

心境是一种使人的一切其他体验和活动都染上情绪色彩的、比较持久、微弱的情绪状态,它也可能是某种强烈情绪涌过之后的后遗状态。审美心境的概念,指明了人在审美过程中出现的情绪状态。它同审美激情处于相对的地位,具有弥散性的特点。当一个审美主体处于某种审美心境中,往往以同样的情绪状态看待一切事物。羁旅北周的江南诗人庾信,随着岁月的流逝,他的乡关之思愈来愈浓,长期处于一种悲愁的审美心境之中。他的许多作品都反映出这种审美心境。在他的眼中,所见无不是哀愁。他"见月长垂泪,花开定敛眉"④。甚至一片雪、一株树、一杯酒、一只雁都要惹起他万般无奈的故国之思。而所有这一切,又都是"侯景之乱"和江陵亡陷给他以强烈刺激的结果。

当审美主体以同一情绪状态来对待一切事物时,大脑皮层即建立起一种动力定型来使这种情绪继续维持下去。相对来说,大脑皮层对其他事物的刺激也就呈消极状态,主体也就很难知觉到其他事物的信息。也就是说,审美心境有一种抗干扰性,以使既有情绪能够外化在客观事物中。我国古典美学曾以"虚静"范畴来

① 《写完五幕剧〈屈原〉之后》,《郭沫若论创作》,第 112 页。

② 《为诗辩护》。

③ 《艺术家眼中的美国》,《交流》1988 年第 1 期。

④ 《伤往二首》之一。

说明审美心境的这个特点,认为"虚静"是创作的心理前提条件。白居易有一首《清夜琴兴》诗,颇能说明这个问题:"月出鸟栖尽,寂然坐空林。是时心境闲,可以弹素琴。清冷由本性,恬淡随人心,心积和平气,本应正始音。响余群动息,曲罢秋夜深,正声感元化,天地清沈沈。"①人的心理活动无时无刻不在发展变化,大脑皮层无时无刻不在接收外界信息以加工处理。所谓"虚静"只是针对某一持久的已成定型的情绪而言。主体所有的这种情绪已经强化到足以抵御任何外界干扰的程度。相对于外界干扰而言,主体有一种"虚静"的心境,因而能专注于目前的对象,将持久的情绪发散到创造对象或欣赏对象上去。所以,"弹素琴"的前提是"心境闲","心境闲"才能把自己的审美情感灌注在对象里面。也正是因为专注于某一对象,将这持久的情绪发散到对象上,主体也才能"静故了群动,空故纳万境"②,使万事万物都有可能染上主体的审美情绪。这种源于老子"有无相生"的审美心理的辩证观在我国古典美学发展史上占有重要地位,对我们认识审美心境的性质无疑会有所帮助。

(三)审美热情

热情是指一种火热的深厚而固定的情绪状态。它和激情相反,它有巨大的持续性。热情是意志的行为,是通过认识过程、意志过程而表现出来的积极力量。它和人的理智感与道德感分不开。艺术的审美创造结晶是热情的产物。所以,审美热情与科学热情都是对客观对象的再现和表现所产生的持久而深厚的情绪状态。但科学热情的对象是自然和现实世界,审美热情的对象是自然美、生活美和艺术美。审美热情也可以说就是审美情操,它与一般的情绪不同,带有人格情感的意义。审美热情来自比较复杂的审美对象所引起的刺激,或者说是主体在感知比较复杂的审美对象时所产生的一种心理活动。审美热情与道德热情、宗教热情和科学热情不同。道德热情来自道德标准和道德信条的驱使。充溢着道德热情的人可以甘受折磨,甚至为道德信条献身。宗教热情来自精神的被麻醉。"宗教是那些还没有获得自己或是再度丧失了自己的人的自我意识和自我感觉"③。宗教热情的形成意味着主体的价值被剥夺,他的热情越高,他自己的存在价值就越低,当这种热情高涨到天上的时候,也就是他自己在物质上和精神上都完全消失的时候,中世纪那些甘愿为基督献出一切的女子不就是这样的吗?科学热情来自

① 《白香山集》。

② 苏东坡:《送参寥师》。

③ 马克思:《黑格尔法哲学批判导言》。

追求真理的勇气,它受理智控制的因素尤为突出。审美热情来自与道德感、理智感相结合的美感。审美热情的高涨并不是主体的丧失,而是主体自我价值的肯定。具有审美热情的人,不仅能够发现和创造生活中美的事物,而且能够发现和创造那些以丑为美和以美为丑的事物。显然,在这个发现和创造的过程中,主体的理智感和道德感发挥了作用。一个平庸无知的人同一个皂白不分的人一样,不可能产生审美热情。

## 第四节　审美移情

### 一、移情的机制

移情发生的生理—心理机制是什么?

英国18世纪美学家哈奇生用相似联想来解释移情:“由于我们有一种奇怪的倾向,欢喜类似,自然中每一事物就被用来代表旁的事物,甚至于相差很远的事物,特别是用来代表我们最关心的人性中的情绪和情境。”哈奇生认为这种喜欢类似的倾向是一种天性,显然指的是“联想”,因为相类似的事物常常引起人们意识的联想。在白居易笔下,带泪的玉容与带雨的梨花融为一体:“玉容寂寞泪阑干,梨花一枝春带雨。”杜甫的诗中,则是丛菊的露珠幻化成人的泪花:“丛菊两开他日泪,孤舟一系故园心。”这是形态相似引发的移情。在中国传统文化中,梅、兰、竹、菊是中国人人格的象征体,缘在它们内在的物理属性耦合了人的意识的某个侧面,于是具备了只有自觉的人才具备的品格:坚强、高洁、谦虚、正直,这是内在属性相似引发的移情。此外,一定的内在属性总是体现为相应的外部形态。菊花不易吹落的内在特性表现为在北风中尚能“枝头抱香”的外在形态,于是成了坚贞的象征:“宁可枝头抱香死,何曾吹落北风中。”(郑思肖)杜甫写柳絮、桃花,也出于同一道理:“癫狂柳絮随风舞,轻薄桃花逐水流。”这些是综合性相似引发的移情。

可见,相似联想是移情的心理机制之一。

相似联想与接近联想、对比联想是按引发条件所做的划分。对于移情而言,接近联想与对比联想也是移情的心理条件。

崔颢“去年今日此门中,人面桃花相映红”,既是时间上的接近,也是空间上的接近,导致由桃花到人面的接近联想,从而引出桃花如面,笑靥生辉:“人面不知何处去,桃花依旧笑春风。”元好问在诗中将人的观念与本不知闲暇的自然事物相对照,“寒波淡淡起,白鸟悠悠下,怀归人自急,物态本闲暇”,以对比联想反衬怀归人急的心态。

联想是记忆的一种常见形式,按识记时身心活动方式划分,记忆可以分为理解记忆、机械记忆和情感记忆。情感记忆或称情绪记忆。对记忆对象的性质而言,它是对人类生活中关于情感、情绪方面的记忆;对记忆主体的心理活动特性而言,它是一种凭借身心感受和心灵体验的记忆,体现为主体的一种积极能动的心理活动过程。移情中的联想,无论是相似联想、接近联想,还是对比联想,都可以是带有情绪和情感体验的联想,因而也可以是“内心情感的联想”。杜甫“感时”“恨别”的时候,那种深沉的忧患和缠绵的离情别绪,使得花露与泪水融一,鸟鸣与心惊关联。情感在这里是联想的中介和动力。情感联想的特征在于:它是情感和联想的合体。联想为情感所浸染,情感因联想而强化。所有的相似联想、接近联想和对比联想在审美移情中都是情感的联想。这是由移情作为自然与人之间双向交流过程的本性所决定的。

审美经验中,还有一种联想所不能解释的现象,例如康定斯基在《论艺术的精神》中说的,“水平线是女性的”“垂直线是男性的”,再如,柳条的低垂与微微的摆动与离人心态不谋而合,舞蹈中示意悲哀的动作也是缓缓地低垂身体。这类现象中,人的感受就其过程而言,具有快捷性,就其方式而言,具有不自觉性,就其效果而言,具有公众认同性。这种审美移情不是联想所能解释的,因为联想作为记忆的形式之一,最终是可以被意识到的心理过程,纵使在发生时可以有无意性。

格式塔心理学为这种移情现象做出了科学分析。

格式塔心理学在探讨“完形”或知觉组织活动时,引用了物理学中“场”和“力”或“力场”的概念,并被其创始人韦特海默的学生鲁道夫·阿恩海姆用来解释审美经验的形成。格式塔派的“力”与物理学的“力”既相同又相异:同在它们“有着自己的作用点、方向和强度”,异在它“并没有包含在我们观看的对象之中”。例如,一个正方形中贴上一个小的黑色圆形图案,在人的知觉经验中就似乎有种种“作用力”使它会下坠或横移。为什么会如此呢?这是因为大脑是一个电化学力场,“我们可以把观察者体验到的这些‘力’看作是活跃在大脑视中心的那些生理力的心理对应物,或者就是生理力本身,虽然这些力的作用是发生在大脑皮质中的生理现象,但它在心理上却仍然被体验为是被观察事物本身的性质”。生理是物理与心理的中介,即:物理—生理—心理,横贯三者之间的媒介就是“力”,这是物理世界与心理世界相互沟通的桥梁。

世界是一幅不断运动变化的图景。既然有运动就必须有动力,因为力是一切运动形式的表现形态和根本原因,即使是“静止”的事物,定型的图案,也是运动的阶段性结果,是凝固着并显示着力的作用的“化石”,而无数实践经验的累积、沉淀使人们大脑成了外部世界最精微的反映体,它具有从力的结果“经验”到力的作用过程的先天能力。这种“经验”在脑皮质中是一种皮质力,而且与物理力、机械力、化学力、心理力……共同构成一个网络交叉的动力系统,人类的社会实践及其在大脑中累积而成的经验又使这些力之间形成了一种有规律的联系。于是,在自然事物、艺术式样与人的知觉组织活动及心理情感之间,形成了根本的同一,即虽然互为异质,却彼此结构相同。这就是“同构”或“异质同构”。它为巴甫洛夫所谓的“神经联系”提供了一个“力”的基础。基于此,可以说“同构说”不是对移情学说的替代,也不是对一切审美经验的描述,而是对不能用联想来解释的那类移情形态的一种更深入、更科学、更贴近生理机制,也更实验化了的解释。

移情说最著名的事例是里普斯对道芮式石柱的经验。道芮式石柱在里普斯面前,仿佛自己在凝成整体和耸立上腾,就像里普斯自己在镇定自持、昂然挺立、抗拒重力一样,就是因为静止的石柱处于力的平衡状态中,这种平衡是各种方向的力共同作用的结果。里普斯在对这种建筑式样的观赏中,在大脑皮质上“复现”了力的作用模式,使石柱以力的作用模式与大脑皮质力形成了“同构”。

根据实验,色彩的波长较长时能引起人的扩张性反应,波长较短则引起收缩性反应。黄色是一种有较长波长的颜色,它似乎向观众奔来。因此,充满神经质激情的梵高喜用金黄响亮的黄色;画风景时,着迷于普罗旺斯金黄的太阳。色彩的外流性与人的反应的扩张性完美地表现了梵高的热情、冲动、奔放和神经质。相反,青、绿、蓝都是冷色,若把它们封闭在一个圆圈里,便出现一种向中心后退的“运动”,故而,隐士王维才高频度地在诗中使用它们,高浓度地在绘画中使用它们,用以表现其清淡、宁静、中和的情感素质。正是物理—生理—心理之间的异质同构,才使单纯的艺术媒介(如光度、色彩、声音、线条、姿态)和抽象的艺术式样(如中国书法、印象派绘画)有了情感表现性,能引起审美主体的移情活动。

总之,移情作为主体与对象即心—物之间的一种交流,审美感知是其起始,心物同构与联想只有在“感知”这个契机产生后才得以进行。感知通过记忆生成表象,表象揉进情感生成审美意象。感知通过同构原理产生皮质力的活动,再触发与之相应的情感反应,这就是移情发生的机制。

## 二、移情的形态

西方各种移情理论形成于对具体审美经验的阐发,具有局部准确性,因此,它们是形成移情理论体系的基础。

人类心理活动的过程和结构是知(感知)、情(情感)、意(意志)。内摹仿说的精义是指运动神经与筋肉在观赏对象时产生内在细微的动感,它在本质上是大脑皮质力与外物形式张力的同构对应,其发生机制就是“同构”或“异质同构”,与“同构说”揭示的都是感知阶段的移情形态,我称之为同构移情。

同情说的精义是主体的“痛感”和“快感”(休谟)等“情绪”和“情境”(哈奇生)入乎客体。这是对处于情感阶段的移情形态的描述,我称之为同情移情。

象征说是费肖尔父子关于移情的理论。是指在审美观照中的“对象的人化”,形象和它所象征的观念融为一体,人把自己“外射”或“感入”到自然事物里。这是一种以观念为中介处于意志阶段的移情形态,我称之为象征移情。

联想说是在机制意义上的移情学说,联想作为内心情感的联想是同情移情的机制,作为观念的联想则是象征移情的机制,因此不宜归结为单独的移情形态。

总之,历史上众说纷纭的学说可以整理成感知阶段的同构移情、情感阶段的同情移情和意志阶段的象征移情。

(一)同构移情

同构移情是一种接近生理本能的最基本的移情形态,但也经历了人类实践的艰难积淀,并融进了人类特有的主观意识,只不过以更隐蔽的形式出现其间。同构移情的对象,或准确地说,触媒是自然事物的外在形态、动势和艺术作品的纯形式因素如基本的色和线。

(二)同情移情

同情移情是审美主体在面对对象时个人的情感、情绪、心境、态度与对象的交流。作为移情形态之一种,里普斯称之为“审美的同情”或“审美的移情”。在他看来,移情作用所指的不是一种身体感觉,而是把自己“感”到审美对象里去,“任何种类的器官感觉都不以任何方式闯入审美的观照和欣赏,按照审美观照的本性,这些器官感觉是绝对应排斥出去的”。里普斯说的“移情”排斥了器官感觉即同构移情,其实质是只承认同情移情。

同情移情作为心物之间比同构移情更情绪化、情感化和心境化的一种关系,同时受到主体心理与客体属性的双重影响。这种双重影响基于这样一个规律:当同情移情以同构为机制时,物的张力结构形成一种直观性刺激,便形成康定斯基所说的“精神客观化”和贝尔所说的形式的有意味化。当同情移情以联想为机制时,眼前直观的、现实的刺激仅仅作为中介和手段引起主体先在于当前的痕迹性刺激(例如记忆)从而激起情感反应。这个规律就是“情能移(改变)境,境亦能移情”(吴乔)。证诸古诗,如“山光悦鸟性,潭影空人心”,显然是境移人情,更多的是生理反应,是主体在与自然的同构中“顺化”对象,从而具有无意性。“感时花溅泪,恨别鸟惊心”则明显的是情移物境,是主体通过联想“同化”外物。证诸西方美学,则“由物及我”是物移人情,“由我及物”是情移物境;证诸中国美学,则分别是“触物以启情”的“无我之境”或“写境”与“索物以托情”的“有我之境”或“造境”。

根据上述规律——物移人情和情移物境,可以得出在同情移情中物我之间看似矛盾的两种关系特征:(1)人对一定的自然物象有基本相同的情绪体验。明月总是相思的触媒:“但愿君如天上月,年年此夜团如玉。”①“离人无语月无声,明月有光人有情。”②流水是柔情的最优物化:“请君看取东流水,方识人间别意长”③“请君试问东流水,别意与之谁短长?”④(2)主体缘情而改变物象的情感表现性。同是绿草,游子的体味是“谁言寸草心,报得三春晖”⑤,恋人的体味是“记得绿罗裙,处处怜芳草”⑥,情感类型不同之故。同是鸟类,一时觉得“我遭谗口身落此,每闻巧舌宜可憎”,一时又觉得“花能嫣然对我笑,鸟劝我饮非无情”(欧阳修),态度不同之故。同是柳絮,欢乐之人觉得是“会得离人无限意,千丝万缕惹春风”(郑谷),伤感之人则觉得“落絮无声春坠泪,行云有影月含羞”(吴文英),心境不同所致。由此可知,情感、态度、心境是影响同情移情的主要心理因素。

(三)象征移情

象征移情是一种以对象内在属性及其表现形式与人的主体意志两相耦合为特征的一种移情形态。典型的象征移情如:中国的“岁寒三友”松、竹、梅与中国人心灵中道德观念的耦合,西方被称作象征艺术代表的古代建筑艺术与人的宗教观念的耦合等。

象征移情的对象主要是事物的内在特征,在人的观念的联想中,被象征的人格、心态及一般情感类型等主观内容与象征体的内在特征结合在一起。例如,写松:“松柏本孤直,难为桃李颜。”象征严子陵之傲岸⑦。写竹:“春木有荣歇,此节无凋零。始愿与金石,终古保坚贞。”⑧

① 刘浩:《满江红·寿陈侍郎十一月十五日》。
② 李冶:《明月夜留别》。
③ 严仁:《鹧鸪天·惜别》。
④ 李白:《金陵酒肆留别》。
⑤ 孟郊:《游子吟》。
⑥ 牛希济:《生查子》。
⑦ 李白:《古风》。
⑧ 陈子昂:《与东方左史虬修竹篇》。

象征移情的对象也可以是事物的外部形态，通过外部形式与大脑皮质形成一种特定的同构关系，把观赏者内在的心理观念在不知不觉中诱发出来，形成象征移情。世界各地的宗教建筑如神庙、教堂、佛塔等多是利用其或庞大的空间结构，或凝重的底座，或上耸的尖顶引起人在身体上不自觉的“内摹仿”即起力的同构，再生发出惊畏、恐怖、虚渺感。

象征移情无论是建立在同构还是建立在联想的机制上，总是以一种概念化的认识作为心理与对象的中介。中国美学的“比德”说是一种典型的象征移情学说。就以“仁山智水”为例，山与人的稳定、可靠、巨大功绩、坚实品格，水与人的活泼、快乐、无穷智慧、流动感情，便是通过这种理智反思的明确认识来建构或唤起情感上的同形相似的。也即是说，情感的建立和塑造是通由理智作为中介而实现的。山代表人的一般品格“仁”，水代表人的一般品格“智”，这就是象征移情，理智或概念化的认识是其发生的中介因素，缺少了这个中介，移情就可能只是同构或同情。

移情作为人类艺术地把握世界的一种精神现象，其结果体现为人的对象化和对象的人化。对于每一种移情形态而言，都是人对象化和对象人化的统一，没有纯粹的人化或对象化。但每一形态的移情中人化的程度和对象化的程度却各有差异。同构移情是人的生理方面与对象的稳定性耦合。人被直观性刺激所支配，处于被动的“顺化”对象的状态，更多的是人对象化，正因为此，不同时期、人种、地域和国度的艺术才能获得世界性的认同和历史性的认同。同情移情侧重人的情感、心境和情绪与对象的随机性耦合，人更多的是“同化”对象，“物皆着我之色彩”，它以情感为中介，是艺术感受永远保持个人特色的重要原因。象征移情则以观念、意志为中介，是主体的类心理与对象的比附性耦合。象征移情中对象化的人和化对象的人是作为类的存在而出现的，因此，象征移情的艺术更多具备文化区域特色和民族特色。

# 第十三章

# 审美理解

所谓审美理解，是指人们在审美活动中对审美对象内容、形式、事物的相互联系及其规律的认识、领悟和把握。它是审美主体在审美时表现出来的理性能力，是审美心理活动中由感性上升到理性的思维过程和形式之一，是审美经验中所特有的具有直觉性和非个人功利性的认识因素之总和。

审美理解一般是审美主体将自己的各种审美经验加以归纳、分析与比较，找到美的原因和规律。例如，我们看完一出歌剧，会马上说出它美或不美。但我们接着就会想，它为什么美？或许我们会想到其中的人物表演生动，歌曲悦耳，故事情节扣人心弦，以及导演运用的技巧高超，等等，这里需要想象力、知解力和推理能力，这就是审美理解。这种审美理解是理性的，但并没有采取逻辑推理的形式，这是一种"领悟"式的理解，也就是说，它与情感、想象、感知等因素交织在一起综合发生作用，所以已不是一般的理性认识和逻辑思维。审美理解，是审美主体对具有审美价值的客体对象的本质属性和规律的认识，但与此同时又能获得伴随着情感体验的审美享受。这两者都要通过主体的思维过程得以实现，但审美理解除了具备一般理解的特点之外，还具有独自的审美特征。

## 第一节　审美理解的内涵

### 一、审美理解的含义

审美理解是指美感(美感认识)中的理解因素。它最主要的特点，是始终渗透在感知、想象、情感诸心理因素之中，与它们融汇成一体，构成一种非确定的、多义性的认识。审美感知由于统觉的作用，使情感渗入表象，从而使表象得以活跃而进入想象。在想象过程中，感知成分由于表象的再现、组合和改造而转化为情感体验,情感运动的逻辑总是暗含着生活的逻辑,因而其中必然蕴含着理智成分。如有一些短小的抒情诗,诗人把它的情感完全压缩在看来各自独立的意象里,但通过意象的组合、排列,却很自然地拨动读者的心弦,使其从中领悟到一种思想感情和审美意蕴。马戴的《灞上秋居》:“落叶他乡树,寒灯独夜人。”这里提供的是两个单独的视觉意象:他乡树梢上簌簌飘落的黄叶和寒灯之下长夜不眠的孤寂的人。这两个意象两两叠加,就形成一种被视为“视觉和弦”的新的东西,联合起来展示一个与二者不同的意象,即无限愁苦、落魄潦倒的文人意象。这第三个意象,自然是假定的、想象的,但却是饱含着思想情感的。而接受者的想象活动趋于第三个意象,也就是趋于一种理解,即类似于电影“蒙太奇”镜头组接所产生的第三种意义的那种理解。钱钟书先生在《谈艺术》中说:“理之于诗,如水中盐,蜜中花,体匿性存,无痕有味,现相无相,立说无说。”就形象、生动地道出了审美理解与感知、想象、情感融为一体的特点。

## 二、审美认识与概念认识的区别与联系

美感之所以不同于一般的知觉、快感,正在于它对外物的反映和把握,不只是停留在对感性现象的反映和把握上,而是以一定的理性、概念和逻辑思维为基础、为指导,同时又能够不离开感性和通过感性去直接把握、领悟和反映高于感性的有关事物的内在本质。因此,美感也是一种能够达到理性认识水平的能动反映。尽管美感不一定有确定的明确的概念出现,但是,通过想象的自由活动,美感认识总是包含着、围绕着并且趋向于一定的概念认识。

当然,必须指出,美感不是概念认识,不是逻辑判断。美感作为判断,虽然要求有与逻辑判断相类似的普遍有效性,要求社会普遍承认它,具有反映对象和认识对象的功能,但毕竟不是概念认识和逻辑判断。人们在对事物产生审美愉悦时,常常还一时说不出原因和道理,也并不经过一个明确的推理、思考的理论过程。美感认识与逻辑认识不同,就在于美感是通过当下、似乎未经过判断推理等逻辑思考的直觉形式获得的。

总之,美感认识与概念认识是有区别的,概念认识是以概念、范畴、理论体系的形式来反映客观事物的本质、规律,它在认知过程中,必然要经过一个舍去具体感性的材料而获得概念认识的抽象阶段。在认知过程中,理论家也会有强烈的感情,在他进行科研的时候,也有情感的激动。但情感对于理论家只能是工作的动力,进行探索和研究的动力,不能成为科学理论的内容,不能用感情和义愤证明科学理论的内容,只能依靠必然性、规律性来证明科学理论问题。在认知过程中,一

个理论家的想象也是很丰富而活跃的。但是,进行抽象思维中的想象是要过渡于归结于既定概念,必须把想象放在确定的普遍性的概念之下,以形成一套脱离具体感性材料的道理或知识。

审美认识是以形象的形式反映客观事物的本质、规律,因而是具体的形式。审美虽然包括理智的内容,但这种理性的获得,并不经过一个舍去具体感性材料获得概念认识的抽象阶段,而是把个别与一般、现象与本质、偶然与必然直接地统一起来,在个别的、感性的、偶然的形象形式里,去把握事物的内在联系和规律。正因为这样,审美认识不以概念为中介,始终采取直观的形式,只有保持在直观的形式里,才能保持其审美的作用,审美认识同情感、想象密切地融汇在一起,其想象是要符合于趋向于非既定的某种概念,是把非确定的概念溶解在想象里,以得到一种不脱离具体形象的感受和体会。它给人的是欣赏而不是推理,是领悟而不是说教。欣赏和领悟虽然也可以说是一种认识,但不是概念认识。相反,如果出现了概念认识,那么,审美认识就反而要被抑止下来。唐人李端的《拜新月》:"开帘见新月,即便下阶拜。细语人不闻,北风吹裙带。"显然,这里是几个镜头(意象)的组合:"开帘""见月""下阶""朝拜""细语""吹裙带",等等,这几个视觉意象的组合提供了一个新的意象,表现了少妇思夫的情态和心理状态,有无限的烦恼,有深深的嘱托。少妇轻声细语讲了些什么,谁也没有听见。只见寒风在吹动着她的裙带来回飘动。单从时间的长久,也可以想见少妇的情感是很深厚的。这也生动地表明审美认识中的理解(对审美对象的审美意蕴的把握),是通过具体形象的形式来反映的。

须补充说明的是,我们这里所说的审美认识与概念认识的区别,是从认识过程着手的。如果就认识目的而言,二者没有多大区别。审美认识所探索的是以美表现出来的真,概念认识所探索的是以真表现出来的美,而且,审美认识往往是概念认识的前驱(或者说是前科学认识),比如嫦娥奔月的动人传说与载人飞船的登月成功。有人从社会生物学的角度指出,由于人脑特殊的运作规律,艺术和科学都是靠类推和比拟的思维形式以发现真理为目的的事业。"在思想的火花迸发,直觉和比拟起着关键作用的时刻,艺术家是酷似科学家的。但是艺术家随后并没有继续前进去追求自然法则并把自己消融在那巨大的图像之中。他的全部技艺都在于迅速地传递各种形象并抓住别人的心灵。……尽管艺术和科学在具体做法上有着根本的不同,但在最终揭示人性这方面,它们都是殊途同归的。"①比如,

① 《发现真理的动力》,《交流》1986 年第 1 期。

哲学家说，人是自然的主人；艺术家则说“尽吸西江，细斟北斗，万象为宾客”①。科学家说，日月运行乃客观规律；诗人则说“金乌（太阳）长飞玉兔走，青鬓长青古无有”②。哲学家说，有无可以相生；艺术家则说，计白可以当黑。这说明，审美认识与概念认识的区别不是绝对的，或许，审美认识与概念认识完全交融之日就是人类思维之谜的最终解答之时。

## 三、审美理解与“直接观照”

黑格尔把审美活动的心理过程称之为“充满敏感的观照”。他认为：“‘敏感’一方面涉及存在的直接的外在方面，另一方面也涉及存在的内在本质。充满敏感的观照并不能把这两方面分别开来，而是把对立的方面包括在一个方面里，在感性直接观照里同时了解到本质和概念。”③在这里，黑格尔不但肯定了审美过程的理解因素，而且揭示了审美理解寓于感性直接观照的特点。

对于人们何以能够通过“感性的直接观照”亦即感性直觉达到对事物本质的了解，我们在前面的章节中曾指出：审美直觉是通过意念领悟达到对审美对象本质的理解的。对于意念及其领悟进程是积淀着理性因素的原因，也进行过论证。为了更清晰地了解仿佛不假思索的刹那间所直觉地迸发的领悟所得为什么具有思维，有必要对瞬间领悟中的意念运动进程进行解剖。可以把这一瞬间进程分成三个密切联系的环节。

### （一）凝神观照

审美对象的深邃本质通过诱人的形象细节自然而然地流露出来，引起审美主体聚精会神的观照。这时，蕴于内而形诸外的细节特征，通过感觉器官进入审美主体的大脑，激发多种心理因素的协调运动。

我们知道，当我们感应到外界事物时，对象的外部因素总是对相应的大脑定位产生刺激。大脑皮层接收到这一信息刺激时形成一种优势兴奋中心，引起大脑皮层的一些顺利的传导活动，或者说有相应的神经通路来进行处理。如果我们要继续探求对象的审美意蕴，大脑皮层的其他定位系统也同时参加进来，将其余的神经通路暂时关闭，集中指向这一特定的对象，这时就会出现视而不见、充耳不闻的心理反应。也就是说，审美主体就会产生一种凝神观照的行为。

---

① 张孝祥：《念奴娇·过洞庭》。

② 《才调集》韩综《春愁》。

③ 《美学》第1卷，第167页。

也正是因为主体在凝神观照时,大脑皮层的其他定位系统都同时直向特定对象,因而凝神观照可以使主体从对象那里获得无穷的审美意趣。参观画展,常常有人在某一幅画作面前久久不愿离去;攀登长城,常常有人停立不动,极目远眺。《红楼梦》写宝玉无意间听到黛玉葬花的哭泣声时说:"那边哭的自己伤心,却不道这边听的早已痴倒了。……先不过点头感叹;次又听到'侬今葬花人笑痴,他年葬侬知是谁? ……一朝春尽红颜老,花落人亡两不知'等句,不觉恸倒山坡上,怀里兜的落花撒了一地。试想林黛玉的花颜月貌,将来亦到无可寻觅之时,宁不心碎肠断,既黛玉终归无可寻觅之时,推之于他人,如宝钗、香菱、袭人等,亦可以到无可寻觅之时矣。宝钗等终归无可寻觅之时,则自己又安在呢? 且自身尚不知何在何往,将来斯处、斯园、斯花、斯柳,又不知尚属谁姓? 因此一而二,二而三,反复推求了去,真不知此时此际,如何解释这段悲伤! 正是:花影不离身左右,鸟声只在耳东西。"黛玉的一段"葬花词"却引起宝玉如此的哀伤! 宝玉凝神细听时,如痴似迷,内心却急剧变化,浮想联翩,由黛玉而及宝钗、香菱、袭人等人,由宝钗等人而及自身,由自身而及自身当下所处的外部环境,由外部环境而及外部环境的未来得主,一一想去,层层推求,引起无穷的意象联想。而这一切都起自宝玉的凝神观照。

凝神观照不但是审美接受者获得审美意趣的必要条件,而且是审美创造者进行创作的必要的心理准备。创作者在将自己的审美意识以物态化的形式表现出来时,也有一个调动各种心理功能以集中指向创作对象的过程。在创作构思中,创作者只有凝神观照才能展开丰富的联想和想象,才能从了然于心转化为了然于口与手,从胸中波澜转化为笔底波澜。庾肩吾说:"敏思藏于胸中,巧意发于毫铦。詹尹端策,故以述其变化;《英》、《韶》倾耳,无以察其音声。殆善射之不注,妙斫轮之不传。是以鹰爪含利,出彼兔毫;龙管润霜,游兹虿尾。学者鲜能具体,窥者罕得其门。若探妙测深,尽形得势;烟花落纸将动,风彩带字欲飞。凝神化之所为,非人世之所学。"①这就是说,在书法作品的创作中,凝神观照是一个非常重要的条件,如果心烦意乱,不能排除各种干扰(关闭多余的神经通路),那么很难创作出传世的佳品。

诗歌创作,则既需要激情充溢,也需要凝神观照。"凡诗立意,皆杰起险作,旁若无人,不须怖惧。"②绘画亦如此:"与可画竹时,见竹不见人。岂独不见人,嗒然

---

① 《法书要录》卷二《书品论》。

② 王昌龄:《诗格》。

遗其身。其身与竹化,无穷出清新。庄周世无有,谁知此凝神。"①凝神观照时,主体与对象处于一种自由和谐的状态,他不再感到对象是外在于他的一种客观存在,而是与他同在的主观存在,而他也意识到他自己本身就是这样一种现实的主观存在,这正是审美理解的奥秘。

(二)信息推导

审美理解中的意念运动从根本上看是作为审美者的主体与作为审美对象的客体进行信息交流的过程。如果说在凝神观照时,审美主体主要是接收作为物理存在的审美对象的信息的话,那么在信息推导阶段,审美主体则将作为物理存在的审美对象的信息转化为作为心理存在的审美对象。也就是说,在信息推导阶段,审美主体对审美对象的理解不是以审美对象本身向主体发散和转送物质能量为前提的,而是以审美心理结构对已输入信息的加工处理为前提。在这个阶段,外界刺激(形象细节)一旦输入大脑,意志信息即由静态转化为动态。情感反应模式对外界刺激进行敏感神速的认识比较和辨析推导,从而在主体尚未完全意识到的情况下,完成对审美对象的洋溢着诗情的"考察",心理冲动趋向则引导审美者对外界刺激产生美感,或不产生美感。

我们知道,还在牙牙学语、到处涂鸦之时,我们就由于感知运动的作用建立起一种心理格局。随着岁月的流逝,我们的心理格局不断地进行着重构。所有输入大脑的信息都受到这种心理格局的制约,要么处理掉,很快被遗忘,要么接受下来,一直保持在头脑中。但这种保持一直处于潜伏状态。除非受到与这种保持同构的新的信息的刺激,否则这种保持将一直潜伏下去,直到脑神经组织萎缩之时方才消退。在审美活动中,已有的审美经验也是一种被保持下来的信息,比如花香在脑神经组织系统中留下的痕迹。但审美经验的保持与一般信息的保持所不同的是,它是一种需要不断更新发展的保持,也就是说,只有不断地激活它才能永葆活力。而信息推导正是这样一种激活机制。在推导审美信息的过程中,审美经验必然参与进来,发挥起选择和认同的功能,在探求对象的深层意蕴中获得新的审美经验,从而形成一种新的审美经验的保持系统。

(三)萌发预感

随着不同情感主调的美感的产生,对审美对象本质的"预感"油然而生。这种瞬间领悟所得,并未形诸概念语言,尚处于隐隐约约的意念状态,如同水中之月,镜中之花,具有难以言喻的美感魅力。

---

① 苏东坡:《书晁补之所藏与可画竹三首》。

以上这三个环节,作为意念领悟的一个单元,在实际审美过程中,以人们的主观意识不能觉察的高速度,在头脑中“自动”闪现。正是互相联系的无数个“自动”闪现的意念领悟单元,构成了潜伏在意识活动(意识流)之下的意念流,帮助主体在直觉中艺术地把握审美对象的深层意蕴。

## 第二节 审美理解的层次

审美理解尽管是一种与感知、想象、情感等心理因素融汇一体的非确定性的多义性认识并且在实际的审美活动中往往以一种意念流的形式表现出来。但是,审美理解毕竟是一种心理变化过程,我们有可能对其进行线性的分析。这也就是说,我们可以从不同的层次划分上来对审美理解进行研究。

审美经验中的理解因素包含着几个层次,每个层次各有不同的含义。

### 一、区分现实状态和虚幻状态

巴金曾说:“我从十一二岁起就看小说,一直到现在我还是文学作品的读者,虽然我同时又是作家。那么照有些人的说法,我的脑子里一定摆开了战场,打得我永无宁日,我一字一句地翻译赫尔岑的回忆录,可是我还是我,并没有变成赫尔岑。同样,我从四十年代起翻译屠格涅夫的小说,译来译去,到一九七四年才放手,是不是我就变成了屠格涅夫呢?没有,没有!但是我不能说我不曾受到他们的影响。这是在不知不觉间发生的,即使这就是‘潜移默化’,但别人的影响,书本的影响,也还是像食物一样要经过我咀嚼以后消化了才会被接受。”①在另一篇《随想录》里,巴金又谈到,文学作品的根源在生活,文学作品就是作家对生活理解的反映。“作家经常把自己的亲身见闻写进里面,不一定每个人物都是他自己,但也不能说作品里面就没有作者自己。法国作家福楼拜说爱玛·包法利夫人是他自己,郭老说蔡文姬是他。这种说法是值得深思的。《激流》里也有我自己,有时在觉慧身上,有时在觉民身上,有时在剑云身上,或者其他的人身上。”②在这两段话中,巴金以自己的亲身体验谈出了审美理解的一个重要特点,即审美理解是区分现实状态和虚幻状态的理解。

---

① 《再谈探索——随想录三十八》。
② 《文学的作用——随想录九》。

审美理解从本质上看是一种兼有逻辑思维和形象思维的心理活动,或者说它是一种情感思维。而任何思维都是以肯定自在主体为思维的前提条件的,思维者只有首先肯定了自己的现实存在,才有可能对客观现实进行思维活动。因此,无论是艺术创作还是艺术欣赏,必须首先知道自己是在进行创作和欣赏。他必须首先是自己的主人,然后才有可能是对象的主人。正因为他是自己的主人,他才有可能做对象的"仆人",拜倒在美的对象面前去感知美和理解美。尽管作者或欣赏者在审美过程中,情感会发生变化,但毕竟知道自己是在进行创作或者欣赏艺术。这一点至关重要。也就是说,审美主体要把真实生活中的事件、情节和感情与审美态度中或艺术中的事件、情节和感情区别开来,保持一种客观性。但这是一种审美理解的客观性而不是科学认识的客观性。这种客观性是艺术家、文学家取得巨大成就的根本保证。别林斯基在分析莎士比亚的艺术成就时指出:"他一方面具有高度的剧作才禀,囊括万有的聪慧,同时还具有天才的客观性,这客观性使他主要成为一个剧作家,并且这客观性的特点就在于能够离开自己的个性,按照实在情况来理解对象,移居到对象里面去,以那些对象的生活为生活。……然而,这客观性完全不是冷淡无情;冷淡无情是破坏诗意的,而莎士比亚却是一位伟大的诗人。他不过是不肯把现实牺牲给心爱的概念罢了。"①这种客观性实际上是一种带有主观色彩的客观性,主观色彩越强烈,客观性就越充分。也就是说,在审美创造中,艺术家对现实生活的认识越清醒,他对艺术世界的把握就越准确。他对现实状态与虚幻状态的理解程度越高,他表现虚幻状态的能力就越强。

在审美接受中也是如此。审美接受者对现实生活的认识越清醒,他对艺术世界的体验就越深刻。他区分现实状态与虚幻状态的能力越强,他在虚幻状态中获得的审美享受就越丰富。如果虚实不分,把艺术世界与现实世界混为一谈,把戏剧中的地主恶霸黄世仁看成生活中的恶霸地主,甚至要开枪打死他(演员),那就不是审美经验了。只有理解到这是一种"虚"的东西,用想象去取代现实,才能在经历着和分享着剧中人哀乐的同时,得到审美上的快感。要知道审美经验中的情感反应,是在理智的控制下进行的,因而是一种主动的和精神上的反应。没有对眼前虚幻情势的理解,就不能在热情中保持冷静,在直观反应中保持体验和回味。

我们再以演员的审美理解来说明这个问题。演员既是审美接受主体又是审美创造主体。相对于剧本来说,他是接受主体,他同样有一个对剧本的感知,体验和理解的心理发展过程。与一般接受者不同的是,演员的审美心理发展过程受到

---

① 《莎士比亚的剧本(哈姆莱特)——莫恰洛夫扮演哈姆莱特的角色》。

了一定的限制,他只能在剧本提供的规定条件范围内进行审美活动。相对于观众来说,演员又是创造主体,他要把僵死的语言符号转化为有血有肉的人物形象。与一般创造者不同的是,演员的创造对象就是他自己,他自己就是他的审美意识的物态化结果。因而演员的创造更为艰苦:他要按别人(剧作家)提供的条件来创造自己。也就是说:"演员必须用他整个的身心进行交流,即:他的情感、他的愿望、他的目的、他的经历、他的思想、他的言谈举止。必须使观众像知己的朋友那样了解他,而且要让观众比他舞台上的任何一个亲密朋友都更加亲密地了解他。"①然而,要做到这一点,首先是处理好"第一自我"和"第二自我"的关系,即正确区分虚幻状态与现实状态的差别。生活中常有这样的事发生:台上的演员悲怆欲绝,台下的观众却无动于衷,有时甚至哄堂大笑。其主要原因也正在这个地方。苏联莫斯科马雅可夫斯基剧院总导演安·冈察洛夫在《今天的演剧艺术和表演技巧》中记述道:"心理学家西蒙诺夫教授是研究高级精神活动的专家,近年来潜心研究创作的心理学,总结了自己的观察,就我们艺术的情绪作用,曾不止一次地发表过许多有趣的见解。他说,最初他以为这种或那种情感的外部表情越丰满,越细致入微,它就越富于感染力。然而,看来这种因果关系作为一种常规,是不存在的。起决定意义的完全是另一个因素,引起观众反应的,首先在于那些使演员痛苦、喜悦、绝望等的'理由',他同意多少,抑或不同意。首先,一个人对某个'理由'应有所反应。比方说,假若他不同意你在舞台上哭泣的'理由',那么无论你流泪多么真诚,他也不会和你有同感。"②西蒙诺夫在这里所说的演员痛苦、绝望、喜悦等等的"理由"实际上也就是作为接受者("第一自我")的演员对剧本所做的审美理解,即演员对剧本所提供的虚幻状态的理解。"理由"越充分,观众越信服,越对你感兴趣。

同时,演员在表演时,又必须保持清醒的头脑,必须意识到自己是处在一个面对观众的真实状态之中,尽管有假定性做基础,有布景做掩饰,有其他演员做遮挡。否则,他的表演只会引起观众的厌恶。所以,美国著名的戏剧家怀特说:"演员必须永远找到一种方法来创造生活真实的幻觉。他必须在剧场条件的限制范围内显得是自然的。他必须是莎士比亚创造的那个奥赛罗,但又必须是那样一个奥赛罗,他同苔丝狄蒙娜都得活着以便第二天再演戏。"③一个在表演中总在流泪

① E. C. 怀特:《让观众象知心朋友那样了解自己》,《论观众》,第201页。

② 《外国戏剧》,1983年第1期。

③ 《让观众像知心朋友那样了解自己》,《论观众》,第202页。

的演员，并不证明他已经充分理解了所要表现的人生感情；一个看戏破口大骂的观众，也不证明他的感受是一种深切的审美感受；只有在感受中含有理解，才能把感受导向审美经验。

### 二、领会审美对象的含义

要接受文艺作品，就得对作品的象征意义、题材、典故、技法、技巧程式等项目有所理解，这种认识因素往往是进行欣赏的前提。如果你接受作为文本的西方宗教艺术时不懂得百合花象征着玛丽娅的童贞，十字架象征着耶稣受难，羊羔象征信徒，鹿在池边饮水象征着圣徒的欢乐，等等，你就会感到莫明其妙。你在接受以“钟逵嫁妹”“罗汉伏虎”等故事为题材的绘画文本时，不晓得这些故事的情节和来历，你就会感到它们怪诞异常，不知所云。当你欣赏自然美，游览洞庭湖岳阳楼时，如果你读过范仲淹的《岳阳楼记》，记得他对洞庭湖壮观气象的描写，你的审美感受便会增添新的理解内容。

对审美对象的含义的理解还包括对作品的特殊表现手法的理解，而对作品特殊表现手法的理解又与对创作者本人的了解密切相关。

### 三、领悟审美对象的深层生命意蕴

以上两种理解虽然是艺术创作和审美欣赏的前提和条件，但还不是最重要的理解因素，最重要的理解因素，是溶化在感知、想象和情感中的理解，即内在的深层的美感中的理解。这种理解同感知、想象、情感等因素融合、渗透在一起，常常是非常朦胧的，不是很肯定的（不是明确的、确定的概念认识）。接受作为文本的艺术作品常常会出现一种情况，觉得很好，很动人，感到里面有东西，但就是说不出个所以然来。吟一首中国古诗，觉得很美，很有味道，很动人，但是到底讲的是什么，不是十分清楚，总是要经过反复的吟咏，反复的玩味，反复的琢磨，才能领略到它的味道。但是，这个味道到底是什么，常常不能用概念把它明确地讲出来。因为这种理解，认识因素是同其他各种心理因素（感知、想象、情感）融合在一起的。诚然，在有些作品里，有些意思（理解因素）是能明确讲出来的。但就是这样明确的意思，也是用具体形象来表示，而不是用概念来传达的。

因此。审美认识中的理解具有两个突出的特点。

#### （一）非概念性

审美中的理解表现为超感性而又不脱离感性，趋向某种概念而又无确定的概念。这是因为审美中的理解，是理性积淀在感性之中，理解溶化在想象和情感之中,正如水中蜜,无痕有味,水有甜味而不见蜜,性质虽存而形体隐匿。也就是说,审美认识有理解、认识的功能、成分和作用,却找不出它们的痕迹和实体,它不是通过概念而是通过形象来表达某种本质性的东西,给人一种不脱离具体形象的感受和体会。在著名的现代派画家达利的自传中,有一段他第一次拜访毕加索的极为生动的描写。达利当时只是一个初露才华而抱负颇大的年轻画家,毕加索则已是饮誉画坛,远近驰名的画家了。达利的《自传》记叙道:

当我到达拉波爱德路毕加索家的时候,我非常激动而且满怀敬意,就像我是要去谒见教皇似的。

"我先来看你,"我说,"然后去罗浮宫博物馆。"

"你做得很对。"他回答说。

我带了一幅仔细包装起来的小小的画,名字叫作《费加拉女郎》。他至少看了十五分钟,没有做任何评论。然后我们走上了二楼,在那里待了两个小时,毕加索给我看了许多幅他的画。他不断走前走后,拖出一幅幅大幅的画靠在画架上。然后在一大批画中又取出一些别的画,靠墙成行地架立起来。我看得出他搞得十分辛苦。每新提出一幅画,他就以充满着欢欣和智慧的眼光看我一眼,那眼光是如此之强烈,使得我浑身发抖。我一幅幅看过去,没有发出一点小小的评论。

到了末了,在楼梯平台上,正当我要离去的时候,我们交换了一次眼光,那含意是很清楚的:

"你明白啦?"

"我明白了。"①

在两个小时的会晤中,两位画家没有就绘画的审美价值直接交谈过,但相互心中都很明白,都领悟到了无言的乐趣——有审美价值的绘画作品或者说绘画作品是用不着用语言来表述的,都深深地理解了各自的审美意趣——一种难以用语言来描述的微妙的心理感受。这也正如莱布尼茨所说:"一个朦胧的观念不够使我们对它的对象认识清楚。……如果我们能认识一件事物,我对它就有明晰的知识;但是明晰的知识又分混乱的(感性的)和明确的(理性的)两种。如果我还不能把其对象所有区别于其他对象的特征一一指出,我的知识就还是混乱的。……

① 杰·汉德:《乐艺绪论》。

例如，我们看到画家和其他艺术家对于什么好和什么不好，尽管很清楚地意识到，却往往不能替他们的这种审美趣味找出理由，如果有人问到他们，他们就会回答说，他们不喜欢的那种作品缺乏一点‘我说不出来的什么’。”①“说不出来的什么”实际上就是一种非概念化的理解，是莱布尼茨所说的“无数微小感觉的结合体”。说不出来，但毕竟理解了而且是更深层的理解——一种非概念性的形象思维，而不是逻辑思维确定性的概念认识。

（二）意无穷性

审美总是在有限的、偶然的、具体的形象里，去捕捉和展现生活本质的无限、必然的内容。使“微尘中有大千，刹那间见千古”，审美中的理解具有“意无穷”性，而非任何确定性的概念所能表达和穷尽的。如欣赏徐悲鸿画的马，给我们的不仅是画面上奔腾的马，而且还使我们对生活和理想无限向往，尽管画上没有把它直接画出来或注明，但其中却包含着更多、更广阔、更丰富的东西。玩味郑板桥的兰、竹、石，总令人想到画面之外的含意，但又不是一两句话说得清楚的。是愤世嫉俗还是自得其乐？是昂扬挺直还是悠闲自在？都是，又都不是。吟诵陈子昂的《登幽州台歌》，感悟到了宇宙的无限和人生有限的矛盾，细加品味，又总觉得除了宇宙意识外，似乎尚有忧患意识。出世乎，入世乎？恐怕一时难以断定。但它包孕的哲理思想倒的的确确是三言两语难以说清的。慷慨者诵之，会激起勇于进取的豪情，郁闷者吟之，会倍增人生短暂的哀怜。审美理解的非确定性、多义性，使人们只能领悟，难以言传，“心有灵犀一点通”，这正是审美认识的妙处之所在。当然，审美中理解的非确定性和多义性，仍然有一定的限度，即在非确定性的意义中又有某种确定的趋向，在多义性中仍然保持一定的意义，而这种意义又是人们能够大体把握和领悟的。

---

① 《西方美学家论美和美感》，第 85 页。

# 第十四章

# 审美体验

审美活动的极致是审美体验。体验与直觉不同。“体验”之所以区别于“直觉”，正在于前者是以“审美者和审美对象”为一对范畴，而后者则是以“审美‘者’与审美的对象”为范畴的。在前一种范畴中，审美者通过体验所把握的审美对象不是一个有形的世界，而是一种无形的、神秘的、模糊的境态——相对于地球这个“世界”来说，它是一种无形的宇宙；相对于确定的现实来说，它是一种超验的、虚幻的、冥冥的梦境。这种境界是要审美者消失了自我、进入这一世界中才能体验到的。尽管进入这一境界在叔本华看来只能是短短的一瞬间的“静观”，但也正因为此，体验和静观才超越了克罗齐意义上的直觉活动和形式活动。在体验的意义上把握美，人们就可以说美(审美对象)、审美者、体验原本是一回事，就像人与存在与“本体性否定”应是一回事一样。没有体验，美无以成为美，审美“者”也无法成为审美者；而体验意义上所把握的美，就既区别于美是客观的说法，也不同于美是主观的说法，同样也区别于美是主客观统一的说法。因为在后一范畴中，任何主观的、认识意义上的直觉、想象、感觉、认识、判断，都不能完整地把握美。如果一定要说把握，那只能是肢解性地把握美，从而也就是在破坏美。美不可审，或者说美不可认识性地观照，不可赋予形式完全表现出来，不可用概念语言描述，实际上都是在说着“美在，审美者不在”这句话，在说着“审美者与审美对象”是一回事这句话。

## 第一节　审美体验的内涵

### 一、审美体验的含义

审美体验是指审美主体在审美活动中，对审美对象进行聚精会神的审美观照时在内心所经历的感受。审美体验的成果，就是审美感受的获得，审美体验的深入，引起审美感受的深化。审美体验是指出生命体验。生命体验着，因体验而显出生命的严峻性和可能性。审美体验一是生命意义的瞬息感悟，在这瞬息之中，本体之思撕裂时间母胎而把捉到永恒。思是从虚无中透射过来的澄明之光，它照亮了此在中的在。诗思即对自己存在的体验和领悟。体验是一种人生境界，处身其中，人因秉持回忆、想象、激情、沉醉、温爱而将有限的生命带入出神状态之中。审美体验给我们思的起点，同时又使我们关心生命意义超过关心生命本身。艺术来自体验，并且就是审美体验的表现。艺术因审美体验的激情性而显示出悲、欢、苦、乐；因审美体验的原生性而无保留地袒露出诗人心灵中的每一纹波澜，每一阵颤栗，每一份虔敬。艺术关乎人生，焉能不动情？只有艺术体验，才永远使我们不断摆脱虚伪和成见，带着泪和笑去感受生命和思考人生。审美体验即本体反思。进行着审美体验的人是面对人生终极价值关怀问题而痛苦追问的人。人生境遇各个不同，然而大艺术家与大哲人一样，都受同一根本痛苦的驱迫，而寻求着同一个大谜的谜底。审美体验关乎人生的意义和艺术的意义，因此，现代美学将体验作为美学本体论的重要之维加以研究，并借此追问审美体验与生命、体验与艺术、体验与意义、体验与世界的同一相关性问题。因此，在中外文艺史上，许多文艺家都非常重视对客观现实的体验。冈察洛夫说过："我只能写我体验过的东西。"巴尔扎克也告诫人们"写书之前应该体验过全部风尚习俗，跑遍整个地球，感受过一切激情"。爱伦堡则明确指出："在写小说之前，必须要有体验。"①孙犁则明确断定："文学作品通过体验再现生活……创作是作家体验过的生活的再现。"②中外文艺家的实践证明，对客观现实的体验，是一切文艺家进行文艺创作的前提，没有这种体验，任何文艺创作都无从谈起。审美鉴赏的过程，也就是进行审美体验、获得审美感受的过程。金圣叹说："文章之妙，无过曲折。诚得百曲千曲万曲，百折千折万折之文，我纵心寻其起尽，以自容身其间，斯真天下之至乐也。"③所谓"纵心寻其起尽"和"以自容身其间"，实际上也就是一种审美体验。艺术家们创造的艺术品，是他们审美体验的结晶，他们以这种方式将自己体验过的生活、情感和感受过的世界传达给接受者，是要接受者也从中分享到他们的审美意趣和审美情感。但艺术作品本身只是一些凝固的或非凝固的符号信息，它只有经过接受者内在的解释结构的解释才会变得鲜活起来。也就是说，接受者只有在审美体验中才

---

① 参见《西方古典作家谈文艺创作》《列夫·托尔斯泰论创作》《必要的解释》等书。

② 《孙犁文论集》。

③ 《金圣叹全集》第3卷《贯华堂第六才子书〈西厢记〉》卷6。

能获得作品的审美意蕴,才能在感情上与创造者进行交流。至于那些含义遥深,言在此而意在彼的"微言大义"式的作品,则更需要接受者的细心体验,由此才能识得庐山真面目。这一类作品,大多以表现为主,而"表现一种情感和描述这种情感并不是一回事。说'我生气了',是描述一个人的情感,但并不是表现它。表现一种情感的言辞,根本不需要包含任何涉及生气本身的说明。事实上,只要那些言词真正单独地表现了愤怒,它们就不可能包含任何说明了"①。审美体验正是把那些表现愤怒的言辞转化为愤怒的心理机制的重要过程。没有审美体验这个重要环节,表现性再强的作品也只是作品而已,它根本不可能内化为接受者的情感世界,更不用说进行审美再创造了。

我国古典美学把审美体验过程以直观理性主义的思维方式概括为"体味"或"玩味""寻味""研味"的过程。认为作品的兴趣、滋味等审美意蕴只有通过接受者的玩索体悟才能转化为接受者自己的审美情感,从而在自己的想象中形成作品的真实世界,进入物我两忘的审美意境。贺贻孙说:"李杜诗、韩苏文,但诵一二首,似可学而至焉。试更诵数十首,方觉其妙。诵及全集,愈多愈妙。反复朗诵,至数十百过,口额涎流,滋味无穷,咀嚼不尽。乃至少至老,诵之不辍,其境愈熟,其味愈长。"(《诗筏》)这意思是说,审美体验是形成审美意境的重要条件,只有把自己的情感、意志、兴趣等在反复体验中与作品的情感融为一体,才有可能获得审美接受的极致,进入审美意境。

对自然美、形式美、建筑美等情感特征不是很突出的审美对象,审美主体也有一个对之进行体验的过程。不同的是,审美主体对这几类审美对象的体验主要凭借自己审美心理结构的感应能力来进行。以自我的主观灵性达到对客观事物的体悟。如石涛所言,人与自然山川相互达到亲和的境界,觉山水自来亲人,或者是在静观默察、游心太玄中感悟到生命形式与对象形式的契合。譬如音乐,苏珊·朗格说,其要素主要是声响的运动形式。音高、响度、泛音混合和节拍长度的乐音则是材料。"一个欣赏者真正应该听到的应该是音乐的要素——即创造出来的运动形式或是在音乐运动中直接呈现出来的那种鲜明生动的生命情感和这种情感的脉搏。②"而不是只听到音乐的材料,也就是说,只有体验才能感受到音乐的美。

## 二、审美体验与非审美体验

狄德罗曾指出,在同样的环境中,文艺家和哲学家会产生不同的感受,不同的

① 科林伍德:《艺术原理》中译本,第114~115页。

② 《艺术问题》中译本。

体验。他举例说:“我看见一座高山,山上长满了遮天蔽日的古树。……不用说,那使我联想到世界起源的古森林是一件美好的东西;……不用说,那冲破深山的岑寂,给我的灵魂传来一股强烈的震动和暗暗惊悸的泉声也是美好的东西。”然而“哲学家是有思想的,他在森林里的树木上,看到了未来挺立在风雨中的桅樯,在高山的腹内,看到了将来有一天熔解在飞红的炉火中的金属矿石而渐渐凝聚成形,看到了深翻土地和杀害人民的机器……”①从这种比较中,可以看出,文艺家对客观现实的体验,是一个触目动情而又联想丰富的过程,它要在人们司空见惯的东西中发现并感受其动人的情境、动人的美。文艺家在现实生活中的体验,是在一种特定的审美态度的驱使下,对审美对象的审美观照及其情感体验。

审美体验与非审美体验是人类情感体验的两大形式。非审美体验包括日常生活体验、科学体验、道德体验,等等。人类心理体验由低层到高层形成一个完整系列,审美体验居于最高层次,是人类各种体验形式交汇的核心。从审美心理学的角度看,审美体验是主体感受客体时大脑皮质从抑制到兴奋的过程,是相对稳定的审美经验的激发流动、重新组合的过程,其高级形态往往表现为聚精会神体验时所感受到的无穷意味的心灵的震动。

审美体验与非审美体验的区别在于:

(1)审美体验是一种精神的、总体的情感体验,不像日常生活体验或科学体验是功利的、单纯的情感体验。审美体验往往由对客体对象形式美的愉悦进入对人生、未来、永恒的感悟,并能直接深入人的潜意识深层领域。是由对审美对象的外部形式的感知,深入内部实质的理解,再深入深层意蕴的领悟,从而获得心灵的触动。

(2)审美体验是一种心理震撼的强效应,比之于科学体验、道德体验,在强度上显得更为强烈。

(3)审美体验过程始终伴随着一种心理愉悦,并在意象纷呈中获得审美享受,而不像实践体验、日常生活体验那样因为有太强的功利目的性而丧失其精神的愉悦性。

诚然,审美体验与非审美体验是不能截然分开的。非审美体验是审美体验的基础,在一定的条件下,二者可以互相渗透,相互转化。丰富的人生经验的积累,将有助于审美体验的深化。换言之,审美的深层体验,是以深层的人生体验和广泛的日常生活体验为基础、为中介的。如李煜在国破之后,由于对人生失落的深

① 《西方古典作家谈文艺创作》。

切体验而写出的“问君能有几多愁，恰似一江春水向东流”等词，将沉痛的人生体验转化为深层的审美体验，而这种审美体验就是依赖这人生体验获得诗意的内核，化为千古共鸣的审美心态的。

从审美心理学的角度看，审美体验居于审美经验的核心层次，它是以过去的审美经验为基础而又超越审美经验进入现时情景之中。在审美创造中，特别是艺术家在艺术观察中，不但对象经历了一个变形的过程，而且主体也经历了一个内心体验的变态过程。所以说，审美体验实际上是审美观察中的内心体验。

## 第二节　审美体验的主要特征

### 一、极大的灵活性和广泛性

审美体验具有极大的灵活性和广泛性。所谓灵活性，是指审美体验既可以独立进行，又可与其他实践活动并行不悖。游览秀丽的山川、雄奇的大海，观赏娇艳的花朵、艺术的珍品，这当然是审美体验活动。但是在从事其他活动之时，同样可以进行审美体验活动。孙犁说过“体验生活，就是去生活和为生活工作”。并且举出例子说：“一个铁匠终身体验了体力劳动的、火热的、铁锤和烧红的铁叮当相接的生活。”①可见，审美体验活动完全可以与生产活动或其他一切活动同时进行。正因为这样，所以审美体验与文艺家的经历分不开，因而表现审美体验的文艺作品里，又“总有作家的经历”，或者说，人生经历、日常生活体验成为审美体验的基础。在中外文艺史上，那些无意为文者而终有所创作，就在于他从事其他实践活动的同时，进行了富有成效的审美体验。假如不是如此，那么虽有所经历却决不会在文艺创作上有所成就，所以审美体验的广泛性，乃指审美体验活动并非只有文艺家才能进行。只要具有一定的审美能力，都可以从事一定水平的审美体验活动。正因为如此，那些作为审美创造物的文艺作品，才有可能获得最广泛的知音。

### 二、强烈的个体性和主观性

审美体验活动具有个体性和主观性。审美体验虽属人所共有的心理活动，但它只能以个体的方式进行，而且表现出鲜明的个体性和主观色彩。于是面对同样

① 《孙犁文论集》。

的客观事物,不同的人却有不同的感受或体验。鲁迅曾说:“文学虽有普遍性,但因读者的体验不同而有变化,读者倘没有类似的体验,它也就失去了效力。譬如我们看《红楼梦》,从文字上推见了林黛玉这一个人,但须排除了梅博士的‘黛玉葬花’照相的先入之见,另外想一个人,那么,恐怕会想到剪头发,穿印度绸衫,清瘦、寂寞的摩登女郎;或者别的什么模样,我不能断定。但试去和三四十年前出版的《红楼梦图咏》之类里面的画像比一比罢,一定是截然两样的,那上面所画的,是那时读者心目中的林黛玉。”①这是对同一个人物的不同的看法。就《红楼梦》全书来说,“经学家看见《易》,道学家看见淫,才子看见缠绵,革命家看见排满,流言家看见宫闱秘事”②。这恰如明代诗论家谢榛所说:“观则同于外,感则异于内也。”③审美体验的个体性和主观性还表现在,体验者所感受到的作品的意义、情感并不一定与作家或艺术家所要表达的意义、情感相一致,他在作品中看到的是他自己的世界。“每人所能领略到的境界都是性格、情趣和经验的返照,而性格、情趣和经验是彼此不同的,所以无论是欣赏自然风景或是读诗,各人在对象(object)中取得(take)多少,就看他在自我(subject-ego)中能够付与(give)多少,无所付与便不能有所取得。”④这正是审美体验之所以具有强烈的个体性和主观性的原因所在。

### 三、丰富的直觉性和具体性

审美体验活动富有直觉性和具体性。审美体验活动乃是人“以全部感觉”⑤作为主要手段来把握世界、肯定自己的一种方式,而且在审美对象上直观自身,获得审美愉悦。因而审美体验富有直觉性与具体性,这不仅表现在整个审美体验过程中,主体不能离开客体而孤立存在,同时还表现在审美主体必须调动各种感官去精细地感受审美对象,以把握具体的情境,从而形成审美意象,获得审美感受。审美体验的这种直觉性和具体性,是一种精神的、总体的情感体验的体现,是它区别于一般日常生活体验的重要标志。历代伟大的文艺家们,之所以十分重视对客观现实的精细观察,要求文艺家要成为一个“观察家”,要留心多样的事情,多看看,甚至要求观察到世界上没有两片相同的树叶,其原因就在于使审美体验在深

---

① 《看书琐记》,《鲁迅全集》第5卷,第429~430页。

② 《鲁迅全集》第7卷,419页。

③ 《四溟诗话》。

④ 朱光潜:《诗论》,第52页。

⑤ 马克思:《1844年经济学—哲学手稿》。

入的审美观察中，获得具体而深刻的审美感受。

**四、浓厚的感情性和活跃的联想力**

审美体验的过程，自始至终充满着主体的情感活动。作家孙犁指出："在创作上，不能吝惜情感。情感付出越多，收回来的就越大。"①这条艺术创作的规律，已为中外文艺发展的历史经验所证明。另一方面，许多富有创作经验的文艺家又告诫我们，"感情正烈的时候，不宜作诗，否则锋芒太露，能将诗美杀掉"②；"你是否趁你的朋友或爱人刚死的时候就作诗哀悼呢？不，谁趁这个时候发挥诗才，谁就会倒霉！只有等到激烈的哀痛已经过去……记忆才和想象结合起来，去回味和放大已经感到的悲痛"③。因为在文艺作品中所表现的情感，不是日常普通的喜怒哀乐，乃是一种审美情感。而这种审美情感，只能来自审美体验的实践活动。在审美体验过程中，人们依据一定的审美态度，去观察和评价客观事物，从而产生一种情感体验。因此，审美体验活动自始至终，都伴随着审美主体的强烈而浓厚的情感活动。

联想在审美体验中具有重要的意义。在审美体验过程中，审美主体不是孤立静止地去反映和评价某一单一的事物，而往往是从某些事物的联系、渗透方面加以考虑。而只有通过联想加以印证和比较，才能加深对事物的审美感受。狄德罗面对郁郁葱葱的高山，"联想到世界起源的古森林"，深感其"美好"，同样，人们观赏气象万千、烟波浩渺的洞庭湖，或有"感极而悲者"，或有"其喜洋洋者"，这种"览物之情"的差异，乃是通过对人世沧桑的联想而产生的。如果说，能够把想象力视之为审美活动的创造力高低的一种表现的话，那么，联想力则可被视为审美活动的感受力强烈的一项标志。

## 第三节　审美体验的类型

**一、设身处地，将心比心的揣摩型**

审美主体（特别是文艺家）本身就是一部心灵的辩证法。他不是一种单一性

---

① 《孙犁文论集》。

② 《鲁迅论文学与艺术》，第175页。

③ 引自《西方美学史》，第280页。

格，而是一种多重性格的统一体。在生活的坐标系中，他总是居于那交叉圆点上而占据着两个位置。在整个审美活动（特别是创作活动）中，他都既是他自己，又是别的一个什么人；他同时就是他自己和别人，这如同高尔基所说的，生活中的人是各种各样的，文艺家就"仿佛生活在吝啬鬼、卑鄙的人、狂热者、野心家、愉快的人和阴郁的人、勤勉的人和懒汉、善人和恶人、对一切漠不关心的人等等转环舞的中央"①。文艺家有两种眼光、角度、立足点和观察点，一种是他自己的，一种是他的对象的。他经常从后一种眼光、角度、立足点和观察点以及方式方法来反映生活，从而处于对象的心情之中来替代对象说话和思考，有如对象的"替身"。

这种揣摩型或替代型的体验方式，文艺家本人比较清醒、冷静，保持常态，富于理性，因而能够较准确地把握特定情境、人物关系，等等，从而不但能发现对象是什么，而且能够进而思考其为什么，怎么办之类的问题。同时，因为文艺家将心比心，经历了心灵的震动，因而往往能够将对象较长久地保留在记忆之中，时时成为撞击自己心灵，激发创作欲望和冲动的一种力量。雨果16岁的时候，在巴黎法院门前的广场上，曾亲眼看见了一个年轻的妇人或姑娘以"仆役盗窃罪"所遭到的酷刑，他深深为之震动，在心灵上留下了永不磨灭的印象，以致时隔40多年之久，他的耳朵里仍然响着被折磨的女人的惨痛的呼喊。这件事促使雨果下决心要永远和法律的恶劣行为做斗争。雨果的这种感受、体验和决心，在《死囚末日》《巴黎圣母院》《悲惨世界》等作品中都有所反映。

## 二、情不自禁、神与物游的迷狂型

如果说揣摩型的体验方式有如鲁迅所说的"静观默察"，艺术家向对象贴近，但毕竟不失自我，那么，迷狂型的体验方式则是文艺家与对象的融而为一，失去自我，有似柏拉图所说的"陷入迷狂"。我国古代画家巢无疑在观察和绘画草虫时，有过"不知我之为草虫耶？草虫之为我也"的体验。巴尔扎克说他有一次在听到一对工人夫妇关于贫困生活的谈话时，"我感到他们的破衣披在我的肩头。我脚上穿了他们的破鞋走路；他们的欲望与困苦侵入我的灵魂，或者说我的灵魂走进了他们的欲望与困苦。这好像一场醒着的梦。和他们一样，我也对那些虐待他们的雇主们勃然大怒，或者对那种恶毒的手段大发雷霆——那是强迫着他们获得工资以前向他们索回若干代价的手段"②。至于郭沫若的"蔡文姬就是我"、福楼拜

① 《论文学》，第62页。

② 段宝林编《西方古典作家谈文艺创作》，第310～311页。

的“包法利夫人就是我”、高尔基观察生活和创作作品时的“常常觉得自己像喝醉了酒一样，体验着由于……使我苦恼和使我快乐的事情而发作的……狂热……那时候我好像一个患歇斯底里症的人一样‘骨鲠在喉’，我想狂叫”，等等，都是这种迷狂型体验方式的典型事例。

这些事例是文艺家进行审美观察、审美创造中所产生的心理体验的一种普遍性的规律性的现象。其主要特征在于，文艺家情绪激昂，完全进入对象的环境、背景和心灵之中，与对象感同身受，声息与共，情意相通。

### 三、设身处地与情不自禁的综合型

这种类型几乎具有上述两种类型的全部特征。丰子恺曾谈到，他过去住在上海的弄堂房子里，每天傍晚，其妻子总是领着孩子到弄堂去等他回家。当孩子在弄堂认出他时，就突然欢呼舞蹈起来。而他的母亲则笑着喝骂他们。这时，丰子恺本人则是：“我觉得自己立刻化身为二人。其一人做了他们的父亲或丈夫，体验着小别重逢时的家庭团圆之乐，另一个呢，远远地站了出来，从旁观察这一幕悲欢离合的惨剧，看到一种可喜又可悲的世间相。”①这里的“从旁观察”有如设身处地的揣摩型，而“体验着团圆之乐”则是主客体合一融汇的迷狂型，只不过这个例子中的对象就是作者本人罢了。

诚然，上述第一、第二两种体验类型原本就很难区分，是相生共在的，因而经常表现为综合型，即如巴尔扎克所说的“醒着的梦”；又如蒙田所说的他“常把旁人的痛苦变为我亲身的痛苦，让旁人的情感篡夺了我本心的情感”②。

---

① 引自朱国庆《试论艺术情感》，《文艺评论》1985 年 3 期。

② 《外国理论家作家论形象思维》，第 11 页。

## 附文一

# 当代中国美育话语体系的转化问题

作为学科，美育是从近代西方移植过来的，从 20 世纪至今，中国美育基本上是以西方美育为基础，因此，当代美育的一个鲜明学术特征就是“西化”。美育基础理论的建设工作主要依赖于西方美育史的思想资源，美育的研究方法、话语方式，都是西方式的。比如观念研究的方法，就“美育”本身，国内学术界一般认为，“美育”就是审美教育，这显然是沿用西方话语。

认为“美育”就是审美教育，与中国传统“美育”具有本质意义上的不同。在中国古代，“美育”应该是“人”的一种自我本心本性的复归，为心性的圆融，是自明、自成、自证，而非外力所为。所谓“道不远人”“人能弘道，非道弘人”“为仁”发自于“己”。人自身就具有构建正面价值的内在能力，可以不受外在条件和价值评价系统的制约。就“美育”之“育”看，其原初语义也与现今西方意义的“教育”不一样。在中国古代，“育”的本义为生育，具有依循自然的意思。《说文解字》云：“育，养子使作善也。毓，育或从每。”这就是说，“育”的原初义就是生育养子，并且顺其自然，致使其复归“善”的本心本性。《玉篇》云：“育，生也。”可见，“育”就是“生养”“生育”的意思。到后来“育”与“养”的含义有了区别，于是又引申出孕育、生育、培育、养育、化育等的意义，强调一种内在性、自发性、化育性和感化性。应该说，在中国古代，“美育”之“育”更多地体现出对外力与强制性的消解，所呈现出来的应该是中国美学所推崇的“中和”精神，是“为仁由己”“求仁得仁”“反身而诚”“齐一万物”“行不言之教”“涤除玄览”“心斋”“坐忘”，是潜移默化、耳濡目染、春风化雨、身教胜于言教。在中国古代，美育是生活化了的，内在于生活的方方面面。在中国美学看来，人之本心本性为“善”、为“诚”、为“真”、为“美”，而“美育”的意义，则是致使“人”因感化、化育，而尽心尽性，“反身”回复原初之“善心”“诚性”，故而“美育”之“育”，显然是化育、感化，以去蔽存真，复归本心本性，所谓“乐也者动于内者也”。不难看出，这与当代西方所谓“审美教育”的意义具有质的不同。因为“审美教育”更多地强调一种外力的施加。无论“美感教育”

“美术教育”，还是“艺术教育”，其所谓“美感”“美术”“艺术”等都是指向“美的对象”或“美”的概念。即如席勒所指出的，“美育的任务”就是“由美的对象产生美”，就是“通过美把感性的人引向形式和思维，通过美使精神的人回到素材的感性世界”。由此，致使美的价值，生成于人的感性生命，强调外加的艺术的作用，以求得文学、美术等的作用，并以“力”“美”（或称“力美”）来施行一种“审美教育”。

可以说，当代美育，其体系构建都是本民族传统中所没有的，而有着极为明显的西方文化印记。其美育理论的核心思想是西方式的，与本民族文化传统发生了严重断裂。要构建当代中国美育话语体系，走出失语窘境，必须从根本上扭转中国美育始终跟在别人后面人云亦云的局面，而回归本民族美学资源，构建具有中国特色的美育话语体系，要用中国传统美育智慧的特色要素，构建当代中国美育话语体系以解决人类美育的普遍性问题，将中国传统审美智慧融入人类美育知识谱系。

21 世纪以来，世界经济进入全球化，文化多元化问题越来越引起人们的注意。如何协调本土美育传统与外来美育理论之间的关系，以进一步在中、西文化交流中互通有无，形成文化互补，构建具有中国特色、本土化的当代美育话语体系就更有其新的深层意义。

现今，中国当代美育正在转换自己的话语体系，以进入重建阶段。而当代中国美育话语体系建构的目的，就在于通过对当代美育研究的总结，与美学思想如何通过现代化转换和现有话语体系相融合的研究，以更好地创造和构建当代的中国美育话语体系，通过创新，以促进中西对话。

第一，构建中国美育话语体系是中国美育话语体系事业发展的迫切需要，也是马克思主义意识形态建设的迫切需要，是推动美育体系创新和发展的迫切需要，也是中国道路、中国文化“走出去”的迫切需要。近几年来，随着社会经济转型后对中国传统文化研究的深化，对当代美育研究如何开展下去，深化下去，已是一个棘手的难题。也难怪有人认为美育研究面临危机。而对中国美育的研究也越来越受到中国学者的关注，其本身也具有越来越重要的研究价值和意义。只有重视对当代美育话语体系的构建，当代美育研究才会具有活力。基于此，考察 20 世纪以来国内学术界对美育研究的情况，以展示如何通过对当代美育话语体系构建和民族文化心态的剖析，显示美学思想中所蕴含的深厚的人生意旨及其对中华民族审美心态熔铸的深刻影响，揭示其当代意义，并进而从中寻找出美学思想与当代美育话语体系构建相互贯通，以及重建的可能与必然。

第二，反思中国古代有关美育的智慧、美育思想，寻找中国美学中的传统资源，重新审视中国美学的价值和意义，即带着问题，重新解读中国相关著作，从中发掘出长期被忽略了的问题，揭示其精神意蕴，对于当代中国美育话语体系构建本身具有极为重要的“本土”意义。中国美学的文本是开放的，今天所要做的，就是以开放的心胸，使中国美学进入当代美育话语体系，发挥其生命潜力，为人类文化做出应有的贡献。结合中西方的美育理论，以构建今天的既具有中国特色的当代美育话语体系所强调的人与人、人与社会、人格构建，等等，同时更具有一种生活化、本土化、全球化的美育色彩，对丰富当代美育智慧，实现中西方美育交流，以天人一体、天人合一、礼乐一体、求仁得仁，解决人生之善、人生幸福、理想人生等根本问题，对人类个体、群体与整体的顺利生存与发展，人性需求之合理满足，人生潜能之全面展开，人生境界的不断提升，实现“从心所欲不逾矩”的自由自在与超越自得观等，都至关重要。

第三，借助传统美育思想元素，对当代美育进行思考，对西方美育思想进行思考，从而更好地构建具有中国特色的当代美育话语体系，以推动当代美育研究与实践的进程。中国传统美育总是借助人与生存方式间的审美活动以促使人融于天地化育之中，致使人的生存活动诗意化，以塑造完美的心灵与圆融的人生。中国传统美育总是肯定人生，把处理好人与自然环境的关系问题，解决好人的生存方式，优化人的生存方式，把构建和谐融洽、雍容圆润的生存态度作为最高审美之维。在中国传统美育看来，重生、乐生，体证生生，解决人与自然环境、社会环境的问题，保持人与自然间的和谐关系，以保障熔铸光明的人生和还原自由任运的生命状态，视天地自然为可居可游的心灵家园，以圆融无碍之心于人与自然环境和谐相处中体悟天地大化生生之意乃是人生生命活动与审美活动的最高宗旨。道家“无为而无不为”的观念主张人要活得自然、自在、自由、自得；儒家虽然积极进取，却又视富贵如浮云，推重“曾点之乐”，提倡“游于艺”而“从心所欲不逾矩”。在儒道美育思想中，鸟语水声可以养耳，青禾绿草可以养目，观书绎理可以养心，弹琴学字可以养脑，逍遥杖履可以养足，静坐调息可以养筋骸，真是“无往而非乐”“无入而不自得”，诗意化生存即审美，审美即诗意化生存。陶渊明“采菊东篱下，悠然见南山”，更形象地道出了中国传统美育的审美诗意化生存：自我生命与自然生机交融为一，自然无遮蔽地向自我呈现，自我无间隔地融入自然。中国美育的诗意化生存主张没有对物质条件的过多计较，即使是“一箪食，一瓢饮”“在陋巷”，也会因“谈笑有鸿儒，往来无白丁”而“不改其乐”。这是一种人性的达观境界，在这里，诗意化生存不仅是人与自然的和谐，人与社会关系的和谐，更是人自身肉体和灵魂的和谐，是“无往而非乐”的审美化生存方式。中国美育所推崇的

“曾点之乐”也能在诗意化生存方式上给人以启迪。孔子在与门生讨论人生理想时喟然叹曰:“吾与点也!”表达出对“曾点之乐”的向往。朱熹认为,孔子之所以推崇“曾点之乐”,“盖有以见夫人欲尽处,天理流行,随处充满,无稍欠缺”。“故其动静之际,从容如此。而其言志,则又不过其所居之位,乐其日用之常,初无舍己为人之意。而其胸次悠然,直与天地万物、上下同流,各得其所之妙”指出,所谓“曾点之乐”正是一种“与天地同和”的诗意化生存态势,既是人生的最高的道德境界,又是人生的艺术境界或审美境界,艺术和道德在人生境界的极致上得到了统一,这正是诗意化生存与审美境界的形象写照。按现代传统美育的解释,人一生都在殊相的有限范围内生活,一旦从这个范围解放出来,他就会感到自由和解放的快乐,从有限中解放出来体验到无限,从时间中解放出来体验到永恒。所谓“浑然与万物同体”“即其所居之位,乐其日用之常”“而其胸次悠然,直与天地万物上下同流”,所谓“浑然天成”“端详闲泰”“俯仰自得,心安体舒”“鸢飞鱼跃”,都是这种理想诗意化生存境界的形象表述。因此,程明道有一首诗历来为古人所称道。诗云:“闲来无事不从容,睡觉东窗日已红。万物静观皆自得,四时佳兴与人同。道通天地有形外,思入风云变态中。富贵不淫贫贱乐,男儿到此是豪雄。”这正是一种充满审美趣味的诗意化生存境界,其精神实质在于通过“静观”,即审美式的超越体验,感受到人与天地万物的“浑然一体”“入于神而自然,不思自得,不勉而中”,达到自在生命的自由体验。在这里,人的道德精神与自然界的化者之道合而为一,人能真正地“从心所欲”而又“自然中道”,诗意化生存境界的审美内涵跃然而出。

在西方,席勒在《审美教育书简》所提出的“游戏说”就涉及日常生活中如何自觉地诗意化生存的问题。即人在游戏中可以摆脱物质感性的和外在道德的强制而进入自在自由的状态,从而成就人性。进入20世纪,美国教育哲学家阿德勒提示人们牢记亚里士多德的教导,以诗意化生存求幸福、宁静与美德,呼吁人们珍惜生活、善待生命。荷兰学者赫伊津哈《游戏的人》进一步论述了游戏的人性本真、自由和创造性本质。诗意化生存是从容的纳取,是默默的接受,是淡然处之,“文化的真实存在依赖于诗意化生存”。个人健康发展,就是诗意化、审美化生存。而美育的意义就在于使人更加热爱生活,致使人以审美的态度对待生活,实现生存境界的审美化,用海德格尔的话来说,就是“诗意地栖居”。

## 一

当代中国美育话语体系建构研究的总体问题是从美育思想理论与实施应用

两个方面论述当代中国美育话语体系构建所涉及的相关问题。包含三方面内容：一指美育理论，考察当代中国美育研究的思想和价值；二指传统美育思想与美育实践经验；三指中国当代主要美学家的研究成果。当代中国美育话语体系建构的研究对象则为当代中国美育话语体系构建的美育原理、美育实施活动、中外美育史、学校美育、部门美育、学科美育、美育心理学，以及美育与其他问题，涉及人与人、人与社会、人与自然种种应用实施美育活动中的美育经验、美育意识。它不仅要运用最新的美育理论思想来研究当代中国美育话语体系构建问题，还要运用最新的美育理论思想来研究包含在中国传统美育和实施应用活动中的美育经验和美育意识，并对这些思想、经验和现象的发展演变进行理论的描述和说明。因此，运用现代美育的思想和方法重新审视和研究有关美学家的美育研究成果及其思想脉络，既是当代中国美育自身发展的内在要求，也是当代中国美育话语体系构建的重要手段。基于此，当代中国美育话语体系建构总体框架采取史实重建与理论阐释、学术自足与经世致用、实证与观念、宏观与微观、自律与他律，既来自传统又来自西方的挑战，超越传统却不要断裂，学习西方又不必自失特点，从经世致用出发却要注意学术自足，讲求美育话语体系构建却不能忽视其实际性施行，既重"论"性特点，同时也重"史"性，有效实现史与论的内在结合，既要呈现美育话语体系的基础性、理论性、历史性、思想性之本原特色，同时更要体现美育本身的实际性、实践性与实施性，因此，当代美育话语体系构建需要研究当代学者有关美育的重要美育观念、美育意识，及其主要研究者的主要思想，和应用实施中的美育经验、美育意识、美育标准、传统美育精神等，包括传统美育思想与应用实施等方面的美学智慧，一一梳理列出，并进行准确、深入、细致的现代阐释。基于此，当代中国美育话语体系建构拟列出当代美育话语体系、传统美育思想资源、当代美育研究三个子课题，子课题与课题之间是整体与个体的关系，子课题之间则相互关联、相互依赖、相辅相成，在共时与历时演进中呈现当代中国美育话语体系的理论思想与应用实施等方面的整体内涵。

就当代中国美育话语体系建构的内在逻辑关系看，构建中国美育话语体系，必须做到以下四点。

第一，必须以我国主流意识形态——马克思主义为指导，这是不言而喻的。但历史经验证明，必须防止两种偏向：一种是生吞活剥、从理论到理论、从概念到概念的偏向，完全脱离现实实践，完全脱离时代特点，这当然不行；另一种是借用马克思主义经典作家的某些论断和词句，或者打着创新发展马克思主义的旗号，实际上背离马克思主义的立场、观点、方法，背离其基本理论、基本原则。由此，必须始终坚持用发展的、开放的、辩证的观点科学地对待马克思主义，一定要以我国改革开放和现代化建设的实际问题、以我们正在做的事情为中心，着眼于马克思主义美育理论的运用，着眼于对审美教育实际问题的理论思考，着眼于美育新的实践和新的发展。

第二，要坚持对自己经过长期实践和艰辛探索得到的正确道路、理论的自信，要对中国道路、中国美育理论有科学正确的解读。现实地说，对上述这些，可以有多种解读。既可以从中国特色美育话语体系的角度来解读，也可以用西方美育学话语体系来解读，关键看你站在什么立场上，想要达到什么目的。在这方面，习近平总书记在 2013 年 1 月 5 日的讲话中，已经给我们指明了方向，树立了榜样。我们要坚定不移地从中华传统美育精神在中国的运用和发展的角度，做好自己的解读。理论不能离开实践，构建中国美育话语体系同样不能离开实践。把中国道路、中国美育理论解读好，恰恰是提出构建中国美育话语体系的初衷，也是构建中国美育话语体系的立足点和归宿。做好这项工作，还必须在吃准、吃透中央精神的前提和基础上，努力把政治话语转化为学术话语。要看到，政治话语和学术话语是相容相通的，中间并没有隔着“万里长城”，不能把两者割裂开来，更不能对立起来。

第三，必须继承和弘扬中华文化与传统美育精髓。中国美育话语体系集中体现了对中华传统美育精神的继承和发展，同时也集中体现了中华文化与美育基因在当代中国的弘扬与发展。要讲清楚每个国家和民族的历史传统、文化与美育积淀、基本国情不同，其发展道路必然有着自己的特色；讲清楚中华民族在 5000 多年的文明发展进程中创造了博大精深的中华文化与美育，中华文化与美育积淀着中华民族最深沉的精神追求，包含着中华民族最根本的精神基因，代表着中华民族独特的精神标识，是中华民族生生不息、发展壮大的丰厚滋养；讲清楚中华优秀传统文化与美育是中华民族的突出优势，是中华民族自强不息、团结奋进的重要精神支撑，是我们最深厚的文化与美育软实力；讲清楚中国美育话语体系植根于中华文化与美育沃土、反映中国人民意愿、适应中国和时代发展进步要求，有着深厚历史渊源和广泛现实基础，中华民族创造了源远流长的中华文化与美育，中华民族也一定能够创造出中华文化与美育新的辉煌。这就从根本方向上解决了我们在构建中国美育话语体系中，应当从哪些方面来着力继承和弘扬中华文化与美育精髓的问题。继承和弘扬中华文化与美育，是我们党始终倡导的一项伟大事业。但是，必须坚持“取其精华，去其糟粕”的原则，必须紧密结合实践发展和时代特征来进行，防止文化与美育复古主义产生。

第四，构建当代中国美育话语体系必须借鉴和吸收国外经验和国外美育理论。马克思主义始终是在批判地继承和吸收人类优秀文化与美育思想的基础上创立的,也需要在不断继承和吸收人类一切优秀文化与美育思想的过程中不断丰富、完善和发展。这同样是马克思主义发展的一条基本规律。马克思主义本身就是人类思想文化与美育发展的结晶。事实证明,马克思主义同西方学术思想有着本质的区别,但又不是截然分开、完全对立的。马克思主义的产生,既是工人运动客观发展的要求,也是人类思想发展的客观要求;既是批判以往一切剥削阶级学术思想的结果,也是对人类优秀文化与美育思想的集大成;既要努力分清和回答马克思主义同西方学术思想的本质区别在哪里,又要解答我们应当怎样以马克思主义为指导来实事求是地解剖分析西方学术思想、学术观点及其代表人物,取其精华,去其糟粕,去伪存真,来为马克思主义中国化、时代化、大众化服务,为构建中国美育话语体系服务。事实证明,只有站在人类文明历史、当今、未来发展的制高点上,以马克思主义为指导来批判地继承和吸收人类一切优秀文化与美育思想,才有可能真正构建具有中国特色、中国风格、中国气派的美育学话语体系。

以上几个方面是统一的,是相互融通的,形成一个完整的方法论。如果把这四个方面割裂开来,甚至对立起来,都不能完成具有中国特色、中国风格、中国气派的当代中国美育话语体系的构建。

在美育理论研究领域,要加强对当代美育话语体系整体性和发展性的研究,提高理论含量,使其为美育研究提供更多的学理支撑。因为无论口头表达的话语还是文字表达的话语,都是表达一定思想、观念、情感、理论、知识、文化等的字词、句式、信息载体或符号。思想等是内容、是本质,话语则是形式、是表现。因此,美育话语体系是美育思想理论体系和知识体系的外在表达形式,是受思想理论体系和知识体系制约的;有什么样的思想理论体系和知识体系,就有什么样的话语体系。必须深刻认识美育理论形态结构对当代中国美育话语体系构建的理论价值,为推进美育研究与实施提供理论依据,树立理论权威。

要力求为当代美育研究与实施提供方法论视角。方法论是人们观察、分析和处理问题的基本思想方法和工作方法。研究的思想方法以马克思主义唯物史观为指导,旨在推动当代中国美育研究与实施的大众化。力求对美育研究的思考更多地转向本体,转向对学科的时代性及其体系化、现代化、全球化目标,在于更准确和细致地认识中国当代美育话语体系这个整体。尽管美育话语体系的每一个子类又都可以是一个相对独立的“自在之体”。但由于研究范围中的重点突出,研究的方向和任务明确,因此,当代研究者应当比前人对美育研究认识得更深刻、把握得更准确、理解得更开阔。力求成功地完成美育理论研究向美育实施、美育生活化,尤其是美育日常生活化转向。从美育的角度看诗意化生存,其最大特点就是可以自由地愉悦人的身心。建立于审美境界的诗意化生存情趣,日常生活中,或是休息、娱乐,或是学习、交往,都有一个共同的特点,即获得一种畅快的、愉悦的心理体验,产生自由感和美好感。马克思说过,“忧心忡忡”的穷人和“满眼都是利害计较”的珠宝商都无法欣赏珠宝的美,因为他们或是被生活的压力逼迫,或是被利害的计较束缚,都无法自由自在地对待生活、对待产品、对待世界。在审美的诗意化生存状态即生存方式中,生存没有附加,没有负赘;她不为贫所累,不为利所缚;她手挥五弦,目送归鸿,思如流水,欲如白云;坦荡豁达,神经松弛,能感觉奋斗后的愉悦,能尽情地享受大自然赐给人间的一切美的东西。这是美育的意义。是人对自在、真实生命的自由的用心体验,这是超然物外、天人合一、渗透人间世相、悟出生活真谛后的一种生存境界,这是一种超道德的审美境界。

## 二

当代中国美育话语体系建构的总体思路是力图以马克思主义美育,尤其是生活化美育观为指导,在充分借鉴和利用西方美育的理论思想和方法的基础上,寻找当代美育话语体系与传统美育,尤其是美学日常生活化的对接点,揭示其美育智慧。立足于中国传统美育思想,以兼容并包的态度构建今天具有中华民族特色的当代美育话语体系,突出中国特色、中国风格、中国气派、中国精神,并以此来进行对当下美育研究的反思,突破其对西方美育理论的“失语”,实现中西方美育思想的“平等对话”。之所以要重点研究当代美学家的美育研究,只在于当代中国美学学者生活在中国文化环境中,自然而然地可以避免西方中心主义,既熟悉西方美育理论,也在心理上亲近中国的美育思想。在构建当代中国美育话语体系时,自然必须利用中国的传统美育资源。

在研究方法的运用方面,当代中国美育话语体系建构以马克思主义美育,尤其是生活化美育观和生命活动的有机性思想为根本,力图较为全面地涵盖中国传统美育,尤其是生活化美育中有关个人、人与人、人与社会之间关系的主要思想,从历时和共时的纬度上分析和研究中国传统的美育现象、美育经验,为当代美育话语体系构建提供科学可靠的方法和视角。课题认为美育以探索人、人的个体行为举止、人与人、人与社会之间存在着的美育活动为出发点,而人与人、人与社会之间的整体性、联系性、生成性和节律性的美育智慧正是对人与人、人与社会之间的美育活动内容的抽象和概括。因此,传统美育思想与美育实施就构成了美育的核心内容。同时,中国传统美育,尤其是生活化美育重视对人与人、人与社会进行美育的基础,突出人与人、人与社会之间的有机性关系。而美育产生的一个重要的理论基础是人与人、人与社会生命活动的有机性思想。因此,人生美学智慧也就成为中国传统美育,尤其是生活化美育的重要内容。综上所述,人生美学智慧为美学和中国传统美育,尤其是生活化美育的对接点。考察与阐释中国传统美育,尤其是生活化美育方面的著述、文献资料,将美育与中国传统美育,尤其是生活化美育有机结合,通过对中国各个时期的美育思想、美育活动与实施方法的分析和研究,充分挖掘了美学智慧和美育意识。

同时,课题还力图描述和分析传统生活化美育智慧对当代美育话语体系构建脉络的塑造和推动作用,探讨中国人的美育智慧,凸显现代美育产生的历史必然性和中国美学智慧研究的价值所在。课题采用微观与宏观相统一的研究方法,将个体的美育家、思想家及其专著和作品与宏观的美育理论与具体的应用实施相结合;运用整体研究的方法将当代美育话语体系构建与中国传统美育,尤其是生活化美育结合为动态的整体;坚持历史辨析与现实分析的方法,将中国传统美育思想的嬗变与当时的文化特征和趋向相结合。同时,课题还注重研究方法的历史性、逻辑性和学科性,采用历史与逻辑相统一的方法梳理了中国传统美育思想嬗变的历史与逻辑必然;以历史方法与传统美育方法相统一的研究方法梳理了中国传统美育思想嬗变与当时社会的物质生产、政治经济以及文化制度相统一的发展过程;采用整体论和联系观的方法将人与人、人与社会结合为一个动态发展且普遍联系的美育话语体系;运用美育方法梳理和关照了中国传统美育思想与其具体应用中的美育经验。中国传统美育中的概念表述与西方是不同的。在西方,理论的阐述必须具有逻辑性,必须要区分一概念与他概念的内涵和外延。而中国传统美育的概念则是一种张力型概念,不但讲究概念自身言内之意和言外之意的张力,还讲究同时出现的诸概念之间的互文见义。中国传统美育的概念是虚实合一的,这虚的一面不仅与概念相连,还与概念所表达的事物的具体性相通,因此,概念并不仅限于概念自身,还可以直指事物,并通过与事物具体性的关联来达到对事物本质的认识。因此,概念的使用与形象的使用是相互为用的。正因为如此,中国的理论话语往往不是从概念到概念,而是在概念与形象之间穿梭,而这样的目的又是把概念中的虚的一面彰显出来。而这一特征,又让中国传统美育思想在存在方式上与西方不同——不是仅存在于纯概念的文字之中,而是广泛存在于各种形象之中,这一存在方式的不同,意味着对中国传统美育进行资料的梳理和理论的呈现,也要有与西方理论不同的理路,才能呈现出中国理论的实质。而在今天的学术里,理论之为理论,又有特定的文体要求。因此,中国传统美育,尤其是生活化美育的研究也变成了多重的过程：首先，要回到古人的方式，才能体会到古人的神髓；其次，在理会到了之后，还得回到当今的理论形态，才会被现代学术称为理论；最后，虽是现代学术，如果要具有真理性，又应当正确地反映古人的神髓。因此，这意味着中国传统美育，尤其是生活化美育应该有与西方美育史不同的呈现方式。这一呈现方式，既得古人的神髓，又符合现代学术规范。这是一个很难的、极为复杂的工作。

中华美育传统不仅为当代美育话语体系构建提供重要的思想来源，同时也成为构建当代美育话语体系不可或缺的文化语境与基础。在当代美育话语体系多向度发展中，必须深刻认识中华传统美育在历史情境中的积极作用，并充分发挥其当代价值。同时在当代美育话语体系的多层次构建中，必须深入把握中华传统美育在"人"的品格涵养中的天然特性，并充分发挥其同步催化功能。在当代美育话语体系的生成及培育中，必须重视加强中华传统美育的内涵创新、形式转化及语境重构，并通过创造性转化和创新性发展，更好地体现这一话语体系的中国特色、中国风格和中国气派。

当代美育话语体系，是关于当代美育实践成就和理论成果的表达系统。这一话语体系的构建，不仅关乎表达内容与形式的选择加工，即"说什么"与"怎么说"，而且还要重点考虑到话语表达效果的实际呈现，即如何解决"说得清""说得好""说得信"等一系列重大现实问题。中华传统美育是当代美育的植根之基，它不但为其提供重要的思想来源，同时也成为构建当代美育话语体系须臾不可分离的文化语境与基础。因此，要让当代美育话语体系"圆融通透"，体现出中国特色、中国风格和中国气派，必须重视和加强中华传统美育在思想内容、形式、语境意涵等方面的创造性转化和创新性发展。

第一，中华传统美育应当有机嵌入当代美育话语体系发展的向度，既不能将当代美育简单认为是对历史经验的概括总结，也不能将其看作只在特定历史范围内具有单一维度及解释力的静止形态。实际上，它始终处在开放创新、补充调整的发展进行时。作为对当代美育理论、实施途径、施行方法的系统阐发与说明，当代美育话语体系绝不可能一蹴而就，也不可能只以同一种声音回应复杂多变的现实提问。这一话语体系的发展，必然要面临各种向度上的考验，也必然要满足各关系层面上提出的构建要求。在其基于各种关系向度的构建中，必须重新认识中华传统美育在相似历史情境中的积极作用，从而充分发挥其当代价值。在内外关系的向度上，应当系统总结中华文化传播的历史规律。历史上以儒家思想为主导的传统美育及其话语系统，无论在国内宣传还是海外传播上都是比较成功的。撲诸宇内,借助科举制度与儒学经典的巧妙结合,儒家美育及其话语权得到强化与延续,其调和人伦、导人向善的教化力量成为人格与生活美化的重要基础。中华文化一度内呈儒释道并行传播、外现中外文明频繁往来的态势。这些规律总结,对提升当代美育话语体系的大众化与国际化水平不无裨益。可以说,中华传统美育具有旺盛持久生命力的关键,就在于紧紧抓住了“人”这一文明古今通变中的永恒主题。儒家美育讲究“礼”与“仁”:“礼”是“把人们的相互关系凝聚、组合成上下左右互相关联的复杂框架”;“仁”则是动员起人们的爱心和亲情,这些生活审美化的观点至今仍保持勃勃生机。坚持和完善当代美育必须始终坚持“以人为本”,而构建当代美育话语体系也应当坚持“人”的主体地位,以其现实需求为中心。

第二,构建当代美育话语体系,不能脱离马克思主义普遍真理的指导,这是其居于统摄地位的根本原则所在。

就逻辑结构而言,当代美育话语体系的构建呈现出三层叠加的“同心圆”形态。当代美育理论体系处在“同心圆”的核心层,反映其在当代美育建设中的指导地位。话语体系的中间层在范畴上包括了当代美育的所有理论体系,它们支撑和丰富了当代美育理论体系的学理内涵。居于话语体系最外围的“同心圆”主要包括了当代美育建设实践中的社会思想观念及语言系统,这些“微观”话语与人民群众的日常生产生活息息相关,为核心层和中间层提供了重要的思想与语汇来源。中华传统美育同当代美育话语体系之间存在内在的、历史的联系。当代美育理论与制度,是在中国悠久文化传统的观照下由马克思主义基本原理与当代中国伟大实践相结合的产物。它既是马克思主义中国化的重要体现,也反映了中华传统美育传承影响下中国人民选择社会主义发展道路的历史必然性。因此,离开中华传统美育的“人”的品格涵养,当代美育话语体系将失去语言及逻辑的固有感染力。当然,在实践层面,中华传统美育绝不能被简化为话语生产的“装饰物”或“添加品”。实际上,在当代美育话语体系面向三重层次的构建过程中,中华传统美育更应当发挥的是“催化剂”及“节拍器”的作用。由于具有同一文化语境意涵的本然特性,中华传统美育可以比较自然地实现三重层次的同步穿越。分开来看,每一层次都应该体现中华传统美育的作用机理;合而观之,这就构成了中华传统美育“人”的品格影响下当代美育话语体系同步构建的有效路径。在这一同步构建中,中华传统美育担负着三个主要任务。辅助当代美育理论体系增强逻辑及语言的感染力。如果当代美育的发展逻辑不能与人们固有的思维模式、价值取向和行为逻辑保持应有的一致性,将大大削弱这一理论体系的逻辑感染力,因而要坚持中华传统美育与社会主义核心价值观的正确引领,并保证两者始终步调一致、相辅相成,从而起到以文化人、导人向善的积极作用。同样,如果当代美育理论体系的话语表达过分背离人们熟悉的表达方式、方法和语言习惯,也将造成话语体系无法达到深入人心、引人入胜的应有效果,所以要增强其语言感染力,不仅需要运用人们喜闻乐见、明白易懂的表述形式,还要进一步创新话语内涵与语境,以便使人们通过自觉地"联想"和"移情",加深对话语体系的理解与认同,实现"本土化"转型。"本土化"是任何学科体系成熟的重要标志之一。不能把以儒家文化为主导的中华传统美育仅仅视为代表中世纪的文化集合,它更是一个"带有永久的、独特追求的、独特的价值指向的文化形态"。从这个角度来看,"本土化"与中华传统美育之间确实存在难以割裂的联系。"本土化"不是标新立异,而是在世界学科发展中找到自身的恰当位置,要做到这一点,必须认清和掌握中华传统美育的特点与精髓。坚持用马克思主义指导研究是确保其"社会主义"属性的根本保障,而坚持用中华传统美育涵养发展则是其永葆"中国特色"的有效路径。既要从中华传统美育和实践中发掘当代美育"本土化"的理论资源,也要从中华传统美育中提炼萃取可供"本土化"研究使用的独特的观察视角、表现形式与思维理念,这将成为当代中国美育话语体系展现"传统性与现代性""民族性与世界性"相统一的重要标志。继承与发扬"传统美育中合适于调理社会关系和鼓励人们向上向善的内容",并"赋予其新的含义"。当代美育话语体系的生成过程,体现了马克思主义中国化时代化大众化的内在逻辑。加强这一话语体系的构建,必须着力打造具有中国特色、中国风格、中国气派的新概念、新范畴、新表述。构建当代美育话语体系离不开中华传统美育的支撑。这一话语体系的生成与发展,必须牢牢扎根在中华文化的沃土中,必须不断以中华传统美育"创造性转化和创新性发展"的实践成果来浇灌和培植新的话语构成元素。

## 三

作为一门学科,当代中国美育应该是在中国美育史的基础之上。中国古代,是没有美育这样一个学科的,当然也没有中国古代美育史以及中国美育话语体系这样一个学科。在古代文献中,可以查到文论、书论、画论、乐论以及建筑和园林等方面及其史论的书名,但找不到美育理论和美育史的书名。美育及其美育史学科的构建,是中国融入世界现代化进程后为构建中国的现代学术体系而产生的。这一现实决定了中国美育话语体系的构建,是由现代学术中的美育框架在中国古今的浩繁文献中去寻找与之相关的材料,再用现代学科中美育的结构加以组织,而形成中国美育话语体系这一学科。因此,当代中国美育话语体系实际上是一门现代的学科，主要服务于现代中国的学术建设。当然，通过这一学科的构建，既有利于加深对美育——这一对当今世界有着重要意义学科的理解，也有利于从当代美育思想的角度重新去看中国传统美育思想，让传统美育思想中一些被遮蔽的亮点闪耀出来。

由于当代中国美育话语体系是用现代美育的框架去寻找和组织古今材料的，因此，当代中国美育话语体系构建在“寻找”和“组织”相关材料过程中必将遇上三重阻碍：一是中国文化与西方文化由于各自相对独立地发展了几千年而形成的巨大文化差异；二是中国在现代化进程中形成的现代汉语与古代汉语的巨大差异；三是美育的学科形态与中国古代学科形态在性质上的差异。在第一点上，中西方在一系列根本问题上，如宇宙是怎样的，人性是怎样的，事物是怎样的……各不相同。用西方科学的实体性质去理解当代中国美育概念时，会产生文化上的对立。比如，面对“形神”这一概念，我们说，形就是形式，神就是内容。这一方面让我们从结构上理解了形神，另一方面又让我们在精神上远离了形神。西方讲形式和内容，是构建在把事物看成是一个“物体”基础上的。中国讲形神，是构建在把事物看成是“生命体”基础上的，生命是不能进行解剖式分析的。在第三点上，中国古代虽然没有一个美育的学科框架，但西方美育所研究的内容，以及构成这内容的各个方面，却都被古人所深思和细研，并有自己独到的体会和见解。虽然如此，由于毕竟没有一个美育学科的框架，要重新寻找和组织确实需要花大力气。西方美育的原理框架，从形式到精神，与中国古代美育有甚大的距离；而当这一原理框架成为中国现代学人用来寻找和组织中国传统美育的指南之后，形成一个跨越中西的美育思想的路径受到了阻碍，用什么方式才能形成既符合古人原意又契合现代精神的中国美育话语体系也受到无形的阻碍。另一方面，正是由于有这三重差异以及由之而来的三重阻碍，中国美育史的丰富和深邃显示了出来，当代中国美育话语体系研究对中国当代美育和当代文化将会产生巨大推进的信息透露了出来。然而，当代中国美育话语体系构建的深入真的需要对这三重阻碍有切实认知和自觉意识。

当代中国美育话语体系是现代学人用美育的框架对古代材料进行寻找和组织而产生的。这寻找和组织，可以说就是对古代材料的提问。中国古代的材料如此庞大、繁复、丰富，学人用什么样的方式提问，古代材料就以什么样的方式呈现出来。从这一角度看，中国美育话语体系的演进，体现为中国学人对古代材料进行不同提问之演进。中国美育史的演进，一直处在理论提问和材料显隐所形成的激流旋涡之中。当学人向材料提问之时，问题是理论从哪里来？只能从时代中来:王国维得以提问的理论,从清末民初的时代中来;宗白华得以提问的理论,从民国时代的德学留学和归国做学的氛围中来;建国初期对中国古代美育史的提问甚少,在于当时的理论框架很难对之提问;改革开放后的提问,以中国学术重建和新的世界互动为基础。怎样提问虽然是重要的,却不是决定性的。只有与材料性质真正契合的提问,才会让材料放出光来。从这一角度看,提问一定会受到材料的"反问"。正是在这反问中,提问会在这一对话中修正自己。中国美育话语体系研究中的提问大致可以分为两个方面:一是怎样从古代庞大的材料中整理出中国美育话语体系的资料体进行的提问,重在寻找和分类;二是对已经整理出来的资料体进行怎样的整合,使之呈现出中国美育话语体系的整体面貌。

中国传统美育之话语要素,主要是由中国美育史来体现的。即从古到今有多少朝代,每一朝代的主要美育思想,其中有一系列具体问题上的演进,也有对儒家美育、道家(包括道教)美育、佛教美育的推进;可以说都是在向中国古代资料进行提问,并在材料的反问中艰难前行。对中国美育话语体系上的这些提问进行细研、反思、总结,是一个很大的但必须去做的工作。有两个方面需要强调:一是如何把中华民族多元一体的美育整体地呈现出来,二是如何把中国古人的看待事物和运用语言的独特方式呈现出来。前者关系到古今世界观的差异,后者关系到古今语言观的差异。

重新看待今天与过去,一方面要呈现过去的原貌,另一方面要从今天的立场与过去相关联;而将古今很好地融汇起来,作为中国历史一部分的中国美育史,在如何书写中华民族的美育史上,与中国通史的书写比较起来,在对多元一体的呈现上是有不足的。有了如上的视野,中国美育话语体系的框架和内容就会起到一种新的转变。以前未能进入中国美育话语体系内容的很多要进入中国美育的视野之中。这样,中国美育话语体系的"多元"才会得到一个丰富的呈现,古代天下观的"天下"内涵才会有一个充实内容。有了丰富的多元,由核心地区美育所本有的核心体系之所以为核心,怎么成为核心的,其真正的内涵和广泛的关联才得以呈现出来。而这时的中国美育话语体系,一方面突出了核心地区的美育体系的内容,但同时也显示了这一汉族美育史不仅是汉人的思想,而是代表古代天下观中的学界视点"天下"的核心思想。当从多元一体的天下观来看一体,而不只是从核心地区来看一体,看到的景观与以前所呈现的景观在广度和深度上都会有所不同。而中国古代美育史研究和写作的进步,将会从这样一种"不同"中显示出来。

## 附文二

# 近百年中国美育的研究状况综述

据相关文献资料，在中国古代，最早提出“美育”的是汉末魏初著名的“建安七子”之一的徐干，他在其所著《中论》的《艺纪》中，就提出“美育”一说，同时，还依据《周礼》，讲述了“美育群材”的途径和方法。不过，就实施内容看，所谓“神道设教”“先王乐教”“礼乐教化”“六艺之教”“诗教”等，应该就是一种传统美育样态。

中国美育的实践可以追溯到远古时代，诗乐舞三位一体的乐教是传统美育最基本的存在形态。诗歌、音乐在上古美育中地位重要，因此，一般又称之为诗教、乐教。春秋时代孔子就以“六艺”教授弟子，这可看作是最早的美育。并且，中国古代的美育蕴含着深厚浓郁的社会理性与道德精神，尤其注重社会关怀，其核心为“仁”，所谓“里仁为美”“充实之为美”“仁者人也”“为仁由己”“求仁得仁”“诚者自成”，其审美诉求为健全人的道德境界。所以，古代的乐教，又称为礼乐教育，礼为本，乐为体，乐只是礼的手段与途径而已。

同时，在中国古代，尽管具有极为丰富的美育实践活动，但一直存在着理性美育批评的空白，并未发展出相应的美育经验的反思性理性活动。理性美育观念一直未能介入中国美育领域，古代中国美育一直处于一种缺乏理性标准的阶段，整体上一直处于自发状态，尚未进入自觉阶段，没有形成专门的美育理论。

在西方，对美育进行独立研究的应该是德国的伟大诗人和传统美育家席勒。18 世纪末，席勒在他的《美育书简》中提出：“为了在经验中解决政治问题，就必须通过美育的途径，因为正是通过美，人们才可以达到自由。”作为美育理论奠基石的席勒的《美育书简》虽然诞生于 18 世纪，但直到 19 世纪末、20 世纪初才传入我国。清末民初的传统美育三大家——梁启超、王国维、蔡元培大力提倡美育，他们将国外的美育理论和传统美育知识介绍到国内，并在北京大学进行实践，取得了良好成效。

就美育理论看，在中国近现代，最初“美育”又称之为“艺术教育”。“艺术教育”是与“美育”等概念一起出现的，显示出由传统美育向现代美育的变迁。应该说，晚清到民国初期，中国学术界，传统美育与美术、审美和艺术是不分的，所以美育与美术教育、艺术教育也基本通用。最初，康有为就认识到美育的主要价值在于“辅翼道德，涵养性情”，但是在概念形式上仍称美育为歌乐和乐教。1901 年，蔡元培的《哲学通论》称美学为审美学，称美育为情感教育。1917 年北京神州学会的讲演中，蔡元培提出著名的《以美育代宗教说》，要求“舍宗教而易之以纯粹之美育”，1921 年，蔡元培还称艺术美育为美术教育，把美育看成由美术教育和美感教育组成。梁启超也提倡美育，认为美育是情感教育。早在 1922 年，他就说：“情感教育最大的利器，就是艺术。音乐、美术、文学这三件法宝，把情感秘密的钥匙都掌握了。”1903 年，王国维在通州师范学堂任教时发表了《论教育之宗旨》一文，指出：“教育之事业亦分为三部：智育、德育（意育）、美育（即情育）是也。”他认为：“使吾人超然于利害之外者，必其物之于吾人，无利害之关系而后可；易言以明之，必其物非实物而后可。然则非美术何足以当之乎？”1912 年，鲁迅著《拟播布美术意见书》，认为美育即美术教育，其重视艺术与社会人生的联系。大约从 20 世纪二三十年代以后，学界一般认为，美育就是艺术教育。如天民就认为“艺术教育，一名美育”，把美育和艺术教育作为同一性质的概念形式。在二三十年代，不但出现了许多《艺术概论》和《艺术教育学》之类的著作，还出现了美育作为艺术教育的论文。如冰弦在《艺术教育的意义和功用》一文中就指出：“美育，不能说是‘美的教育’的省词。‘美的教育’，就是‘艺术教育’。”（见《湖南教育》1930 年，第 5 期）教育家陶行知也重视学校美育，在其教育实践中不断践行着自己的理念，认为美育是为了艺术的生活；美育应该重在培养艺术兴趣，激发艺术创造。在其一生的教育活动中，陶行知始终把美育放在重要的位置，强调美育并不是把小孩子都培养成画家、音乐家，主要是为了陶冶他们的情操和品德，最终目标是使人人能诗意般地生活。

其时，美学家朱光潜也提倡“人生的艺术化”。1932 年在留学英国期间，他以书信形式发表的给青年朋友的《谈美》就提出这种观点。在《谈文学》中，开篇所讲的就是“文学与人生”的问题。朱光潜认为，离开人生，美和艺术都无从谈起。美不仅在物，亦不仅在心，而在心与物的关系上面，是心借物的形象来表现情趣。所以，没有人的参与，美就无从产生。同样，“离开人生便无所谓艺术，因为艺术是情趣的表现，而情趣的根源就在人生”。不仅如此，美和艺术最重要的功能就在于弥补人生的缺陷，使人超越自然的限制和实际人生的牵绊，从而获得心灵的自由和解放，实现生存的艺术化。“人生的艺术化”，是朱光潜美学思想的出发点和指归。朱光潜与蔡元培一样称美育为“美感教育”，强调美育是情感陶冶的功夫及其感性特征。但在美育与德育、文艺与道德的关系上,他比蔡元培有更深入、系统的论述。他说:“物有真善美三面,心有知情意三面,教育求在这三方面同时发展,于是有智育,德育,美育三节目。智育叫人研究学问,求知识,寻真理;德育叫人培养良善品格,学做人处世的方法和道理;美育叫人创造艺术,欣赏艺术和自然,在人生世相中寻出丰富的兴趣。”求知、想好、爱美,这是人的天性,是发自人的本能的要求,所以中国古代儒家很早就提出“尽性”的问题。教育的目的,就是要发挥人性之所固有,“尽性”也是人生的最高理想。真善美具备,知意情平均发展,才是完美的人生,才是完美的人。与此同时,宗白华也提出“艺术的人生观”美育思想,认为应该把人生和世界当作一件艺术品来看,使人生理想化、美化,从而克服现实人生中的种种矛盾和不安。这种艺术的人生观表现出一种唯美的人生态度,可以丰富生活,使生命变得有价值,净化人的心灵,使人格变得高尚。并且,宗白华所提倡“艺术的人生观”即人生的艺术化,其思想倾向主要源于对中国传统思想文化的吸收,同时又借鉴了西方的哲学文化思想,因而是中西文化碰撞与交融的结晶。

与朱光潜、宗白华属于同一时期却又独具理论个性的美学家丰子恺,也提倡美育与艺术教育的结合,认为美育是以培植和永葆“艺术心”为宗旨。在1939年的一则教师日记中丰子恺对自己的美育观和艺术教育观做了精要的概括,认为艺术教育课不外三语,即“艺术心”“艺术精神”和“艺术教育”。“艺术心”是丰子恺美育思想的核心,也是其艺术人生观的灵魂。他的“艺术心”美育观的形成经历了从“童心”到“艺术心”的转换。丰子恺最初从儿童世界获得思想的灵感并汲取传统美学思想把“艺术心”理解为一种清澈纯明的“童心”。

1938年,延安成立的鲁迅艺术学院,设有文学、戏剧、音乐、美术四个系,成为革命根据地进行美育与艺术教育的核心;毛泽东《在延安文艺座谈会上的讲话》发表,对推动艺术家重视社会美育,提高群众的文化艺术修养和参加抗日战争的热情,起了极大的指导作用。

新中国成立初期,于1950年就明确规定德育、智育、体育、美育的教育方针,我国学校美育得到大规模发展。但这样良好的美育环境和势头没有能够持续发展下去。连续不断的政治运动,导致美育和艺术教育偏离它的价值本体。政治化代替了美化。直到20世纪80年代后,美育才焕发新的生机,尤其在美育理论研究方面,取得了长足进展。从中国国家图书馆资源的数据采集和中国知网(WWW.CNKI.NET)的检索可知,新时期以来,有关美育研究的专著,极为丰富,多达360多部;而研究“美育”的文章就有13300多篇,研究视域开阔、新颖,涉及的内容广泛、多元。主要论题涉及美育理论、中外美育、美育在素质教育中的地位、学校美育研究、美育的方法及其具体实施，等等。从研究内容看，中国美育研究的趋势为：美育理论研究向实践深化；美育内容研究多角度、多层面趋势增强；美育研究方法、过程科学化程度加深。

综合看来，当今美育研究具有以下几个方面的内容。

1. 中国传统美育智慧研究，有许有为的《中国美育简史》（甘肃科学技术出版社1988年版），单世联、徐林祥的《中国美育史导论》（广西教育出版社，1992年版），聂振斌的《中国美育思想述要》（暨南大学出版社，1993年版）和《中国古代美育思想史纲》（河南人民出版社，2004年版），袁济喜的《传统美育与当代人格》（人民文学出版社，2002年版），姚全兴的《审美教育的历程》（上海社会科学院出版社，1992年版）；钟仕伦、李天道的《中国美育思想简史》（中国社会科学出版社，2006年版），钟仕伦的《魏晋南北朝美育思想研究》（中国社会科学出版社，2006年版），祁海文的《礼乐教化——先秦美育思想研究》（齐鲁书社，2001年版）和《儒家乐教论》（河南人民出版社，2004年版）等，以及若干论文，如何齐宗的《孔子美育思想探讨》，金鑫、吉瑞红、孙燕的《孔子美育特色臆探》，潘立勇的《朱熹人格美育的化育精神》，魏春艳、李天道的《老子"圣人"人格的美育意味》等。

2. 中国近现代美育思想研究，有姚全兴的《中国现代美育思想述评》（湖北教育出版社，1989年版）和《审美教育的历程》（上海社会科学院出版社，1992年版），杨平的《多维视野中的美育》（安徽教育出版社，2000年版），杜卫的《审美功利主义：中国现代美育理论研究》（人民出版社，2004年版），赵伶俐、汪宏等的《百年中国美育》（高等教育出版社，2006年版），谭好哲、刘彦顺等人的《美育的意义：中国现代美育思想发展史论》（首都师范大学出版社，2006年版），刘彦顺的《走向现代形态美育学的构建》（山东文艺出版社，2007年版），孙世哲的《蔡元培鲁迅的美育思想》（辽宁教育出版社，1990年版），郭勇的《蔡元培美育思想研究》（华中师范大学出版社，2001年版）等。

3. 西方美育思想研究，有涂途的《西方美育史话》（红旗出版社，1988年版）和《欧洲美育思想简史》（暨南大学出版社，1995年版），陈育德的《西方美育思想简史》（安徽教育出版社，1998年版），李天道主编的《西方美育思想简史》（中国社会科学出版社，2006年版），岳友熙的《追寻诗意的栖居：现代性与审美教育》（人民出版社，2009年版）等。此外，还有中西美育思想的比较研究，如杨家友的《席勒与蔡元培的审美教育思想比较研究》（湖北人民出版社，2009年版）等。

4. 美育基础理论的研究，这方面的研究涉及美育的本质、内涵、特点、功能、任务、意义，美育与德、智、体育之间的关系，美育与艺术教育的关系等问题，是美育研究中经常讨论的基本问题。就美学原理著作来看,蔡仪主编的《美学原理》第九章"美感教育",论及了美感教育的作用、特点和意义。蒋培坤的《审美活动论纲》第十章"审美教育",探讨了美育理论的形成和发展、美育与人的塑造和美育的特点等问题。叶朗主编的《现代美学体系》,介绍了审美教育的内涵、特征、实施原则、综合指标及个性审美发展与审美教育的实施等问题。杨恩寰主编的《美学引论》第十三章"审美教育",探讨了审美教育的概念、内涵、功能等问题。朱立元主编的《美学》第六编"审美教育论",考察了美育观的历史,美育的内涵、目的及特点,美育的功能及实施等问题。应该说,20 世纪 70 年代末 80 年代初,国内学者对美育的看法主要还受苏联政治美学与工具论的影响,认为美育主要是进行阶级斗争与培养共产主义世界观的工具,将美育视为德育的附庸,将美育直接等同于艺术教育。80 年代以后,学界逐渐摆脱了认识论与工具论的框架,美育研究步入正轨。1981 年出版的《美学》第三期上发表的周扬的《关于美学研究工作的谈话》(后收入《周扬文集》第五卷),文中第四部分专论美育问题,题为"重视审美教育,加强美育研究"。其中观点虽还透着工具论意味,如指出"我们美育的内容要宣传社会主义,批判封建主义和资本主义",但其视野已相当开阔,对美育的功能与意义进行了全面的肯定,指出美育和德、智、体之间的关系是相辅相成,却又不可替代的。周扬还认为"美育的形式应是多种多样的,不要把美育搞得太狭窄了",并提出要重视学校美育工作。无疑,这些观点对美育研究及美育实践都有着积极的促进作用。同期发表的还有赵宋光的《论美育的功能》、洪毅然的《论美育》和聂振斌的《蔡元培的美育思想》三篇美育论文。赵宋光在文中提出了"立美教育",论述了"以美引真"的教学方法。洪毅然的文章强调了美育的重要性,分析了美育与德育、艺术教育之间的关系,并分析了学校美育、社会美育和家庭美育的问题。洪毅然认为美育虽以艺术为基本手段,但美育与艺术教育不能简单等同。这也是此后美学界的普遍认识。1984 年,蒋孔阳发表了《谈谈审美教育》一文,对审美教育进行了五点规定:第一,审美教育是一种娱乐的教育。他以孔子的"游于艺"和康德、席勒的"游戏说"为论据,提出应当重视游戏,重视人的娱乐生活。"重视人的娱乐生活,在娱乐生活中去培养人的审美爱好,去引导人,将人提高,应当是审美教育的一个重要内容。"第二,审美教育是一种爱美的教育。第三,审美教育是一种情感的教育。第四,审美教育是一种人品的教育。第五,审美教育归根到底是一种艺术的教育。他认为娱乐、爱美、情感和人品等方面的教育最集中地落实到艺术教育上。就这五个方面而言,蒋孔阳对艺术教育论述最多,似最重视。特别是所提第一点"娱乐的教育",发人之未敢发,令人耳目一新。这以后,专门论及美育理论的日渐增多,如蒋冰海的《美育学导论》(上海人民出版社,1990 年版),杜卫的《现代美育学导论》(暨南大学出版社,1992 年版),王善忠的《美感教育研究》(吉林教育出版社,1993 年版),李范主编的《美育的现代使命》(北京师范大学出版社,1998 年版),易健的《现代美育研究》(南方出版社,2000 年版)。美育著作与教材,例如,王定金主编的《美育教程》、杨昌江主编的《美育》和李文庠主编的《简明美育教程》等,其内容多由传统美育的基本理论、美育涉及的主要对象与内容两个方面的内容构成。侧重于美育自身特性,注重美育的性质、对象、功能、任务、原则和实施途径的著作,如杨恩寰主编的《审美教育学》、仇春霖主编的《美育原理》、章新建和杨春鼎著《美育概论》等。这类著作更加注重美育自身特点,理论阐述较多。以及试图构建美育学的,如蒋冰海的《美育学导论》、杜卫的《现代美育学导论》与《美育学概论》等著作或教材,都涉及"美育学"的构建,将"美育"的学科建设问题直接提了出来。同时,还涉及美育价值、美育意义等问题。

5. 美育领域拓展问题研究的,如曾繁仁的《走向 21 世纪的审美教育》(陕西师范大学出版社,2000 年版),姚全兴的《胎教的美育原理和方法》(上海教育出版社,2000 年版)、《生命美育》(上海教育出版社,2001 年版),楼昔勇的《幼儿美育》(华东师范大学出版社,1992 年版)和陈超南的《家庭审美》(上海社会科学院出版社,1995 年版);论文有王旭晓的《人才、素质与美育》(《福州师专学报》1999 年第 5 期)。提出美育创新观点的如张振华的《符号学与审美教育》(《文艺传统美育电影学论纲》,中国文联出版社,2000 年版),再如嵇山的《"企业美育"建设刍议》(蒋冰海主编《企业美育初探》,江苏人民出版社,1994 年版)。

6. 学校美育方面的,如叶昌奎的《以美育人教育模式论》(广东高等教育出版社,2000 年版),钟仕伦、李天道主编的《高校美育概论》(中国社会科学出版社,2006 年版),甲奎、刘如文主编的《学校美育管理引论》(科学出版社,1997 年版),李金福的《艺术教育管理学》(云南大学出版社,2004 年版)等,涉及学校美育与艺术教育管理的内涵和特点、目标与机制、原则与方法问题。韩文根、杨光歧《大学美育与实践》(河南教育出版社,2004 年版)的第二部分侧重于"美育修身",从美育与文化修养、美育与情感、美育与人际交往、现代生活美的设计与创造等方面探讨大学生在审美修养中所必须加强的问题。李国春主编的《大学美育教程》(21 世纪高等院校基础性核心课教材,湖南教育出版社,2004 年版)探讨了多元审美活动的特点、功能和过程,扩展了美育开展的途径,其视野不仅仅聚焦于课堂上的艺术鉴赏活动,还涉及课外、校外的审美活动。叶学良、查有梁的《大学美育——大学生诗意人生的设计与达成》(四川人民出版社,2003 年版)则在审美心理发展实验研究的基础上对高校美育的内容和任务做了阐发。学校教育中的美育研究内容多,涉及少儿美育、中学美育、大学美育等。此类著作也非常多,如樊美筠的《儿童的审美发展》(爱的世界出版社,1990 年版),颜学琴的《儿童少年美育全书》(中国青年出版社,1991 年版),楼昔勇的《幼儿美育》(华东师范大学出版社,1992 年版)等。再如赵伶俐主编的"跨世纪美育科研成果书系"(西南师范大学出版社,2000 年版),包括《大美育系统论》《幼儿园美育系统论》《小学美育系统论》《中学美育系统论》,后三本即属此列。"大学美育"类教材也非常多,如章新建的《大学生美育》(甘肃科学技术出版社,1988 年版),杨辛的《大学美育》(水利电力出版社,1989 年版),王德岩等的《大学美育讲义》(清华大学出版社,2010 年版),陆元贵的《大学美育十讲》(安徽文艺出版社,2010 年版)等。此类著作还包括各门课程与美育的相关研究。如王海龙等的《语文教学与审美教育》(大众文艺出版社,2008 年版),张天喜等的《语文美育教学论》(陕西人民教育出版社,2008 年版),刘荧主编的《灵魂的在场:语文审美教育研究》(江苏人民出版社,2010 年版),等等。此外,还有张东海的《浅论学校美育与校园文化》(《中小学素质教育》,2000 年第 2 ~ 3 期)、陈学斌《选取美点,激发美感,搞活美育》(《广东教育》,1991 年第 3 期)、吴敏的《形象教学断想》(《福州师专学报》,1999 年第 5 期)等。

7. 美育价值研究的,如曾繁仁的《美育十讲》《审美教育新论》《走向 21 世纪的审美教育》等著作,不仅系统阐述了当代美育基本理论,而且对美育的学科性质、任务和方法等都进行了深入的探讨,他提出了"中和论"美育观点,主张情感教育,并认识到美与具有沟通科学主义和人文主义的中介功能。仇春霖主编了《美育原理》《大学美育》等著作,在美育理论与实践方面做过探讨,具体阐述了美育的历史、本质、意义、任务,尤其强调高校实施美育的重要意义,认为美育能使大学生成为全面发展的人才。杜卫主编的《美育论》《美育学概论》,系统介绍了美育学的历史、美育的性质、功能、任务以及美育的操作。同时,还从本体论、审美的发展论以及方法论角度,将美育与人的全面发展、美育与人个性发展和方法论原则进行了深层次的剖析。呼吁发挥美育作用,实现人的个性化发展。

8. 美育是情感教育的,如王国维就认为:美育者"使人之感情发达",蔡元培也提出:"人人都有感情,而并非都有伟大而高尚的行为,这由于感情推动力的薄弱。要转弱而为强,转薄而为厚,有待于陶养。陶养的工具,为美的对象,陶养的作用,叫作美育。"都主张美育是情感教育。新时期以来,曾繁仁在《试论美育的本质》一文中,认可美育是情感教育的观点,认为情感教育论从根本上为美育确立了独立的领域。王世德在《美育教程》的导言中亦提道:"审美教育,主要是一种情感教育。它的主要任务是要塑造和形成人们优美、高尚、健康、丰富的感情、趣味、心灵、精神境界。”

9. 美育为感性说和生命说的，如杜卫在《感性教育：美育的现代性命题》一文中就指出：“感性是一个贯通了肉体和精神的个体性概念，它以情感为核心，所以美育被不少学者界定为情感教育。但是，由于从严格的意义上讲，情感只是感性的一种形式，不可能包含感性这个概念的丰富内涵，因此，还是把美育界定为感性教育更为合适。”在杜卫看来，首先，感性意味着生存的具体性，意味着重申以人为目的，强调个体的人的重要性。其次，感性意味着人的“肉体性”，即强调审美活动的生理基础。再次，感性意味着生命活力。感性以人的本能冲动和情感过程为特征，感性的发达意味着生命活力的充沛。樊美筠则从理性与感性之间的关系以及西方现代文化对感性的压制出发来探讨审美教育，她认为：“审美教育能够解放人的感性。”“所谓解放人的感性，主要是指美育能够将人的感性从理性的长期压制下解放出来。而美育之所以能够做到这一点，和它上述的感性品格有关。美育作为一种感性教育，是以人们对对象的直接感知为基础的，也是以人的感性不断敏感和丰富为目的的。”王德胜在《当代中国文化景观中的审美教育》一文中，也从人的全面发展的角度对审美教育与人的生命意识的关系做出阐释，指出，“强调人的生命意识的全面开发，是当代审美教育的根本目的”。徐碧辉在《美育：一种生命和情感教育》一文中，则从培养人的生命意识的角度对美育的本质进行了规定，认为，“美育本质上是一种生命教育和情感教育”。在这些学者看来，美育就是对人的生命本身进行塑造，使之更加完美合理的一种教育。

10. 美育心理学研究的，如刘居富、熊晓明的《大学美育教程》（武汉工业大学出版社，1991 年版），刘兆吉主编的《美育心理学》（西南师范大学出版社，1990 年版）和蔡正非的《美育心理学》（中国社会科学出版社，1999 年版），李天道的《美育与美育心理》（中国社会科学出版社，2006 年版）等，主要研究在进行美育活动中的心理活动规律和心理品质的形成问题，其中，赵伶俐《高校美育——美的人生设计和创造》偏向于科学化、量化的研究。

11. 美育为素质教育的，如拉尔夫·史密斯著、滕守尧译的《艺术感觉与美育》（四川人民出版社，2000 年版），凌晓蕾主编的《艺术美育》（暨南大学出版社，2006 年版），段晋中著《大学音乐美育教程》（中国时代经济出版社，2006 年版），张爱萍主编《美育与艺术欣赏》（哈尔滨地图出版社，2007 年版）等，都认为美育本质上是一种审美教育，即艺术教育，它通过艺术之美开启人的心灵，以一种熏陶而非灌输的方式对人的内在素质发生潜移默化的作用；艺术教育是美育的实践形态，是在高校中展开美育的主要途径;艺术教育能从根本上提升大学生的审美趣味和人文素养,促进人的全面发展;在高校的现行体制中,艺术教育是必不可少和行之有效的素质教育方式。

12. 美育实践活动研究的,如方珊主编的“新世纪美育系列丛书”(河北少年儿童出版社,2003 年版),包括郑新兰的《天籁之声的奏鸣:音乐美》、王旭晓的《造化钟神秀:景观美》、王志敏和崔辰的《声音与光影的世界:影视美》、牛宏宝的《形与色的魔幻:绘画美》、林叶青的《粉墨话春秋:戏剧美》、杨桂青和赖配根的《文与字的神韵:文学美》、方珊等人的《多维的视象:雕塑美》、方珊的《诗意的栖居:建筑美》、方珊和王志钧的《技与艺的魅力:设计美》、宿志刚的《光影的诗篇:摄影美》、刘秀乡的《动作的旋律:舞蹈美》、丁伯奎的《线的艺术语言:书法美》、方珊的《新世纪美育》等。曾繁仁主编的“艺术审美教育书系”(河南人民出版社,2004,2005年版),包括张涵的《艺术生命学大纲》、马龙潜和杨杰的《知识经济与审美教育》、王伟的《当代美国艺术教育研究》、王小舒和凌晨光的《审美艺术教育论》等。涉及社会美育、自然美育、科学技术美育、艺术美美育等方面的问题。

除此之外,还有许多专家和学者都参与到美育研究中来,他们中有的是传统美育家,偏重于从传统美育角度探究美育的性质和内容;有的侧重于从教育学角度探究美育的育人原理:有的从社会学角度指出美育的社会功能。许多硕士生和博士生也把美育作为他们的研究方向,如 2003 年西南师范大学汤杰英的硕士毕业论文《二十世纪八十年代以来中国美育发展主要区域特点》、2006 年山东师范大学艺术学硕士隋文慧的毕业论文《以人为本以美育人——关于大学生素质和美育建设的思考》、河北大学艺术学硕士王建民的毕业论文《当代美育的生活转向及其对大学美育创新的影响》等。从中国期刊网篇名用“美育”检索,发现从 1999 到2006 年共有博士论文 18 篇,硕士论文 213 篇,包括对美育价值的探讨、美育功能的论述和对美育实施状况的分析与改革策略。

总的来看,当前中国的美育理论研究呈现多元组合的特点。这主要表现在无论在实践上还是理论上衍生出学校美育、家庭美育、社会美育等领域和途径;在内容上则包含着心灵美育、语言美育、行为美育、仪态美育、环境美育;近几年更提出了生命美育、人生美育、人格美育等命题,其中贯穿着伦理观、价值观、社会历史观、人生观、审美管、艺术观、自然观的教育,构成了多维度、全方位的动态的、复合结构的美育系统。

国外美育的研究现状:在西方,早在古希腊时期,柏拉图就构想了用理想国来完成“理想人”的塑造。他是第一个把“美”提升到理论高度的人,认为各种美的事物都是对“美本身”的模仿。之后的亚里士多德也对“美”有专门的论述，其《诗学》就是在教导人们如何审美。亚里士多德的“政治人”学说源远流长，因此在他的审美观点中也加入了政治的色彩，审美促进个人德行的养成，进而以德执政、治国，这应该是他审美教育观点的精华。古希腊文明之后的审美教育研究的鼎盛当属文艺复兴和启蒙运动时期，这一时期探讨人性自由、人的解放占据了整个思想界的高峰，而实现这一目标的途径之一就是艺术审美活动，因此这一阶段文学、音乐、绘画等艺术十分受欢迎，成为青年们追求的热点。经历了文艺复兴和启蒙运动，西方才开始把审美活动作为教育的内容之一。这项活动的开启者当属德国传统哲学大师康德，其代表作为《判断力批判》。该书可以说是其传统美育思想的表述，既论述了传统美育的一些基本概念，又道出了审美的性质。紧随其后做这项工作的便是席勒，这个审美教育的集大成者第一次把审美同教育联系起来，成为后世美育研究的奠基人。他在《美育书简》中谈道：“在美的观照中，心情处在法则与需要之间的一种恰到好处的中间位置，正因为它分身于二者之间，所以它既脱开了法则的强迫，也脱开了需要的强迫。”审美教育成为实现人自由的唯一途径。此后，黑格尔、马克思也对审美问题有相当篇幅的论述。黑格尔指出审美使人获得解放，马克思十分重视美育对人格形成的作用，提出人要按照美的规律去塑造，其观点是我们进行审美教育的基础。目前西方对审美教育的研究著作也较多，主要的代表作有：德国阿多诺的《传统美育理论》、美国马尔库塞的《审美之维》、美国詹姆逊的《后现代主义文化理论》、德国卡西尔的《人论》、美国朗格的《艺术问题》、席勒的《席勒传统美育文集》《席勒传统美育信简》《审美教育书简》、康德的《判断力批判》等。他们的主要观点集中在突出审美教育的重要作用上，并提出要在学校贯彻审美教育，以此促进学生发展。1945 年，哈佛大学提出“自由社会中的通识教育”，将人文教育正式纳入课程体系之中，一直延续至今。2004 年，美国理查德·加纳罗与林尔玛·阿特休勒出版的《艺术：让人成为人》一书，将以艺术为基本内容的审美教育提到“使人成为人的教育”的高度认识，意义深远。当代西方国家基本上将美育作为“人文教育”的重要内容之一，赋予了美育的人本主义本质——使人成为独立个性的“人”的本体。比如，英国教育者认为美育的目标是培养有个性的人，教学过程要培养自主意识、独立人格和创造才能，非常注重艺术与现实生活、地方特色文化相结合的广场艺术活动和博物馆等公共文化资源。美国自 20 世纪 80 年代以来广泛施行“多学科艺术教育模式”，也被称为“综合性艺术教育”——通过综合利用艺术创作、艺术史、艺术批评和传统美育四门学科的互动互补关系，利用四门学科的主导性放射意向，试图将艺术教育构建成一门交叉性的人文学科,以提高美育的多重效应与美国国民的人文素质。

分析起来,当代中国美育研究一是呈现出一种观念多元化现象。如有所谓德育美育观、素质美育观、人生美育观,等等,在美育的功能方面则由德育转化为全面育人,再进一步成为生命美育。因此,美育观念日益多元化,相互关联而且逻辑上依次递进将美育的意义引向更深更广的意义层面,并指导美育实践的进行。二是传统的知识论美育形态重新回到研究中,虽然美育理论呈现丰富多彩,但美育作为一门认识论学科却得到了强化,这表明美育理论与实践之间的距离,也就是说美育教科书与真正的美育毫不相干,作为知识性学科的美育实际上抹煞了美育在情感、想象、创造等领域的独特作用。三是对美育的重要性的认识不断深化。表现为与美育有关的政策法规相应出台。美育环境有所改善,美育研究取得进展。在美育探索方面,不少高校的美学美育专家、写出了一大批有质量的专业论文论著,如仇春霖的《美的呼唤》,雷克啸的《美育:一代新人的必修课》,滕守尧的《教育现代化的关键——美育》等;在教材建设方面,在国家教委的直接领导下,不少高校先后出版了多本美育教材,如:《大学美育》(仇春霖)、《美育原理》(王守恒)、《新编大学美育》(蒋国忠)等,有的学校的美育课程甚至被评为精品课程,如《人生美学》(张应杭,浙江大学本科精品课程)、山东大学美育系列《生态美育》(丁永祥、李新生)等。中国美育研究取得了一定的进展,从狭义走向广义,对其功能的认识由片面走向比较全面,对其本质特征从偏重于道德教育发展为更注重情感教育。

就已有相关代表性成果及观点的不足之处来看:

第一,对美育作用的认识还有待深化。从历史的观点看,20 世纪前 50 年的一些美学家们实际上是借他们的美育理论表达他们对当时重建中国思想文化、改造现实社会的一种理想,致使美育研究,努力求得其社会作用,以艺术改造现实,实现人生美化;着力普及"艺术家"能力,提振国人之精神。在借鉴西方美学理论、批判传统伦理哲学,把美育作为解决"根本问题"之道,立国、立人、立美三者并重,通过美育提升国人的精神品性和适生能力,认为美育精神贯注于人类全体之生命、人生切己之利害。提倡美育可以使人生美化,使人的性灵寄托于美,美育以自由的、和谐的情感为取向,具有一种具有浓重审美幻想色彩的文化理想。把美育作为教育的最高形式甚至唯一人道的形式。应该说,这种理论在实践中是行不通的。德、智、体、美都是重要的,而且无法相互替代。现在的问题是,我们如何在吸收现代美育理论人文精神的基础上,使我们的当代美育理论在观念上与我国的现代化进程和全球化语境相适应,在问题的提出、方法的选择等方面贴近时代、贴近教育实践、贴近儿童和青少年。

第二,对美育具体实践问题研究得不够。由于"西化"的影响,当代中国美育研究偏重于理论的探讨,理性色彩浓重,而缺乏对美育实践问题的必要关注。20世纪前50年,论述美育的论著不少,但是,只有蔡元培、丰子恺等少数几位关注美育的具体实践。这种美育理论在一定程度上讲是抽象的,它脱离具体的艺术教育,脱离课程,脱离中国儿童青少年的实际成长需要和特征。

第三,对传统美育智慧在构建当代中国美育话语体系中的意义认识不足。当前,国内美育研究仍然多集中吸收西方美育理论,强调美育独立的审美意义和"以美辅德"等。如不少学者从审美情感、审美心理、现代人性的分裂、感性与理性的协调等方面,探讨美育完善人的感性和人格、培养"生活的艺术家"、开发智力和创造力等功能。美育完善感性和人格功能论,主要是针对理性主义和科学主义的日益膨胀,造成现代人感觉的迟钝、机械,道德信念、精神追求的丧失以及自身能力的退化等现代弊病提出来的,但其理论资源大多来自席勒、马克思、马尔库塞等对现代人的"异化"分析。但对中国传统美育旨在培养和谐协调的情感,塑造和谐协调的人格,实现人与对象的和谐协调的目的,和谐协调人格的最后完成还得依赖美育对其他各育的协调等,对美育意义的认识,还有待进一步加深、加强。

第四,整体上、话语体系方面缺乏创新性。西方现代美育理论发展到20世纪,对美育的具体实践问题已经有了较为系统的研究,特别是美学与教育学、心理学、文化学等学科联姻而产生了一大批有鲜明实践导向性的理论成果,而我国当代美育研究却仍在重复前人的理论,在其发展历程中,明显存在理论系统不完整、感情教育与理性教育结合不够、过于强调"借美教育"而忽略"立美教育"等不足。为此,必须尽快建立与完善当代美育话语体系,使其实践对象有所扩大,在日常生活审美化的今天,充分发挥美育在当今生活中的特殊功能,并使美育的途径有所拓宽。

# 参考文献


蔡元培:《蔡元培美学文选》,北京大学出版社,1983 年版。

北京大学哲学系编:《中国美学史资料选编》(上、下),中华书局,1981 年版。

胡经之主编:《中国古典美学丛编》(上、中、下),中华书局,1988 年版。

北京大学哲学系编:《西方美学家论美和美感》,商务印书馆,1980 年版。

蒋孔阳主编:《20 世纪西方美学名著选》(上、下),复旦大学出社,1988 年版。

朱光潜:《朱光潜美学文集》(1—4),上海文艺出版社,1982 年版。

宗白华:《美学散步》,上海人民出版社,1981 年版。

李泽厚:《美学四讲》,生活·读书·新知三联书店,1989 年版。

钱钟书:《谈艺录》,中华书局,1984 年版。

蔡仪:《美学论著初编》(上、下),上海文艺出版社,1982 年版。

高尔泰:《论美》,甘肃人民出版社,1980 年版。

蒋孔阳:《美学新论》,人民出版社,1993 年版。

周来祥:《论美是和谐》,贵州人民出版社,1984 年版。

朱光潜:《悲剧心理学》,人民文学出版社,1983 年版。

彭立勋:《审美经验论》,人民出版社,1999 年版。

滕守尧:《审美心理描述》,中国社会科学出版社,1985 年版。

阎广林:《喜剧创作论》,上海社会科学院出版社,1992 年版。

李泽厚:《华夏美学》,中外文化出版公司,1989 年版。

叶朗:《中国美学史大纲》,上海人民出版社,1985 年版。

聂振斌:《中国美育思想述要》,暨南大学出版社,1993 年版。

伍蠡甫:《现代西方文论选》,上海译文出版社,1983 年版。

张国庆:《中和之美》,巴蜀书社,1995 年版。

蔡钟翔、曹顺庆:《自然·雄浑》,中国人民大学出版社,1996 年版。

朱光滑:《西方美学史》(上、下),人民文学出版社,1979年版。

汝信:《西方美学史论丛》,上海人民出版社,1963年版。

汝信:《西方美学史论丛续编》,上海人民出版社,1983年版。

朱狄:《当代西方美学》,人民出版社,1993年版。

张延风:《西方文化艺术巡礼》,中国青年出版社,1998年版。

刘东:《西方的丑学》,四川人民出版社,1986年版。

杨辛、甘霖:《美学原理》,北京大学出版社,1993年版。

叶朗主编:《现代美学体系》,北京大学出版社,1988年版。

单世联、徐林祥:《中国美育史导论》,广西教育出版社,1992年版。

杜卫:《美育学概论》,高等教育出版社,1997年版。

杜卫:《美育论》,教育科学出版社,2000年版。

弗里德里希·席勒著,冯至、范大灿译:《审美教育书简》,北京大学出版社,1985年版。

聂振斌:《中国美育思想述要》,暨南大学出版社,1995年版。

皮朝纲、李天道:《中国美学体系论》,语文出版社,1995年版。

皮朝纲、钟世伦、李天道:《审美与生存》,巴蜀书社,1999年版。

祁海文:《礼乐教化——先秦美育思想研究》,齐鲁书社,2001年版。

袁济喜:《六朝美学》,北京大学出版社,1999年版。

袁济喜:《传统美育与当代人格》,人民文学出版社,2002年版。

袁济喜:《古代文论的人文追寻》,中华书局,2002年版。

姚全兴:《审美教育的历程》,上海社会科学出版社,1992年版。

姚全兴:《胎教的美育原理和方法》,上海教育出版社,2000年版。

曾繁仁:《美学之思》,山东大学出版社,2003年版。

李泽厚、刘纲纪:《中国美学史》,中国社会科学出版社,1987年版。

陈望衡:《中国古典美学史》,湖南教育出版社,1998年版。

张法:《中国美学史》,上海人民出版社,2000年版。

徐复观:《中国艺术精神》,华东师范大学出版社,2002年版。

孙立群:《中国古代的士人生活》,商务印书馆,2003年版。

于文杰、柏文猛主编:《高校美育概论》,南京大学出版,1991年版。

蒋冰海:《美育学导论》,上海人民出版社,1990年版。

蒋冰海:《审美论》,上海社会科学院出版社,1992年版。

曾繁仁:《生态存在论美学论稿》,吉林大学出版社,2003年版。

曾繁仁:《走向二十一世纪的审美教育》,陕西师范大学出版社,2000 年版。

胡家祥:《审美学》,北京大学出版社,2000 年版。

哈九增:《艺术教程》,复旦大学出版社,2000 年版。

黄明珠:《中国舞蹈艺术鉴赏指南》,上海音乐出版社,2001 年版。

蒋国忠:《新编大学美育》,复旦大学出版社,2002 年版。

李范主编:《美育基础》,中国人民大学出版社,2002 年版。

蒋国忠编著:《新编大学美育》,复旦大学出版社,2002 年版。

金元浦、王军、邢建昌:《美学与艺术鉴赏》,首都师范大学出版社,1999 年版。

李长风、姚传志编著:《美育概论》,山东人民出版社,1998 年版。

刘兆吉:《高等学校心理学》,西南师范大学出版社,1991 年版。

刘兆吉主编:《美育心理学》,西南师范大学出版社,1990 年版。

马志云:《审美教育导轮》,河海大学出版社,2003 年版。

梅树宝主编:《面向新世纪的美育与素质教育》,人民出版社,2004 年版。

欧建平著,田本相主编:《世界艺术史》,东方出版社,2003 年版。

徐希茅等:《音乐美育》,上海教育出版社,2001 年版。

杨仲华、温立伟:《舞蹈艺术教育》,人民出版社,2003 年版。

游敏惠、刘秀伦:《大学生创造力培养与开发》,人民邮电出版社,2004 年版。

鱼凤玲:《美育》,中国科学技术出版社,2003 年版。

张亚斌:《影视艺术鉴赏通论》,北京师范大学出版社,2003 年版。

赵伶俐、章新建主编:《高校美育——美的人生设计与创造》,西南师范大学出版社,1995 年版。

郑晓华:《翰逸神飞——中国书法艺术的历史与审美》,中国人民大学出版社,2000 年版。

[古希腊]柏拉图著,朱光潜译:《文艺对话集》,人民文学出版社,1997 年版。

[古希腊]亚里士多德著,罗念生译:《诗学》,人民出版社,1982 年版。

[德]康德著,宗白华译:《判断力批判》(上卷),商务印书馆,1964 年版。

[德]黑格尔著,朱光潜译:《美学》(1—3 卷),商务印书馆,1979 年版。

[德]爱克曼辑录,朱光潜译:《歌德谈话录》,人民文学出版社,1978 年版。

[德]席勒著,徐恒醉译:《美育书简》,中国文联出版公司,1984 年版。

[英]科林伍德著,王至元、陈华中译:《美学》,中国社会科学出版社,1985 年版。

[德]玛克斯·德索著,兰金仁译:《美学与艺术理论》,中国社会科学出版社,

1987 年版。

[美]N. 霍兰德著,潘国庆译:《笑——幽默心理学》,上海文艺出版社,1991 年版。

[苏]鲍列夫:《美学》,中国文联出版公司,1986 年版。

[匈]贝拉·巴拉兹:《电影美学》,中国电影出版社,1985 年版。

[美]韦勒克,沃伦:《文学理论》,刘象愚等译,三联书店,1984 年版。

[日]河竹登志夫:《戏剧概论》,中国戏剧出版社,1983 年版。

[法]利奥塔尔著,车槿山译:《后现代状态》,生活·读书·新知三联书店,1997 年版。

[美]马克·波斯特著,范静哗译:《信息方式——后结构主义与社会语境》,商务印书馆,2000 年版。

[匈]伊芙特·皮洛著,崔君衍译:《世俗神化——电影的野性思维》,中国电影出版社,2003 年版。

# 后 记

众所周知,美育是全面发展的素质教育的重要组成部分,对培养21世纪德智体美全面发展的社会主义事业建设者和接班人有着重要意义,因此,必须加强美育研究。同时,在现代审美心理学中增加美育心理学的内容,也是现代审美心理学学科体系完善的需要和加强美育课程建设的需要。

美育的实质是以艺术美、自然美和社会生活美为基本内容,培养学生认识美、欣赏美、爱好美和创造美的能力的教育。有人认为,美育就是审美教育或美感教育。事实上,审美教育和美感教育这两个概念并不能概括美育的全部内容。因为美育不只是包括审美或美感,它还包括创造美、建设美、净化人的心灵、抵制丑恶、美化社会环境等内容。所以,美育在利用各种美的内容对学生进行教育时,既要培养学生的审美能力和美感心理,也要达到净化心灵、提高道德品质、增进知识技能、开发智力和培养能力、促进学生全面发展的目的。应该说,美育本身就是一种全面发展的教育,它的作用是全方位的,不仅仅在于培养审美能力或美感。

从古至今,我国一直重视美育。《六经》被先秦儒家看作是必读的教材,其中《诗经》和《乐经》中的部分内容可以认为是美育教材。古代著名思想家、教育家孔子认为:"移风易俗,莫善于乐。"又说:"兴于诗,立于礼,成于乐","温柔敦厚,诗教也"。明确指出"诗教""乐教"等美育手段在个人成长、社会稳定和国家繁荣昌盛中的作用。认为统治者为了国家的兴盛,必须重视以《诗经》《乐经》为重要内容的《六经》教育,从而把包括美育在内的教育提到国家兴盛的高度。我国自实行近代学制以后,也开设了音乐、美术等美育课程。教育家蔡元培于1912年任教育总长时,教育部公布的教育宗旨是:"注重道德教育,以实利教育、军国民教育辅之,更以美感教育完成其道德。"提出了"以美育代宗教说",特别强调美育的作用。他认为:"美育者,应用美学理论于教育,以陶冶情感为目的者也。"尽管他提出的美育和"以美育代宗教说"具有一定的片面性,但他主张"美育包括:家庭美育、学校美育和社会美育三个方面,并提出美育要抓得早,要以胎教为起点"等观点,至今仍值得借鉴。然而,尽管美育有着悠久的历史,但在怎样对学生进行美育才能更好地发挥美育作用的问题上,却始终缺乏比较系统而科学的研究,而美育心理学的兴起则为科学地解决这一问题提供了可能性。

美育心理学是研究美育过程中施教者与受教者的心理活动规律、心理品质的形成和发展的学问,既可以作为教育心理学的一部分,也可以作为审美心理学的一个分支学科。作为一门独立的审美心理学分支学科,根据对个体审美意识和群体审美意识的起源和发展规律、个体在审美活动中的心理活动变化的特点及其影响因素以及审美心理活动与其他心理活动(如品德心理、智力心理等)的关系等基本问题的回答,主要探索能够有效地促进学生审美意识的形成和发展的美育途径、美育内容、美育原则、美育策略、美育手段和美育方法等基本美育心理问题;探讨如何以音乐、美术、文学的艺术美和大自然、社会生活中的现实美为教育手段,发展受教育者的美感和欣赏美、创造美、评价美和识别美的能力,培养他们高尚的情操和文明习惯,促进他们智能和身体的健康发展,从而为教育行政部门制订美育决策、编写美育教材,以及为美育教师选择适当的美育策略来提高美育的效果,提供科学的依据。

美育的直接心理效应乃是美育对个体的审美心理结构的形成、发展和完善的影响,是通过美育使个体的审美认知结构得到进一步发展和完善,使个体的审美能力得到进一步提高,使个体的审美情感更加丰富,审美价值观更加正确。美育的间接心理效应是指美育活动对除审美心理结构的影响之外的其他心理结构的影响效应,主要包括对品德心理结构、智能心理结构、健康心理结构、劳动心理结构、人际关系心理结构等的影响。

现阶段提倡美育极具现实意义。美育对人的思想、意志、情感有重大影响,而思想、意志和情感都是品德的重要成分,因此,美育能化育情操,提升品德,加深德育的效应。朱光潜说:"美育是德育的基础。"苏霍姆林斯基认为:"美是道德的纯洁,精神丰富和体魄健全的有力源泉。"通过美育的实施,进行品德教育,主要通过潜移默化过程来实现,就如杜甫诗句所描写的"好雨知时节,当春乃发生,随风潜入夜,润物细无声"。美育以文学、美术、音乐等为手段,而文学、美术、音乐等富有形象性、美感性、群众性,可以通过对典型形象的渲染,使人们在美的魅力的诱导和陶冶下,激起情感上的共鸣,成为奋发有为的契机,从而使道德规范和善恶观念对人们的品德产生潜移默化的影响。受美育熏陶过的人,品德上会受到潜移默化的影响,也许自己都意识不到。但通过美育形成的道德品质,深刻而稳定,对一个人的道德认识、道德情感、道德评价、道德行为起着主导作用。

总之,美育是我国教育方针的重要组成部分,是全面素质教育的重要内容,是培养学生审美素质、综合素质,促进其全面和谐发展的整个教育活动的重要组成部分。美育不仅是人类认识世界、改造世界的重要手段,也是实现人类自身美化、完善人格塑造的重要途径。正如教育部《面向二十一世纪教育振兴行动计划》所指出的:"美育不仅能培养学生有高尚情操,还能激发学生学习活力,促进智力的开发,培养学生创新能力。"美育有着独特的功能和作用,这是其他教育所无法替代的。培养学生、提高学生的素质,最根本的问题是要提升学生的精神境界。美育的最终意义,就在于使学生的情感得到陶冶,思想得到净化,品格得到完善,身心得到和谐发展,精神境界得到升华,自身得到美化。因此,特编写《美育与美育心理》。

著者

2018 年 10 月 9 日